KB036228

박정희 시대의 새마을운동

The Rural Saemaul Undong in the Park Chung Hee Regime

이 저서는 성공회대학교 민주주의연구소가 한국연구재단의 지원을 받아 2008년 기초연구과제지원사업으로 진행했던 "박정희시대 일상사·지방사 자료로서 새마을운동 아카이브의 체계적 구축과 기초연구"(KRF-2008-322-B00010)의 연구 결과물입니다.

이 도서의 국립중앙도서관 출판시도서목록(CIP)은 서지정보유통지원시스템 홈페이지(http://seoji.nl.go.kr)와 국가자료공동목록시스템(http://www.nl.go.kr/kolisnet)에서 이용하실 수 있습니다. (CIP제어번호: 2014005325)

민주주의와 사회운동 총서 17

박정희 시대의 새마을운동

근대화, 전통 그리고 주체

The Rural Saemaul Undong in the Park Chung Hee Regime

Modernization, Tradition and Subject

오유석 엮음

황병주·최인이·오유석·하재훈·이현정·윤충로·김보현·이용기 지음

한울
아카데미

차례

들어가는 말

역사에서 세계로

대안의 새마을운동

1.

1970년대 새마을운동은 1950년대 이후 한국 근대화과정에서 발생한 초유의 '국민운동'이었다는 점에서 충분히 해명될 필요가 있고, 현재적 관점에서도 그 운동의 성패요인에 대한 분석은 대단히 시사적이고 유의미하다고 생각한다. 왜냐하면 대체로 제3세계국가들의 근대화 운동 — 일본의 농산어촌진흥운동, 중국의 대약진운동과 인민공사, 북한의 천리마운동, 탄자니아의 우자마 운동, 개발도상국의 녹색혁명 등 — 이 실패하거나 일정 기간 주목을 받다가 역사의 뒤안길로 사라졌지만, 새마을운동을 통한 한국의 농촌개발운동은 커다란 성공을 거두었다고 평가되면서 지금까지 대내외적으로 비상한 관심과 연구의 대상이 되었기 때문이다. 특히 최근에는 대내외적 환경변화로 인해 새마을운동에 대한 관심과 우려가 다시 부상하고 있다.

대외적으로는 새마을운동이 국제사회에서 빈곤퇴치와 농촌근대화를 위한 개발전략으로 주목받고 있다. 1990년대 후반부터 최근까지 베트남·인도네시아·중국·콩고·몽골 등 이념과 지역을 뛰어 넘어 자국의 지역사회 개발 또는 경제개발에 새마을운동을 도입·적용하려는 시도들이 확산되고 있다. 또 유엔 새천년 개발목표(UN MDGs)의 하나인 세계 빈곤퇴치를 위한 주민참여형 원조모델로 새마을운동을 활용하기 위한 논의와 시범사업이 펼쳐지고 있다. UN MDGs 자문위원인 제프리 삭스(Jeffrey Sachs) 교수는 "한국의 성공에서 가장 흥미로운 것은 새마을운동이다. 새마을운동은 마을 주민들의 리더십이 발전 정신을 전파하고 그로 인해 농업생산성을 높일 수 있음을 보여주었다"고 말했다. 유엔 세계식량계획(UNWFP)에서도 새마을운동을 세계 식량문제 해결을 위한 대안으로 주목하고 있다. UNWFP는 2011년 5월 새마을운동을 접목한 기아 빛 빈곤 퇴치 사업을 위해 대한민국 정부와 MOU를 체결하고 르완다와 네팔에서 'Saemaul Project(Food for New Village)'를 실시하고 있다. 또한 UNWTO ST-EP재단도 2009년부터 새마을운동형 아프리카 빈곤퇴치 사업으로 탄자니아와 우간다에서 한국형 밀레니엄 빌리지 조성사업을 실시하고 있다. 새마을운동은 현재 아시아, 아프리카 지역 개발도상국의 주민과 지도자들이 배우고 싶어 하는 발전모델이 되고 있다.

대내적으로는 박근혜정부 출범 이후 제2새마을운동 주창과 글로벌운동으로서 새마을운동의 세계화가 적극 시도되고 있다. 제2새마을운동의 주창은 시대착오적 발상이며 국민적 설득력 부족으로 논란의 대상조차 되고 있지 않지만, '세계화'라는 시대적 흐름 속에서 새마을운동을 국제개발협력분야에 접목하려는 논의와 실천적 노력들은 활발히 전개되고 있다. 이러한 현상은 변화하는 국제사회에서의 한국의 위상과 관련이 깊다. 즉, 한국은 과거 원조를 받았던 국가에서는 최초로 원조를 주는 국가로 급성장했다. 그러나 아직 한국은 국제사회에서 경제적 위상에 걸맞은 정치사회적 위상을 갖지 못하고 있다. 따라서 원조공여국으로서 한국의 국가 위상 제고의 필요성, 한국적 글로벌 브랜드화의 필요성 등으로 인해 정부의 국제개발협력 프로그램(ODA) 사업 중 농촌개발지원을 새마을 ODA사업으로 추진하고 있는 것이다.

그러나 여기서 중요한 것은 새마을운동의 우수성과 효용성이 국제사회에서 인정받고 있지만 "한국의 정치사회적 특성과 시대적 조건에 대한 현실적 인식과 그 창조적 활용을 위한 경제적 발전이고 또한 근대화 전략"이라는 한 평가에서도 잘 드러나듯이, 새마을운동이 널리 긍정되고 높이 평가받는 이유는 역사적으로 1970년대 '한국적' 새마을운동이 남긴 성과에 기초한다는 점이다. 즉, 1970년대 새마을운동이 갖고 있었던 그 '무엇'이 최근 국제사회와 다수 국민들의 기억에서 긍정적으로 평가되고 있는 것이다. 그렇다면 그것이 무엇일까?

2.

지금까지도 농촌사회의 근대화전략으로 평가받고 있는 농촌새마을운동의 유효성을 평가하기 위해서는 시·공간적 제약을 뛰어넘을 수 없는 여러 변수들을 고려할 필요가 있다. 즉, 역사적·사회적·문화적·정치적으로 상이한 구조적 조건을 갖고 있는 다른 나라들의 농촌공동체에서, 보편적 지역개발이나 농촌개발을 목표로 하는 근대화전략으로서 한국의 1970년대 새마을운동을 자리매김하게 하려는 시도에 앞서, 1970년대 새마을운동을 재해석하는 작업과 이를 뒷받침하는 학문적 영역에서의 논의가 선행되어야 함에도 아직 충분하지 못한 실정이다.

새마을운동에 대한 연구는 1980년대 중반 이후 크게 진전되지 못했다. 1980년대 중후반부터 1990년대 후반까지 새마을운동은 한국사회가 민주화 과정을 거치면서 박정희시대 '독재에 의한 위로부터의 대중동원운동', '관변운동' 또는 '관제운동'이라는 부정적 인식과 비판에 직면했으며 근대화 과정에서 '개발과 성장'이 남긴 부정적 유산으로 여겨져왔기 때문이다. 그러나 박정희시대를 비판하는 데 주력해온 연구자군은 물론이고 박정희시대를 높이 평가한, 그리고 새마을운동의 성공을 입증하고 강조하는 작업에 힘써온 연구자군 모두에게 그 상반된 평가와 관계없이 농촌새마을운동이 한국의 근대화시기 한국 정치사뿐만 아니라 대중의 일상사와 사회사 및 지방사를 이해하는 데 매우 중요한 위상을 차지하고 있다는 점은 대체로 동의하고 있다고 할 수 있다. 즉, 긍정적이든 부정적이든, 자발적이든 강제적이든 1970년대의 '한국적인 정신적·물질적 혁신운동'으로서 농촌새마을운동의 유효성(가시적 성과)에 대해서는 대체로 이 운동의 평가를 달리하는 연구자들 사이에서도 합의되고 있다. 그런데 이 농촌새마을운동의 유효성이라는 것이 사실은 여러 변수들을 고려할 필요가 있고, 따라서 원조모델로서 농촌새마을운동에 대한 구체적이고 현실적이며 대안적인 접근과 체계적 이해를 하기 위해서는 성공·실패 사례와 행위 주체적 요인(국가와 농민)을 주의 깊게 조사하는 것 외에도 당시 해당 농촌사회의 구조적 조건들(지리적 조건, 인적 자원의 구성, 마을의 역사적 경험과 공동체성 등)의 면밀한 분석이 선행되어야 할 것이다. 다시 말해서 원조모델로서 한국 새마을운동의 유효성과 그 대안적 가능성 및 한계를 검토하기 위해서는 1970년대 농촌새마을운동에 대한 다양한 공적·

사적 자료의 집적과 집중이 필요하고, 이를 바탕으로 새로운 연구와 창의적 해석이 선결되어야 한다. 이를 통해 한국형 원조모델로서 새마을운동의 개념과 목표 확정, 지속 가능성 검토, 이론화 시도, 다양한 모형(모듈) 제시, 특화된 사업 제시, 전문적 인력과 조직 구상 등 더 풍부한 실천적·이론적 논의가 진행될 수 있을 것이다.

3.

이 책은 성공회대학교 민주주의연구소 박정희시대 연구팀이 한국연구재단의 기초연구과제지원사업(인문사회분야)의 일환으로 2008년부터 2011년까지 3개년에 걸쳐 수행한 "박정희시대 일상사·지방사 자료로서 새마을운동 아카이브의 체계적 구축과 기초연구"(KRF-2008-322-B00010)의 결과물이다.

우리 연구팀은 1970년대 새마을운동에 대한 현실적이고 구체적인 접근과 체계적인 이해를 위해서는 새마을운동에 관련한 다양한 공적·사적 자료의 집적과 집중이 필요하다고 보았다. 왜냐하면 최근까지도 새마을운동과 관련된 공적 자료들은 극소수 기관을 제외하고는 제대로 관리되지 못하고 있었고, 관련자들의 개인 소장 자료나 기록은 많은 부분 망실되어버렸기 때문이다. 또한 새마을운동의 다양한 주체들의 경험과 기억도 제대로 기록되지 못하고 역사의 뒤안길로 잊혀졌다. 기록물에 대한 관심과 보존이 턱없이 부족했던 것이다.

우리 팀은 사전 연구 및 조사 결과에 입각하여 전국의 기관과 개인들로부터 3년 동안 총 2만 144건의 문건·물건자료 수집과 총 133건(남자 107건, 여자 26건)의 구술채록을 했다. 이를 자료 형태별로 보면 도서 881

건, 문서 1만 3,409건, 사진 5,396건, 영상 및 음성 215건, 박물 149건 등이고 수집 지역별로 보면 서울 1만 740건, 경기도·인천 524건, 강원도 29건, 충청도·대전 5,429건, 전라도·광주 394건, 경상도·부산·대구·울산 1,684건, 제주도 2,113건, 국외 17건 등이었다.

우리 팀은 자료 수집에서 기존 연구자들과 달리 대중/주체들의 평범한 생활상 안에서 새마을운동의 세부적 면모와 효과, 의미 등을 추적하려는 문제의식으로부터 출발했다. 물론 우리보다 앞서 몇몇 소장 연구자들이 유사한 인식지평 위에서 '한국 근대'를 탐구하고 토론해왔다. 그러나 그들은 주로 구술생애사 접근이나 수기류 문헌의 분석에 의존했다. 우리는 구술채록과 병행하여 새마을운동의 기층 곳곳에 흩어져 있는 각종 현장자료의 수집·정리를 동시에 수행함으로써, '한국 근대화'와 '한국 국민 형성'의 결정적 국면이었던 1970년대에 새마을운동이 차지했던 위상을 구체적으로 살피고 이해하고자 했다. 구술이나 수기 같은 '기억'의 형식으로는 미처 접하기 어려운 정보들을 수집하고 이를 면접조사에 응해준 해당마을 인물들의 구술 내용과 교차 검토하여 연구를 진행할 수 있는 기반을 마련하고자 했다. 예를 들어 새마을운동에 직접 참여했던 인물, 지방의 마을회관, 마을역사관, 리사무소 등에서 수집한 문서자료들, 사진자료들이 특히 주목할 만한 것들이다. 수집 자료들을 그 성격에 따라 더 세분하여 범주화하면 마을회의록, 작업일지, 작업계획서, 작업대장, 작업현장·행사 사진, 수기, 모범사례, 정기간행물, 교육교재, 조사·연구결과, 현황·역사자료, 언론기사 등으로 나뉜다. 구술 채록은 새마을운동 당시 지위로 볼 때 새마을지도자 50%, 새마을부녀회장 14%, 주민 또는 참여자 10%, 공무원 9%, 연구원 교관 7%, 기타 순이다. 이 자료들

중 7,000건의 기록물에 대한 정보는 성공회대학교 민주주의연구소 새마을운동 아카이브(www.saemaul70.or.kr/)에서 검색할 수 있다.

우리 연구팀은 이 자료를 바탕으로 2차 자료집을 기획·제작했다. 이 책에도 일부 수록되었지만 2차 자료집의 의도는 '가이드'의 제공이다. 우리는 새마을운동이 한국사회의 근대화 국면에서 아주 중요한 위상을 점했다는 인식을 전제로 과제를 수행했다. 그러나 세부적으로 특정한 하나의 인식 내지 평가를 제시하는 것에 집착하기보다 풍부한 관련 자료들을 수집·정리하여 제공함으로써, 서로 다를 수 있지만 진지하고 의미 깊은 대화들과 연구들이 활성화되는 데 기여하고자 했다. 2차 자료집의 기획·제작은 다양한 원(raw)자료들을 보완하여, 그러한 논의와 연구 주체들, 새마을운동에 관심을 가진 자료 수요자들에게 활용도 높은 '안내 책자'를 서비스하려는 작업으로서 「1970년대 새마을운동 통계자료집」, 「1970년대 새마을운동 일지」, 「1970년대 새마을운동 계통도」와 「1970년대 새마을운동 소사전」을 제작했다. 기획행사로 「1970년대 새마을운동 사료전시회」를 개최하고 사진자료집도 발간했다.

그러나 무엇보다도 이러한 1·2차 자료들을 이용하여 연구팀이 하고자 했던 것은 새마을운동의 이해 및 평가에 관건이 되는 새로운 관점과 관련 주제들을 발굴하고 연구하는 것이었다. 새마을운동을 긍정적으로 평가하는 연구들조차 '개발주의'라는 비교적 협소한 문제 범위 내의 것들이 대부분이기 때문에 우리 연구 팀은 연구주제의 확장과 심화 그리고 지속적인 연구를 통한 풍부한 재해석의 지평을 마련하는 데 기여하고자 했다.

책의 제목에 '근대화'와 '주체' 그리고 '전통'을 넣어둔 것도 이러한 문제의식을 담은 것이다. 새마을운동이 당대 사회구성원들이 '근대적 주체'

로서 자신들을 정립해나가는 과정에서 큰 영향을 미쳤음에도 '근대성(화)'에 대한 비교사적 탐구 및 성찰은 거의 이루어지지 않았다. 우리 팀은 그러한 새마을운동 연구의 결손지대를 채우려는 시도였다. 그러나 우리가 이번 연구로 이 주제에 대한 만족할 만한 결과를 얻었다고 생각하지는 않는다. 여전히 부족함이 많지만, 그래서 추후에도 새마을운동에 대한 연구가 계속되어 그것이 지녔던 위상과 유효성 등을 더욱 풍부하게 연구하고 해석해나가는 노력들의 유인이 될 수 있기를 바란다.

4.

이 책은 총 3부 8개의 장으로 구성되어 있으며 각각의 장에서 다루고 있는 내용은 다음과 같다.

제1부의 제1장 「새마을운동 시기 국가와 농민의 정치경제학」에서 황병주는 새마을운동이 진행된 1970년대 산업화가 진행되면서 국가와 자본의 농업·농촌·농민 침투력은 비약적으로 성장했지만, 농민들의 경제적 처지는 도시에 비해 별로 나아진 바가 없었음을 밝히고 있다. 새마을운동의 소득증대 사업은, 구호는 요란했지만 실상 농민들의 삶을 획기적으로 개선시킬 수 있는 것이 아니었다. 새마을운동에 대한 체제의 선전과 농민들이 실제로 느끼는 현실 간의 간극은 지속적인 이촌향도로 나타났다. 새마을운동의 최종적 귀결은 농업, 농촌의 몰락과 농업 생산과정 및 유통과정이 국가와 자본에 의해 강력하게 종속된 상황이었다. 이 상황에서 농촌에 남은 농민이 선택할 수 있는 것은 그리 많지 않았다. 국가와 자본이 제시한 길이 전적으로 흡족한 것은 아니었지만, 그것을 거부한다는 것은 더 이상 농업 재생산과정에 남아 있기 힘들다는 것을 의미했다.

따라서 국가와 농민은 후원-수혜관계와 비슷한 방식으로 거래와 타협을 통해 농업을 영위하게 되었다. 점차 농민은 국가와 자본의 '보살핌'의 대상이 되어갔다.

애초부터 주의주의적 정신에 관심이 많았던 박정희 체제는 소득증대가 벽에 부닥치면서 정신개발의 강조와 함께 농민, 농촌을 민족의 기원으로 격상시키는 민족주의 전략을 추진했다. 몰락하는 현실 속에서 한국의 농촌과 농민은 민족의 기원이라는 환상적 좌표를 배정받았던 것인데, 재생산 과정을 장악당한 농민들에게 국가의 호명은 쉽게 거부하기 힘든 것이었음을 황병주는 강조하고 있다.

제2장 「1970년대 농촌여성들의 자본주의적 개인 되기: 새마을 부녀지도자의 노동활동 경험을 중심으로」에서 최인이는 1970년대에 가장 자본주의적 관념과 심리적인 거리를 두고 살아왔던 농촌 여성들이 새마을부녀운동이라는 활동의 장을 통해서 자본주의적 개인으로 변모해가는 과정을 살펴본다. 근대화 과정을 통해 개인들의 물질적 이윤추구는 더 이상 사회적으로 비난받을 일이 아니라는 사회적 정당화가 교육과 미디어를 통해 이루어지면서 농촌 여성들의 자본주의적 개인화 과정이 어떻게 가속화되어 가는지 수기와 구술 자료를 통해 확인했다. 최인이는 새마을운동을 통해 각 마을단위에서 진행된 사업에 참여하는 과정에서 농촌 여성들이 근대적인 '시간'과 '이윤'에 대한 개념을 내면화하고 공고화하게 되었다고 밝히면서, 이 과정에서 새마을 부녀지도자들의 고통과 희생이 뒤따랐음을 보여주고 있다. 이들은 공동체 관념과 전통의 성역할을 받아들이고 그 틀 내에서 적극적이고 능동적으로 근대적 자본주의, 개인주의를 적절히 조화시켜 엄청난 양의 개인적 노동을 즐거이 감내하는 개인들

이었다. 최인이는 이들의 고통과 희생은 지도자라는 사회적 지위의 획득과 정부의 포상 그리고 개인적 부의 축적 등으로 상쇄되어진 것으로 보인다고 말하고 있다. 결국 새마을운동은 조국 근대화라는 목표 아래 농촌 여성들이 물질적인 부의 축적을 직접 경험하도록 유도하고 그 과정에서 국가동원에 적극적 참여자가 되도록 만든 것이다. 새마을지도자와 마찬가지로 새마을 부녀지도자들도 국가에 의해 호명된 자발적 '국민'이 됨으로써 박정희정부가 가장 원하던 바람직한 '국민'상의 표본이 되었다.

제2부 제3장「인도네시아 욕야카르타 주의 새마을사업: 마을 리더십의 성격과 역할」에서 오유석·하재훈은 인도네시아 욕자카르타 주의 새마을사업에 대한 참여와 관찰을 통해서, 새마을사업 추진에서 마을 리더십과 리더십이 발휘될 수 있는 마을공동체 존재 여부가 중요한 요소임을 밝히고 있다. 인도네시아 욕야카르타 주의 새마을사업이 성공적으로 지속 및 확대되는 중요한 요인은 사업지역의 마을 지도자들이 마을 발전을 위한 자신들의 새로운 역할을 인식하고 마을 구성원들의 동참을 적극적으로 이끌었기 때문이다. 그리고 마을 지도자들의 성공적인 역할 수행은 개인의 노력과 헌신보다는 14세기 이래로 계승되고 있는 이 지역의 '고똥 로용(Gotong Royong)'과 '아리산(Arisan)'이라는 공동노동, 공동생산, 공동부담 등을 내포한 자생적 공동체적 전통에 기반을 둔 것이다. 즉, 자생적 공동체적 전통에 기반을 둔 마을 지도자들은 자신들의 권위를 마을 주민들로부터 인정받아서 안정적으로 사업에 대한 지도력을 발휘하여 전체 마을 주민들이 새마을사업에 적극적으로 동참하도록 이끌어나갔다. 그러므로 한국 새마을운동의 해외 보급에서 새마을지도자 교육과 함께 유념해야 할 요소는 리더십의 자원, 즉 현지 마을 공동체의 전통과 조

직이라고 할 수 있다. 대체로 새마을운동의 해외보급과 지원은 1970년대 한국 정부의 역할을 대신하기 어려운, 일회적이고 단기적인 경우가 많기 때문에 마을 공동체의 자생적인 자원이 활용될 수 있도록 하는 것이 운동의 지속 가능을 위해 중요한 요건이 될 것이라고 주장한다.

제4장 「1970년대 새마을운동에서 마을공동체의 역동성 비교연구」에서 이현정은 마을마다 다른 외적 환경과 내적 역량에 주목한다. 즉, '같은 시대에, 같은 유인이 작동했음에도 왜 어느 마을은 새마을운동이 활발히 일어났고, 어느 마을은 새마을운동이 활발히 이루어지지 않았는지'에 대한 의문을 가지고 연구가 시작되었다. 첫째, 각 지역의 지리적, 사회·문화적, 경제적 상황이 새마을운동 과정에 독특하게 작용할 수 있고, 둘째, 사회집단 참여 및 사회 내에 공유된 가치, 규범, 신뢰, 호혜성 등과 같은 사회자본이 새마을운동이 실행되는 데 영향을 준다고 본다. 이를 뒷받침하기 위해 1970년대 새마을운동이 잘 이루어진 경기도의 2개 마을 사례를 대상으로 비교연구를 실시했다. 연구 결과 각 지역의 지리적, 사회·문화적, 경제적 특성이 새마을운동 과정에 영향을 미쳤음을 알 수 있다. 또, 사회집단 참여 및 사회 내에 공유된 가치, 규범, 신뢰, 호혜성 등과 같은 사회자본이 새마을운동 과정에 다음과 같은 영향을 미쳤음을 알 수 있다. 첫째, 사회집단 참여가 활발할수록 개발 가능성이 높음을 알 수 있다. 둘째, 규칙, 절차, 상벌, 규정 등과 같은 제도적 사회자본이 사회적 삶을 질서 있게 만들어준다는 것을 알 수 있었다. 셋째, 신뢰, 호혜성, 규범과 같은 인지적 사회자본은 제도적 사회자본과 더불어 사회를 결속시키고 마을을 개발시키는 데 도움이 되는 힘을 구성한다는 것을 알 수 있다. 이러한 이현정의 사례연구는 앞으로 새마을운동을 다른 나라에

적용시키고자 할 때, 마을마다 다른 특성을 어떻게 활용할 것인가를 결정하는 데 도움을 줄 것이다.

제5장 「새마을지도자 '만들기'와 '되기' 사이에서: 구술을 통해 본 1970년대 새마을운동」에서 윤충로는 1970년대 활동한 5명의 새마을운동 수훈(受勳)자의 구술 자료를 활용하여, 운동의 최전선에서 활동했던 '열성적 새마을지도자'가 형성되는 과정을 살펴보고 있다. 새마을지도자의 형성에는 국가 중심의 새마을교육, 상징·의례의 공급과 같은 '새마을지도자 만들기' 과정이 있었다. 하지만 이는 새마을지도자의 참여와 의미 부여가 동반된 이중의 과정이기도 했다. 새마을지도자들은 수동적으로만 만들어진 것이 아니라, 그들 자신이 관 주도 새마을지도자 만들기의 또 하나의 주역이었던 것이다. 국가와의 관계 이외에 새마을지도자의 형성 과정에 중요한 영향을 미친 요인은 관과 마을의 매개자로서 이들이 수행한 활동이다. 이들의 운동과정은 관에 대한 일방적인 추종, 혹은 주민에 대한 헌신을 넘어선 강제, 순응, 타협, 포섭, 회유, 속임수 등 다양한 수단을 통해 관과 마을 사이를 '오갔던' 동적인 모습을 보여준다. 윤충로는 새마을지도자의 형성이 위로부터의 동원뿐만 아니라 관과 마을 사이의 '유기적 통로'로서 그 경계를 넘나들었던 주체 활동의 결과물이었음을 강조한다.

제6장 「1970년대 농촌새마을운동과 농촌사회의 집합적 참여: 공동체적 전통의 활용을 중심으로」에서 하재훈은 농촌사회의 공동체적 전통이 1970년대 농촌새마을운동에 나타나는 농촌사회의 집합적 참여에 어떤 영향을 미쳤으며 그 의미는 무엇이었는가를 검토한다. 하재훈은 1970년대 새마을지도자들의 구술 자료에 근거하여 새마을조직의 구축, 마을공

동사업의 실행, 새로운 리더십의 발굴과 양성 등의 측면에서 농촌새마을운동과 공동체적 전통과의 상호관계를 검토했고 그 내용은 다음과 같다. 첫째, 1970년대 농촌새마을운동은 다양한 형태로 존재하던 전통적 조직을 새마을조직으로 편입시키고 공동체적 규범을 집합적 참여의 동인으로 활용했으나 집단의 원리와 규율을 강화함으로써 오히려 자율과 자치의 공동체성을 약화시켰다. 둘째, 1970년대 농촌새마을운동은 마을사업을 통한 소득증대를 추구하면서 물질적 지원과 보상의 경제적 유인을 전면적으로 시행하고 농촌사회의 협업적 전통을 적극 활용했으나 경제적 실리와 개인의 이익 실현에 민감했던 농촌사회의 욕망을 충족시켜주지는 못했다. 셋째, 1970년대 농촌새마을운동은 새마을지도자의 발굴과 양성에서 이전과 전혀 다른 새로운 인물과 리더십에만 의존한 것이 아니라, 능력·경험·성과 등의 차원에서 '일 잘하는' 인물이라면 비록 권위적 또는 전통적 리더십에 기초한 인물일지라도 적극적으로 선택·활용했다.

이렇듯 1970년대 농촌새마을운동은 농촌사회의 공동체적 전통을 활용하고 농촌사회의 집합적 참여를 유인해서 가시적 효과와 외형적 성과를 거둘 수 있었지만, 실질적으로는 근대화와 개발주의에 친화적인 기능에만 집중함으로써 오히려 농촌사회의 자조역량을 지속·강화시킬 수 있었던 공동체적 원리를 약화시키는 결과를 낳았음을 하재훈은 보여주고 있다.

제3부 제7장 「박정희시대 국가의 통치 전략과 기술: 1970년대 농촌새마을운동을 중심으로」에서 김보현은 국가가 생산한 담론과 재현물, 행정문서, 새마을운동 경험자의 구술 분석을 통해 당시 국가의 통치에서 주목할 만한 면모들은 주의주의적 생활관과 자조론의 주입, 지도자 중심

의 정치, 포상과 물질적 유인의 활용, 삶을 노동과 금전으로 환원하는 경향을 강조하고 있다. 이러한 특징들에 주목할 때 근대화와 경제발전 등의 진척을 이유로 박정희시대, 그리고 농촌새마을운동를 규범적으로 긍정하는 경향은 제고할 필요가 있다고 말한다. 또한 민주화 이전 국가주의적 개발연대 지배체제의 통치가 의외로 민주화 이후 신자유주의 국면으로 불리는 현 시기 국가의 통치와 많은 공통점을 가지고 있다고 말하고 있다.

제8장 「'유신이념의 실천도장', 1970년대 새마을운동」에서 이용기는 새마을운동의 목표가 정신계발, 소득증대, 환경개선의 세 가지로 집약되지만, 실은 '잘살기 운동'이 아니라 국가가 필요로 하는 특정한 '주체'를 만들어내기 위한 통치전략이었음을 강조한다. 나아가 이러한 국가의 주체형성 전략에 농민층이 적잖이 호응했다는 점에도 주목해야 한다고 말한다. 따라서 우리가 진지하게 성찰해야 할 문제는 새마을운동에 담긴 역설적인 이중성이다. 새마을운동은 위로부터의 힘과 아래로부터의 힘이 맞물리고 충돌하고 타협하고 비켜가는 역동적인 장이었다. 그러므로 새마을운동을 강제적인가 자발적인가, 성공인가 실패인가, 국가의 지도력인가 농민의 희생인가 등 양자택일적으로 평가하는 것은 무의미할 수 있다고 본다. 중요한 것은 새마을운동에 내재된 사사화 이데올로기와 주의주의적 자조관이 배태하는 사회문제의 문제적 상황을 개인의 차원으로 환원하는 국가 및 위정자들의 통치전략이다. 이 세상에는 아무리 해도 안 되게 만드는 사회구조가 있고, 더구나 하고 싶어도 할 수 없는 사람들이 있다. 무작정 '하면 된다'고 외치는 것은 맹목이자 폭력일 수 있다는 이용기의 주장을 원조 수혜국에서 원조 공여국이 된 지금의 한국이

귀담아들을 필요가 있다.

부록으로 2차 자료집에서 발췌한 1970년대 농촌새마을운동 관련 계통도를 수록했다. 계통도는 1차적으로 중앙행정부처에서 생산한 문헌류를 참고하여 1970년대 새마을운동의 전반적인 흐름을 파악한 후 지방자치단체 수준에서 생산한 문헌류, 기존 조사보고서류, 주요일간지 및 취재기사와 연구팀의 구술채록 성과 등을 참조하여 작성했다.

5.

3년의 긴 시간 동안 전국을 다니며 자료 발굴 및 수집과 연구를 병행한 연구진들의 수고는 물론, 수집 자료를 정리하고 분류해서 자료 아카이브를 구축하는 데 애써준 많은 연구조교들 덕분에 이 연구가 진행되었다. 연구행정과 2차 자료제작을 맡아준 송용한 박사와 강병익 박사에게 감사 드린다. 무엇보다도 우리의 방문을 허락하고 구술채록과 자료기증을 흔쾌히 수락한 모든 분들께 이 지면을 빌려 감사를 드린다. 콜로키움에 참여해준 새마을운동 전문 연구자 선생님들과 끝까지 관심과 격려를 해 주신 새마을운동 역사연구원 정갑진 원장님과 김기명 선생님께 깊이 감사 드린다. 연구팀이 소속된 성공회대학교 민주주의연구소의 지원과 격려에도 감사 드린다. 연구를 재정적으로 지원해준 한국연구재단 관계자들과 어려운 여건 속에서도 기꺼이 출판을 맡아준 도서출판 한울의 임직원과 하명성 편집자께 진심 어린 감사의 인사를 전한다.

2014년 2월

연구책임자 오유석

제1부
국가, 근대적 주체 형성과 새마을운동

제1장 새마을운동 시기 국가와 농민의 정치경제학_황병주

제2장 1970년대 농촌 여성들의 자본주의적 개인되기
새마을 부녀지도자의 노동활동 경험을 중심으로_최인이

제1장

새마을운동 시기 국가와 농민의 정치경제학*

황병주 | 국사편찬위원회 편사연구사

1. 머리말

새마을운동은 다양한 맥락에서 이해되어왔지만, 무엇보다 국가주도의 자본주의적 산업화를 빼놓고 설명하기 힘들다. 급속한 산업화는 사회 전 부문에 걸쳐 거대하고 비가역적인 변화를 초래했지만, 특히 농업, 농촌, 농민의 입장에서 그러했다. 산업화는 불가피하게 기존 산업의 격렬한 구조조정을 동반한다. 즉, 그것은 농업, 농촌, 농민의 희생을 통해 공업화, 도시화를 추구하는 것이다.

그렇다면 산업화 속도만큼이나 급속하게 몰락하고 있던 농촌에서 진행된 새마을운동의 의미는 무엇인가. 박정희는 스스로 새마을운동 이전

* 이 글은 2011년에 발행된 ≪사회와 역사≫ 90호에 실린 「마을운동을 통한 농업 생산과정의 변화와 농민포섭」을 수정·보완한 것이다.

에 시행되었던 농가고리채 정리나 재건국민운동 등이 실패한 사업이었다고 고백했다. 그런데 약 10년의 시차를 두고 진행된 새마을운동이 성공적이었다는 평가가 많은 이유는 무엇인가. 만약 새마을운동이 성공적이었다고 한다면, 그 이후 농촌의 몰락은 또 어떻게 설명되어야 하는가. 새마을운동이 극성기에 달했을 때조차 이촌향도의 흐름은 변하지 않았고 농민들은 농촌 대신 도시를 새로운 삶의 공간으로 선택했다. 박정희 체제는 새마을운동이 '잘살기 운동'이라고 천명했는데, 과연 새마을운동을 통해 농민들의 삶은 어떻게 변화되었는가. 새마을운동으로 정말 농민들이 잘살게 되었다면 도대체 왜 그들은 도시로의 이동을 멈추지 않았을까.

이러한 의문에 답하기 위해서는 새마을운동을 국가의 농업정책 전반과 밀접하게 관련시켜 분석할 필요가 있다. 새마을운동을 전후해 농업의 생산, 유통, 소비 전 과정은 국가 정책의 강력한 영향하에 놓이게 되었다. 정부 수매제와 고미가 정책, 각종 농자재 보급과 농업 기계화, 농협을 통한 금융 공급 등 농업 재생산에서 국가의 역할은 과거에 비해 놀라울 정도로 강화되었다고 할 수 있는데, 이러한 변화와 새마을운동의 관계가 해명되어야 할 것이다.

아울러 국가의 정책적 행위는 농민의 반응과 대응에 따라 다양한 수준으로 변주되는 것이기에 농민 동원이 주요한 문제가 될 수밖에 없다. 농민의 자발성이 제고되면 될수록 국가 정책의 효율성 또한 높아진다. 따라서 새마을운동은 정치적 동원의 양상을 띠게 되었고, 현실에서 정치와 경제는 구분 불가능할 정도로 결합되어 국가정책으로 나타났다. 요컨대 새마을운동은 '정치경제학' 수준에서 분석될 필요가 있다.

특히 박정희 체제 시기가 한국의 국가 건설(nation building)의 결정적 국면이었다는 점을 고려한다면, '국민경제' 구축이라는 맥락 속에서 새마을운동과 농업정책을 이해할 필요가 있을 것이다. 자본주의적 산업화에 근거한 국민경제 형성과정은 사회적 분업, 자본의 유기적 구성의 고도화를 수반하기에 농업 또한 고립분산적·자급자족적 성격을 넘어 전체 산업구조에 종속적으로 편입되었다. 비유컨대 농업은 '집단살림'으로서 국민경제의 유기적 구성 부분이 되었다.[1] 이러한 맥락에서 새마을운동을 통해 국가 대 농민이 맺은 관계와 함께 국가를 매개로 한 자본과 농민의 관계를 살펴볼 필요가 있을 것이다.

이상의 과정을 분석함으로써 새마을운동을 전후한 시기 국가-자본과 농민이 맺고 있던 관계의 내용과 그 변화를 이해할 수 있을 것으로 보인다. 그것은 곧 국가 건설(nation building) 과정과 농민의 포섭문제를 다루는 것으로 연결될 수 있을 것이다.

2. 새마을운동 전후 농정과 농업 생산과정의 변화

새마을운동은 정신계발, 환경개선, 농가 소득증대 등 세 가지 목표로 집약된다고 하지만, 가장 결정적인 문제는 농가 소득증대였다(시거드슨·

1 '집단살림'은 한나 아렌트(Hannah Arendt)가 근대 자본주의 사회를 분석하면서 사용한 '집단적 살림으로서의 경제'에서 차용한 용어이다. 그는 'economy'의 어원이 고대 그리스의 가정(경제)을 의미하던 'oikos'였다고 주장하면서 근대 자본주의 사회는 바로 이 사적 가정경제가 전 사회로 확장된 것이라고 설명했다. 여기서는 '국민경제'의 은유로 사용하고자 한다(아렌트, 1996 참조).

김영철, 1981: 199).[2] '잘살기 운동'이라는 모토는 환경개선을 포함하지만 현실적으로 경제적 재생산 과정의 안정화 없이는 지속 불가능한 것일 뿐이다. 정신계발은 이데올로기적 동원 논리이자, 잘살기 위한 방법론에 속하는 것이었다. 박정희 체제도 농가 소득증대 없는 새마을운동의 지속 불가능성을 정확하게 파악하고 있었다.

농가의 소득증대는 기본적으로 농업소득과 농외소득의 증대를 통해 가능하지만, 후자가 강화되는 상황은 농업 외적인 공업화 효과와 관련되는 것이기에 전자의 의미가 중요하다. 농업소득의 증대는 기본적으로 생산성 향상 및 생산력의 확대를 통해 가능할 것이다. 그러나 또한 유통과정의 의미도 무시할 수 없다. 특히 국가가 농업생산물 유통과정에 개입해 강력한 정책적 영향을 미치게 된다면 농민들의 소득에도 커다란 영향을 주게 될 것이다.

1970년대는 양자의 측면에서 한국 농업의 결정적 국면이었다. 양곡 유통과정의 핵심은 고미가 정책이었고 생산력 측면에서는 다수확 품종의 개발과 보급을 핵심으로 하는 '녹색혁명'이 일어났다. 새마을운동은 시기적으로나 내용적으로 이상의 농업 현실과 긴밀하게 결합되는 것이었다. 따라서 새마을운동을 이해하기 위해서는 양자의 분석이 선행되어야 할 것이다.

---

2 필자들은 새마을운동의 본질은 정신계발, 환경개선, 농가 소득증대의 세 가지로 집약된다고 보고 초기에는 환경개선을 중점에 두었으나 점차 농가소득 향상을 위한 사업으로 발전했다고 분석했다.

1) 농업 생산과정의 변화

농림부가 1999년 간행한 『한국농정 50년사』에서는 한국농정을 4시기로 나누었다. 제1기는 산업화 이전 시기(1948~1960), 제2기는 고도경제성장기(1961~1976), 제3기는 안정경제성장기(1977~1988), 제4기는 무역사유화 시기(1989~1999)이다. 제1기 GNP 성장률은 연평균 4.5%, 농림수산업 부문 성장률은 연평균 0.8%였다. 제2기에는 그것이 각각 9.5%와 4.9%로 확대되었다. 제3기에는 다시 각각 8.4%와 1.0%로 나타났다(한국농촌경제연구원, 1999: 3~5).

이러한 시기구분은 새마을운동보다는 경제개발계획에 따른 것이라고 하겠는데, 농업과 농정의 측면에서 새마을운동은 큰 변수가 아닌 것처럼 배치된 것이었다.[3] 다시 말해 농촌과 농업의 변화는 새마을운동과 같은 캠페인보다 산업화와 밀접하게 연관되어 이해되었다.

어쨌든 새마을운동이 포함된 제2기에 농업은 상대적으로 괄목할 만한 성장세를 보여주었다. 1970년대만 따로 계산한다면 그 비율은 더욱 높아질 것이다. 농업 성장의 핵심 요인은 국가의 투자와 개입이었다고 생각된다. 박정희 또한 이 부분을 강조했다. 박정희는 "농촌근대화의 동력이 밖으로부터 농촌으로 주입되었다는 사실은 1960년대에 우리 농민들이 낸 세금이 국가예산의 5%에 지나지 않은 데 비해, 농어촌에 대한 정

---

3 새마을운동은 청와대-내무부 라인을 중심으로 움직였기에 농수산부 입장에서는 그리 달가운 것만은 아니었다. 새마을 연수원의 이름을 애초 '독농가 연수원'이라 명명한 것에서 드러나듯이 농림부는 새마을이란 호칭을 사용하는 것도 꺼렸다.

부의 지원은 무려 그 26%에 달하고 있다"는 부분에서 확인할 수 있다는 점을 지적하면서 정부의 역할을 강조했다(박정희, 1978: 91~92).

1970년대 이전에도 국가의 농업 개입은 간단없이 진행되었다. 국가의 개입은 크게 증산정책을 통한 생산과정 개입과 양곡 관리정책이라는 유통부문으로 구분되었다. 양자는 긴밀히 연관되어 복합적 상호작용 관계에 있었다.

1960년대 농정은 '완전한 식량자급'이라는 단순한 증산계획을 특징으로 했다. '식량자급=자립경제의 기초'라는 강력한 정책 이데올로기에 기초해 모든 곡종에 걸쳐 완전한 자급, 나아가 수출까지 표방했으나 1967~1968년 흉작 이후 주곡자급으로 선회되었다. 미곡생산성도 1960년대를 통틀어 10a당 300kg 선에서 고착되는 양상을 보였다. 1950년대 후반 266kg에 비해서는 증가했으나 정체라 할 만한 수준이었다. 1960년대 수리안전답 비율도 45% 수준에서 정체되었고, 비료와 농약 소비의 저위와 함께 주곡생산의 불안정을 야기한 주요 요인이었다(조영탁, 1993: 14~16).

식량자급은 경제개발 전반에 걸쳐 중요한 문제로 부각되었다. 즉, 식량 부족분은 양곡수입을 통해 해결될 수밖에 없었는데, 정부가 수입하는 양곡은 지속적으로 증가해 1966~1970년 사이 정부미에서 차지하는 수입 양곡의 비율이 무려 52.9%에 달했다. 양곡수입은 1970년대 전반기 연평균 52만 톤에 달했는데, 금액으로는 대략 2억 달러가 소요되었다. 1970년도 수출액이 10억 달러인 상황에서 식량문제는 공업화의 발목을 잡을 수 있었다(박진환, 2005: 24).

이에 1972년부터 시작되는 3차 5개년 계획에서 '농어촌 경제의 혁신적 개발' 정책이 채택되었고, 국가가 농업부문에 전면적으로 개입하기 시작했다. 당시 농정의 최우선 과제는 식량증산, 특히 주곡의 자립이었다. 이를 위해 농업용수 개발, 농업종합개발 사업, 경지정리와 배수 개선, 농지의 보전과 확대 등이 추진되었다. 요컨대 산업화가 본격적으로 추진되면서 외환 수요가 폭증해 양곡수입이 커다란 부담이 되었기에 식량자급 문제가 절박한 과제로 떠올랐다고 할 수 있었다. 이는 물론 산업화에 따른 이촌향도와 도시 인구 폭증으로 인해 안정적 식량공급 문제가 중요한 과제로 제기되었다는 말이기도 했다. 이에 국가가 식량증산 및 주곡의 안정적 확보를 위해 농업 생산과정에 깊숙이 개입하게 되었음을 의미했다.

이하에서는 국가가 농정 변화를 통해 농업 생산과정에 개입하는 양상을 분야별로 알아보고자 한다. 농업 생산과정 변화와 생산성 제고를 이해하기 위해서는 다수확 신품종 보급을 반드시 살펴봐야겠지만, 이 부분은 이미 충분히 알려진 바이기에 따로 서술하지 않고 농업생산자재 보급과 고미가 정책에서 간단히 언급될 것이다.

(1) 농업생산기반 조성

국가의 농업 생산과정 개입에 먼저 살펴볼 것이 농업생산기반 조성사업이다. 즉, 국가가 대규모 자본을 투여해 농업생산기반을 대대적으로 확충하면서 농업의 중요한 행위자로 등장하게 된 것이었다. 먼저 국가는 농업 종합개발사업을 대대적으로 전개했다. 정부는 1970년 「농촌근대화촉진법」을 공포하고 외자 도입 확대를 통해 대단위 사업을 추진하면서 그 주체로 농업진흥공사를 설립했다. 1965~1970년 사이 8,000만 달러 정도였던 농업개발 차관은 1971~1975년 사이 3억 달러 이상, 1976~1980

년 사이에는 5억 8,000만 달러로 급증했고 그 결과 1960년대 45% 수준이던 수리안전답률이 1970년대 중반 이후 60%를 상회하게 되었다(조영탁, 1993: 64~67). 1960~1970년대 가장 많은 자금이 투입된 것은 한해대책과 수리사업이었고 그것이 수리안전답률의 비율을 대대적으로 높였다는 평가가 가능했다(박진환, 2005: 71). 그렇지만 1970년대 들어 수리안전답률의 성장속도가 상당히 완만해졌는데, 1970년 71.6%였던 것이 1979년 74.1%로 증가하기는 했지만, 10년간 고작 3%가 늘었을 뿐이다(농수산부, 1980: 100).

대단위 농업 종합개발사업은 4차 경제개발계획 기간에도 지속되었다. 삽교천, 미호천, 남강지구, 영산강 하구둑 공사, 낙동강, 논산지구 사업이 1977~1978년 사이에 착수되었다. 또한 이 시기부터 민간기업의 개발사업도 추진되기 시작했다. 1979년 현대건설의 서산지구, 1980년 동아건설의 김포지구가 대표적인 사례였다(한국농촌경제연구원, 1999: 59). 국가재정 투입대상이었던 농업관련 개발사업이 자본의 수익사업으로까지 확장되었다는 것은 농업의 미래와 관련해 의미심장한 일이었다.

1965년부터 시작된 경지정리사업도 더욱 가속화되었다. 경지정리는 농촌 노동력 감소와 밀접히 관련되는 것이었는데, 농업기계화를 위해서 반드시 필요한 사업이었다. 이에 1970년부터 국고보조 50%, 지방비 30%, 수혜 농민 부담 20%의 비율로 사업이 본격화되었고, 1970년대 10년간 20만ha의 논이 기계화 영농기반으로 정리되었다(한국농촌경제연구원, 1999: 163). 이에 따라 1965년 4%였던 경지정리 수준이 1980년에는 28%로 높아지게 되었다(박진환, 2005: 76).

대규모 농업생산기반 조성사업은 개별 농민의 능력을 벗어나는 일이었기에 국가와 자본이 주도할 수밖에 없었고, 농업은 농민보다 국가와 자본의 사업이 되어갔다. 이러한 사업을 통해 농민이 혜택을 볼 수도 있었지만, 또 한편 국가와 자본에 깊숙이 종속되는 결과가 초래되었음도 분명했다.

(2) 농업생산 자재 보급

실질적으로 1970년대 '녹색혁명'을 가능케 한 가장 중요한 요인은 신품종 보급과 함께 비료 및 농약 사용의 획기적 증대였다. 일제시기부터 사용되기 시작한 비료는 해방 후 전량 수입에 의존하다 1970년대 중반에 들어와서야 완전 자급단계에 도달했다(한국농촌경제연구원, 1999: 438). 즉, 1976년 들어 농가 소비량은 성분량 기준으로 64만 3,000톤인 데 반해 생산은 83만 3,000톤이 넘어 완전자급이 가능해졌다. 1979년에는 비료 소비량이 86만 톤을 넘었고, 특히 1977년 남해화학(제7비료공장)이 준공되면서 비료생산 능력은 100만 톤(성분량)이 넘어 외려 수출이 시급한 상황이었다(농수산부, 1980: 36~37). 이러한 비료 사용량은 1961년 30만 톤에 비해 세 배 가까이 증가한 것이었다(농림부, 1969: 86).

비료사용량의 폭증과 대비되어 녹비 생산량은 급격하게 감소했다. 1960년대 최대 94만 톤(1962) 최소 34만 톤(1965)이었던 녹비 생산량은 1979년에 2만 5,000여 톤으로 급감했다(농림부, 1969: 90; 농수산부, 1980: 35). 이제 농업에 사용되는 비료는 대규모 공장에서 생산되는 화학비료가 대종을 이루게 된 것이었다.

농약은 이미 1960년대 들어 관리제도의 강화가 시도되었다. 먼저 병해충 발생 예찰제도가 시행되어 1962년 전국에 10개소의 예찰소가 개소된 이래 매년 증가되어 1979년에는 151개소가 운영되었다. 또한 1962년에는 농림부 장관을 위원장으로 하는 방제단이 조직되어 각급 행정조직은 물론 농촌진흥청, 농촌지도소와 농협, 농약회사, 농기구 회사가 총동원되어 운영되었다. 1989년에는 3만 3,579개의 공동 방제단이 조직되어 거의 마을마다 하나씩 조직된 셈이었고 1969년부터는 항공방제도 실시되었다(한국농촌경제연구원, 1999: 479~491).

이에 따라 비료 사용량은 1961년 ha당 150kg에서 1978년 390kg으로 대폭 늘었으며 농약 사용량도 5,557톤에서 2만 7,320톤으로 다섯 배가량 급증했다(시거드슨·김영철, 1981: 204). 비료와 농약 사용의 급증에는 비가역적 특성이 있다고 할 수 있는데, 한번 화학비료와 농약을 사용하기 시작하면 다시 되돌리기 힘들었다. 비료와 농약의 투입은 농업생산력의 확충이자 거대 자본의 농업 장악이기도 했다.

다음으로 농업기계화를 살펴보자. 박정희는 미신을 없애고 과학기술을 보급하는 것이 농어촌 개발의 지름길이라고 생각했는데, 농업기계 보급은 과학기술 보급이자 노동생산성을 향상시킬 수 있는 일석이조의 효과라는 신념에 차 있었다. 이에 따라 농업기계화 5개년계획(1971)이 수립되었고 장기 저리의 정부 융자 공급, 국산품 수급 원칙하에 농업기계가 대량으로 공급되기 시작했다. 그래서 1961년 30대에 지나지 않았던 동력 경운기가 1979년에는 23만 8,000여 대에 이르렀다(농림부, 1969: 124; 농수산부, 1980: 56). 이는 다시 1981년 35만 4,000대로 확대되어 6호당 1대 꼴로 증가했다. 이 외에 동력방제기 16만 4,000대, 탈곡기 14만 5,000대, 양수기 8만 6,000대가 보급되었다. 나아가 동력 이앙기는 1977년 53대에서 1981년에는 1만 5,000대로 확대 보급되었고, 바인더는

1981년 2만 1,000대, 콤바인은 900대가 공급되었다(한국농촌경제연구원, 1999: 351~ 368). 그 결과 호당 투하 노동시간은 남성 기준으로 1972년 1,022시간이 넘었으나 1979년에는 806.55시간으로 감축되었다(농수산부, 1976: 190, 1980: 176).

이러한 농업기계화의 의미가 어떠한 것이었는지 경운기의 사례를 통해 살펴보자. 경운기 보급은 이미 1960년대에 시작되었는데, 1964년 기준으로 60만 원, 쌀 30가마에 해당하는 고가였기에 농민들에게는 석지 않은 부담이었다. 가격뿐만 아니라 기계화에 익숙지 않은 농민들에게 경운기는 '시기상조'의 물건처럼 인식되기도 했다. 한 마을의 사례를 보면 경운기 도입에 마을 주민들의 반대가 만만치 않았음을 알 수 있는데, 농림부가 배정한 경운기 인수를 위해 경운기 대금 상환액이 부족할 경우 이장이 사비로 충당할 것을 확약할 정도였다. 일단 인수한 다음에는 경운기의 효율성이 확인되어 "경운기 없이는 농사를 못 짓겠다"는 얘기가 나올 정도였다고 한다. 또한 정부 보조금이 경운기 대금의 3분의 2에 달해 개인적으로 경운기를 구매할 경우 상당한 이득을 볼 수 있었다고도 한다(이세영, 2003: 224~226). 농업기계를 매개로 국가와 농민의 이해가 접합되는 한 양상이었는데, 국가와의 관계 여하에 따라 상당한 경제적 이득이 보장될 수 있다는 점이 확인됨으로써 농민의 대(對) 국가 태도에 일정한 영향을 미쳤다고 보인다.

(3) 토양조사 및 농업기술 보급

국가의 농업 생산과정 개입은 토양 정밀조사를 통해서도 확인된다. 토양조사는 농업 전반에 관련된 기초조사로 작물선정, 재배방법, 시비법 등에 직간접적으로 영향을 미치는 자료가 된다는 점에서 생산과정 개입의 기본 조건이 된다고 할 수 있을 것이다. 이미 일제시기에 예비조사 격으로 위치, 면적, 지형, 기상, 지질, 퇴적 양식 등에 대한 조사가 진행된 바 있었지만 본격적인 토양조사는 1960년대에 들어서야 이루어졌다. 1963년 유엔특별기금(UNSF), 유엔식량농업기구(FAO), 한국 정부 3자 간에 한국 토양조사사업기구를 구성해서 1969년까지 5개년 사업으로 토양조사를 실시했다. 그 결과 1980년까지 농경지 및 야산개발 가능지 280만 ha 이상에 대한 정밀 토양조사가 마무리되었다(한국농촌경제연구원, 1999: 544~545).

농업 생산과정 개입을 위해 반드시 확보되어야 할 것 중의 하나가 농업기술상의 우위였다. 농업사회에는 전통적인 소량 생산체계가 그 나름대로 능률적이고 합리적으로 존재했다. 새로운 생산기술을 도입한 농민보다는 기존 소량 생산기술을 체득한 농민이 좀 더 정확하고 능률적일 수도 있었다(반옥, 1980: 78). 따라서 확고한 기술우위에 입각한 개입이 아니라면 농민의 반발을 사기 쉬웠다.

근대적 농업기술 보급은 일제시기 이래 진행되어 해방 이후 농사개량원(1947), 농업기술원(1949), 농사원(1957) 등에서 이루어지다가 1962년 농촌진흥청 발족과 함께 본격화되었다. 농진청은 그간 각 부서별로 분산되어 있던 농업기술 보급을 일원화해 강력한 집행체계를 갖추었고 아울러 도·군·읍·면으로 이어지는 일관 조직 체계를 갖추었다는 데 특징이 있다. 농진청 발족 이후 농촌 지도인력이 대대적으로 확충되어 연구직과 지도직 인력은 1960년 1,502명에서 1970년 6,995명, 1980년 8,838명으로 증가했다(박진환, 2005: 76).

토양조사와 농업기술 보급은 농민들의 오랜 농사경험과 지혜 대신 근대 과학주의가 농업을 지배하게 되었음을 상징하는 것이었다. 토질과 작물 선정에 대한 농민의 경험은 '과학적 토양조사' 앞에서 낡은 것으로 치부되었고, 세밀하게 작성된 토양지도가 작물 선정과 시비법의 절대적 기준처럼 되었다. 농민의 입장에서 매해 반복되는 작물 선정은 이제 마을 노인의 지혜 대신 관공서의 서류더미에 의존하게 된 것이다.

(4) 법제 정비

1970년대 국가적 개입은 법적·제도적 정비를 통해서 뒷받침되었다. 1970년 1월 12일 법률 제2199호로 「농촌근대화촉진법」이 제정된 것을 시발로 1972년 「농지의 보전 및 이용에 관한 법률」, 1975년 12월 8일 「농지확대개발촉진법」, 1978년에는 「농업기계화촉진법」 등이 제정되어 국가의 농업 생산과정 개입을 제도화했다. 이 중 관심을 요하는 것이 1972년 제정된 「농지의 보전 및 이용에 관한 법률」이었다. 이 법은 절대-상대 농지 제도를 도입해 국가가 토지이용에 깊숙하게 개입하기 시작했음을 알려주는 것이었다.

이 법은 1975년 재차 개정되었으며 그 주요 내용은 도시계획 및 공업단지 조성 시 절대농지가 포함될 경우 주무 장관과 농수산부 장관의 협의제 신설, 일정 면적 이상의 절대농지 전용허가 시 국무회의 의결 필요, 또한 보전 관련으로는 절대농지 지정, 전용 제한, 대체 농지 조성 및 농지의 지목변경 금지, 이용관련으로는 성실 경작의무 준수, 휴경지에 대한 대리경작 및 다년생식물 등의 재배금지 등이었다. 이 외에 농지 카드 및 농지원부를 작성하고 비치해 농지의 소유 및 이용실태를 파악하고 이의 효율적인 이용과 관리를 도모했다. 그 결과 절대농지 지정 비율은 1973년 12월 31일 기준으로 전체 농지의 50.7%에 달했다(조영탁, 1993: 251~253).

절대농지 제도는 당시에 비판의 대상이기도 했다. 비판의 근거는 절대농지 제도의 취지 자체에는 찬성하지만, 농업만으로는 농가소득증대에 일정한 한계가 있기에 공업적 소득을 중심으로 한 농외소득 개발이 중요한데, 절대농지 제도가 오히려 농민의 이탈을 가속화할 수 있다는 것이었다. 즉, 이 제도는 농민과 농업을 위하는 정책으로 보이면서도 도리어 농업생산을 저해할 수도 있는 자승자박의 결과를 가져올 위험이 있다는 비판이었다. 그래서 법적인 규제가 과도해서는 곤란하고 농민들의 자치적 처리방식을 주문했다(주석균, 1974: 822~824). 이러한 비판은 가장 중요한 농업 생산수단인 토지 이용에 대한 국가 개입을 우려하는 것으로 보이는바, 그만큼 농업 재생산 과정에서 차지하는 국가의 역할이 증대되고 있음을 방증하는 것이었다.

한편으로 국가의 농업 생산과정 개입은 상당한 제한 속에서 이루어진 것도 분명했다. 먼저 재정투입을 보면, 1970년대 내내 정부 총예산 중 농림수산부문 예산의 비율은 4~6%대에 머물렀다. 1970년대 중 가장 높았던 1973년의 비중이 6.6%에 지나지 않았다. 이러한 수치는 1990년대 두 자릿수 비중(1996년 14%)에 비해 매우 적은 수치였다(한국농촌경제연구원, 1999: 846). 그렇기에 1970년대 농업 현실은 상업적 농업을 소화할 수 있는 기반과 능력의 제약, 기계화에 의한 노동력 대체 능력의 제약, 농외소득 제한 등 농업생산과 농가소득을 증대하는 데 외적인 제약 요소가 많은 상황이었음을 분석할 수 있다(이질현·정영채, 1981: 187~189).

이러한 한계와 제약 속에서도 국가의 농업 투자 및 재생산 과정 개입에 따라 농업생산력은 괄목할 만한 성장을 보였다. 1960년대 10a분의 300kg이었던 미곡 생산량이 1970년대 중반 이후 10a분의 450kg까지 증가했는데, 특히 1977년에는 494kg까지 증가해 최고수준을 기록했다(농수산부, 1980: 98). 일제시대까지 한국의 미곡 생산성은 일본의 절반 내지 3분의 2에 지나지 않았다. 1966~1970년 사이에도 1ha당 생산량이 일본은 3.92톤인 데 반해 한국은 3.14톤밖에 되지 않았다. 그러나 1970년대 이후 한국의 생산성은 일본을 추월할 정도였다. 1975~1979년에는 일본이 4.25톤, 한국이 4.46톤을 기록했다(박진환, 2005: 78). 특히 1975년은 사상 처음으로 주곡의 자급을 달성한 해이자 농업생산액도 1조 원대로 진입한 해로 기록되었다.

그러나 맥류 생산, 축산, 농가 부업 등은 1975년 이후 계속 감소하는 현상을 보였다. 정부가 주곡을 국가안보와 고도 경제성장의 기반으로 하고 농업시책의 최우선순위로 제반 정책을 추진했기 때문이다. 맥류는 단위당 수확량은 증가했지만 식부면적 감소로 1976년 180만여 톤이던 생산량이 1977년에는 100만 톤이 감소한 86만 톤에 그쳤다(이질현·정영채, 1981: 78).

농업의 필수 존립 요인은 농지, 농산물 시장, 농업기술의 질, 자재의 공급상태, 교통시설 등으로 요약될 수 있는데, 농업의 생산성은 곧 이들 요인의 효율성과 밀접히 관련되는 것이었다. 특히 농산물 시장기능 강화는 필수 요인 중에 가장 큰 비중을 차지하고 있으나 이를 관리하는 데 정부는 속수무책이었기에 곤란한 지경에 처하게 되었다(반옥, 1980: 83~106). 요컨대 유통과정이 또 다른 문제로 제기되는 것이었다.

2) 농업 유통과정 변화

농업이 자본주의 시장경제에 본격적으로 편입되면서 유통과정의 중요성은 점점 더 강화되었다. 농업 유통은 농업 생산물 판매뿐만 아니라 종자, 농자재, 농기계 구입 등 농업관련 거의 모든 물자의 유통을 의미하는 것이다. 생산력의 일정한 진전이 있었다 하더라도 유통과정이 제대로 뒷받침되지 못한다면 농업의 전망은 매우 불투명해질 것이다. 요컨대 유통과정 분석이 진행되지 않는다면 농업 재생산과정의 의미도 제대로 파악하기 힘들 것으로 여겨졌다.

(1) 농산물 판매과정의 변화

농업유통에서 일차적으로 검토해야 할 것은 양곡 유통이었다. 양곡, 특히 미곡 유통은 주곡 자립화라는 국가 방침에 따라 결정적으로 중요해졌다. 1950년대 국가의 양곡 유통 개입은 농지개혁 상환곡, 현물세 등에 의존한 것이었다. 1953~1955년 정부미는 전체 생산량의 20%에 달했다. 그러나 농지개혁 상환곡이 끝나고 지세 현물제도 폐지되면서 1956~1960년의 정부미는 전체 생산량의 6.5%에 그쳤다(박진환, 2005: 23). 농업생산력의 불안정성과 재정압박 때문에 양곡 유통시장에 대한 국가개입의 한계가 노정된 것이었다. 그런데 경제성장에 따라 1960년대 초반 150만 M/T였던 비농가 미곡 소비량이 후반에는 200만 M/T으로 증가되어 국가의 양곡 관리 대책이 절박해졌다(조영탁, 1993: 18).

국가의 양곡시장 개입은 특권 수요자와 가격 조절자라는 두 갈래의 방식으로 진행되었는데, 점차 후자가 중심적 역할을 맡게 되었다. 1960년대 국가의 시장 개입을 위한 장치로 수매제도 및 방출제도가 형성되기는 했지만 제반 상황에 따라 적극적인 시장개입은 불가능했다. 1960년대 정부의 양곡관리량은 전체 생산량의 10%가 안 되는 수준이었다. 이를 만회하기 위해 국가는 외곡 도입을 추진했지만 이는 1960년대 말 이후 국제수지 방어상의 문제를 야기했다. 결국 1960년대 양곡유통은 상인자본이 주도함으로써 농민과 소비자 모두 큰 피해를 보게 되었다(조영탁, 1993: 25~39).

이에 따라 1960년대 후반 들어 국제수지 방어, 농촌 구매력 강화를 통한 소비 진작 필요성, 공업화 추진을 위한 증산 필요성 등이 복합적으로 작용해 고미가 정책이 본격적으로 추진되기 시작했다(오유석, 2002: 166~167). 여기에 급속한 이촌향도에 따른 도시 하층민의 광범위한 퇴적과 사회불안화가 또 다른 배경으로 작용했다고 보인다. 이러한 상황에서 1971년 전국경제인연합회의 고미가 정책 건의가 이루어지게 된 것이다.[4] 요컨대 자본과 농민의 요구 간의 타협을 국가가 대리 실천하는 양상이었다고 할 수 있다.

다수확 신품종 보급과 결합된 이중곡가제는 상당한 정도로 농가경제를 개선시킨 것으로 보인다. 1970년대 중반 농가 소득이 도시 가구소득

---

4 전경련은 1970년 무렵까지 고미가 정책에 비판적 입장을 견지했다. 그러나 1972년을 전후해 적극적으로 고미가 정책을 건의하기 시작했다. 그 이유는 내수 진작을 통한 경기침체 극복과 국제수지 방어였다. 전경련뿐만 아니라 대한상의도 고미가 정책을 주문했고 내각기획조정실 평가 교수단도 저미가 정책을 비판했다. 이러한 분위기에서 1970년대 초 세계은행은 지속적으로 고미가 정책을 비판했지만, 박정희 정권의 태도는 바뀌지 않았다(≪매일경제≫, 1970.8.29; ≪경향신문≫, 1972.7.25; ≪동아일보≫, 1972.7.27 등 참조).

을 추월하고, 농가 현금사정이 개선된 것도 고미가 정책의 영향으로 분석된다.[5] 고미가 정책의 효과를 구체적으로 살펴볼 수 있는 것이 경운기 가격 상승과의 비교이다. 1967년 기준으로 경운기 한 대 가격은 26만 9,000원인 데 반해 곡가는 정곡 1가마 기준으로 3,730원밖에 되지 않아 경운기 구입을 위해서는 정곡 5.7톤이 필요했다. 그러나 1978년의 경우 1.8톤이면 경운기 1대를 구매할 수 있었다(시거드슨·김영철, 1980: 211). 이는 고미가 정책으로 공산품과의 가격 교역조건이 개선되었음을 의미하는 것이었다.

그러나 이중곡가제는 판매원가와 방출가격 사이의 차액을 발생시켰고, 이것을 한국은행 차입금으로 해결하고자 했기에 통화 팽창을 불러왔다. 즉, 양곡관리기금 결손상황을 보면, 1970년 20억 원에 지나지 않았던 것이 1974년에는 1,250억 원, 1979년에는 2,000억 원이 넘었다. 국가-자본의 입장에서는 비효율적인 농업분야에 과다한 자금이 배분되는 것처럼 보일 수 있는 상황이었다. 이에 따라 1970년대 말 경제 상황 악화와 함께 수출채산성 악화 요인으로 농촌부문으로부터의 인력공급 지연, 식료품 중심의 물가상승이 거론되기 시작했고, 그 대책으로 이중곡가제의 단계적 지양을 통한 농촌인력의 유출촉진, 식료품 수입 원활화 등이 제시되었다(조영탁, 1993: 121~125).

---

5 예컨대 비료 판매의 경우 외상 비율이 대단히 높았지만, 고미가 정책 실시 이후 농가 현금 사정이 나아지면서 현금 판매비율이 급속도로 높아져 1975년에는 그 비율이 80%에 이르렀다. 고미가 정책의 후퇴와 함께 1970년대 후반 현금 판매비율은 다시 60%대까지 후퇴하기도 했으나 1980년대 이후 80%대를 유지하게 되었다(한국농촌경제연구원, 1999: 444~445).

시장 기능을 강화하는 정책전환은 시장의 무정부성에 따른 농산물 가격파동을 불러오는 것이었다. 1970년대 농업 생산력의 확대와 상업 영농의 진작으로 농산물의 70%가 상품으로 시장에 출하되는 상황이 전개되었으나 농업정책은 물량 증대에만 신경 쓰고 유통은 시장에 맡긴 형국이었다. 여기에 개방농정이란 슬로건하에 외국 농산물이 대량으로 수입되면서 1970년대 말의 농업문제는 더욱 심각해졌다.[6] 1970년대 후반 상업 작물의 가격 파동이 반복되었고 국가는 농산물 유통구조 개선 정책을 펴기도 했지만, 문제를 해결할 수 없었다(한국농촌경제연구원, 1999: 65).

(2) 생산자재 구매과정 변화

양곡 유통과 함께 국가의 유통과정 개입은 다방면으로 확대되었다. 그것은 1970년대 가장 중요한 농업 용품이었던 비료와 농약 유통과정을 통해서도 확인된다. 1962년 이후 비료 공급은 농협으로 일원화되어 1982년까지 유지되었다. 구체적으로 살펴보면 작물별 할당 판매제도(1962~1970.9.30)에서 자유 판매제(1970.10.1~1973.7.31), 실수요자 할당 판매제도(1973.8.1~1975.12.18), 그리고 다시 자유 판매제(1975.12.19~1979.12.19)로 변경되었다. 할당 판매제도와 자유 판매제가 교차되다가 자유 판매제로 귀결되는 양상이었다(한국농촌경제연구원, 1999: 440~444).

비료 유통의 핵심 기구였던 농협은 구매가보다 저렴한 가격으로 농민에게 비료를 공급함으로써 역마진 손실이 발생하게 되었다. 역마진 손실

---

6 그 문제는 소득증대와 상관 정도가 떨어지는 물량생산 증대와 시장의 기능문제로 모아졌다(반옥, 1980: 80).

에 따른 비료계정의 적자 규모는 1979년 1년 동안에만 1,257억 원에 달했고 누적 적자는 3,000억 원에 육박했다(한국농촌경제연구원, 1999: 419~466). 이중곡가제와 유사하게 농업 생산과정의 손실을 국가가 떠안는 구조가 정착된 것이며 그만큼 농민의 대 국가 의존도를 심화시키는 것이었다.

농약유통 또한 농협을 중핵으로 하여 이루어졌다. 1950년대 농약은 주로 농회나 원예조합을 통해 유통되었으나 1960년대 초반에는 원예조합과 수리조합 그리고 시판상을 통해 공급되었다. 그러나 1966년도부터 식량증산 사업 추진이 본격화되면서 정부가 농작물 병해충 방제계획을 수립해서 계획적으로 공급했다. 특히 1970년에는 농림부에서 농약 수급계획을 수립해, 수도용 농약 및 맥류 적미병 농약과 정부보조 농약은 농협에서 전량 확보해 적기에 적량을 공급토록 했다. 1972년 농협 공급물량은 29.9%였으나 1979년도에는 52.9%에 달했다. 농약 가격도 강력한 정부 통제하에 움직이게 되었다. 1968년까지 자유시장에 맡겨졌던 농약 가격은 1969년 「농약관리법」이 제정되면서 정부가 판매 또는 공급가격을 조정할 수 있도록 했다(한국농촌경제연구원, 1999: 512~514).

농약과 비료가 농업에 필수적인 요소로 자리 잡아감에 따라 그 과정을 장악하고 있던 국가와 농협 또한 농업과 농민의 생존에 필수적 요소가 되었다. 농협에 가입하지 않고는 농협의 지원이나 비료와 농약 같은 농용자재를 구하기 어렵기 때문에 농민의 입장에서 농협 가입은 선택이 아닌 필수였다(임경택, 1991: 124).

(3) 농업금융 체계의 재편과 농협의 역할

영세 소농 체제하에서 자립성이 매우 약했던 한국의 농가에게 농업 재생산 과정의 금융공급은 매우 중요했다. 농지개혁 당시까지도 농민들은 영농비는 물론 생활비용까지도 지주의 지원 없이는 지탱할 수 없는 형편이었다(이세영, 2003: 118). 연리 50%에 이르는 고리채가 성행할 수밖에 없었던 것은 그만큼 농민의 자립성이 매우 약했다는 것을 방증하는 것이었다. 쿠데타 직후 시행한 농가고리채 정리사업의 실패에서 엿보이듯이, 금융은 단순한 경제관계가 아니라 혈연, 지연으로 얽힌 마을의 사회적 관계와 밀접하게 연관되는 것이었다. 금융공급의 장악은 곧 농촌마을의 전반적 장악과 다를 바 없었다.

국가의 정책 집행 수단은 공식 행정제도 이외에 농협이 대표적이었다. 농협은 국가와 농민을 연결하는 핵심 장치였으며 양자 간 유통과정의 거의 모든 부분을 담당했다. 농자재 보급, 수매, 금융제공 등 농협은 가히 전 방위적인 차원에서 농업 유통과정에 개입했다. 특히 농협은 금융 부문에서 결정적 역할을 떠맡았다. 예컨대 농기계 공급은 농협과 업체가 번갈아 맡아 운영했지만 융자 업무는 일관되게 농협의 담당이었다(한국농촌경제연구원, 1999: 382).

1970년대를 거치면서 나타난 농업금융상의 중요한 변화는 영농자금 대출이 급증했다는 것이었다. 1970년 약 770억 원에 그쳤던 농업자금 융자실적이 1979년 말 기준으로 7,700억 원으로 증가했다(농수산부, 1980: 230). 불과 10년 만에 열 배나 증가했다는 것은 인플레를 감안한다 해도 매우 빠른 속도로 늘어난 것임을 의미했다. 1970년대 후반 이후 농촌의 농업금융을 책임졌던 것은 농협이었다.

〈표 1.1〉을 통해 알 수 있듯이, 1970년대 후반부터 농협은 주요한 금융 제공자로 등장하기 시작했고 1980년대 이후로는 압도적 지위를 차지

〈표 1.1〉 금융기관별 농가부채 현황

(단위: 천 원)

연도	금융기관			개인	총계
	농협	시중은행, 기타	소계		
1970	5(31.3)	1(6.3)	6(37.6)	10(62.4)	16(100.0)
1975	10(30.3)	2(6.1)	12(36.4)	21(63.6)	33(100.0)
1980	165(48.7)	8(2.4)	173(51.1)	166(48.9)	339(100.0)
1985	1,337(66.1)	103(5.1)	1,240(71.2)	584(28.8)	2,024(100.0)
1990	3,857(81.5)	221(4.7)	4,078(86.2)	656(13.8)	4,734(100.0)

자료: 한국농촌경제연구원(1999: 908)에서 재구성.
주: ( )는 구성비임.

해나갔다. 특히 제도금융의 95% 이상이 농협을 통해 이루어졌다. 농업금융은 비료, 농약 등의 주요 농용자재와 병행해서 공급되며 또한 농산물 유통 및 지도사업과도 밀접하게 결부되어 있었다(시거드슨·김영철, 1981: 205). 즉, 농민은 이제 농협을 통해 자금 융통, 농자재 및 농기계 구입, 상품 판매를 일원적으로 처리하게 된 것이었다.

한편 농촌 금융과 관련해 저축 부분을 살펴볼 필요가 있다. 즉, 전통적 금융수단이 퇴조하면서 현대적 금융기관이 농촌의 중요한 저축수단으로 성장했던 것이다. 대표적 농촌 금융기관인 농협과 수협, 그리고 새마을금고의 경우 민간저축 상승률을 상회하는 급속한 저축 증대율을 보여주었다. 1971년 200억 원의 금액으로 민간 저축 대비 7.7%였던 것이 1977년에는 2,566억 원으로 증가해 비중이 9.5%로 확대되었다(황인정, 1980: 159). 요컨대 새마을금고, 농협으로 구성된 농업금융 시스템이 전통적 금융조달 체계를 대체하면서 농촌지역을 장악해 들어가기 시작했던 것이다.

박정희 체제는 농가소득 향상을 꾀하는 동시에 향상된 농가소득을 다시 저축과 재투자로 연결시키고자 했고 그 수단으로 농협과 새마을금고를 활용했다. 박정희의 지시에 따라 정부는 1973년 농어촌에서 1조 원의 저축을 동원하기로 결정해 3만 4,665개 마을에 새마을 저축반을 만들고 2,307개 마을에 마을금고를 설치하도록 했는가 하면, 1가구 1통장 운동, 1일 5원 개미저축을 장려하기로 했다(≪조선일보≫, 1973.9.6).

이상에서 살펴본 농업 생산과정과 유통과정의 변화가 초래한 결과는 농업생산비 구성 변화를 통해 확인 가능하다.

〈표 1.2〉에 따르면 10년간 미곡생산비 구성에서 가장 큰 변화를 보여준 것은 농구비였다. 1969년 3.9%에서 꾸준히 증가해 1970년대 말에 10%대에 육박했다. 이것은 농업기계화에 따른 비용상승으로 보이는데, 축력비가 5.6%에서 3%대로 감소하는 것과 대비되는 것이었다. 아울러 인건비가 지속적 감소 추세인 것도 기계화 비용 증가와 대비되는 것이

〈표 1.2〉 연도별 10a당 미곡 생산비

(단위: 원)

연도 구분	1969		1971		1973		1975		1977		1979	
	금액	비율	금액	비율	금액	비율	금액	비율	금액	비율	금액	비율
종묘비	233	2.8	311	2.8	444	2.8	797	2.7	1,197	2.7	1,593	2.3
비료비 무기질	874	10.5	816	7.3	1,015	6.3	2,581	8.9	5,210	11.8	5,011	7.2
비료비 유기질	299	3.6	355	3.2	489	3.0	1,052	3.6	1,327	3.0	2,266	3.3
방제비	224	2.7	391	3.5	579	3.6	1,780	6.1	2,077	4.7	3,899	5.6
제재료비	78	0.9	145	1.3	405	2.5	667	2.3	1,729	3.9	2,479	3.6
수리비	486	5.9	759	6.8	956	6.0	1,089	3.7	2,190	4.8	3,284	4.7
조세공과금	364	4.4	311	2.8	394	2.4	832	2.8	2,169	4.8	3,285	4.7
제부담금	33	0.4	109	1.0	177	1.1	203	0.7	434	1.0	590	0.8
농구비	320	3.9	545	4.9	926	5.8	1,858	6.4	4,139	9.4	6,798	9.8
농사비	100	1.2	116	2.9	186	1.2	391	1.3	711	1.6	864	1.2
축력비	466	5.6	692	6.2	924	5.8	1,160	3.9	1,425	3.2	2,058	3.0
노력비	4,811	58	6,633	59.3	9,569	59.6	16,631	57.3	21,472	48.7	37,070	53.6
합계	8,288		11,183		16,064		29,041		44,080		69,197	

자료: 농수산부(1976: 196, 1980: 182)에서 재구성.

다. 비료대도 연도별로 편차가 있기는 하지만 10%대를 넘나들면서 중요한 비중을 점하고 있는 것을 알 수 있다. 농약을 의미하는 방제비용 또한 꾸준한 증가세로 많은 경우 6%대에 달했다. 또한 각종 농자재를 의미하는 제재료비도 0.9%에서 3%대로 증가함으로써 무시하지 못할 농업비용이 된 것도 주목할 만하다. 요컨대 앞에서 검토한 대로 농업재생산 과정은 국가와 자본의 강력한 영향력하에 놓이게 된 것이었다.

3. 새마을운동의 '정치경제학'

1) 새마을운동의 소득증대 효과

1975년 10월 3일 새마을연수원에 입원한 부녀지도자반 분임토의의 주제는 '새마을운동의 지속적 발전방안'이었고 부제는 '협동생산과 공동판매 처리방안'이었다. 여기서 부제 선택 동기는 다음과 같이 설명되었다. "새마을운동은 잘살기 운동이다. 잘살기 위한 우리의 지상 목표인 소득증대가 이루어졌을 때 새마을운동의 지속적인 발전이 가능한 것이다. 우리가 환경개선사업을 꾸준히 추진해온 결과 새마을운동은 어느 정도 마무리 단계에 있으므로 새마을 정신을 바탕으로 한 소득증대 사업의 전개가 절실히 요청되고 있다"(백동주, 1975: 103~104).

새마을운동의 궁극적 목적이 소득증대임은 권력과 농민이 공히 공유하고 있는 것이었다. 새마을운동은 정신혁명과 함께 '잘살기 운동'이라는 점이 강조되었는데, 이는 체제의 선전 슬로건이자 농민들의 욕망이기도 했다. 새마을운동에 대한 국가의 공식 입장은 다음과 같았다. "새마을운동은 농촌 후진성의 두 가지 요소인 과학적 합리주의 정신의 결여와 소농사회의 전통적 정체성을 극복하고 소득의 획기적 증대를 꾀하여 고소득 복지농촌을 건설하려는 데 그 궁극적 목표를 두고 있다"(내무부, 1979: 45). 이러한 국가의 공식 목표는 농민의 욕망과 맞닿아 있는 것이었다. 농민들에게 가장 중요했던 것은 환경개선과 같은 변죽이 아니라 삶과 직결되는 생산과정이었다.

1970년대 새마을운동은 ① 기반조성 단계(1971~1973), ② 자조발전 단계(1974~1976), ③ 자립완성 단계(1977~1979)로 구분된다. 제1단계는 환경개선사업에 치중한 실험적 성격의 준비단계였는데, 기반조성기 활동을 통해 단순한 환경개선보다는 정신계발, 생산소득 운동을 포함하는 개념으로 발전시켜야 한다는 방향설정이 이루어졌다(한국지방행정연구원, 1988: 18~22). 요컨대 1975년을 전후해 새마을운동은 본격적으로 소득증대를 중요한 과제로 내세우기 시작했다고 할 수 있었다.

그런데 흥미로운 것은 새마을운동이 시작되기 전부터 박정희는 농촌 환경개선사업에는 큰 의미를 부여하지 않았고 소득증대를 강조했다는 점이다. 즉, 1969년 11월 박정희는 환경개선사업을 평가절하하면서, "어디까지든지 기본 방향은, 주민들의 소득증대 사업에 좀 더 많은 재원을 투입하고 거기에다 더 많은 투자를 해서 농촌에 알이 차도록" 해야 한다고 강조했다(대통령비서실, 1973a: 620). 소득증대는 새마을운동을 전후해 농정의 기본이었던 것이다.

소득증대 사업은 1980년대 농가소득 140만 원 달성을 목표로 경지정리, 농업용수시설, 농업기계화 등 영농구조 개선사업과 종자 및 못자리

개량, 퇴비증산 등 과학영농, 그리고 협동생산, 유통구조 개선사업 등을 역점 추진하는 것으로 설정되었다. 이 외에도 농외소득증대를 위해 새마을 공장건설 확대와 농한기 노임소득사업, 잠업, 양송이 등 특용작물, 축산, 산림, 수산 등 소득증대 특별사업도 추진되었다. 그래서 영농기술의 강화, 다수확 품종의 도입, 영농 기계화로 미곡 자급자족 달성, 농가소득 증대가 이 단계의 성과라고 주장되었다. 마지막 자립완성단계는 생산소득 기반의 지속적 확충과 주택개량 등 주거환경개선사업 확대, 간이급수 시설, 전기·전화 가설 등으로 농촌 문화·복지 생활기반을 확충하는 것이 목표였다(한국지방행정연구원, 1988: 23~26).

이에 따라 1972~1976년에 제2차 농어민소득증대특별사업(농특사업)이 시행되었는데, 1974년부터 새마을소득증대특별사업으로 개칭 통합되었다. 이 사업의 성격은 비식량 분야를 담당하는 것으로 축산, 잠업, 특용작물, 원예작물, 수산양식, 양송이, 밤, 표고 등 21개 품목을 대상으로 137개 지구에서 75만 호의 농·어가가 참여해서 진행되었다(한국농촌경제연구원, 1999: 55). 이어서 1977년도부터 '새마을소득종합개발사업'이 추진되었다. 이 사업의 목표는 읍면단위로 지역 농업개발 방향을 설정하고 단위 농협이 주관하여 생산에서부터 유통에 이르기까지 종합적이고 체계적으로 지원하여 복지농촌을 건설하려는 것이라고 설명되었다(이질현·정영채, 1981: 175). 사실 이러한 사업은 이전에도 다양한 주체와 방법으로 시도되어 왔었지만, 새마을운동 개시와 함께 재편된 것에 지나지 않았다.

어쨌든 새마을운동 시기 정부의 재정투자가 상당한 정도로 증가한 것만은 사실이었다. 새마을사업을 통한 농업투자는 1973년 불변가격으로

961억 원에서 1978년 2,968억 원으로 증대되었다. 정부지원은 1975년도에 가장 높아 42%를 넘었으나 다른 연도는 30% 미만이었다. 주민부담은 노력, 현금, 자재, 토지 등이었는데, 1970년대 전반기에는 노력 부담 비중이 높았지만 1970년대 후반에는 현금 부담이 높아졌다. 그런데 현금 부담액의 60%는 융자금에 의한 조달이었다(박기혁, 1981: 170~171).

그러나 새마을운동은 산업화 과정 속의 농촌의 몰락을 저지하는 데는 실패했다. 1968년 1,600만 명 선에 육박해 전체 인구에서 차지하는 비중이 51.6%에 달했던 농가인구는 1979년 1,100만 명을 약간 상회하는 정도로 줄어들어 전체 인구에서 차지하는 비중도 31.1%에 지나지 않을 정도로 급감했다(농수산부, 1980: 21). 10여 년간 무려 3분의 1이 감소했고 단기간 내에 급속히 이루어졌기에 대응 방안도 별로 없었다(반옥, 1980: 79).

인구 감소의 내용은 더욱 안 좋은 것이었다. 즉, 경제활동 인구 중 양질의 노동력(14~49세) 비중이 계속해서 줄어들어 1961년 81.2%였던 것이 1978년에는 70.4%로 줄었다. 특히 1970년 79.8%였던 것이 1975년에는 73.2%로 줄어 새마을운동이 정점을 찍던 시기에 오히려 양질의 노동력 이출이 더욱 심화된 것을 알 수 있었다. 50세 이상 비율은 동기간 20.7%에서 26.8%로 증가했다(시거드슨·김영철, 1981: 207). 이는 곧 단신 이주가 많았던 것이 원인이다. 요컨대 가구는 유지하면서 가족 구성원, 즉 자녀들을 도시로 내보내는 농가가 급증했음을 보여주는 것이다. 이에 1970년 5.8명이었던 가구당 인구수가 1979년에는 5.03명으로 감소되었다(성공회대학교 새마을운동 연구팀, 2010: 6).

정부 또한 "경지의 상대적인 감소와 농업 노동력의 절대적인 감소 등 여러 가지 어려운 상황"임을 인정하지 않을 수 없었다(내무부, 1979: 39).

농촌의 청년 노동력 감소를 핵심으로 한 인구감소는 새마을운동의 소득증대 사업성과가 농민들을 농촌에 묶어둘 만큼 강렬한 것이 아니었을 가능성을 제기하는 것이었다. 다시 말해 잘살기 운동이라는 새마을운동의 소득증대 사업은 실패에 가까운 것이었다. 소득증대 사업의 부진상황은 새마을운동 관련 공식 통계자료를 통해서도 확인가능하다. 〈표 1.3〉을 보면 마을안길확장, 농로개설, 소교량 가설, 마을회관, 소류지, 보, 도수로 등의 사업은 100% 이상 초과 달성된 반면, 소득증대 또는 공동작업과 밀접하게 관련된 사업들은 실적이 매우 저조했다. 창고는 64%였고 작업

〈표 1.3〉 주요 새마을사업 추진실적

사업명	단위	목표(71년 설정)	누계(80년까지)	
			실적	실적율(%)
마을안길확장	km	26,266	43,558	166
농로개설	km	49,167	61,797	126
소교량가설	개소	76,749	79,516	104
마을회관	동	35,608	37,012	104
창고	동	34,665	22,143	64
작업장	개소	34,665	6,263	18
축사	개소	32,729	4,476	14
소류지	개소	10,122	13,327	132
보	개소	22,787	31,625	139
도수로	km	4,043	5,161	128
소하천정비	km	17,239	9,677	56
주택개량	천·동	544	225	42
소도읍가꾸기	도읍	1,529	843	55
간이급수	개소	32,624	28,130	86
하수구시설	km	8,654	15,559	179
농어촌전화	천호	2,834	2,777.5	98
마을통신	리·동	18,633	18,633	100
새마을 공장	개소	950	717	75

자료: 새마을운동중앙회(2000: 12)에서 재구성.

장은 18%, 축사는 15%에 그쳐 공동생산이 매우 저조했음을 알 수 있다. 다만 소류지, 도수로, 보 등 수리관계 사업은 목표량을 초과 달성한 것으로 나타나 농업기반 시설 사업은 상당한 성과를 거둔 것으로 볼 수 있다. 요컨대 새마을운동을 통해 환경개선 및 농업생산 기반시설 등에서는 일정한 성과를 이끌어낼 수 있었지만, 획기적 소득증대를 이룩할 만한 사업 내용은 별로 없었고 그나마 실적도 좋지 않았다.

이렇게 농업소득증대 사업이 지지부진한 상황 속에서 농외소득원의 개발이 절실할 수밖에 없었고 새마을 공장의 건설은 주목할 만한 현상이었다. 1972년 박정희는 내무, 농림, 상공 3부 장관을 불러 새마을 모범부락에 공장을 건설하여 '농공병진정책'을 발전시킬 것을 지시했고, 이에 따라 농촌공업화 사업의 일환으로 1973년도 260개를 계획하여 110개를 허가함으로써 본격적인 새마을 공장 건설이 개시되었다(하재훈, 2006: 213).

〈표1.4〉에서 보듯이 새마을 공장은 1980년까지 700개 넘게 건설되었다. 그러나 초창기에는 계획된 것 중 취소되는 비율이 상당히 높은 것에서 알 수 있듯이 순조로운 출발은 아니었다. 1970년대 후반으로 가면서 취소율은 내려갔지만, 공장 운영 상황은 만족스러운 수준이 아니었다. 1980년 기준으로 700여 개 공장 중 가동 중인 곳은 500개가 채 안 되는 수준이었다. 가동율이 낮은 이유로는 원자재 및 운영자금 부족이 거론되었는데, 수출수요가 감소된 데 따른 재고 누적이 주된 이유였다.

새마을 공장의 건설로 상당한 정도로 농촌 유휴노동력 흡수가 가능했던 것은 사실이었다. 1979년 기준으로 새마을 공장의 총 생산액은 2,000억 원에 달했고 고용되어 있는 노동력은 6만 7,000명을 상회했다. 1979년 기준으로 임금으로 지급된 총액도 630억 원으로 연간 총 농가소득에

〈표 1.4〉 새마을 공장 설립과 자금지원액

연도＼구분	새마을 공장수			자금지원액(억 원)		
	계획	취소	허가	시설자금	운영자금	합계
1973	260	150	110	21	14	36
1974	182	83	99	39	4	44
1975	129	41	88	33	15	48
1976	122	24	98	72	18	90
1977	67	9	58	36	-	36
1978	95	5	90	46	-	46
1979	138	1	137	69	34	104
1980	24	-	24	(50)	(30)	(80)
계	1,017	313	704	369	116	486

자료: 시거드슨·김영철(1981: 218)에서 재구성.
주: ( )는 계획치임.

〈표 1.5〉 연도별 새마을 공장 고용인원수

연도	1973	1974	1975	1976	1977	1978	1979
인원	17,084	22,460	33,561	48,874	60,572	67,505	67,949

자료: 내무부(1980: 41).

서 1.5%의 비율을 차지했다(시거드슨·김영철, 1980: 218~219).

그런데 여기서 주목해야 할 것은 새마을 공장의 수출관련성이었다. 1979년 기준으로 새마을 공장의 수출액은 4억 8,000만 달러에 달해 전체 수출액 중에서 3.1%를 차지하는 비중이었다. 이는 1973년 2,300만 달러 수출로 0.7%였던 것에 비하면 상당한 발전이었다(황인정, 1980: 167). 수출 비중과 농가 소득 비율을 단순 비교하면 새마을 공장은 농가소득보다는 수출에 더 큰 기여를 하고 있는 셈이었다. 그렇기에 새마을 공장이 "농촌경제가 국민경제의 유기적 일환"으로 큰 기여를 했다는 평가도 나타났다(황인정, 1980: 166). 사실 새마을 공장의 주요 생산품은 1970년대 수출 주종목과 겹쳤다. 제일 큰 비중을 차지했던 것은 역시 섬유제품이었다.

또한 새마을 공장은 지역별로도 많은 편차를 보여주었다. 경기도의 경우 1,000호당 공장 1개의 비율인 반면, 전라북도는 8,500여 호당 공장 1개의 비율이었다. 즉, 수도권에 집중된 양상이었는데, 이는 결국 농가소득증대보다는 수출에 유리한 지역에 새마을 공장이 집중적으로 건설된 것임을 알게 해준다. 따라서 새마을 공장과 농촌경제의 유기적 관련성이 그리 높았다고 보기는 힘들었다. 한편 농촌에는 새마을 공장 외에도 다양한 규모의 중소기업들이 등장하기 시작했다. 1977년 기준으로 읍면지역에 위치한 5인 이상 공장수는 전국적으로 3,486개에 달했다(시거드슨·김영철, 1980: 220, 222). 이들 농촌 공장은 새마을 공장보다 규모는 작지만 숫자는 훨씬 많았으며 그만큼 고용효과도 더 컸다. 농촌 공장이 농가소득에 어느 정도 기여했는지 정확한 통계는 없지만, 새마을 공장의 경우에 비추어 그 영향을 가늠해볼 수 있을 것이다.

이렇게 농촌지역에 공장건설이 증가하면서 농가소득구조도 상당한 영향을 받게 되었다. 농가소득을 구성하고 있는 농업소득과 농외소득 중 농외소득의 비중이 지속적으로 확대되기 시작한 것이다.

〈표 1.6〉에 나와 있듯이 1970년대 말에 가면 농외소득이 농가소득에서 차지하는 비중이 30%를 넘어서서 무시 못 할 비중이 되었다. 이렇게 농외소득이 증가하는 추세였음에도 정부 공식 통계에 따르면 1974년 도시 가구 소득을 추월했던 농가소득은 1978년부터 다시 뒤처지게 되었다(내무부, 1979: 46). 사실 가구 단위 소득은 농촌과 도시의 노동력 투입 양상의 차이를 고려한다면 단순 비교가 힘든 것이었다. 도시 가구 소득은

〈표 1.6〉 연도별 농가소득 구성

연도	농가소득(천 원)	농업소득		농외소득	
		금액	구성비	금액	구성비
1970	255.8	194.0	75.9	61.8	24.1
1971	356.4	291.9	81.9	64.5	18.1
1972	429.4	353.4	82.3	76.0	17.7
1973	480.7	390.3	81.2	90.4	18.8
1974	674.5	541.9	80.3	132.6	19.7
1975	872.9	714.8	81.9	158.1	18.1
1976	1,156.3	921.2	79.7	235.1	20.3
1977	1,432.8	1,036.1	72.3	396.7	27.7
1978	1,884.2	1,355.7	72.0	528.5	28.0
1979	2,227.5	1,531.3	68.7	696.2	31.3

자료: 새마을운동중앙회(2000: 16).

일반적으로 한 명의 노동력 투입으로 얻을 수 있는 소득인 반면, 농촌의 경우 가구원 대다수의 노동력이 무제한적으로 투입되는 것이었다. 가구 소득을 노동력 투입 양상에 비추어 검토한다면, 농촌의 생산성과 효율성은 도시 부문을 결코 따라갈 수 없었다.[7] 게다가 농가소득은 도시의 자녀들이 부모에게 보낸 이전 소득이 포함된 것이다. 가구 단위가 아닌 개인 단위로 실질소득을 비교해보면 1960~1970년대 농촌은 단 한 번도 도시 지역을 능가한 적이 없었다.

〈표 1.7〉을 보면 1970년대 초반 도시에 비해 거의 절반 가까이 떨어졌던 농촌 가구 1인당 실질 소득이 중반 무렵에는 상당한 정도로 격차를 좁혔지만 후반에는 다시 격차가 벌어지는 양상이 나타난다. 이는 곧 고

7 도시-농촌 간 가구 소득은 일종의 통계조작의 허상으로 보이기도 한다. 즉, 도시의 경우 상층을 배제하고 농촌에서는 300평 미만 경작자를 제외하여 상층 중심으로 소득 통계를 잡았다는 것이다(노금노, 1986).

〈표 1.7〉 농촌 가구와 도시가구의 1인당 실질소득 비교

연도	1인당 평균 실질소득(천 원)		상대적 비율 (1)/(2)
	농촌가구(1)	도시가구(2)	
1965	67.7	77.2	87.7
1970	87.0	152.0	57.2
1975	134.6	171.2	78.6
1977	159.8	242.9	65.8

자료: 시거드슨·김영철(1981: 240)에서 재구성.

미가 정책과 신품종 효과에 따른 농촌의 소득 증가가 고미가 정책의 후퇴와 함께 다시 악화되는 것으로 해석된다.

이상을 통해 보건대, 새마을운동의 최대 딜레마는 소득증대 사업의 지지부진이었다. 사업의 본령으로 선언된 소득증대가 제대로 이루어지지 않으면서 새마을운동은 방향감각을 상실할 지경이 되었다. 새마을운동에 대한 체제의 선전과 농민들이 실제로 느끼는 현실의 간극은 지속적인 이촌향도로 나타났다. 즉 농민들은 체제의 선전과 설득보다 자신들의 현실감각을 더 신뢰했고, 그것에 따르자면 더 이상 농촌에 남아 있어서는 안 되는 것이었다.

박정희 체제는 소득증대 사업의 불확실성을 주로 정신운동 효과로 상쇄시키고자 했던 것으로 보인다. 박정희 체제는 주의주의적 성격이 강한 '정신혁명', '정신개조'를 정권 초기부터 강조했는데, 이는 새마을운동에서도 마찬가지였다. 박정희는 새마을운동의 목표를 "경제적인 측면보다도 주민들의 정신개발이라는 측면에 두고 이를 더 중요시"하고 있다고 밝혔다. 이는 소득증대가 궁극적 목표라는 진술과 상치되는 것처럼 보이기에 양자를 결합시키는 담론전략을 구사했다. 박정희 체제는 "경제건설과 정신개발은 따로 떨어진 별개의 개념이 아니라는 것"이며 "경제건설

과 병행해서 정신개발을 촉진해야 하고, 또 정신개발이 되어야만 경제건설도 촉진될 수 있는 것"이라는 논리를 폈다(대통령비서실, 1973b: 18).

새마을운동에 대한 박정희 체제의 입장은, 소득증대와 정신개발 사이의 지속적인 진자운동으로 보인다. 양자를 번갈아 가면서 주장하거나 아니면 결합된 것으로 보기도 했다. 그러나 전반적으로 정신의 강조가 더 두드러졌다고 생각한다. 예컨대 박정희는 새마을운동이 "조국근대화를 위한 일대 약진운동"이자 "범국민적인 정신혁명운동"이라고 "확신"하면서, 소득증대는 다만 시간이 흐를수록 운동의 열의가 식는 것을 방지하기 위한 것으로 설명되었다. 요컨대 소득증대는 수단에 지나지 않는 것처럼 이해되었던 것이다(대통령비서실, 1973b: 172). 박정희의 우려처럼 소득증대가 더 이상 명백하지 않게 된 1970년대 후반 이후 새마을운동의 열기는 급속하게 식어갔다.

2) 새마을운동의 농민 포섭 효과

> 농민이란 말은 잉여 생산자와 지배자 사이의 불평등한 구조적 관계를 가리키는 데 지나지 않는다(울프, 1978: 25).

1970년대 농촌의 생활개선을 묻는 질문에 50%가 많은 개선이 있었다고 했으며 주된 이유로는 신품종 개발이나 미가상승이 50%, 새마을운동이 25% 정도의 비중을 차지했다(이만갑, 1981: 293~294). 1979년 가톨릭농민회가 조사한 바에 따르면, 5년 전에 비해 농촌경제사정이 어떻게 달라졌는가라는 질문에 대해 훨씬 나아지다에 4.6%, 약간 나아지다에 34.7%

로 응답했고 그 이유로는 신품종 개발이 39.5%, 새마을운동이 5.8%로 나타났다(조영탁, 1993: 100).

새마을운동과 소득증대의 관련성을 검토할 때 새마을교육 내용도 일정한 참고가 될 수 있다. 새마을교육은 농업기술보다는 정신개조에 치중한 것이었다. 독농가 연수원 단계에서 농림부가 역점을 둔 것은 농업기술 과목들이었지만, 연수생 제1기 및 제3기생의 새마을교육에 대한 반응을 조사한 바에 따르면, 총 261명 중 영농기술 습득에서 효과를 보았다고는 단 한 명도 응답하지 않았고, 한 명을 제외한 260명 전원이 정신자세에서 효과가 있었다고 답했다. 1972~1973년에 새마을지도자들의 분임토의 과제 빈도수를 보면, 마을 주민의 참여 문제가 125회, 농촌의 소득원 개발이 79회, 새마을지도자에 관한 것이 76회, 새마을사업 선정 문제와 마을 기금 조성 문제가 70회씩이었고 이 외에 주민들의 노동력 동원, 행정기관과의 관계 등이 뒤를 이었다. 성공사례 발표도 농업기술과 관련된 것보다는 '주민들의 단합된 힘으로 마을과 사람들을 변화시켰다'는 내용이 많았다.[8)]

한 마을에 대한 구체적 조사에서도 환경개선사업은 어느 정도 성과를 거두었지만, 소득증대사업은 오랜 기간 유지되지 못했고 주민들에게는 실패의 기억으로 남아 있다고 했다(김혜진, 2007: 77).

이상에서 보듯이 농민들은 자신들의 경제적 삶이 나아진 것은 새마을운동보다 국가의 농업 생산과정 개입 효과 덕분으로 인식하고 있었다.

---

8 흥미로운 것은 농업 기술 관련 발표는 주로 남자들이 했고 생활환경 개선과 의식구조 변화와 관련한 발표는 여자들이 많이 했다는 점이다(박진환, 2005: 140~158).

그렇지만 농민들은 또한 새마을운동을 큰 거부감 없이 받아들였으며, 때로는 어쩔 수 없는 것으로 이해했지만[9], 또 어떤 경우에는 참여자 스스로 "왜 그렇게 열심히 했을까"라는 질문을 던질 정도로 상당히 열정적이었다(김혜진, 2007: 74).

그 이유에 대해서는 다양한 설명이 가능하겠지만, 무엇보다 농업 재생산 과정을 통한 농민 포섭의 문제가 중요하다고 보인다. 1970년대 농가경제의 호전은 농민, 특히 중상층 농민이 새마을운동에 적극적으로 동참하게 만든 중요한 조건이었다는 분석은 상당히 시사적이다(조영탁, 1993: 100). 또한 농지개혁으로 자기의 땅이 생기고 정부가 보급하는 농업기술을 통해 쌀의 증산과 생활의 안정화를 이룬 주문이 많아졌다는 분석도 중요한 함의가 있다(김혜진, 2007: 74). 이러한 맥락에서 국가의 농업 생산과정 개입과 새마을운동은 동전의 양면처럼 연결되는 것이었다는 판단이 가능할 것이다.

물론 이 과정은 국가의 일방적 개입으로만 이루어진 것은 아니었다. 상당수 한국 농민들은 변화를 싫어하거나 변화에 무관심한 사람들이 아니었다. 부유하고 능력 있는 농민들은 현금회수가 빠른, 경제성이 큰 농작물을 재배하여 이익금을 농업기술에 투자했다(브란트, 1981: 481~482). 또 오랫동안 '새마을'을 만들기 위해 농민운동에 진력해온 활동가들도 있

9 이러한 모습은 농민운동가의 시선에도 잡혔다. "말로만 듣던 새마을운동, 용금 씨가 보름 동안의 교육을 받고 돌아와 마을회의에서 토해낸 열변은 뭔가 새로운 것을 갈구하고 있던 부락사람들의 마음을 사로잡기에 충분한 것이었다. 사람들은 여기저기서 들려오는 새마을사업에 관심을 기울이면서, 머지않아 우리 마을도 싫든 좋든 간에 새마을운동을 하게 될 것이라는 생각을 갖게 되었다(노금노, 1986: 137).

었다(김영미, 2009). 국가는 이들을 동원해 국가를 중심으로 수직적 위계 서열 구조를 구축하기도 했다. 즉, 새마을운동은 농민들을 '수평적 연대' 대신에 '수직적 동원' 질서로 편입되도록 만든 측면이 있다(정호영, 2007: 55~57). 이러한 맥락에서 멕시코 혁명의 성공 이유가 토지개혁 때문이 아니라, 인디언의 협동체적 촌락사회를 깨뜨려 그들의 자율성을 박탈하고, 국가의 정치기구와 촌락의 정치조직자 사이를 밀착시켰기 때문이라는 지적은 새마을운동에도 적용될 수 있다고 보인다(울프, 1978: 170). 이런 점에서 최고 권력자와의 동일시, 물질적 유인 등을 통해 새마을지도자를 비롯한 마을 주민들과 국가의 연대가 이루어졌다는 해석도 가능하다(한도현, 2010).

이 과정에서 국가는 마을별 선별 지원을 통해 마을 간 수평적 연대보다 경쟁을 촉발시키고 국가를 중심으로 종적 질서를 맺도록 했다. 박정희는 기존 농촌사업의 실패 이유를 경제적 보상의 부재에서 찾았다. 또한 보상 단위는 개인보다는 공동체가 적절하다는 것이 박정희의 판단이었다. 과거 동원 경험을 통해 박정희는 새마을운동 단계에서 공동체 중심의 차별적 보상과 마을 간의 경쟁 유도를 체계화시켰다(하재훈, 2006: 180~181).

박정희는 성적이 좋은 마을은 '진급'을 시키고, 그렇지 못한 마을은 '유급'을 시키는 방식으로 정부 지원을 하면 "우리 농촌에도 잘사는 부락, 못사는 부락, 소위 빈부의 차이가 생길 것"이라고 했다. 그는 "그 차이가 생기는 것을 당연하다"고 생각했다. 즉, 박정희는 "잘사는 부락은 그 부락 주민들이 부지런하고 단결심이 강하고 협동심이 강하고 열심히 일했기 때문"이고, "못사는 부락은 게으르고 단결이 안 되"기 때문이라고 설명했지만, 빈부 차이는 실상 국가 지원에 따른 것임이 분명했다(대통령비서실, 1973b: 164). 이는 과도한 마을 경쟁을 초래해 '빚을 내서 사업을 벌이는 문제'가 불거지게도 했다(하재훈, 2006: 182).

국가의 개입은 농민들의 협조와 동원을 촉발해야 하는 것으로 설정되었다. 박정희는 하곡 수매량 가구별 책정을 마을 주민들에게 직접 맡길 것을 주장하기도 했는데, 그는 이것이 사정을 잘 모르는 공무원이나 농협에서 하는 것보다 나을 것이라고 보았다. 그 귀결은 "정부가 농민들을 위해서 이처럼 도와준다면 농민들도 그런 정도의 협력은 해주어야 될 것"으로 모아지는 것이었다(대통령비서실, 1973b: 238~239). 이렇게 정부와 농민의 공동노력은 새마을운동에서야 가능했던 것으로 설명되었다. 박정희는 1960년대 초의 농어촌고리채 정리사업이나 재건국민운동이 정부의 일방적인 지원에 의존했기에 실패했고, 농민들 또한 자신들만의 노력으로는 농촌의 근대화를 추진할 수 없다고 보았다(박정희, 1978: 95).

이렇게 국가의 개입과 농민층의 동원이 만나는 지점이 '경제적 이익'이었다고 한다면, 그것을 담보할 구체적 형식으로는 '협동생산'이 강조되었다. 다시 말해, 박정희 체제는 공동노동, 공동생산, 공동소유라는 공동체적 전통을 활용하고자 했다.[10] 요컨대 박정희 체제는 생산력 확충과 소득증대 그리고 농민층의 결집과 포섭을 위해 생산과정상의 협동을 강조했지만, 실제적인 성과는 의문의 대상이었다.

---

10 1972년 대통령비서실의 71개 마을에 대한 조사를 보면, 35개 마을이 공동작업을 추진했고, 영농 협업화를 시행한 마을이 12개, 집단 재배를 하는 마을도 5개나 되었다(하재훈, 2006: 193~194).

국가의 농업 생산과정과 마을 개입은 성공과 실패가 교차하는 복합적인 과정이었다. 예를 들어 신품종 도입은 관철시킬 수 있었지만, 공동생산 정책은 거의 실패했다. 벼농사와 관련해 실제로 시행된 공동생산의 유력한 형태는 공동 모내기였다. 모내기는 벼농사 중에서 가장 많은 노동력이 단기간 내에 집중적으로 투여되어야 한다는 점에서 집단화의 좋은 사례가 될 수 있었다.

그런데 이러한 공동작업은 오래 지속되지 못했다.[11] 마을별로 차이는 있었지만 길어야 3~4년을 넘기지 못하고 흐지부지되고 말았다. 그 이유는 몇 가지가 있었는데, 공동모판장 확보 곤란, 노임정산의 어려움과 갈등 등이었다. 공동모판을 하면 그 논은 모내기도 늦어지고 당연히 지력도 감퇴되어 일정한 생산 감소가 불가피했다. 노임정산을 놓고도 상당한 곤란과 갈등이 초래되었다. 개인의 노동능력은 일정한 차이가 있게 마련이었고 또 마을에서 개인이 소유한 논의 면적도 정확하게 계산하기 힘든 경우가 많았다.[12]

공동생산이 지지부진했던 가장 큰 이유는 역시 소유와 경영의 개별성 때문으로 보인다. 공동생산이 개별 농가의 이익을 확실하게 보장해주지

---

11 새마을 연수원 분임토의에서는 협동생산의 문제점으로 ① 농민의 협동심 부족, ② 지도자의 지도력 부족, ③ 협업에 대한 조직체의 부재, ④ 공동작업의 난점, ⑤ 계획성 있는 영농방법의 부재, ⑥ 영농기술 공동 수용 곤란, ⑦ 농기계 확보 및 공동 활용의 실패, ⑧ 토지기반조성 및 토양보존의 실패, ⑨ 관계기관 협조 부족 등을 제기했다. 다시 협동심 부족의 요인은 ① 협동에 대한 이해능력 부족, ② 빈부 격차로 인한 협업 곤란, ③ 농민의 이기심, ④ 파벌과 씨족 대립 등을 꼽았다(백동주, 1975: 104~107).

12 안성시의 한 마을을 대상으로 한 조사에서도, '두렁 넘기기'로 불렸다는 공동 모내기는 노동력의 불균형, 과도한 비용 등의 문제로 2년 만에 폐지되었다고 한다(김혜진, 2007: 83).

못하거나 개별 영농과 비교해 별 차이가 없는 상황이라면 번거롭고 복잡하기만 한 공동작업을 유지할 필요가 없었던 것이다. 요컨대 새마을운동은 집단성과 협동이 매우 강조된 운동이었음에도 개별 농가의 이해관계와 개별성을 뛰어넘을 수 있는 뚜렷한 대안이 없었다고 할 수 있었다.

작은 전투에서 국가-자본은 실패를 맛보기도 했지만, 큰 틀에서 보자면 농촌과 농민은 더 이상 과거의 방식으로 남을 수 없었다. 전근대 시기 국가는 농민, 농촌 위에 군림하기는 했지만 세부까지 장악해 실질적 포섭을 이루어내지 못했다. 그 결정적 요인 중의 하나는 생산과정의 독립성이었다. 전근대 시기 농업은 국가의 생산과정 개입을 허용하지 않았다. 강력하고 효율적인 관료제도 없었고 절대적 권위와 현실적 위력을 보여줄 지식체계(과학기술)도 없었다.

새마을운동 시기를 거치며 농민의 기본적 자율성을 규정했던 생산과정상의 독립적 위치는 결정적으로 흔들렸다. 오랫동안 유지되었던 국가와 농민 관계의 기본, 즉 군림하되 세부를 장악하지 못한 국가와 복종하되 생산과정의 독자성을 유지해왔던 농민의 불안한 평화는 깨졌다.

요컨대 국가와 농민의 오랫동안의 대결 구도에서 국가는 결정적 승리의 계기를 잡은 반면 농민 측에서는 기본적 생산과정의 자율성마저 국가-자본 연합에 내주고 단순한 하부 집행자로 전락할 국면에 처하게 된 것이었다. 1970년대 농민에 대한 경제적·정치적 포섭과정은 국가 주도하에 자본 제 부문과 농업부문을 연결시키는 효과를 동시에 수반했다. 농민은 별다른 저항 없이 포섭되었으며 이는 곧 자본의 농촌시장 확대과정이었다(조영탁, 1993: 101~102).

별다른 저항이 없었다는 점은 약간의 설명이 필요할 것이다. 박정희

집권 기간에 농민층의 저항 운동은 사실상 거의 없었고 정권 말기에 가서 '함평 고구마 사건', '오원춘 사건' 등이 있었을 뿐이다. 저항의 부재는 권력의 지배기술상의 문제이기도 했지만, 구조적 차원에서 보자면 이촌향도가 중요한 배경을 이룬 것으로 보인다. 즉, 농민층의 현실적 불만을 해소할 수 있는 방법이 도시로의 탈출이라는 형태로 제공되었다는 것이다. 해방 직후 북한의 기득권층이 대거 월남함으로써, 북한의 사회주의 개혁이 비교적 순탄하게 진행된 것과 유사한 상황이 벌어진 것이다. 요컨대 새마을운동은 상층 농민을 동원하는 성격이 짙었고, 상대적으로 불만의 강도가 높은 하층 농민들은 도시로의 탈출이라는 '대안'이 있었기에 농촌의 불만이 도시로 배출될 수 있는 구조가 마련된 셈이었다.

농민들이 도시로 탈출하는 과정은 새마을운동이 도시로 확산되는 과정과 겹치는 것이기도 했다. 소득증대가 분명한 한계를 드러내는 것과 함께 새마을운동은 농촌을 벗어나 '전국화'되기 시작했다.

> 새마을은 단순히 자연부락이나 행정 단위의 동 같은 마을이 아니라, 우리 민족의 전통과 현대문명이 조화를 이루고 있는 생활공동체이다. 그래서 옛마을이 아니라 새마을인 것이며, 농촌과 도시는 물론 공장과 회사, 그리고 학교 등 사람이 함께 모여 사는 곳이면 어디서나 구현될 수 있는 하나의 인간적인 사회라고 할 수 있는 것이다(박정희, 1978: 153).

인용문에서 보이다시피 새마을은 농촌으로 국한되지 않는 것은 물론 구체적 거처가 없는 추상물이 되었다. 새마을은 도처에 있기에 어디에도 없는 비가시적인 유령 같은 것이 되었다. 유령의 마을이 된 새마을을 설명할 수 있는 것은 오직 정신이었다. 박정희는 새마을운동이 역사상 최초로 농촌사회에서 "자발적으로 일어난 하나의 의식혁명"이라고 규정하면서 "모든 것이 내 자신의 마음먹기에 달려 있"기에 "새마음 운동"이라고 천명했다(대통령비서실, 1979: 155). 나아가 새마을 정신은 삼국통일을 성취한 원동력인 화랑정신에 유비되어 "분단된 조국을 평화적으로 통일할 수 있는 추진력"으로 주장되었다(대통령비서실, 1979: 79). 그래서 새마을 정신이야말로 "조상으로부터 연면히 물려받은 민족의 얼"이며, "국민정신의 기조"로 설명되었다(대통령비서실, 1979: 69).

민족의 얼인 새마을 정신은 전 민족의 정신이지만 그것의 기원은 역시 농촌으로 설정되어야 했다. 박정희는 새마을운동이 농촌에서 시작된 것이 결코 우연이 아니라고 설명하면서, "우리 민족이 오랜 역사를 통해 간직해온 전통의 슬기는 농민들에게 가장 순수하게 보존"되어 있다가 "새마을운동을 통해 오늘에 재현"된 것으로 파악했다. 그것은 "다른 나라로부터 모방해온 것도 아니며, 도시로부터 배운 것도 아"니고 "농경민족인 우리 겨레가 일찍부터 깨닫고 실천해온 미덕"이었다는 것이다(박정희, 1978: 97~98).

농촌과 농민에 대한 이러한 상찬이 사실 농업, 농촌의 몰락이라는 역사적 조건하에서 나왔다는 점은 매우 아이러니했다. 그러나 그것은 또한 몰락 속에서만 가능한 언설이기도 할 것이다. 농민과 농촌은 미래의 영광 대신 과거의 미덕으로 재현되어야 했던 것이다. 소득증대와 농업 재생산 과정의 안정화 대신 박정희 체제가 농촌, 농민에게 제공할 수 있었던 것은 이상의 '추억의 언설'들 뿐이었다.

새마을운동 시기를 전후해 농민들은 국가와 자본이 주도하는 재생산

과정에 결정적으로 편입되면서 또 한편으로는 국가가 주도하는 민족주의 프로젝트에서 최상급의 자리를 배정받았다. 농촌의 불안한 미래 대신, 민족의 기원으로 배치된 농촌과 농민은 비로소 제대로 국민으로 호명당한 것이었다. 게다가 기회가 있을 때마다 자신이 '빈농의 아들'임을 강조하는 최고 권력자의 정치적 호명을 농민이 의식적으로 거부할 이유는 별로 없어 보였다. 국가와 적대적 관계를 형성한다는 것은 재생산 과정을 장악당한 농민의 입장에서 얻을 것보다 잃을 것이 더 많아 보일 수도 있었다. 현실의 몰락 속에 농민은 도시로 탈출하거나 아니면 환상적인 민족의 기원으로 남아 국가의 '구조의 손길'만을 기다릴 수밖에 없었는지도 모른다.

4. 맺음말

공업화, 산업화는 곧 농촌, 농민, 농업의 희생과 몰락을 바탕으로 하는 것이었다. 그 몰락의 한가운데에 새마을운동이 있었다. 새마을운동은 국가의 농업정책과 맞물리면서 농민을 포섭하는 과정에 중요한 역할을 담당했다.

1970년대 들어 국가와 자본의 농업, 농촌, 농민 침투력은 비약적으로 성장했다. 이중곡가제는 그 상징이었으며 비료와 농약의 안정적인 대규모 공급이 가능해졌고, 또 신품종 개발로 압도적인 생산성 우위의 종자 보급이 가능해졌다. 여기에 노동력 감소를 보충할 농기계 도입도 본격화되기 시작했으며 이 모든 과정에 필요한 금융 투입이 농협을 매개로 이루어졌다.

이러한 변화는 최종적으로 농촌, 농업, 농민이 국가와 자본에 강력히 종속되는 방향으로 귀결되었다. 신품종 보급, 고미가 정책으로 국가는 농민의 전통적이고 자율적 농업 생산과정보다 훨씬 우월한 생산력과 보상체계를 갖추게 되었다. 농업 전 생산과정이 국가와 자본에 편입되었다는 것은 종자구입부터 마지막 농작물 판매에 이르는 모든 과정이 마을단위가 아니라 전국적, 나아가 세계적 수준의 분업체제하에 놓이게 된 것을 의미했다. 이로써 수천 년간 고립적이었던 농촌마을이 전 세계적 시장경제에 편입되어 격심한 경쟁에 내몰렸다.

이렇게 재생산 과정이 국가와 자본에 장악된 상황에서 농민의 선택의 폭은 그리 넓을 수 없었다. 물론 국가와 자본이 장악해가고 있었던 농촌의 삶이 마냥 희망적인 것은 아니었기에 농민의 또 다른 선택은 도시로의 탈출이었다. 탈출은 주로 하층 농민부터 시작되었다. 재생산 기반이 극도로 취약하기에 국가와 자본의 주문대로 농업 생산과정을 운용할 여건이 되지 못한 가구들이 먼저 탈출을 감행한 것이었다.[13]

잔류한 농민에게도 선택의 여지는 별로 없었다. 국가와 자본이 제시한 길이 전적으로 흡족한 것은 아니었지만, 그것을 거부한다는 것은 더 이상 농업 재생산 과정에 남아 있기 힘들다는 것을 의미했다. 따라서 국가와 농민은 후원-수혜(patron-client) 관계와 비슷한 방식으로 거래와 타

13 이른바 세속적 출세의 기준으로 보건대, 먼저 도시로의 탈출을 감행한 하층 농민들이 잔류한 농민들을 추월하게 되었다는 것은 상당히 역설적인 것이었다. 그만큼 도시의 위력은 농촌을 압도했다.

협을 통해 농업을 영위하게 되었다. 이 단계에서 농민에게 국가는 타도의 대상이라기보다는 요구의 대상처럼 되었던 것이다.

새마을운동을 거치면서도 농민들의 경제적 처지는 도시에 비해 별로 나아진 바가 없었다. 1960~1970년대 1인당 소득을 기준으로 놓고 보면, 농촌 지역이 도시 지역을 능가했던 적은 한 번도 없었다. 새마을운동의 소득증대 사업은 구호는 요란했지만, 실상 농민들의 삶을 획기적으로 개선시킬 수 있는 것이 아니었다. 애초부터 주의주의적 정신에 관심이 많았던 박정희 체제는 소득증대가 벽에 부닥치면서 정신개발을 극력 강조했다. 이것은 소득증대라는 구체적 목표를 추상적인 정신개발로 전환함으로써 새마을운동의 부담을 덜어주는 것이기도 했다.

정신개발의 강조와 함께 박정희 체제는 농민, 농촌을 민족의 기원으로 격상시키는 민족주의 전략을 추진했다. 몰락하는 현실 속에서 한국의 농촌과 농민은 민족의 기원이라는 환상적 좌표를 배정받았던 것인데, 재생산 과정을 장악당한 농민들이 국가의 호명은 쉽게 거부하기란 힘든 일이었을 것이다. '빈농의 아들'임을 강조한 최고 권력자의 동일성의 정치는 농업재생산 과정을 장악함으로써 더욱 강력하게 추진될 수 있었다.

참고문헌

김영미. 2009. 『그들의 새마을 운동』. 푸른역사.

김혜진. 2007. 「새마을운동의 기반형성과 전개양상에 관한 인류학적 연구: 경기도 안성시 한 농촌마을의 사례를 중심으로」. 서울대학교 석사학위논문.

내무부. 1979. 『새마을 운동: 시작에서 오늘까지』.

노금노. 1986. 『땅의 아들』 I. 돌베개.

농림부. 1969. 『농림통계연보』.

농수산부. 1976. 『농림통계연보』.

_____. 1980. 『농림통계연보』.

대통령비서실. 1973a. 『박정희 대통령 연설문집』 3.

_____. 1973b. 『박정희 대통령 연설문집』 4.

_____. 1979. 『박정희 대통령 연설문집』 6.

박기혁. 1981. 「한국경제발전과 새마을운동」. 『새마을운동의 이념과 실제』. 서울대학교 새마을운동 종합연구소.

박정희. 1971. 『민족의 저력』. 광명출판사.

_____. 1978. 『민족중흥의 길』. 광명출판사.

박진환. 2005. 『박정희 대통령의 한국 경제 근대화와 새마을 운동』. (사)박정희대통령기념사업회.

반옥(潘鈺). 1980. 「새마을 운동과 생산성 증대: 농업을 중심으로」. 『새마을운동 10주년 기념 연구논문집』. 강원도.

백동주. 1975. 『인간 용광로』. 금란출판사.

브란트, 빈센트(Vincent Brandt). 1981. 「가치관 및 태도의 변화와 새마을 운동」. 『새마을 운동의 이념과 실제』. 서울대학교 새마을운동 종합연구소.

새마을운동중앙회. 2000. 『새마을운동 30년 자료집』.

성공회대학교 민주주의연구소 새마을운동연구팀. 2010. 『1970년대 새마을운동 통계자료집』.

아렌트, 한나(Hannah Arendt). 1996. 『인간의 조건』. 이진우·태정호 옮김. 한길사.

울프, 에릭 R.(Eric R. Wolf). 1978. 『농민』. 청년사.

오유석. 2002. 「박정희식 근대화 전략과 농촌 새마을운동」. ≪동향과 전망≫, 통권 55호.

이만갑. 1981. 『한국농촌사회연구』. 다락원.

이세영. 2003. 『풍덕마을의 새마을 운동』. 서울문화인쇄.

이질현·정영채. 1981. 「새마을 운동 지원 및 지도방법 개선에 관한 연구: 농촌 새마을 소득증대 사업을 중심으로」. 『새마을 운동 연구보고서』. 내무부 새마을 분과 정책

자문위원회.
임경택. 1991.「한국 권위주의 체제의 동원과 통제에 대한 연구」. 고려대학교 박사학위논문.
정호영. 2007.「박정희 체제의 지배 메커니즘과 대중의 동의: 1970년대 농촌 새마을운동과 농민담론을 중심으로」. 서강대학교 석사학위논문.
조영탁. 1993.「1960년대 이후 양곡관리정책의 변화와 그 성격에 관한 연구」. 서울대학교 박사학위논문
시거드슨, 존(Jon Sigurdson)·김영철. 1981.「한국의 농촌 새마을운동에서 농업 기계화와 농촌 공업화 문제에 관한 연구」.『새마을운동의 이념과 실제』. 서울대학교 새마을운동 종합연구소.
주석균. 1974.「농지제도 개혁의 기본 방향」. ≪창작과비평≫, 통권 33호.
하재훈. 2006.「박정희 체제의 대중통치: 새마을 운동의 구조·행위자 상호작용을 중심으로」. 경북대학교 박사학위논문.
한국농촌경제연구원. 1999.『한국농정50년사』.
한국지방행정연구원. 1988.「새마을운동 발전방안 연구」.『연구보고서 제26권』.
한도현. 2010.「70년대 새마을 운동에서 마을 지도자들의 경험세계: 남성 지도자들을 중심으로」. ≪사회와 역사≫, 제88집.
황인정. 1980.『한국의 종합농촌개발: 새마을 운동의 평가와 전망』. 한국농촌경제연구원.

제2장

1970년대 농촌 여성들의 자본주의적 개인되기*

새마을 부녀지도자의 노동활동 경험을 중심으로

최인이 | 충남대학교 사회학과 교수

1. 머리말

이 글은 새마을부녀운동이 여성들에게 정체성 획득의 과정을 제공함으로써 근대적 주체로서 성장할 수 있도록 이끌었다고 주장하는 기존의 여성학적 분석을 넘어서서, 농촌 여성들이 새마을운동에 참여하는 것을 통해 "자본주의적 개인"으로 변모하게 되었다는 것에 초점을 두어 분석을 진행하고자 한다. 기존의 새마을 부녀지도자들에 관한 연구는 "여성"에 초점을 맞추어 가부장제하에서 억압받던 여성들, 특히 농촌 여성들이 하나의 근대적 개인주체로 변화해가는 과정에 관심을 두어왔다. 가부장제의 굴레 속에서 가족이라는 틀에 얽매여 가난과 싸워야 했던 여성들이

* 이 글은 2011년에 발행된 ≪사회와 역사≫ 90호에 실린 「근대적 시간관념과 이윤개념의 내면화: 새마을 부녀지도자의 노동활동 경험을 중심으로」를 수정·보완한 것이다.

새마을운동이라는 하나의 이벤트를 만나면서 기존의 권력관계를 변화시켜가는 과정에 초점을 두었던 이러한 연구들은 여성들의 정신적·심리적 독립의 과정을 다양한 사례들을 통해 발견해냈다는 점에서 그 의미가 크다(장미경, 2007; 유정미, 2001). 이 논의들은 주로 여성들의 정체성 변화가 국가에 의해 강제된 것인지 혹은 여성들의 자각에 의한 자발적인 것이었는지에 주로 관심을 기울였다. 그러면서 단순히 의도가 있는 국가의 강제된 동원에 수동적으로 참여한 것이 아니라 계기를 제공해준 국가의 동원에 여성 자신들이 자각을 통해 자발적으로 참여한 것이라는 점을 강조하여 여성해방의 관점에서 정치적 의미를 찾고자 했다. 따라서 이들의 연구에서는 사적인 영역에만 머물러왔던 농촌 여성들이 국가가 지원하는 운동에 참여하면서 스스로 조직을 만들고 공적인 영역으로 진출해가는 과정, 그리고 이러한 활동이 다시 사적인 영역에서의 가족 내 권력관계를 어떻게 변화시켜 가는지에 관심을 기울였다고 할 수 있다.

그러나 새마을운동은 기본적으로 근대화를 추구하는 운동이었고, 근대화는 자본주의적 경제·사회 시스템의 도입을 골자로 한다. 새로운 시스템의 도입은 시스템을 운영하고 시스템에 적응할 개인들을 필요로 한다. 근대화를 "이루기 위해서", 즉 자본주의적 경제·사회 시스템을 적용하고 운영하기 위해서, 국가는 준비된 개인들을 필요로 했고, 새마을운동은 바로 새로운 체제에 적합한 인간상을 생산해내는 사회적 기제로서 작용했다고 할 수 있다. 이는 흔히 새마을운동을 '정신개조운동' 혹은 '정신계발'이라고 평가하는 다수의 새마을운동 지도자들을 통해서 재차, 삼차 확인된다(하○용; 박○표; 고원, 2006: 187). 결국 새마을운동이 대부분의 참여자들에게 끼친 중요한 영향은 물질적인 생활조건의 개선을 넘어서는 새로운 자본주의적 관념의 주입이라고 할 수 있다. 물론 정치적 참여의 확대나 주체성의 회복 등 다양한 영역에서 새마을운동이 개인들에게 미친 영향을 찾아내어 분석할 수 있겠지만 무엇보다도 중요하게 참여자들에게 미친 영향은 근대적인 시간과 이윤의 개념을 포함하는 자본주의적 관념의 내면화·공고화라고 할 수 있을 것이다. 근대 자본주의적 시간개념과 이윤개념은 새마을운동이 시작되기 이전부터 한국사회 전반에서 공유되고 있었다. 이 글에서는 그것을 부정하는 것이 아니라 새마을운동을 통해 이러한 시간과 이윤의 개념이 더욱 강화·공고화되고 나아가 재생산되는 과정이 가속화되었다는 점을 보여주고자 하는 것이다. 따라서 이 글에서는 1970년대에 새마을운동이 시작되는 시점까지 가장 자본주의적 관념과 심리적인 거리를 두고 살아왔던 농촌 여성들이 새마을운동이라는, 특히 새마을부녀운동이라는 활동의 장을 통해서 자본주의적 개인으로 변모해가는 과정을 살펴보는 것을 목적으로 한다.

새마을부녀운동에 참여한 농촌 여성들은 새마을운동을 이끌었던 남성 지도자들과는 분명히 다른 존재조건 속에서 새마을운동을 받아들이고, 그 안에서 자신들을 자본주의적 개인으로 변화시켜나가는 모습을 보여주었다. 우선 당시의 농촌 여성들이 접할 수 있었던 생활세계는 자신들의 가족, 그리고 나아가서는 생활공동체로서의 '동네(혹은 마을)'가 전부였다고 할 수 있다. 이들은 극심한 가부장제하에서 어린 시절부터 남녀차별을 경험했고 부모와 남편에 대한 존경이 미덕이라고 배웠다. 이들은 하나의 독립된 인격체로 인정받지 못했고 교육의 기회, 사회적 활동, 정치적 활동으로 부터 배제되었다.

그러나 근대화를 표방하면서 자본주의적 경쟁방식을 도입하여 농촌사회의 변혁을 유도하는 새마을운동(박진환, 2005)은 자본주의적 시스템에서 가장 소외되었던 농촌여성들마저 근대적인 시간과 이윤의 개념을 취득하도록 해서, 이를 바탕으로 소득증대를 통해 가정과 마을공동체 생활에 기여하도록 유도했다. 소득증대를 통한 가정과 마을공동체에 대한 기여는 여성들이 근대적 주체 혹은 자본주의적 개인으로 변화되어가는 과정인 동시에 그 결과물이 되는 것이다. 이러한 변모의 과정 속에는 개인적인 이윤의 확대를 사회적으로 정당화하는 과정과 교육에 대한 열망으로 대변되는 여성들의 주체 확립 과정이 동반되는 것으로 볼 수 있다. 특히 새마을운동의 주요 이념이라 할 수 있는 '자조'와 '자립'은 운동에 참여한 개인들이 자본주의적 경쟁 시스템에 적응하는 주체가 되도록 독려하는 이데올로기로서 작용하는 동시에, 마을이 거둔 운동의 성과에 대한 평가와 연결되어 개인과 공동체가 경쟁구도 속에서 유기적인 관계를 유지하도록 만드는 "키워드"로 작용하게 된다.[1]

근대화 과정을 통해 개인들의 물질적 이윤추구는 더 이상 사회적으로 비난받을 일이 아니라는 사회적 정당화가 교육과 미디어를 통해서 이루어졌고, 그런 분위기 속에 여성들의 자본주의적 개인화가 더욱 가속화되

1 각 마을에서 진행된 새마을운동의 성과는 기초마을, 자조마을, 자립마을 순으로 평가에 따른 순위가 매겨지고 차등적인 포상이 이루어졌다. 새마을지도자들은 자신들의 마을을 자립마을로 만들기 위해 부단한 노력을 기울이며, 자립마을이 되었을 때, 큰 보람을 느끼게 된다. 이는 마을에 대한 평가의 결과가 지도자들 개인에 대한 평가라고 여기는 사고방식과 그 맥을 같이한다고 볼 수 있다. 고원은 이를 '정신적 근대화'와 '국가·민족담론'의 결합이었다고 파악하고 있다. "정신적 근대화가 도덕적 배제와 일탈에 대한 공포를 통해 생활의 근대적 규율화를 꾀한 것이었다면, 국가·민족 담론의 결합은 도덕적 실천과 관련된 자기의 긍정과 기쁨으로 승화시킴으로써 개인을 도덕적 주체로 구성하는 것이다"(고원, 2006: 187~188).

었다는 것을 수기와 구술 자료를 통해 확인할 수 있다. "돈"을 벌고 이윤을 남기는 것은 이들의 삶에 중요한 목표가 되었고 이를 위해서 아이디어를 내고 열심히 일하는 것은 당연한 삶의 과정이 되었던 것이다. 물론 자본주의적 개인으로 변화해가는 과정이 평탄하게 이루어지지는 않은 것으로 보인다. 기존의 농촌사회에 팽배해 있던 유교적 가부장제와 공동체주의는 여성들의 변화를 달갑게 여기지 않았고, 여성들은 변화과정에서 기존의 가치들과 타협하거나 갈등하는 모습을 보이기도 한다.

이 글은 이러한 과정을 좀 더 구체적으로 살펴보기 위해서 ① 새마을운동을 통해 각 마을단위에서 진행된 사업에 참여하는 과정에서 농촌 여성들의 '시간'과 '이윤'에 대한 인지가 어떻게 변화했는지, ② 이를 이용해 사업을 직접 기획하고 진행하는 과정에서 획득된 근대적 시간과 이윤의 개념들이 어떻게 적용되는지, ③ 개인의 이윤 획득의 정당성 확보를 위해 공동체와 어떠한 방식으로 타협해가는지에 초점을 맞추어 새마을부녀운동을 분석할 것이다. 이는 농촌 공동체의 특성과 기존의 농촌여성으로서의 사회적 지위와 근대 자본주의적 시간·이윤 개념이 만나고 충돌하고 타협하는 과정을 보여주는 하나의 설명을 제공할 것이다.

이를 위해서 1973년 1월부터 새마을지도자연수원에서 출간되기 시작한 통신교재 ≪새마을운동≫에 수록된 새마을 부녀지도자들의 수기와 2009년부터 2010년까지 채록된 새마을 부녀지도자들의 구술이 자료로 이용되었다. 자료로 이용된 수기는 ≪새마을운동≫ 각 호의 '알찬전진'이라는 코너에 성공사례로 소개된 것들이다. 이 성공사례들은 새마을연수원에서 연수가 진행될 당시 발표된 성공사례들과 거의 중첩되어, 『새마을운동 10년사』에 소개되기도 했다. ≪새마을운동≫은 1980년대 이후에도 지속적으로 출간되었으나, 이 글이 중점을 두는 시기가 1970년대의 새마을운동이므로, 연구 팀에서 수집한 1975년부터 1979년까지의 발간물을 주요 분석대상으로 삼았다. 분석의 대상이 된 구술 자료도 모두 1970년대에 새마을운동에 참여한 지도자들의 구술로서 당시의 새마을운동에 대한 기억을 중심으로 정리된 것이다. 교재에 실린 수기와 서훈을 받은 지도자들의 구술을 중심으로 했기 때문에 성공사례가 대부분이라는 점에서 자료의 한계가 있겠으나, 이 글의 주요 관심사인 부녀지도자들의 노동경험을 살펴보는 데는 문제가 없다고 판단했다. 특히 수기의 내용들과 최근 채록한 구술의 내용들 간에 이질성이 발견되지 않고, 오히려 공통된 경험이 많이 발견된다는 점에서 자료를 통해 일종의 패턴을 발견하는 것도 가능했다. 성공한 새마을 부녀지도자들의 경험은 당시 근대화 과정에서 가장 소외되었던 집단인 농촌의 여성들이 근대 자본주의적 시간·이윤 개념을 획득하고 이를 자신들의 공동체에 전달하는 과정을 보여줄 수 있는 매우 의미 있는 자료라는 점에서 분석할 만한 가치가 충분하다고 하겠다.

2. 이론적 자원: 근대적 시간·이윤개념

막스 베버(Max Weber)에게 '기업가 정신'은 금욕적 프로테스탄티즘에 기반을 두고 형성된 개인들의 '정신(spirit)'이라 할 수 있다. 물질적 부의 추구를 비판하는 시각은 부의 축적을 정당화하는 종교교리의 뒷받침으로 힘을 잃고, 금욕과 성실을 바탕으로 열심히 일하여 축적하는 부에 대한 찬양은 자본주의의 발전을 가속화하게 되었다는 것이다. 자본주의적 경제체제의 등장과 더불어 등장한 청교도주의의 교리는 자본주의 경제체제와 "선택적 친화성"을 가지게 된다는 것이다. 개인이 경쟁을 통해 이윤을 추구하여 부를 축적하는 것이 미덕이라는 신념은 기존의 봉건 사회에서 개인들이 가지고 있던 가치관을 자본주의적 정치·경제·사회 시스템에 적합한 가치관으로 전환하도록 유도한다(기든스, 2008: 260). 이렇듯 가치관의 변화와 경제체제의 변화가 맞물리는 상황에서 효율성 개념과 경쟁의 도입을 바탕으로 하는 개인주의의 등장(공동체주의의 해체), 그리고 정치적 민주주의의 등장 등 전반적으로 자본주의 사회를 구성할 수 있는 다양한 제도와 관념들이 자리 잡게 되었다고 볼 수 있다.

한국의 농촌사회에서 효율성을 바탕으로 한 경쟁의 개념이 도입되고 이러한 경쟁의 궁극적인 목표는 '이윤'이라는 점을 여과 없이 드러내도록 만들어준 중요한 계기는 바로 새마을운동이다. 새마을운동을 경험해가는 과정에서 '소득'의 중요성, 특히 소득 '증대'의 중요성이 대두되고, 이를 이루기 위한 다양한 방식들이 효율성의 개념에 입각하여 고안되는 것은 이전의 농촌사회에서는 찾아보기 힘든 모습이었다. 이미 한국사회에서 도시를 중심으로 정착된 자본주의의 흐름의 대세는 농촌사회로까지 영향을 미치기 시작했으나, 전통적 가치관을 고수하고 있는 농촌 공동체 구성원들에게까지 파급되기는 쉽지 않았다. 1960년대의 농촌에 대한 묘사를 보면 낙후된 환경 속에서 농민들은 무기력하고 나태한 모습으로 그려진다.

조상이 물려준 가난을 숙명으로 알고 침체된 사고방식으로 하루하루를

> 넘기는 고루하기 짝이 없는 마을이었습니다. 치욕스러운 가난의 때를 훌훌 벗어던지고 새로운 생활을 개척해나가야 하는 오늘의 현실을 외면한 채 하나에도 체면 둘에도 체면 거기다가 남자들은 틈만 있으면 도박과 술타령으로 허송세월하는 생활태도가 몇 해 전 저의 마을의 모습이었습니다(정명규, 1977: 34).

새마을운동은 이렇게 가난을 주어진 것으로 받아들이고 체념하도록 하는 전근대적 가치관에 대치되는 근대적인 가치관을 주입하는 중요한 역할을 한 것이다. 부의 추구의 정당화는 이윤의 획득에 대한 강한 동기부여를 가능하게 했고, 성과주의의 도입은 결과에 대한 평가의 중요성을 인식시켰으며, 그 과정에서 효율성과 경쟁의 도입은 자본주의적 '시간'개념을 통해 시간 관리의 필요성을 강조하게 되는 것이다. 특히 자본주의가 발달함에 따라 출현하게 된 과학적 관리이론은 시간-동작 연구를 통해 노동과정에 대한 자본가들의 통제를 강화하는 다양한 기제들을 만들어내고, 이는 다시 자본주의 사회에서의 개인들의 삶을 다양한 방식으로 지배하게 된다. 이러한 삶의 변화는 새마을운동을 통해 농촌사회에도 강한 영향력을 발휘하게 된다.

한국사회에는 이미 개화기에 근대적 시간개념이 도입된 것으로 추정된다. 박태호(2003)는 "근대적 시간관념이 갖는 현실성은 시간적인 생활방식, 다시 말해 시간을 정해놓고 그것에 맞추어 생활하고 행동하는 것"이라고 주장한다. 따라서 시간은 규율로서 존재하게 되며, 모든 사람들이 보편적으로 지켜야 하는 것으로 받아들여지고, 지키지 못하는 사람에게는 불이익이, 잘 지키는 사람에게는 칭찬이 돌아가는 사회가 형성된다. 대부분의 경우 불이익과 칭찬은 금전으로 환산되어 개인에게 돌아온다. 이는 결국 벤저민 프랭클린(Benjamin Franklin)의 '시간은 돈'이라는 관념으로 귀결되는 것이다. 정해진 시간에 정해진 업무를 해야 하는 것은 의무이며, 이를 따르지 않는 것은 게으르고 태만한 것이라는 일에 대한 윤리가 형성되는 것이다. 따라서 시간은 지켜야 하는 것일 뿐만 아니라 낭비해서도 안 되는 것이라는 인식이 널리 공유된다. 시간의 낭비는 곧 돈의 낭비이기 때문이다(베버, 1988: 10). 이러한 인식의 공유는 농한기에 노름과 술로 '시간을 낭비'하는 기존의 농촌의 생활방식에 대한 자기반성을 유도했으며 새로운 생활방식과 일의 윤리를 받아들이도록 하는 데 막대한 영향을 미치게 된다. 새마을운동은 이러한 인식의 전환이 실생활의 변화로 이어지게 하는 강한 자극제로 작용했다고 할 수 있다. 사람들은 새마을운동에 참여하면서, '시간=돈'을 낭비하지 않기 위한 다양한 노력을 기울인다. 사업을 계획하고, 시간을 아껴 쓰고, 단시간에 최대의 효과를 거둘 수 있는 효율성을 최고의 가치로 받아들이는 것이다.

새마을운동에 참여한 개인들의 변화를 근대적 시간과 이윤의 개념을 통해 분석한 기존의 연구는 찾아보기 힘들다. 유일하게 마을단위의 새마을운동을 사례를 통해 분석한 유병용·최봉대·오유석(2001)의 연구가 새마을운동에 참여한 개별적 농가의 행위양식에 대해 "마을주민들이 합리적인 경제행위 주체로 새마을운동에 참여했다"고 보았다는 점에서 이 글에 시사하는 바가 크다. 그러나 이들은 각 농가의 행위 양식이 "사회경제적 처지에 의해 규정되는 경제적 이익실현 여부에 따라 정부가 주도하는 사업에 사안별로 실질적으로 동조하여 자발적으로 참여하거나, 형식적으로 동조하면서 실질적으로 회피하거나 소극적으로 저항하는 대응방식을 취했다"고 일부 결론을 내리고 있다. 하지만 경제적 합리성을 제약하는 "비물질적 구속력"으로서 한국전쟁에 대한 집합적 기억, 군대식 사고방식, 혈연관계 등을 강조한다는 점(유병용 외, 2001: 102~103)에서 근대적 이윤시간의 개념이 직접적으로 새마을운동에 참여한 개인들을 변화시키는 방식에 대해서는 주목하지 못했다고 하겠다.

이 글은 이러한 이론적 논의들을 바탕으로 새마을운동 참여자들의 행위동기와 행위과정을 근대적 이윤·시간 개념의 내면화·공고화 과정을 중심으로 분석해보고자 한다. 특히 근대 자본주의의 영향력에서 가장 소외된 사회적·경제적 구조에 위치해 있던 농촌 여성들이 자본주의적 개인으로 변모하는 모습들을 추적하기 위해 새마을 부녀지도자들의 활동을 구체적으로 살펴보고자 한다.

3. 근대적 시간·이윤개념과 농촌새마을운동

1972년에 시작된 새마을운동은 농촌사회의 대대적인 경제적·문화적 변화를 이끌었다고 평가된다. 더럽고 좁은 마을길이 넓어지고 초가지붕이 슬레이트 지붕으로 바뀌고 농한기 동안 노름과 술에 빠져 살던 사람들이 노동의욕에 고무되었다. 가난에 시달리던 마을이 각종 수익사업을 통해 부를 축적하고 마을회관건립으로 주민들의 의견을 수렴할 장을 확보하는 등 다양한 변화가 생겨났다. 새마을지도자들을 중심으로 "잘살아보기"위해 힘을 모았고 "정신개조운동"에 너도나도 동참했다. 1970년대 새마을운동에 참여했던 대부분의 농촌여성들은 "뼈가 부서져라" 일해서 일

군 논과 밭에 대한 자부심이 지금까지도 대단하다(부○자, 권○선). 이들은 새마을운동을 통해 자신들의 삶의 일대 전환을 겪었고 물질적·정신적 만족을 경험했다. 이 절에서는 이와 같이 '성공'했다는 신념이 대부분의 참여자들에게 지금까지 이어지도록 만든 새마을운동으로부터 이들이 획득한 생활상의 변화는 어떠한 것이었는지 살펴보도록 하겠다.

1) 새마을사업의 구성

새마을운동은 기본적으로 국가 주도로 이루어진 일종의 동원체제라는 것이 일반적인 학자들의 견해다(김대영, 2004). 이는 새마을운동이 애초에 박정희 대통령의 제안으로 1970년도에 이루어졌고 이후 추진에도 내무부를 중심으로 한 정부부처 그리고 시·도·군·읍·면 단위의 행정기관들이 깊숙이 개입했기 때문이다. 새마을운동의 추진 자체도 중앙협의회를 가장 상층 단위로 하여 그 아래 시·도·군·읍·면·리·동 추진위원회가 위계적으로 구성되어 사업을 구성하고 진행했기 때문에 농민들의 자발적인 참여라고 보기는 어렵다는 것이다.

일반적인 사회운동이 대중의 관심과 직접적인 행동을 통해 조직이 구성되고 운동이 진행된다는 점을 고려한다면, 앞서의 새마을운동에 대한 평가는 타당하다. 그러나 국가 주도로 시작했지만 운동이 조직되고 추진되어가는 과정에서 나타나는 개인들의 참여와 그에 따른 삶의 변화는 국가의 동원에 수동적으로 끌려가고 조정되는 것으로만 보기에는 부족한 점이 있다. 이러한 점에 대해 그간 '자발적 동원'이라는 개념이 많이 이용되었는데 이는 적절한 지적이라고 생각한다(임지현, 2004; 황병주, 2004).

자발적 동원의 과정이 효과적으로 이루어진 것은 국가가 의도한 개인 참여자들의 동기부여가 일정부분 성공했기 때문이라 할 수 있다. 즉, 주민들이 스스로 조직화하고 사업을 기획하고 수행하는 과정에 철저한 경쟁체제를 도입하여 차별적으로 지원함으로써 결과에 대한 책임과 성공을 위한 동기를 동시에 부여한 것이라 평가할 수 있겠다. 따라서 참여자 개인, 즉 부녀지도자 개인들은, 근대적 자본주의 이념을 직접 실천하고 눈에 보이는 성과를 얻을 수 있는, 노동력의 투입과 결과물의 산출 과정을 통해 이윤을 얻는 경험을 하게 되었던 것이다.

2) 경쟁체제 도입, 보상과 이데올로기적 효과

국가의 선택적 지원은 당시 농민들의 전근대적인 가치관 혹은 전자본주의적 순수성과 맞물려 이데올로기적 효과의 극대화를 가져오기도 했다. 많은 수기들 혹은 구술에서 새마을지도자들은 자신들의 마을에서 수혜한 하사금을 언급한다(부○자; 이삼순, 1976). 이들은 가깝게는 자신이 속한 행정구역의 장으로부터 멀게는 대통령으로부터 받은 하사금이 자신들의 고된 활동에 대한 보상이었다고 이야기한다. 물론 이러한 하사금은 마을단위로 수여된 것으로 개인적인 포상은 아니지만, 지도자 개인의 활동으로 마을이 보상을 받음으로써 지도자 본인들의 활동에 더욱더 정당성이 부여된다는 측면에서 마치 군주제하에서 왕에게 받은 상과 비교되기도 한다.

하늘은 스스로 돕는 자를 돕는다는 말과 같이 우리 마을에는 또다시 즐거움이 찾아왔습니다. 대통령 각하의 특별 배려로 다 많은 지원금을 받게 된 것입니다. 대통령 각하의 하사금 100만 원이 우리 마을에 하달되었을 때 우리 마을 주민들은 얼마나 좋아했는지 모릅니다. …… 우리는 또다시 괴로움을 모르고 일을 했습니다(이삼순, 1976: 57).

또한 대통령 혹은 행정부 고위 관료들의 방문과 이들과의 개인적인 접촉은 새마을지도자들이 극단적인 한계치의 노동을 감내할 수 있는 심리적 동기를 제공한다.

삶의 보람을 찾아 일하는 우리 마을에 군수님 이하 각 기관장님, 그리고 면장님께서 수시로 순시를 하시면서 새마을사업을 해달라면서 좋은 말씀을 많이 해주셨습니다. 이에 회원들을 한층 더 열의를 내어 구판 이익금 20만 원을 농협에 저축했으며 …… 한층 더 구판사업에 힘써 그 이익금으로 회원 50명 전원에게 토끼 한 마리씩을 분양하여 기르고 있습니다(안임순, 1977: 48~49).

3) 형식적 민주주의의 도입

이데올로기적으로는 전근대적 의식과 국가주도의 동기부여가 시너지 효과를 일으킨 반면, 새마을지도자들의 조직 활동은 형식적으로나마 민주적 운영방식을 기반으로 이루어진 것으로 보인다. 우선 마을회의라는 제도를 정착시키고 대부분의 활동을 동의에 기반을 두고 진행했다는 점이 개인주의에 바탕을 둔 민주적 운영방식을 보여주는 좋은 예라고 할 수 있겠다. 특히 마을의 환경을 정비하는 사업에는 개인들의 사유지를 이용해야 하는 경우가 빈번했고, 이를 해결하기 위해서 기나긴 설득의 과정이 이어졌다. 물론 이 설득의 과정에는 아이러니하게도 기존의 공동체의식과 국가 권력(혹은 지배층)에 대한 대중의 두려움이 커다란 효과를 발휘하기도 했다. 한 구술자는 월북한 친척이 있었던 관계로 연좌제에 걸릴까 노심초사하면서 살았고, 특히 자녀들의 앞길에 영향을 미칠까 두려워서 정부에서 시키는 일은 뭐든지 군소리 않고 따랐다고 증언했다. 따라서 새마을운동이 진행되던 당시에도, 본인은 싫었지만 마을길 넓히는 데 땅을 내놓으라고 해서 '어쩔 수 없이 싫은 소리 한 번 못하고' 그냥 내놓았다고 진술했다(김○천). 이는 국가 권력이 조성하는 공포 앞에서 한 개인이 형식적으로 주어진 권리를 매우 제한적인 방식으로 행사하도록 강제되는 당시의 '민주주의'의 성격을 보여주는 예라 할 수 있겠다.

그러나 이러한 사례는 표면으로 드러나지 않는 민주적 운영방식의 그림자일 뿐, 실제적인 마을의 조직운영은 회의록의 작성, 다수결에 의한 결정, 그리고 정해진 결과에 대한 승복 등의 방식으로 이루어진다는 점에서 이전의 몇몇 유지들에 의한 의사결정 방식과는 많은 차이가 있었다. 그리고 적어도 마을 사람들에게 이러한 기초적 정치의 메커니즘을 학습할 수 있는 경험을 제공했다는 점에서 그 의의가 있었다고 하겠다. 특히 농촌 여성들에게 의사결정 과정에 참여하는 경험은 정규교육을 대신하여 합리성에 기반을 둔 정치적 권리를 가진 근대 자본주의적 개인을 양성하는 학습의 장으로서 기능하게 된다.

이렇게 새마을운동을 조직하는 과정에서 절차적 민주주의와 개인의 권리에 대한 인식(결정과정에 한 표로서 참여하는)이 증가했던 것과 더불어 경쟁체제와 효율성에 대한 주민들의 인식 또한 높아지게 되었다. 특히 경쟁을 부추기는 국가의 선별적 지원 방식은 효율성의 원칙에 입각하여, 짧은 시간 내에 가장 많은 성과를 거두는 것이 성공이라는 인식을 전반적으로 확산시켰다. 마을 공동사업에 참여하는 사람들의 출근을 확인하는 출석부가 만들어졌고, 일한 시간이 기록되고 계산되었으며, 할당량을 채우지 못할 경우 불이익이 주어지는 방식이 자연스럽게 자리 잡았고, 성과로서 보여주어야 할 소득의 증대를 위해서 가장 효율적인 소득증대 방안에 대한 고민과 이윤에 대한 개념이 뿌리내리기 시작했다.

이러한 변화는 기존의 전근대적인 가치관과 배치되는, 매우 획기적인 인식의 전환이었고 이후 농촌사회의 변화를 이끄는 주요한 가치관으로 자리 잡았다. 한도현(2010)은 이러한 변화를 새마을지도자들의 변혁적 리더십으로 파악했고, 이는 지도자들의 조직운영방식을 보여주는 하나의 설명이 될 수도 있다. 그러나 이 글에서 초점을 맞추는 것은 그런 변혁적 리더십이 자리 잡기 이전에 새마을운동에 연루된 많은 개인들이 근대적 시간·이윤개념을 내면화했다는 것이다. 지도자들의 경우 이러한 근대적 시간·이윤개념을 학교교육이나 새마을교육 등을 통해 이미 내면화했고 이를 바탕으로 새마을운동을 기획하고 이끌 수 있었던 것으로 이해할 수 있다.

4. 농촌 부녀자들의 자본주의적 개인되기

수집된 구술과 수기들을 분석해보면 새마을 부녀지도자들은 대부분

두 가지 유형의 공통된 경험을 이야기한다. 이들은 본래 가난한 집에서 태어나 어릴 때부터 빈곤을 몸소 경험했거나, 비교적 유복한 환경에서 자라며 고등교육을 받았어도 농촌운동에 뜻이 있어서 가난한 농촌으로 '시집을 온' 사람들이다. 이들은 결혼생활과 더불어 본격적인 부녀회 활동을 했다는 공통점이 있다. 찢어지게 가난한 집에 시집와서 힘들게 살면서, 집안 살림을 일구는 것부터 시작하여 '근면', '성실'이라는 가치관 아래 '소득증대'라는 행위 목표를 추구하면서 새마을 부녀지도자의 역할을 맡게 된 것이다.

이 절에서는 이들의 구체적인 활동을 통해 근대적 이윤개념의 공고화가 이루어지는 과정을 살펴보고자 한다.

1) 이윤개념의 획득과 확장: 이윤, 소득증대, 저축

(1) 상업을 통한 이윤의 획득: 구판장 사업

구판장 사업은 새마을 부녀지도자들이 가장 많이 이야기하는 사업이다. 구술과 수기들을 통해 볼 때, 특히 젊은 부녀회원들을 중심으로 이루어진 구판장 사업은 마을공동체에게 이익을 돌려주어 개인들로 하여금 이윤에 대한 인식을 새롭게 하는 중요한 학습의 장으로 작용했다.

> 구판장을 77년 3월 24일 자로 개장하여 단위 농협 연쇄점에서 10만 원 한도액의 외상과 마을금고 자금 20만 원으로 일용생활 필수품 55종을 구입해서 구판장에서는 시내 슈퍼마켓 판매 가격으로 판매하고 있습니다. 이에 생기는 마진으로 판매자가 50%, 이용자가 50%씩 나눠 가지는 이용

> 고 배당방법의 구판장을 운영하고 있습니다. 예를 들면 비누 4호짜리 한 장에 106원에 구입해서 슈퍼마켓 가격 110원에 판매하면 4원의 마진이 생깁니다. 이를 판매자가 2원, 이용자가 2원씩 나눠 이용고 배당 총금액을 월 2회씩 마을금고에 출자시켜주고 있습니다(안임순 1977: 43).

부녀지도자들은 마을의 공동구판장을 이용해 자신들이 공급하는 물건을 마을 사람들이 멀리 갈 필요 없이 저렴하게 구매할 수 있도록 했다. 여기에는 물론 부녀회원들의 무급의 노동이 큰 역할을 했다. 부녀회원들이 돌아가면서 약 2주씩 구판장을 맡아서 운영하고 그 이익금을 정리하여 다음 사람에게 넘겨주는 형식이 대표적인 예이다. 이 과정에서 누가 구판장을 맡느냐에 따라 약간씩 이윤의 차이가 생기기도 했는데 그 이유는 "아무래도 젊고 빠릿한 새댁(본인 포함)들이 맡을 때 이윤이 더 생기고 착오도 적기" 때문이라는 것이다(안○자). 즉, 교육의 혜택을 받은 젊은 사람들이 셈과 장사에 적응이 더 빨랐기 때문이다. 구판장 사업은 생활필수품의 판매에만 그친 것이 아니라 이윤을 챙길 수 있는 다양한 분야로 확대되었다. 그중 가장 눈에 띄는 것이 마을 주점을 여는 것이었다. 당시 남성농민들은 농한기에 술을 마시고 도박을 하는 일이 빈번했는데, 부녀회원들이 이에 착안하여 구판장에 싼값으로 술을 비치하여 판매하기도 하고(안임순, 1977), 어차피 마실 술이면 부녀회에서 운영하는 주점에서 마시도록 하자는 데 의견을 모아 마을 주점을 마련하여 수입을 올리기도 했다(김○자). 이렇게 구판장을 통해 혹은 마을 주점을 통해 벌어들인 수입은 공동재정으로 편입되어 마을의 다양한 사업을 위해 쓰이기도 했지만 참여한 개인들에게 배분되기도 했다. 각 개인에게 이윤을 배분함으로써 사업 참여에 대한 동기를 부여하고, 특히 여성들도 소득증대에 한몫을 할 수 있다는 가능성을 보여준 것이다.

새마을 부녀지도자 개인들에게 구판장 사업은 또 다른 사업들을 구상할 수 있는 중요한 발판이 되기도 했다. 한 구술자는 구판장 사업을 통해 이윤을 획득하는 과정을 보고 배우면서, 마을의 특산품인 젓갈을 상품화하여 다른 지역으로 파는 사업을 시작했고, 이후 김치를 상품화해 공급하는 사업으로 확대했다고 진술했다(안○자). 이는 결국 물건을 사서 되파는 방식을 통해 이윤을 추구하던 부녀지도자들이 그 경험을 바탕으로 물품을 생산해서 판매하는 자본가로서의 역할을 하게 되는 과정을 보여주는 것이라고도 할 수 있겠다.

(2) 토지 개간을 통한 이윤의 획득

새마을 부녀지도자들은 개인의 부의 증대와 더불어 마을공동체의 부의 증대를 위해 황무지나 불모지를 개간하는 작업을 많이 했다. 한 구술자에 따르면 동네사람들의 "조소와 손가락질"을 무릅쓰고 "이 불모의 황무지를 내 힘으로 옥토로 만들자! 3년이면 되리라!"라는 의지 아래 1년만에 5,000평을 개간하여 포도를 수확했다고 한다(이청자, 1977).

> 우리는 황무지를 가꿨어. 육지에서 돈 많은 분이 땅을 사서 내버리면 그 땅이 황무지가 되는 거라. …… 몇 년 동안 안 오면 막 쌓이고 쌓이고 하는 거를 그거를 다비고, 불을 놨고, 약을 치고 거기다가 뭐 유채, 5,000평이다, 뭐 콩도 5,000평이다, 깨도 몇 천 평이다 그런 거를 하는 거지(부○자).

묘포장 용지를 마련키 위해 저희 회원들은 야산을 개간키로 하고 억척스럽게 돌을 고르고 나무뿌리를 캐내 200평의 훌륭한 포지를 마련케 되었습니다. 이곳에 은수원사시 800주, 줄장미 800주, 무궁화 600주, 개나리 500주, 버드나무 500주 등 5종류의 묘목 3,200주를 심었습니다(최기순, 1979: 67).

농업에서 땅은 무엇보다도 소중한 생산의 근원이다. 따라서 황무지를 개간하여 소유농지를 넓히는 일은 무엇보다도 중요한 사명인 동시에 부를 축적할 수 있는 기반이다. 한 부녀지도자는 남편과 함께 산간벽지를 개간해서 과일나무를 심는다든지 소를 키우는 사업을 통해 이윤을 추구하고 돈을 모으는 활동의 의미를 알게 되었다고 한다. 그 부녀지도자는 여기서 배운 노하우를 마을단위 사업에 적용함으로써 많은 이윤을 남기기도 했다(정○자). 부녀지도자들은 자신들의 경험을 바탕으로 형성된 사업적 지식으로 마을공동의 이윤을 늘려가는 과정을 통해 그간 사람들이 자신들에게 부여했던 '억척스러운', '지독한' 여인의 이미지를 상쇄시키면서, 한편으로는 '돈' 그리고 '이윤'에 대한 솔직한 추구가 결코 비난받을 행동이 아니라는 점을 재차 확인하게 되었다.

(3) 부업을 통한 이윤의 획득

농지 개간이나 구판장 사업 이외에, 새마을 부녀지도자로서 부녀회활동을 이끌고 부녀회원들의 농가소득을 늘려주기 위해 시작한 활동이 자신의 사업체 운영으로 연결된 경우도 있다. 원래 교사로 재직 중이던 구술자는 도청으로부터 새마을 부녀지도자로 임명되어 해당 마을로 발령을 받았다. 그녀는 본인의 손재주를 이용해 각종 수공예품을 만들어 해당 마을의 농한기 소득증대 사업을 이끌게 되었고, 이후에는 부녀회원들과 페스타킹을 이용하여 코르사주, 핸드백 등을 만들어 상품화하기도 했다. 작은 물품들을 상품화한 경험을 바탕으로 구술자는 부녀회원들에게 동양자수를 보급하여 재일교포들을 상대로 자수 병풍을 만들어 판매하는 수익사업을 실시한다. 이 수익사업은 마을의 수익사업으로 시작했지만, 이후 구술자 본인이 양털 스웨터, 담요 등의 특산품을 만들어 판매하는 사업을 하는 데 중요한 기반이 되었고 현재 구술자는 그 지방의 유지로서 다양한 사업을 운영하고 있다(황○선).

이렇게 한 개인이 소득증대를 위한 농가부업을 통해 사업가로 전환한 경우 이외에도, 부업을 통해 소득을 올리려는 다양한 시도들이 마을별로 시행되었다.

> 농한기에 비교적 한가로이 소일하는 유휴 노동력을 흡수하고 부업을 권장하는 뜻에서 장갑 공장을 마련하고 우선 장갑기계 수동식 5대를 구입하여 기술을 익히며 부업을 할 수 있도록 하여 그 기초작업을 추진하고 있습니다. 앞으로 판로가 개척되는 대로 본격적인 장갑생산을 하게 되고 이 공장이 가동되면 연 1,000만 원 이상의 수입이 가능할 것입니다(이순덕, 1978: 68).

> 소득증대를 위한 고막 양식장 1ha를 우리 부녀회 힘만으로 시설하여 이듬해 수확을 보게 되자 부녀회원들은 하면 된다는 신념을 얻게 되었으며 …… 피땀 어린 노력의 대가로 4개월 만에 3만여 명의 인력이 들어 6ha

의 굴양식장이 완성되었습니다. 다음해 고막 양식장과 굴 양식장에서 100만 원의 소득을 올려 155명의 회원들에게 6,500원씩 든 통장을 분배하여 저축의 의욕을 한층 고조시키기도 했습니다(강성단, 1979: 66).

이 외에도 가마니를 밤새도록 짜서 소득원으로 활용한 경우, 마을 학교의 운동복을 부녀회원들이 만들어 팔아 소득원으로 활용한 경우, 그리고 마을 공동의 토지에 부녀회원들이 공동으로 작물을 재배하여 판매하고 수익을 나누는 경우 등 매우 다양한 방면으로 부업 개념의 노동활동들이 개발되었다. 이렇게 과외노동을 통해 벌어들인 수익들은 이상의 예들과 마찬가지로 일정부분 마을단위 사업을 위해 적립되고 나머지는 개인에게 분배되었다. 분배된 개인 수익은 부녀회원들에게는 살림에 보탬이 되는 동시에 가족 간 권력관계에서 변화를 추구할 수 있는 자원으로 사용되기도 했다.

(4) 통장 만들기

빈곤에 익숙했던 1970년대 한국 농촌사회에서 개인들이 자신의 통장을 소유하기란 힘든 일이었다. 늘 빚에 시달리거나 겨우 가족들의 생계를 유지할 수 있으면 다행이라고 생각하던 사람들에게 저축은 멀기만 한 이야기였다. 그러나 정부의 저축장려운동과 새마을 부녀운동은 참여자들의 이윤확보와 재산축적에 대한 열망과 더불어 1인 1통장의 개념을 농촌사회에 심어주었다.

우리는 경남도지사님으로부터 20만 원, 시장님으로부터 30만 원의 상금을 받았습니다. 저는 이 상금을 어떻게 써야 좀 더 보람 있게 쓸까 하고 고심하다가 50만 원 중 14만 원은 부락 공동기금으로 적립하고 30만 원은 공동석화양식장에 투자했으며, 나머지 6만 원은 전 회원들에게 골고루 저금통장을 만들어 주어야겠다고 생각하여 회원들의 의사를 물어봤더니 회원이 모두 찬동하므로 남양단위농협통장으로 개개인에게 나누어주면서 회원 1명이 매월 100원 이상 저금하기로 약속하고 현재도 그 저금통장은 한 달에 한 번씩 저금을 실시하는 원동력이 된 것입니다(이삼순, 1976: 56).

부녀지도자들은 저축을 통해 마을금고에 기금을 마련하고 이를 바탕으로 새로운 마을단위의 사업을 진행할 수 있다는 점에 착안하여 부녀회원들에게 저축의 중요성을 끊임없이 강조한다. 가장 좋은 예가 좀도리쌀을 이용하여 저축을 장려한 일이다. 즉, 매일 밥을 할 때마다 조금씩 쌀을 덜어내 그것을 일정기간 모은 후 마을단위로 수합하여 한꺼번에 팔아서 얻은 수익을 통장에 적립해주는 것이다.

이렇게 적립된 저축금은 마을 공동의 재원이 되어 좀 더 큰 사업을 하는 데 자본금으로 사용되기도 하고 목돈이 필요한 사람에게 저리의 대출을 제공하는 데 이용되기도 했다(이재영, 1990: 44~47).

마을금고를 위하여 절미저축을 하여 기금 12만 원으로 시작하여 매월 1인당 200원씩 저축을 시작했습니다. 72년도에 마을금고를 위해 재건국민운동 함안분실에서 교육을 받고 마을금고 업무까지 맡아 보기로 했습니다. 그리고 농협이나 금융기관에 적금을 들어도 보고 마을에 낮은 이자로 사채를 놓기도 하여 회원 및 마을 사람들에게 융통을 해주기도 하여 마을금고는 자꾸 늘어갔습니다(안임순, 1977: 39).

72년도에 서울시에서 열린 자원 지도자교육에 참석하여 금고에 대한 원리를 배우고 얕은 지식이나마 이것을 바탕으로 76년 6월 14일 어머니 금고를 설립하여 313호로 등록했습니다. 절미저축을 하고 출자를 하고 구판사업을 해서 얻어지는 이익금을 이용고에 대한 이익을 배당하여 개인통장에 매월 불입시킵니다(정명규, 1977: 43).

'통장'은 항상 빚더미에 올라 있던 농촌 가정에 '저축'이라는 부의 축적 방식을 소개하는 중요한 기제로 작용했다. 또한 마을금고의 설치와 운영은 자본주의 경제하에서 돈의 흐름과 사용에 대한 지식을 부녀지도자들에게 직접적으로 제공하는 역할을 하기도 했다.

2) 시간개념의 획득과 확장

(1) 마을단위 사업 참여: 사역부·일지 작성

마을단위의 공동사업에 주민들이 참여하도록 마을회의를 통해 설득하는 방법 이외에 실제로 누가 참여하고 얼마나 일했는가에 대한 기록을 남김으로써 주민들의 참여를 시간개념을 이용해 통제·감시하는 역할을 한 것이 사역부와 일지의 작성이라 할 수 있다. 사역부에 누가 언제 나와서 얼마만큼 일했는지를 기록하고 있으므로, 사역부 작성은 참여자들에게 노동과 관련된 시간개념을 강화시키는 역할을 했다고 할 수 있다.

> 지각한 시간을 따져서 하루 일당 임금에서 벌금조로 제하게 하고 출근 성적을 참작해서 모내기 우선순위를 정했으므로 부농이고 바쁜 집일수록 더 열성을 갖고 나오게 했습니다. 또 출근 성적을 보아 이듬해 모내기 순위를 결정하기로 하기 때문에 자기 논에 먼저 모내기를 했다고 하여 태만할 수가 없게 했습니다(안임순, 1977: 41).

노동시간 개념이 도입됨으로써 마을에 존재했던 기존의 신분적 위계구조는 빛을 잃게 되었다. 마을의 유지이건 혹은 만석군 부농이건 간에 공동작업에 할당된 시간에 참여하지 않으면 불이익을 받는다는 것은 일종의 형식적 평등의 개념이 공유되고 있음을 보여주는 것이라고 할 수 있다. 또한 출근 성적을 이용하여 모내기의 순번을 결정하는 제도를 통해 참여자들을 통제하고 참여를 독려하는 방식은 근대적 노동통제의 방식을 그대로 반영한다고 할 수 있다. 여기에는 공동 혹은 협동의 방식에 무임승차자를 배제하기 위한 당시 부녀지도자들의 노하우가 숨어 있으며, 성과에 따른 보상의 원리를 적용한다는 점에서 상당히 근대적인 사고방식이 깔려 있음을 알 수 있다.

(2) 일상생활에서의 시간개념 변화

여성들이 집안일에 구속되어 있을 경우에는 실제로 자본주의적 시간개념을 체화하기 쉽지 않다. 그러나 마을단위에서 공동으로 운영하는 사업에 참여하면서, 각종 회의와 모임에 출석하면서, 그리고 작업과 생산성, 효율에 대한 인식이 생기면서 점차 근대적 시간개념에 입각하여 자신들의 생활을 계획하고 조정하는 방법을 익힌다. 집안일과 바깥일을 병행하는 경우, 특히 외부활동에 대한 가족들의 이해가 부족한 경우에는 부녀지도자들의 '시간 쪼개 쓰기'가 극에 달한다. 사적인 영역으로만 활동이 제한되었던 여성들은 새벽부터 일어나 집안일을 마쳐야만 떳떳하게 공적인 영역으로 진출할 수 있었다.

> 언제나 새벽 3,4시에 일어나서 식구들 아침상을 보고 설거지를 대충하고 6시부터는 깨어진 징 조각을 들고 마을 이쪽저쪽을 절룸절룸 굴러다니며 징을 쳤습니다. …… 아침 7시 10분 전까지 작업장에 도착해 7시 정각에 모심기에 들어갔으며 점심시간은 1시간 휴식을 하며 아기를 젖을 먹이고 점심은 항상 도시락을 지참했고, 집에서는 아이들이나 남자 분들이 아침에 지은 밥을 차려 먹게 했습니다. 작업은 오후 7시에 끝내고 저녁 식사를 준비하도록 해가 있을 때 돌려보냈고 …… (안임순, 1977: 41).

부녀지도자들은 이렇게 시간을 쪼개서 관리해야만 공적인 영역에서의 소득증대 활동이 가능했다. 효율성에 근거한 근대적인 시간 관리에 대한 이들의 염원은 가정의례준칙을 지키자는 운동으로 나타나게 된다. 집안일의 막대한 부분을 차지하는 제사를 비롯한 각종 가족 행사는 물질적인 측면에서 낭비요소를 가지고 있을 뿐만 아니라 시간적인 측면에서도 부녀지도자들의 삶에 장애요소로 작용했다. 따라서 정부의 시책인 가정의례준칙을 마을단위에서 직접적으로 시행하고자 하는 노력은 기존의 가부장적 가족질서에 대한 저항이기도 하지만 다른 한편으로는 근대적 시간관념과 효율성에 대한 인지의 증가가 가져온 결과라고 해석할 수 있을 것이다. 집안 대소사에 들어가는 경비와 시간을 줄이고 이를 다른 방향으로 활용하자는 것이 부녀지도자들의 주장이었다. 일례로 한 구술자는 돌아가신 어른들을 기리기 위해 초하루, 보름에 상을 차리고 절하는 삭망(朔望)이라는 제도는 더 이상 의미가 없는 낭비적 제도라고 생각했다. 그래서 이를 없애고 차라리 살아계신 부모님들께 효도를 하기 위한 섬김의 날, 즉 효도의 날을 정해 '산삭망'이라 칭하고 이를 실천하도록 하자고 부녀회원들과 마을 어른들을 설득하기도 했다(정○자).

이렇게 함으로써 부녀회원들은 집안일에 들이는 시간을 줄이면서 그간 집안일에는 전혀 관심이 없던 남성들로 하여금 아주 적은 부분이나마 가사노동에 동참하도록 유도했다고도 할 수 있다.

(3) 주택개선사업, 마을환경 개선사업

주택과 마을환경 개선사업도 시간 관리의 효율성, 그리고 노동생산력 극대화의 개념과 맞물리는 현상이라 할 수 있다. 비효율적인 초가지붕과 가옥구조의 개선, 공동 빨래터의 마련, 전기와 상수도의 설치 등은 가정에서 여성들에게 부과되었던 노동의 성격을 바꾸는 중요한 계기가 되는 동시에, 이들에게 공적인 영역에서 수익사업에 참여할 수 있는 길을 열어주는 핵심적인 기제가 된다.

> 저희 마을은 74년도에 자조 마을에서 자립마을로 승격되었고 쓰러져 가던 초가들도 대부분 지붕을 개량하고 무너져 뒹굴던 흙담장들은 깨끗한 벽돌담으로 바뀌었고 밤이면 초롱불을 밝히고도 장님행세를 하던 골목길이 리어카가 드나들고 경운기가 집집마나 안마당까지 드나들도록 신작로 길이 바뀌었으며 …… (안임순, 1977: 47).

가옥구조의 개선과 더불어 마을환경 개선사업은 농촌여성들의 일손을 한층 덜어주었다. 주기적으로 대체해야 하는 비효율적인 초가지붕을 영구적인 슬레이트 지붕으로 바꾸고 여성들의 동선을 전혀 고려하지 않은 가옥의 구조 또한 근대화 프로젝트를 통해 서구식 가옥구조로 바꾸었다. 상수도가 설치되어 물을 길어오지 않아도 되었으며 길이 넓어져 운반과 통행이 훨씬 수월해졌다. 이러한 변화는 여성들이 더 쉽게 공적인 영역으로 진출할 수 있는 기반을 제공해주었다. 일단 집안일에 소요되는 시간이 줄어서 공적 영역에 머물 수 있는 물리적·정신적 시간이 늘어났고, 넓어진 길을 통해 공간적 접근이 수월해져 부녀회원들의 활동영역을 넓혀주었던 것이다.

또한 마을에 만들어진 공동의 취사장과 빨래터는 농번기에 여성들이 더 효과적으로 시간을 사용할 수 있는 길을 열어주었으며 서로 의견을 교환하고 공동의 활동을 도모할 수 있는 장을 마련해준 것으로 해석할 수 있다.

> 예년에는 우리 마을의 모내기는 꼭 20일이 소요되었는데 공동취사를 실시하고부터는 14일이 소요되어 6일간의 기간이 절약되었습니다. 이상과 같이 절약된 노동력과 경비를 금액으로 환산하면 30만 원 이상이 절약된다고 결론이 있었습니다. 이 같이 돈으로 환산될 수 있는 것 이외에도 예년같이 개별 취사를 하면 농가의 우리 부녀들은 며칠 전부터 무슨 반찬을 만들 것인가 신경을 써야 했고 반찬 준비 등 법석을 부려야 했고 작업장까지 머리에 이고 나가느라 몇 명씩의 다른 부녀들이 필요했던 어려움이 있었는데 오늘날 저희 마을에서는 농번기가 되어도 이러한 걱정을 하

지 않게 되었습니다(최기순, 1979: 67).

공동취사로 절약할 수 있었던 노동력과 경비를 금액으로 환산하는 모습에서 당시 농촌여성들의 이윤개념에 대한 인지와 노동력의 효율적 이용에 대한 관념이 공고화되어가는 과정 또한 확인할 수 있다.

3) 금욕적 생활태도에 대한 강조

부녀새마을지도자들 사이에는 생활적인 측면에서 근대적 이윤·시간개념이 습득되고 내면화되는 과정과 궤를 같이하여 "근면, 성실, 그리고 알뜰"로 표현되는 금욕적 생활태도가 강조되었다. 이러한 생활태도의 변화는 "사람은 누구나 복을 타고나야만 잘살 수 있다는 그릇된 관념을 가진 부녀자들로 팔자 한탄이나 하며 가난을 숙명인 양 체념과 포기상태에서 암담한 나날을 보내던"(이순자, 1976: 72) 과거에 대한 비판적 반성으로부터 시작되었고, 기존의 가치관에 빠져서 무기력한 생활을 하고 있는 남성들에 대한 비판과 그들의 생활태도를 개선시키기 위한 노력으로 이어졌다.

부녀자들은 굴을 캐고 조개를 캐서 생계유지에 노력하고 있었지만 남자들의 생활이란 너무나도 어처구니없는 것이었습니다. 농토는 좁고 할 일은 없으니 마을 사람들은 술집에만 모여 앉아 밤이면 도박, 낮이면 윷놀이로 처음에는 웃음판이 싸움판으로 변하기가 일쑤였고 심지어는 가정으로까지 번져 가난으로 굶주린 아내들을 들볶고 귀여운 자녀들의 진학길을 막으며 패가망신한 사람이 한둘이 아니었습니다(이삼순, 1976: 49).

빈번히 행해지던 남편들의 음주와 노름을 청산하기 위해서 이들이 동원한 방법은 설득과 구판장 사업이다. 부녀지도자들과 회원들은 함께 돌아다니면서 노름을 하고 있는 현장을 찾아가 화투장을 집어던지기도 하고(정명규, 1977: 38), 끊임없이 눈물로 설득을 하기도 했다(이삼순, 1976). 근면 성실하게 일하는 것을 진리로 여기면서·실질적으로 소득증대를 이루어낸 경험이 있는 부녀지도자들의 설득은 먼저 부녀회원들의 동의를 얻어냈고, 서서히 남성들의 생활태도 변화를 이끌어내기 시작했다. 그리고 새마을운동이 활성화된 이후에는 금욕적 생활태도에 대한 공통의 이해가 마을 주민들 전반에게 어느 정도 정착되었다고 볼 수 있다.

부녀지도자들은 설득 이외에 남성들의 습관적인 음주를 좀 더 실질적으로 줄이기 위해 구판장 사업을 이용하기도 했다. 생필품을 공급하면서 이익금을 쌓아가던 구판장에서 싼값에 술을 팔기 시작했고, 더 나아가 아예 마을주점을 경영하게 되자 남성들이 마을 밖으로 나가서 쓰던 돈이 구판장 이익금으로 돌아오게 되었다(이삼순, 1976: 49; 김○자). 이렇게 모인 이익금은 다시 마을주민들의 통장으로 배분됨으로써 주민들로 하여금 근면과 성실의 삶에 대한 경제적 보상을 경험할 수 있도록 해주었다.

이렇게 기존의 전근대적인 생활방식을 타파하고 새로운 근대적 가치관으로 무장한 새마을 부녀지도자들은 몸소 실천하는 '부지런함'을 통해 주민들에게 자신들의 의지를 보여주었으며 이는 경제적 보상으로 되돌아왔다. 흔히 구술과 수기를 통해 접하는 그들의 노동시간과 강도, 양은 지금으로는 상상도 할 수 없는 정도이다. 그들은 그야말로 "몸이 부서져라" 일했다. 일반적으로 농촌의 여성들이 도시 여성들보다 육체적으로 힘든 일에 익숙해 있다는 것을 감안하더라도 하루에 16시간 이상씩 일하는 모습은 가히 초인적이라 할 수밖에 없다.[2)]

한 부녀지도자는 도시출신으로 농과대학을 졸업하고 농촌운동에 뜻을 품고 농촌으로 시집왔다. 그녀는 처음으로 농사일에 참여했을 때 심한 좌절을 경험했다고 한다. 마을 사람들과 함께 공동 작업에 참여했는데 같은 강도의 노동을 하지 못해 업신여김을 당했고, 육체적인 고통도 참기 힘들었다. 그러나 그러한 고통을 감내하면서 이겨낸 일화는 그녀에게 매우 소중한 경험이 되었다(정행길, 1977: 28). 부녀지도자들의 금욕적인 생활태도는 시간적·물질적 낭비 없이 경건한 청교도주의적 삶을 사는 것을 넘어서서, 때로는 육체적인 고통까지 감내해야 하는 것이었음에도 이들은 일종의 소명의식으로 이를 극복해나가는 모습을 보여주었다.

5. 전통적 가치관과 근대적 자본주의의 타협

기존의 농촌사회를 지배하고 있던 전통적 가치관은 근대화를 지향하는 새마을운동의 과정을 통해 경쟁을 받아들이고 경제적 이익을 추구하는 방향으로 전환되었다. 그러나 부녀지도자들이 근대 자본주의적 가치관을 받아들이고 이를 자신들의 활동에 적용하는 과정에서는 다양한 방

2 대부분의 구술자들은 현재 60대 후반에서 70대임에도 아직도 본인 소유의 농장에서 가지치기, 농약치기를 스스로 하고 있었다(권○선; 안○자; 부○자).

식으로 전통적 가치관과의 타협이 이루어지고 있음을 알 수 있다. 이들이 주로 받아들이고, 나아가서 자신들의 활동을 활성화하기 위해 이용한 가치관은 크게 ① 공동체주의, ② 효사상이라 할 수 있다.

공동체주의와 자본주의의 타협은 공동노동, 공동저축, 공동기금 등의 형태로 나타난다. 부녀지도자들의 경우 자신들이 내면화한 근대적 개인주의에 기반을 둔 이윤의 개념을 매우 교묘한 형태로 공동체주의와 결합하는 모습을 보여준다. 이들에게 가장 중요한 목표는 가난을 극복하고 잘살아보는 것이었고 이를 위해 기존의 수동적인 농촌여성에서 벗어나 이윤추구, 즉 돈을 버는 것을 삶의 목표로 자연스럽게 받아들였다. 그러나 이들의 이윤추구에 대한 적극적 의지는 초기에 많은 동네주민들로부터 비난의 대상이 되었다. 부녀지도자들이 마을 주민들의 비난을 극복하는 방안으로 택한 가장 일반적인 방법은 본인이 이윤을 추구한 방법을 마을 주민들에게 알려주고 그들도 이윤추구 활동에 동참하도록 설득하는 것이었다. 따라서 공동의 사업을 구상해서 이를 통해 공동의 이윤뿐만 아니라 개인적인 이윤까지 획득할 수 있도록 하는 다양한 방식들을 도입했다. 가장 대표적인 방법이 공동의 사업을 통해 얻은 이익금을 개인의 통장으로 돌려주는 방식이었다. 마을 주민들은 자신들의 통장에 쌓여가는 돈을 보면서 보람을 느끼고 자본주의적 이윤의 개념을 내면화하게 되었다. 또한 경쟁체제를 통한 지원을 시행했던 정부의 새마을운동 지원정책은 마을주민들에게 공동체를 통해서 자본주의적 경쟁체제를 경험하도록 하는 역할을 했다. 특히 타 마을과의 경쟁을 통해 획득한 상금 혹은 특별 하사금의 일부가 마을 주민들의 개인통장으로 입금되도록 조처한 사례는 이러한 과정을 잘 보여준다(이삼순, 1976: 51).

효사상은 특히 성역할에 대한 전통적 가치관과 근대적 가치관 사이의 갈등을 해결하는 중요한 열쇠로 작용한 것으로 보인다. 전통적 가치관에서는 여성들이 집 밖에 나가서 돈을 버는 것을 수치스럽게 여겼다. 집에서 아이들이 굶을지언정 며느리가 나가서 노동일을 하는 것은 용납할 수 없었던 시부모님들은, 특히 가정의례준칙을 지키고 가족계획사업을 주도하던 부녀회에게 좋은 감정을 가질 수 없었다고 한다(정○자; 권○선; 이순자, 1976). 부녀지도자들이 이러한 세대 간의 갈등을 해결하기 위해 사용한 카드는 바로 "효도"였다. 이들은 "소외감을 느끼는 시모님들"을 모시고 점심과 간식을 싸들고 효도 관광을 가거나(이순자, 1976: 73; 권○선) 정기적으로 마을잔치를 열어 어르신들을 대접하면서(정○자; 권○선) 일종의 물질적인 보상을 함께 경험하는 것을 통해 세대 간 소통을 유도했다.

> 즐거운 하루여행을 마치고 돌아오신 시모님들의 이해와 협조는 과연 놀라울 정도였습니다. 아마 강물을 막아 옥토를 만들어내는 사람의 거대한 힘 앞에 새로운 무엇을 느끼셨나 봅니다. 이때부터 저의 마을엔 시어머님회가 생겼고 별난 시어머니와 불출한 며느리가 동시에 없어졌습니다. 모든 가정이 화목하니, 온 마을이 화평해지고, 마음이 맞으니, 돈도 날로 늘어나고, 부녀회원도 50명으로 늘어나게 되었습니다(이순자, 1976: 74).

이상의 사례들을 통해 볼 때, 새마을 부녀지도자들의 행위양식에는 공동체적·가족적인 성격과 적극성, 능동성이 동시에 존재했던 것으로 파악할 수 있겠다. 이들에게 이러한 특성이 생기게 된 이유는 농촌사회에서 자라면서 내면화한 전통적 가치와 새로이 받아들인 근대 자본주의적 가치를 내부적으로 조율했기 때문이라 생각한다. 이들은 새로운 가치를 자신들의 삶에 적용하는 데 외부와의 갈등을 최소화하고 자신들의 목표는 최대한 달성하는 방법을 터득하고 있었던 것으로 보인다. 물론 이러한 과정에서 개인들의 육체적·정신적 고통과 희생이 뒤따랐으나 이 같은 고통과 희생은 지도자라는 사회적 지위의 획득, 그리고 포상, 개인적 부의 축적 등을 통해 상쇄된 것으로 여겨진다. 여기에는 물론 정부의 새마을 교육을 통한 이데올로기적 공세 그리고 자발적 동원을 가능하게 하기 위한 다양한 기제들도 함께 작용했다는 점을 인정하지 않을 수 없다.

6. 맺음말: 자본주의적 인간형의 한국적 변형

새마을지도자들, 특히 새마을 부녀지도자들은 당시 근대화를 절실히 추구하던, 박정희 정부가 가장 원하던 바람직한 국민의 상이 아니었을까 하는 생각이 든다. 이들은 공동체 관념과 전통적 성역할을 받아들이고 그 틀 내에서 근대적 자본주의, 개인주의를 적절히 조화시켜 엄청난 양의 개인적 노동을 즐거이 감내하는 개인들이었다. 일반적으로 개인주의의 단점으로 다루어지는 원자화·파편화된 인간군이 아니라 공동체주의를 통해 타인과의 관계를 유지하면서 공동의 목표를 추구하고 그것을 통해 개인적 이윤추구를 이루어가는 모습들은 당시의 새마을운동이 적어도 소득증대와 농촌근대화의 관점에서는 성공적이었던 이유를 어느 정도 설명해준다고 할 수 있다.

앞서의 연구(장미경, 2007; 유정미, 2001)들에서 지적한 것처럼 새마을운동이 여성들에게 정체성의 정치에 참여할 수 있는 장을 열어주었고 이를 통해 주체적인 개인으로서 존재감을 획득할 수 있는 기반을 마련해주었다는 점은 부정할 수 없는 사실이다. 그러나 이와 더불어 이들이 획득하게 되는 정체성을 구성하는 주요요소는 바로 근대적 자본주의 사회가 요구하는 시간·이윤개념을 내면화한 '합리적 개인'이었다는 점을 간과해서는 안 될 것이다. 새마을사업을 기획하고 마을의 소득을 증대시키는 과정에서 이들이 학습하고 발휘해낸 역량은 근대 자본주의가 요구하는 '시간과 돈의 낭비 없이 열심히 일하는, 그리고 끊임없이 이윤을 추구하고 재산을 축적하는 것에서 기쁨을 찾는' 인간형을 그대로 반영하고 있다고 해도 과언은 아니다. 특히 도시와는 다른 지역적 특성과 문화적 특성으로 교육의 혜택에서 배제된 여성들이 근대 자본주의의 이념과 이에 맞는 역할을 습득해가는 과정을 볼 때, 새마을운동의 영향력은 상당했던 것으로 파악할 수 있다.

이렇게 새마을운동이 구조적으로 근대적 자본주의의 영향력에서 가장 멀리 떨어져 있던 농촌여성들까지 근대 자본주의 개인으로서의 정체성을 띠도록 유도하는 중요한 계기가 되었다는 점은, 농촌 남성들이 새마을운동을 통해 자본주의적 개인이 되어가는 과정 또한 유추할 수 있게 한다.

이 글에서 살펴보지는 못했지만, 운동의 추진과정에서 다양한 갈등과 실패의 사례들도 존재했을 것이다. 하지만 지도자로서 서훈을 받은 사람들은 적어도 정부가 주입한, 혹은 유포하고자 했던 근대 자본주의적 개인으로서의 모습을 주어진 구조 속에서 적절히 변형된 형태로 생산해내고 있었고, 또 이를 통해서 삶의 물적 조건 자체를 변화시켜 개인적으로든 공동체의 수준에서든 빈곤으로부터의 탈피는 어느 정도 성공한 것이 사실이다. 결국 새마을운동은 조국 근대화라는 목표 아래 개인의 이윤추구의 자유를 인정하고 정당화하는 자본주의적 이념이 농촌으로 급속히 퍼져나가면서 전통과 근대의 삶의 경계에서 생활하고 있던 농촌 여성들에게 물질적인 부의 축적을 직접 경험하도록 유도하는 과정을 통해 변형된 형태로나마 자본주의의 원리가 지역적·심리적 주변부까지 뿌리내리도록 한 과정이었다는 점에서 그 의미가 있다고 할 수 있겠다.

근대적 시간·이윤개념의 내면화와 공고화라는 관점에서 새마을운동 참여자들을 분석하는 것은 지금까지 논쟁의 대상이 되어왔던 새마을운동의 성격 규정의 문제, 즉 국가동원 체제로 규정할 것인지, 자발적 참여로 볼 것이지, 혹은 자발적 동원으로 정의할 것인지에 대한 문제를 바라보는 데, 이전과는 다른 새로운 시각을 제시해줄 수 있을 것이라 생각한다. 앞으로 지속적인 자료의 발굴과 축적을 통해 연구의 대상을 서훈을 받지 않은 일반 참여자까지 확대하여 좀 더 심층적으로 새마을운동의 성격을 규명해볼 수 있기를 희망한다.

참고문헌

고원. 2006. 「박정희 정권 시기 농촌 새마을운동과 '근대적 국민 만들기'」. ≪경제와 사회≫, 제69호.

기든스, 앤서니(Anthony Giddens). 2008. 『자본주의와 현대사회이론』. 박노영·임영일 옮김. 한길사.

박진환. 2005. 『박정희 대통령의 한국경제 근대화와 새마을운동』. (사)박정희 대통령 기념사업회.

박태호. 2003. 「'독립신문'과 시간-기계」. ≪사회와 역사≫, 제64집.

베버, 막스(Max Weber). 1988. 『프로테스탄티즘의 윤리와 자본주의 정신』. 박성수 옮김. 문예출판사.

유병용·최봉대·오유석. 2001. 『근대화 전략과 새마을운동』. 백산서당.

유정미. 2001. 「국가주도 발전에 참여한 여성들의 경험에 관한 연구: 새마을 부녀지도자들의 사례를 중심으로」. 이화여자대학교 석사학위논문.

이재영. 1990. 『협동운동의 불꽃』. 농지회.

임지현. 2004. 「대중독재의 지형도 그리기」. 임지현·김용우 엮음. 『대중독재: 강제와 동의사이에서』. 책세상.

장미경. 2007. 「개발시기, 새마을운동 부녀 지도자의 정체성의 정치:부녀 지도자의 성공사례, 수기를 중심으로」. 『2007 전기사회학대회 한국사회학 50년 정리와 전망 발표 논문집』.

한도현. 2010. 「70년대 새마을운동에서 마을 지도자들의 경험세계: 남성지도자들을 중심으로」. ≪사회와역사≫, 제88집.

황병주. 2004. 「박정희 체제의 지배담론과 대중의 국민화」. 임지현·김용우 엮음. 『대중독재: 강제와 동의사이에서』. 책세상.

• 새마을지도자연수원에서 발행한 통신교재 ≪새마을운동≫에서 인용

강성단. 1979. "갯벌을 딛고 일어선 의지". 통권 제20호.

신대복. 1975. "하면 된다는 굳은 신념으로". 통권 제4호.

안임순. 1977. "불구의 몸으로 자립마을의 선봉되어". 통권 제8호.

양정희. 1979. "황무지를 일궈 어머니회관 마련". 통권 제17호.

이문자. 1977. "역경을 딛고 일어선 마을구판장". 통권 제11호.

이삼순. 1976. "바위도 부수는 작은 물방울처럼". 통권 제7호.

이순덕. 1978. "알차게 앞서가는 화동마을". 통권 제12호.

이순자. 1976. "근면과 성실로 협동마을 이뤄". 통권 제5호.

이청자. 1977. "부자마을 이룩한 부부지도자". 통권 제10호.
이희숙. 1978. "부녀가 주축이 된 알찬 새마을". 통권 제14호.
전홍녀. 1979. "역경을 넘어". 통권 19호.
정도자. 1975. "화목한 가정부터". 통권 제4호.
정명규. 1977. "역경을 물리친 장한 어머니회". 통권 제9호.
정행길. 1977. "흙과 함께 살리라". 통권 제11호.
최기순. 1979. "부녀들의 손으로 잘사는 마을을". 통권 제18호.
홍순혜. 1976. "거듭되는 재난을 이겨낸 끈기". 통권 제5호.

• 구술 자료

구술자	학력	활동지역	주요경력	면담일
황○선	대학이상	제주시	제주도 새마을 초대부녀회장	2009.9.25 2009.10.26
부○자	초등학교졸업	제주시 조천읍	새마을 읍부녀회장, 도부회장	2009.10.27
김○천	초등학교 중퇴	제주시 애월읍	농촌지도소 지정 학습관리	2009.10.27
리○영	중학교 중퇴	충북 충주시 주덕읍	새마을지도자, 이장	2010.1.13
권○선	초등학교 졸업	경북 봉화군	새마을부녀회장	2010.2.1
김○자	고등학교 중퇴	경북 의성군	새마을부녀회장	2010.2.2
하○용	초등학교 중퇴	충북 청원군	새마을지도자 및 교육강사	2010.2.23
정○자	고등학교 졸업	전북 임실군	새마을지도자 및 교육강사	2010.6.3
박○표	대학원 졸업	전남 무안군	새마을지도자	2010.8.2
안○자	고등학교 졸업	전남 장흥군	새마을부녀회장	2010.8.3

제2부
새마을운동과 마을공동체의 변화

제3장

인도네시아 욕야카르타 주의 새마을사업*

마을 리더십의 성격과 역할

오유석 | 성공회대학교 민주주의연구소 부소장 겸 전임연구교수

하재훈 | 성공회대학교 민주주의연구소 한국국제협력단 협력사업 현지책임자

1. 연구목적과 연구대상

이 글은 최근 한국의 지원 없이도 자체적으로 활발하게 새마을운동이 전개되고 있는 인도네시아 욕야카르타 주(Daerah Istimewa Yogyakarta: DIY, 또는 Yogyakarta Special Region)의 새마을사업[1]을 통해서 마을 리더십의 성격과 그 역할을 살펴보는 데 목적이 있다.

---

* 이 글은 ≪구술사 연구≫ 3권에 실린 「인도네시아 족자카르타주의 새마을사업: 마을 리더십의 성격과 역할」을 수정·보완한 것이다.

1 인도네시아 욕야카르타 주에 한국의 새마을운동이 처음 소개되고 시범사업이 실시된 것은 2007년 9월 DIY 주정부와 한국의 경상북도가 '새마을운동교류에 관한 양해각서'를 체결하면서부터이다. 이 시범사업은 2009년부터 2013년까지 한국의 지원이 중단된 상태에서도 마을 자체적으로 실시되고 있다. 그러나 여전히 '시범적' 사업의 성격을 벗어나지 못하고 있어서 '새마을운동'이라고 하기에는 무리가 있다. 따라서 이 글에서는 '새마을사업'이라는 표현을 사용하도록 한다.

한국사회에서는 아직도 새마을운동에 대한 평가와 관련하여 긍정적 시각과 부정적 시각이 팽팽하게 맞서고 있다. 그럼에도 2000년을 전후하여 베트남, 몽골, 인도네시아, 콩고, 캄보디아, 탄자니아 등 다수의 저개발 국가들에서 지역개발, 경제개발, 사회통합 등의 차원에서 적극적으로 새마을운동을 학습하거나 시행하는 사례가 늘어나고 있다.[2)]

세계적으로 유례를 찾을 수 없으며, 20세기 한국근대화의 '명암'을 고스란히 간직한 채 흘러간 과거의 '유물'로 여겨지던 새마을운동이 국제사회에서 이렇게 많은 관심을 받게 된 것은 '오늘날 한국이 이룬 성공의 중심에 1970년대 새마을운동이 있었다'는 국민적 인식[3)]과 국제사회의 시선[4)]에 근거하고 있다. 1970년대 새마을운동이 농촌마을에서 성공적으로

---

2 새마을운동중앙회의 자료(2011)에 따르면, 1970년대부터 2010년까지 129개 국가에서 2만 4,000여 명이 1일 방문교육, 합숙교육, 현지교육 등의 형태로 새마을교육을 이수했으며, 18개 국가에서 157개의 새마을사업이 시행되었다. 그러나 새마을운동의 해외 전수는 한국의 지방정부, NGO, 또는 국제기구 등 다양한 경로를 통해서 이루어지고 있기에 이에 대한 정확한 통계가 없는 상황이며 관련 자료도 제대로 정리되지 못하고 있다.

3 1990년대 중반부터 2000년대 후반까지 각종 국민여론조사에서 한국 국민들은 새마을운동을 해방 이후 가장 잘된 정책 또는 우리 국민이 이룬 가장 큰 업적 등으로 기억하고 있다고 조사되었다. 그 결과들은 1994년 '해방 이후 가장 잘된 정책' 1위(≪경향신문≫, 대륙연구소 공동조사), 1998년 '대한민국 50년, 우리 국민이 성취한 가장 큰 업적' 1위(≪조선일보≫, 한국갤럽 공동조사), 2008년 '건국 60년, 우리 민족이 성취한 가장 큰 업적' 1위(≪조선일보≫, 한국갤럽 공동조사) 등과 같다. 이에 관한 사항은 http://saemaul.com/center/center/whats_8.asp을 참조할 것.

4 2007년 반기문 UN 사무총장이 아프리카 빈곤퇴치를 위한 새마을운동의 적용을 언급한 이후 UN을 비롯한 국제기구 등에서 새마을운동에 대한 관심이 더욱 고조되었다. 실제로 2008년 11월 UN 본부에서 기아와 빈곤퇴치를 위한 조직 MP(UN Millenium Promise)·한국국제협력단(KOICA)·경상북도 등이 '한국형 밀레니엄 빌리지' 조성을 위한 양해각서를 체결하고 아프리카에 새마을운동 전수를 위한 시험사업을 시행하

추진될 수 있었던 것은 마을사업을 이끌었던 새마을지도자들이 있었기 때문이라는 인식이 폭넓게 퍼져 있다. 즉, 새마을지도자들의 헌신과 열정이 1970년대 새마을운동의 성공을 이끌었다(황연수, 2006: 27; 김영미, 2009: 368~373; 한도현, 2010: 53; 이현정, 2013: 214~216)는 것이다. 이러한 까닭에 새마을운동의 해외 전수에서도 저개발 국가들의 마을 지도자들에게 새마을교육을 우선적으로 시행하고 있다.[5] 그러나 새마을교육을 받은 지도자가 있다고 해서 모든 저개발 국가에서 추진되고 있는 새마을사업의 성과가 같은 것은 아니다.

이 글은 인도네시아 욕야카르타 주의 새마을사업과 마을 리더십에 주목한다. 인도네시아 욕야카르타 주의 새마을사업은 도입과 전개에서 다른 저개발 국가들과는 차별성이 있으며, 그와 동시에 1970년대 한국적 상황과는 부분적으로 유사하다.

다른 저개발 국가들과 마찬가지로 인도네시아 욕야카르타 주는 자체적인 지역개발 프로젝트로 새마을사업의 도입을 고려했다. 이 사업 이전에 공무원과 마을 지도자의 새마을연수 실시, 새마을운동 학습, 현지 조건 실사 등을 시행했다. 이러한 준비과정을 거친 후 현지에서 시범사업이 추진되었고, 한국의 지원이 중단된 2010년 이후에도 사업이 지속되고 있을 뿐 아니라 인근 지역으로 확대되고 있다(Anwar, 2010: 77). 이렇게 인도네시아 욕야카르타 주의 새마을사업이 지속 및 확대될 수 있었던 중

여 2013년 현재까지 진행 중이다.

5 새마을운동중앙회나 여타 기관의 새마을운동 해외 보급 사업에서는 현지타당성조사와 함께 마을 지도자들에 대한 새마을교육의 우선적 시행을 매뉴얼화하고 있다(새마을운동중앙회, 2007; 하재훈, 2009; 새마을아카데미, 2009).

요한 요인 중 하나는 사업지역의 마을 지도자들이 마을 발전을 위한 자신들의 새로운 역할을 인식하고 마을 구성원들의 동참을 적극적으로 이끌었기 때문이다(Anwar, 2010: 78).

그리고 마을 지도자들의 성공적인 역할 수행은 개인의 노력과 헌신보다는 14세기 이래 계승되고 있는 이 지역의 '고똥 로용(Gotong Royong)'과 '아리산(Arisan)'이라는 공동노동, 공동생산, 공동부담 등을 내포한 자생적 공동체 전통에 기반을 둔 것이다. 즉, 자생적 공동체 전통에 따라 마을 지도자들은 자신들의 권위를 마을 주민들로부터 인정받았다. 그래서 안정적으로 사업에 대한 지도력을 발휘하여 전체 마을 주민들이 새마을사업에 적극적으로 동참하도록 이끌어나갔던 것이다. 이러한 공동체적 전통이 뒷받침된 자생적 리더십과 마을지도자의 능동적 역할이라는 점에서 인도네시아 욕야카르타 주의 새마을사업은 1970년대 한국의 농촌새마을운동과 부분적으로 유사하다.[6]

이 글은 인도네시아 욕야카르타 주의 새마을사업과 다른 저개발 국가들의 새마을사업의 차별성과 한국적 상황과의 부분적 유사성 등에 유념하면서 새마을사업 추진에 마을 리더십의 중요성을 확인하고자 한다. 또한 마을 지도자의 역할뿐 아니라 리더십이 발휘될 수 있는 마을공동체의

---

6 1970년대 농촌새마을운동에서 농촌사회의 집합적 참여가 가능했던 것은 향약·두레·계·품앗이 등과 같은 전통적인 공동체성의 발현 때문이었다(내무부, 1980; 한상복, 1984; 황연수, 2006; 정갑진, 2008; 경운대학교 새마을아카데미, 2008; 하재훈, 2007b; 김영미, 2009)는 설명과 평가가 있다. 처음에는 관 주도로 시작되었지만, 한국에서 새마을운동은 농촌의 자연부락 마을을 운동주체로 설정함으로써 마을공동체를 적극적으로 활용할 수 있었으며, 그 마을공동체의 전통적 협동정신과 공동체의식을 통해 농촌 마을의 집단적 참여를 이끌어냈다는 것이다.

존재 여부가 중요한 요소임을 밝히고자 한다.

2. 기존 연구논의와 연구방법

1) 새마을운동과 새마을지도자

새마을운동에 관한 연구는 다양한 관점과 주제로 방대하게 이루어지고 있다. 하지만 새마을지도자에 관한 다면적 연구는 양적으로나 질적으로나 부족한 실정이다. 새마을지도자에 관한 기존 논의들은 새마을지도자의 역할이 중요했다는 점을 인정하면서도 '새마을지도자의 지위와 위상이 주어진 범주를 벗어나지 못하고 제한적이었다'는 견해와 '새마을지도자는 새마을사업을 경험하면서 새로운 변화의 주체로 성장했다'는 두 가지 견해가 팽팽하게 맞서고 있다.

첫 번째 견해로 박진도·한도현(1999: 63~70)은 새마을지도자가 정부의 새마을사업을 담당하는 집단이자 정권의 안정을 보장하는 역할을 수행했다고 하며, 유병용 외(2001: 100~101)는 지도자 요소가 중요하기는 하지만 형식적 선출과정과 자율성의 부재로 새마을지도자의 지위와 위상이 제한적이었다고 지적한다. 한편 김태일(1989)은 새마을지도자가 집체적 동원 체제에서 국가와 조국근대화를 향한 수직 관계를 지탱한 '끄나풀'과 같았다고 말하며, 김대영(2004: 193~197)은 새마을지도자가 농촌지역에서 박정희 체제의 정당성을 제고한 유기적 통로(Organic Passage)였기에 새마을운동 과정의 의사결정구조 밖에 존재했으며 위상도 매우 낮았다는 논의를 전개했다.

두 번째 견해에서 한도현(2006: 360~366)은 새마을지도자가 자신들의 체험을 바탕으로 새마을운동에 헌신하고 주민들의 동참을 이끌어냄으로써 새로운 역사의 창조자로 거듭났다고 평가했고, 최인이(2011: 123~132)는 여성 지도자들이 부녀회 활동을 통해서 근대적 시간·이윤개념을 체득함으로써 근대적 주체로 거듭났다고 보았으며, 윤충로(2011)는 마을 상황을 잘 아는 지도자의 특성과 지도자의 적극적인 노력에 따라 지위와 위상이 달랐다는 점을 지적했다.

첫 번째 견해인 새마을지도자들의 제한적 지위와 위상에 관한 논의들은 대체로 새마을운동의 성격 또는 평가의 관점에서 새마을지도자를 바라봄으로써 구체적이고 경험적인 새마을지도자들의 지도력과 영향력을 충분히 설명하지 못하고 있다. 반면에 두 번째 견해인 새마을지도자들의 새로운 위상과 적극적인 역할에 대한 논의들은 다양한 구술과 수기 등의 자료에 근거하여 새마을지도자들의 특성과 정체성을 드러내고 있다는 점에서 의의가 있으나, 1970년대 새마을지도자들이 마을공동체의 전통 및 조직과 맺었던 관계나, 리더십의 자원과 성격이 무엇이었는지 다면적으로 잘 드러내지 못했다는 아쉬움이 있다.

2) 새마을운동과 전통적인 마을공동체

1970년대 농촌새마을운동 당시 한국 농촌마을[7]에도 협업의 전통(향

7 한국에서도 마을은 전통적으로 지리적·사회적·경제적 조건에 따라 자연발생적으로

약, 두레, 품앗이 등) 및 대동계, 동계, 촌계, 어촌계 등 다양한 형태의 전통적 조직이 존재했으며 이들 조직이 마을회의를 대신하는 경우가 많았다(내무부, 1978). 비록 이름과 형태는 달랐지만 마을의 집합적 의사결정권과 공동체적 규범성을 발휘하고 있었다는 점에서 이들 조직은 인도네시아 바뚜사리 마을의 자치조직인 마을회의와 같이 자율과 자치의 전통적 조직으로 기능했고, 이 조직들의 대표는 마을 내에서 지도자로서의 권위를 지녔다.

당시 마을회의는 농촌사회의 최고 의사결정기구이자 그 자체가 생활공동체였다. 마을 전 세대의 가구주를 회원으로 했으며, 여기에서 결정된 의결사항은 주민 모두가 준수해야 하는 공동체적 규범성을 띠었다. 즉, 마을회의의 의결사항을 주민이 이행하지 않을 경우에는 벌금, 집단따돌림, 강제 이주, 공동작업 배제 등 마을공동체의 이름으로 다양한 제재가 가해질 수 있었다.[8] 마을회의를 대신했던 계와 회 등의 전통적 조

형성된 생활공동체였으며, 농경에 기초한 노동교환과 상호부조가 일상화된 경제공동체였다. 또한 마을은 구성원 사이의 일체감과 동질감을 형성하고 다른 마을과 구별되는 공동체적 규범을 만들어 후속세대에게 전수하는 문화공동체의 성격을 동시에 가졌다(김태일, 1990). 즉, 한국의 농촌사회는 마을의 환경과 조건에 의해서 형성된, 구성원 사이의 연대감과 결속력이 내장된 생활·경제·문화공동체였으며 이것은 공동체적 규범을 통해서 유지될 수 있었다.

8 농촌새마을운동의 전개과정에서 이러한 공동체적 제재가 사회적 문제로 대두되기도 했다. 마을이장, 새마을지도자 등 주민 14명이 마을회의를 열어 전과자로서 평소 소행이 나쁘고 새마을사업에 비협조적이었다는 이유로 마을주민을 구타해 중상을 입히고 목조초가를 반파하는 사건이 발생했다(≪조선일보≫, 1973.4.27). 한편, 주민 30여 명이 마을회의를 열어, 술장사를 하면서 평소 새마을사업과 마을일에 협조하지 않았다는 이유로 한 주민을 회초리로 때렸는데, 이를 목격한 피해자의 아내가 정신착란을 일으키는 사건이 발생하기도 했다(≪조선일보≫, 1974.2.7).

직들 역시 마찬가지였다.

그런데 1970년대 한국에서 추진된 새마을운동은 농촌사회의 자율과 자치의 전통적 조직을 활용하기보다는 마을공동체의 자율성을 약화시키고 침해했으며, 농촌마을이 가지고 있던 전통적 지식, 공동체적 지식을 파괴하는 쪽으로 진행되었다는 평가가 지배적이다(강신표, 1984; 김광억, 1984; 박진도·한도현, 1999; 이만갑, 1984; 한승조, 1984). 철저히 정부주도의 하향식 개발이었고, 개인의 불평과 저항을 봉쇄한 분위기에서 설득과 강제를 통해 전국적으로 획일화된 조직과 계획으로 농민들을 새마을운동에 동원했다는 것이다. 물론 이러한 평가는 새마을지도자들의 리더십과 역할을 부정하거나 농민의 자발적 참여를 제한 혹은 부정하는 것은 아니다. 여기서 주목하고자 하는 것은 정부-지도자-농민이라는 행위 주체들의 참여 동인과 무관하게 한국 새마을운동 과정에서 나타난 공동체적 전통과 조직의 역할 및 기능, 그리고 마을 지도자들이 전통과 맺었던 관계에 관한 것이다.

당시 정부는 새마을운동을 정부 주도로 추진할 수밖에 없는 이유를 다음 네 가지로 들고 있다(박진도·한도현, 1999: 67).

첫째, 주민들의 자조자립 정신과 협동발전 의욕이 극히 미약하여 새마을운동을 시작할 당시 자생적 지도자, 자발적 주민의 참여, 그리고 자체적인 조직이 없었다.

둘째, 주민들의 소득이 낮고, 따라서 운동의 물적 기초인 재원이 극히 부족하므로 정부의 보조·지원이 필요하다.

셋째, 주민들의 영농방법, 생활방식이 재래성을 탈피하지 못하고 개발에 필요한 기술이나 수준이 낮기 때문에 정부의 기술 지도가 요구된다.

넷째, 마을 자체에 헌신적이고 유능한 지도자가 없거나, 있다 하더라도 주민들의 선두에 나서지 않으려고 하므로 정부에 의한 지도자 발굴 및 육성이 필요하다.

즉, 정부는 농촌공동체가 역사적으로 형성해온 공동체 조직과 공동체 지도자들의 권위를 인정하지 않았다. 새마을운동이 농민들의 근면, 자조, 협동에 기반을 두고 그들 스스로를 조직화하고 문제를 해결하도록 하는 상향식 접근이라고 했지만 사실상 중앙정부의 계획과 지시가 우선되는 하향식 접근이었던 것이다. 새마을운동 추진기구가 위로는 청와대-내무부로부터 아래로는 리·동개발위원회까지 하향식으로 조직화되었고, 개발위원회의 위원장은 이장이 겸직했으나 이장은 시장이나 군수가 임명하도록 되어 있었다. 새마을운동에서 운동의 성패를 가릴 만큼 중요한 마을지도자로 부각된 새마을지도자는 새마을운동과 함께 새로 만들어진 경우가 많았기 때문에[9] 실제로 마을 내에서 지도자로서의 권위를 지녔다고 보기 어려웠다. 이것은 마을 상황을 잘 알고, 헌신적인 노력으로 마을 주민들의 의견을 민주적으로 반영하여 좋은 성과를 거둔 새마을지도자의 역할[10]이 중요하지 않았다고 말하는 것이 아니다. 한국 새마을운

---

9 새마을사업이 본격적로 실시되면서, 정부는 유능한 지도자가 있는 마을의 사업이 더 성공한다는 것을 발견하고 1973년에는 이장과는 별도로 마을별로 새마을지도자를 선출하여 새마을사업을 시행하도록 했다. 그러나 1970년대 말 조사에 의하면 주민 전체의 선거에 의해서 선출된 새마을지도자는 절반도 되지 않았다. 36개 마을에 대한 조사에 따르면 주민전체 선거로 선출된 지도자는 39.4%, 개발위원회 선출이 18.4%, 군과 면에서 지명이 5.3%, 이장·마을유지 등에 의한 지명이 10.5%, 주위사람들의 권유가 26.4%였다(황인정, 1980: 118).

10 이현정의 연구(2013: 214)는 지역사회 개발에서 자체 지도자로서 새마을지도자들이

동 과정에서 나타난 새마을지도자들의 리더십의 자원과 그 성격은 전통적 공동체의 자생적 리더십과 권위에 기반을 둔 것이 아니었다는 것이다. 그래서 마을에서는 이장과 새마을지도자 간에 잦은 충돌이 있었다(유병용 외, 2001; 김대영, 2004). 갈등이 부정적인 것만은 아니었지만 새마을지도자가 마을의 전통조직 및 지도체제와 맺는 관계가 주민 전체의 참여와 새마을운동의 성패에 영향을 미쳤다는 연구는 적지 않다(박진도·한도현, 1999: 73; 이현정, 2013: 222).

또한 새마을운동은 농민들의 근면, 자조, 협동이라는 공동체적 전통을 강조하면서도 농촌공동체가 역사적으로 형성해온 조직과 리더십, 그리고 자생적이고 자율적인 전통은 무조건 '전근대적'인 것, '낡은 것', '헌것'으로 간주한 경향이 있다. 지키고 계승해야 할 것까지도 버림으로써 오히려 새마을운동 때문에 지역의 자율성 및 역사성, 전통적인 자치조직으로서의 농촌공동체가 많이 붕괴되었다.

이렇듯 한국적 새마을운동의 성공 신화 뒤에는 정부의 역할이 지대했다. 따라서 농민들의 근면, 자조, 협동의 강조와 그 가시적인 성과에도 새마을운동을 비판하는 주된 이유 중 하나는 농민의 자주적·자생적 운동의 성격이 크지 않았다는 점이다. 이로 말미암아 농민들의 대정부 의존성이 매우 높아져 1990년대 지방자치 이후에도 농민이 주체가 되는 지속적인 발전 전략이 부재하다는 것이 새마을운동을 비판하는 이유가 된다.

얼마나 중요했으며, 지도자의 개인적인 노력과 특성이 성공에 얼마나 필수불가결 했는지 잘 보여주고 있지만, 새마을지도자가 마을의 전통이나 조직과 맺는 관계나 영향에 대해서는 연구하지 않았다. 오히려 1970년대 한국의 상황은 지역개발을 스스로 조직화하지 못했다고 보고 있다.

그러므로 한국 새마을운동을 해외에 보급할 때 새마을지도자 교육과 함께 유념해야 할 요소들 중 하나는 그들의 리더십 자원, 즉 마을공동체의 전통과 조직이라고 할 수 있다. 대체로 새마을운동의 해외보급과 지원은 1970년대 한국 정부의 역할을 대신하기 어려운, 일회적이고 단기적인 경우가 많기 때문에 마을공동체의 자생적인 자원이 활용될 수 있도록 유도하는 것이 지속가능한 운동을 위해 중요한 요건이 될 것이다.

이상의 검토를 바탕으로 이 글은 인도네시아 욕야카르타 주의 새마을 사업 실행과 결과에 대한 사례연구를 통해 서로 지역과 여건, 시대상황은 다르지만, 새마을사업에 요구되는 공통된 마을 리더십의 성격과 역할은 무엇이며, 마을공동체와의 관계는 어떤 것이었는지 살펴보고자 한다.

이 글은 2012년 2월부터 2013년 7월까지 인도네시아 욕야카르타 주 현지에서 연구자들이 수집한 기록물과 구술을 자료로 활용했다. 새마을운동의 해외 보급에 관한 기존 연구들은(소진광, 2007; 전해황, 2002, 2006) 현지 사업평가보고서나 현지 구술채록 및 사업 참여자 또는 현지 마을지도자의 심층면접 자료를 충분히 활용하지 않아서 현지 사업을 구체적으로 드러내주지 못하고 있다. 이 글은 경험적 현지조사와 함께, 현지의

〈표 3.1〉 구술 대상자

이름	성별	연령	학력	주요 경력	구술 일자
이맘(Imam)	남	46세	대졸	주정부 담당계장	2012년 4월 25일
믹산(Miksan)	남	48세	대졸	면장	2012년 6월 14일 2012년 6월 25일
수나르조(Sunarjo)	남	61세	고졸	마을공동체 대표(원로 대표)	2012년 10월 2일
헤리(Heri)	남	35세	고졸	청년 대표	2012년 10월 16일
아르완또(Arwanto)	남	38세	초졸	마을 주민	2012년 10월 16일
아니(Ani)	여	45세	대졸	NGO 활동가	2012년 8월 10일

주정부, 군청, 면사무소 등에서 생산한 보고서를 참고했으며, 이를 통해서 조사마을의 기본 현황, 새마을사업의 진행 상황 및 가시적 성과 등을 파악했다. 또한 문헌 자료로는 확인할 수 없는 마을 내부의 상황이나 사업의 실제 상황에 대해서는 주정부 담당자, 면장, 마을대표, 청년대표, 마을 주민, 여성 NGO 관계자 등의 구술을 받아 자료로 활용했다.

3. 사례마을의 현황과 특성

1) 기본 현황

이 글에서 연구 대상 마을의 정식 명칭은 인도네시아 욕야카르타 주 구눙끼둘 군 나웬 면 깜뿡 리 바뚜사리 마을(Indonesia, Daerah Istimewa Yogyakarta, Kabupaten Gunugkidul, Kecamatan Ngawen, Desa Kampung, Dukuh Batusari)이다. 욕야카르타 주는 자와 섬의 중남부에 위치하고 있으며, 주도인 욕야카르타 시를 비롯하여 모두 5개의 시군으로 이루어져 있다. 구눙끼둘 군은 욕야카르타 시의 바로 동남쪽에 붙어 있으며 새마을사업이 실제 진행 중인 바뚜사리 마을은 욕야카르타 시의 중심부로부터 동쪽으로 약 170km 떨어진 곳에 자리 잡고 있다.

바뚜사리 마을은 면적이 약 30ha 정도이며 사면이 산으로 둘러싸인 산간지대에 있다. 이러한 지리적 요인과 도로 시설의 미비로 바뚜사리 마을은 도심과 시장 등 마을 외부와의 교통이 원활하지 못하고 사회경제적 활동에도 제약이 있다.[11] 특히, 수자원이 부족해서 마을 주민들의 식

〈그림 3.1〉 욕야카르타의 위치

〈그림 3.2〉 바뚜사리 마을의 위치

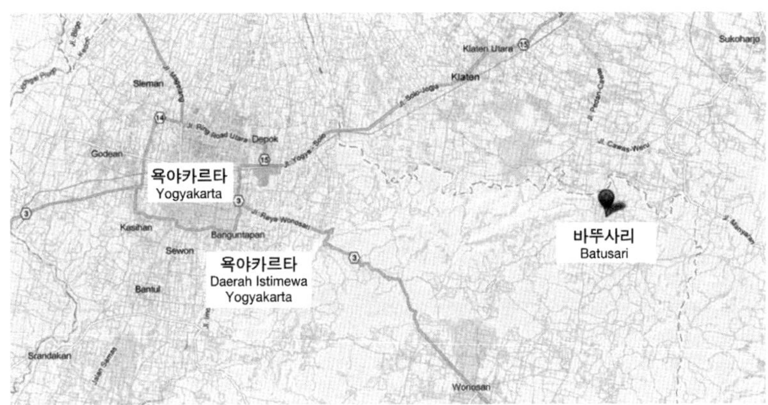

수난이 극심한바, 일상적인 생활에도 많은 불편이 초래되고 있다. 극빈 가구는 건기 시기의 식수 구입비가 부담스러운 경우도 많다.

11 산간지대에 만들어진 도로는 좁을 뿐만 아니라, 우기 때마다 폭우로 자주 소실되며 이런 경우 차량을 이용한 소통이 장기간 불가능한 경우가 빈번하다.

바뚜사리 마을에는 2012년 10월 기준으로 약 250가구, 약 1,100명의 주민이 살고 있다.[12] 약 240 가구가 농업에 종사하는 전형적인 산간농업 지역으로, 하나의 토지에 벼, 땅콩, 옥수수, 카사바 등을 순서대로 경작하는 방식으로 영농 활동을 하고 있다. 만성적으로 농업용수가 부족하고, 현대적인 농기계를 거의 사용하지 않아서 100% 노동력에 의존하는 전통적인 경작이 이루어지고 있기 때문에 농산물의 수확량은 상당히 저조하다(BKPM DIY Province, 2010: 6~9). 또한 농지의 약 50% 이상이 술탄(주지사 겸직)과 관공서 소유이기 때문에 소작농이 자영농의 비율보다 높은 것으로 추정된다.[13] 연평균 농가소득은 약 300달러 미만이며, 인도네시아의 1인당 GDP 3,543달러와 인도네시아 연평균 농가소득 약 1,600달러 등을 감안할 때 절대적 빈곤지역에 해당된다고 볼 수 있다(BPS Statistics Indonesia, 2011). 이 마을이 속해 있는 욕야카르타 주의 농가 비율은 전체 가구의 약 80%에 해당되며 이들의 연평균 소득이 966만 9,000루피아(약 1,000달러, BPS Yogyakarta, 2010)인 것을 고려하면 바뚜사리 마

12 2010년에 발간된 주정부의 통계자료집에는 2007년 219가구에 898명의 주민이 살고 있는 것으로 조사되었다(Based on the Statistics DIY, 2010). 그러나 자료 자체가 5년 전의 조사 결과이고, 극빈 가구의 경우, 주민등록비가 없어서 새로 태어나는 아기의 주민등록을 하지 않기 때문에 2012년 10월 조사에서 해당 면사무소 직원과 이장 등이 인터뷰한 추정치를 표기한다.

13 욕야카르타 주는 14세기 이후 지금까지 하멩구 부워노(Hamengku Buwono) 가문에 의해 통치되고 있다. 다른 모든 주에서는 선거를 통해서 주지사가 선출되지만 욕야카르타 주는 하멩구 부워노 가문이 술탄(왕위)과 주지사를 겸직하고 세습한다. 이런 이유로 욕야카르타 주에는 술탄 가문의 소유지가 상당하며, 그중 일부는 군청, 면사무소, 이사무소 등의 관공서 운영비와 직원 인건비를 위해 소작을 주고 있다. 구술자 A와 B는 술탄 가문과 관공서의 토지 소유 비율에 대한 정확한 통계는 없다고 말한다.

〈표 3.2〉 바뚜사리 마을의 기본 현황

면적	30ha
전체가구	약 250가구
인구	약 1,100명
농가구	약 240가구
가구당 연평균 소득	300만 루피아 미만
주요 농산물	벼, 옥수수, 땅콩, 카사바 등
주요 농외 소득	소규모 가내수공업(과자, 의자, 책상, 농기구, 생활소품)[14]

을의 경제적 수준은 인도네시아 내에서도 최극빈층에 해당된다. 즉, 바뚜사리 마을은 지리적 조건, 수자원 문제, 교통 조건, 시장과의 접근성 등 여러 요인들을 고려할 때 경제적으로 극도로 빈곤한 상황에 있다 2007년부터 2010년까지 바뚜사리 마을이 속한 깜뽕 면의 면장을 지낸 믹산의 말은 이 마을이 얼마나 빈곤한가를 잘 말해준다.

> 바뚜사리 마을은 농산물 수확량이 대단히 저조해서 각 농가가 식량으로 사용하고 나면 시장에 팔 물량이 없습니다. 혹시 시장에 팔 물건이 있더라도 교통이 불편해서 이익을 많이 남길 수 없습니다. 벼, 땅콩, 감자 등을 재배하지만 실질적으로 연 2회 수확되는 쌀을 빼면 별 다른 수입원이 없습니다. 그래서 주민들은 크게 일이 없을 때에는 작물을 새로 심어서 부업을 할 수밖에 없습니다. 건축 잡부, 가게 점원, 식모 등으로 일하지만 대부분은 인근의 대농장으로 가서 일하고 일당을 받습니다. 이들이 받는 일

---

14 산간지대여서 소비자 접근성이 떨어지고 주문이 있을 경우만 제작하여 판매하기 때문에 마을 대표는 소규모 가내수공업자들의 소득이 농가 소득의 약 3분의 2에 해당되는 200만 루피아 정도라고 추정한다.

당은 약 2달러 정도이며 이 돈을 모아두었다가 건기 때 식수나 약을 사는 데 사용합니다.

2) 마을의 특성: 전통과 마을 조직을 중심으로

인도네시아 욕야카르타 주는 예로부터 시작된 고똥 로용과 아리산이라는 공동체적 전통을 온전하게 계승·유지하고 있다. 이 전통들은 공동노동, 공동생산, 공동소유, 공동분배 등 일종의 공동체를 위한 생활 원리라고 할 수 있다. 이러한 생활 원리를 통해서 마을 구성원들은 일체감과 소속감, 그리고 공동체의 결속을 이어오고 있다.

고똥 로용은 욕야카르타 주가 속해 있는 자와 섬의 공동체 생활 원리이다. 한국의 두레와 거의 동일한 것으로 공동체 구성원들의 합의에 따른 공동노동, 공동생산, 공동소유, 공동분배 등이 이루어지는 협업의 전통을 말한다.[15] 고똥 로용은 고똥(Gotong, 들다)과 로용(Royong, 함께)이 결합해 '함께 들다'라는 의미이다. 고똥 로용이라는 용어는 1945년 해방기에 성립된 인도네시아어이며, 자와 섬의 원어로는 '구구르 구눙'이라고도 한다. 구구르(Gugur, 평평하게 하다)와 구눙(Gunung, 산)이 결합해 '산과 같은 것을 평평하게 한다'라는 뜻이다. 이 용어는 '주민들이 힘을 모아

15 인도네시아 전역에 걸쳐 고똥 로용과 동일한 공동체적 전통이 존재하고 있다. 물론 지역별로, 부족별로 언어가 다르기에 그 명칭은 다르다. 고똥 로용이 있는 자와 섬에도 지역이 다른 곳에서는 꾼뚤 바리스(Kuntul Baris)라는 전통이 있으며, 말라꾸 섬의 뻴라 간드홍(Pela Gandhong), 미나아사 섬의 마빨루스(Mapalus) 등이 있다(Pranaji Tri, 2009: 61~62).

〈그림 3.3〉 바뚜사리 마을의 고똥 로용 모습

아주 큰일을 함께 해낸다'는 의미이다(Tri, 2009: 61~62). 이러한 용어의 뜻만 보더라도, 고똥 로용은 협업 또는 협동의 의미를 내포한 전통적인 생활 원리임을 알 수 있다. 고똥 로용이 적용되는 방식은 단순하다. 공동체에 어떤 일이 발생했을 때 구성원 모두가 동참하여 문제를 해결하는 것이다. 모심기, 벼 베기, 수로 확보, 라마단(Ramadan)[16]과 같은 마을의 연중행사는 물론 모든 일상에서 고똥 로용을 쉽게 확인할 수 있다. 바뚜사리 마을의 고똥 로용도 공동체에 특정한 사안이 발생했을 때 가구당 한 명씩 또는 해당되는 공동체의 구성원 모두가 참여하여 문제를 해결하는 것으로 나타난다.

이러한 고똥 로용은 마을 전체에 해당되기도 하고, 소규모 자치조직에 적용되기도 한다. 다만 고똥 로용은 구성원들의 노동력에 대한 등가적 교환이기 때문에 사적 또는 개별적 이익을 위해서는 적용되지 않으며 노

16 이슬람교에서 행하는, 약 한 달가량의 금식기간. 이슬람력(曆)에서의 아홉 번째 달을 말한다. 아랍어로 '더운 달'을 뜻한다.

동의 대가로 금전적 보상도 하지 않는다(수나르조, 2012).

아리산은 공동체의 어떤 목적을 위해서 구성원들이 공평하게 소액을 갹출하여 적립했다가 사용하는 일종의 '공적 모금'이라고 할 수 있다. 아리산 역시 마을에 존재하는 모든 단위에 적용될 수 있다. 마을회의, 성별 모임, 세대별 모임, 직업별 모임, 종교적 모임 등 일정한 목적과 활동이 필요한 곳에는 어디서나 아리산이 적용된다. 아리산의 기능에서 한 가지 특별한 것은 적립된 기금을 가지고 급전이 필요한 구성원에게 소액의 이자를 받을 수 있는 '소액신용대출'을 한다(Sunarjo, 2012)는 점이다. 또한 아리산의 적용은 모금, 적립, 사용, 대출 등의 형식으로만 이루어지지 않는다. 바뚜사리 마을 대표의 이야기를 통해 마을에서 아리산이 적용되는 방식을 쉽게 이해할 수 있다.

> 우리 마을에는 무슬림들의 모임인 뻥아지안(Pengajian)이 매월 한 차례 열립니다. 각 가정을 다니며 모이는데 아리산으로 모임을 운영합니다. 모임이 있을 때마다 모든 회원들이 2,000루피아 정도를 내고, 제비뽑기로 당첨된 사람에게 모인 회비를 주고 그 사람의 집에서 모임을 가집니다. 보통은 회비보다 더 많은 돈이 식사 준비 같은 것에 들어갑니다. 그래도 손님들이 자신의 집을 방문한다는 생각에 기쁜 마음으로 준비를 합니다(수나르조).

이상의 이야기를 보면, 바뚜사리 마을의 무슬림 모임은 회합 장소와 음식 준비 등을 부담하는 사람에게 회비를 거둬 주는데 순번제가 아닌 추첨을 통해서 당사자를 선정한다는 것, 그리고 당첨된 사람은 자신의 집으로 손님이 방문한다는 의미에서 스스로 부담을 더 많이 진다는 것을 알 수 있다. 이것은 아리산이 공적 모금의 성격을 지니며 공동체의 구성원 사이에 상호 존중과 신뢰를 쌓는 장치로 활용되고 있음을 보여준다.

이렇듯 고똥 로용과 아리산의 전통적 생활 원리는 마을공동체의 모든 일상과 긴밀한 연관을 맺는데, 그것은 이 전통들이 수직적 또는 수평적으로 얽히고설킨 다양한 마을 자치조직들 속에 자연스럽게 녹아들어 있기 때문이다. 바뚜사리 마을의 자치조직들 역시 고똥 로용과 아리산의 전통에 기반을 두고 공동체의 일체감과 소속감을 높이고 있다.

바뚜사리 마을의 대표적 자치조직은 마을회의이다. 그 명칭은 라빳 에르떼(Rapat Rt) 또는 라빳 에르웨(Rapat Rw)라고 한다. 바뚜사리 마을의 대표에 따르면, 라빳 에르떼는 마을에 사는 모든 남성 가구주만 참석하는 마을의 최고 의사결정기구이며 마을 사정에 따라 정기적으로 또는 부정기적으로 개최된다고 한다. 바뚜사리 마을의 모임은 매월 1회 열리고 있으며 독립기념일, 국경일, 마을 잔치 등 마을의 중요 사안에 대해 의견을 모은다. 이후 마을회의에서는 의결 사안에 대한 구체적인 업무 분담을 정하고 실행에 옮기는데, 여기에 고똥 로용과 아리산의 방식이 적용되는 것이다. 예를 들어, 마을 잔치를 한다면 음식은 누가 준비할 것인지, 장소는 누가 꾸밀 것인지, 또는 청소는 누가 할 것인지 등의 업무를 공평하고 적절하게 분장하며 소요되는 경비 역시 기존의 적립금을 고려하여 적절하게 배분하여 준비한다.

마을회의의 대표는 선거, 추천, 나이순 등의 방식으로 선임된다. 여기서 선출된 마을 대표는 마을 이장과는 다른 전형적인 공동체의 대표를 의미하며 마을의 다른 원로들과 함께 실질적으로 마을의 모든 일을 관장한다.

앞에서 언급한 뻥아지안 역시 바뚜사리 마을의 대표적 자치조직이다. 무슬림들의 종교적 모임이며 남녀별로 따로 모임을 구성한다. 마을의 모든 무슬림 가구가 참여하기 때문에 뻥아지안의 규모가 곧 마을의 규모를 의미한다고 해도 무방하다. 마을의 사정에 따라 1주일에 1회, 또는 1개월에 1회 정도 모이며 이슬람 성서 학습과 강좌, 이슬람 성직자(Imam Masjid)의 설교, 이슬람 소식 공유, 마을 장례 주관 등이 이루어지며 업무 집행에는 고똥 로용과 아리산이 적용된다. 선거나 추천으로 선임되는 뻥아지안의 대표는 마을 대표와 함께 마을공동체의 원로로서 마을일에 대해서 막강한 영향력을 행사한다.

또 다른 대표적 자치조직으로 꼴롬뽁(Kelompok)이 있다. 꼴롬뽁은 마을에서 동일한 직업군의 사람들끼리 모여 공동 작업을 시행하는 자치조직을 의미하며 한국의 '계'와 유사하다. 바뚜사리 마을에는 농사를 짓는 사람들의 영농 꼴롬뽁과 축산 꼴롬뽁이 폭넓게 조직·운영되고 있다(헤리). 꼴롬뽁 내부에도 공동작업의 성격에 따라 다양한 하부 부서가 운영된다. 영농 꼴롬뽁 안에는 수로, 비료, 농자재 등의 담당 부서와 관리자가 있으며, 축산 꼴롬뽁 안에는 축사 관리, 먹이 확보 등의 담당 부서와 관리자가 있다. 이들 관리자들에게는 무엇보다도 구성원들에게 공평한 기회를 배분하는 책임과 역할이 주어진다. 예를 들어, 수로를 담당하는 관리자는 모든 회원들의 논과 밭에 공평하게 물을 배분해야 하며 이를 어기거나 잘못을 저질렀을 때는 꼴롬뽁으로부터 엄격한 처벌을 받게 된다. 꼴롬뽁에서도 업무 또는 책임의 분장과 예산 집행에서 고똥 로용과 아리산이 그대로 적용된다. 또한 바뚜사리 마을의 각 꼴롬뽁의 대표들도 마을 원로의 대접

〈그림 3.4〉 바뚜사리마을의 축산 꼴롬뽁 현장[17)]

을 받으며 마을일에 막강한 권한을 행사하게 된다.

바뚜사리 마을의 자치조직 활동 역시 고똥 로용과 아리산의 전통적 생활 원리로 구성된다. 즉, 공동의 목적 달성을 위해 공동체 구성원들에게 공평하고 적절한 책임을 부여하고 이를 통해서 모두에게 균등한 이익 분배가 실현되도록 하고 있다. 이러한 구성원들에 대한 책임 배분과 이익 분배를 주도하고 관장하는 사람들이 마을 원로들이며 이들이 바로 마을의 실질적인 지도자 집단을 이루는 것이다. 그러므로 바뚜사리 마을의 지도자들은 마을 대표, 무슬림 모임 대표, 영농 모임 대표, 축산 모임 대표 등이 모두 포함되는 집단 지도체제로 구성되어 있다. 여기에 해당되는 각 모임에는 대체로 마을 가구의 대다수가 포함되어 있다. 마을 대표는 마을의 모든 남성 가구주를 대표하고 있으며, 무슬림 모임 대표는 마

17 바뚜사리 마을의 축산 꼴롬뽁은 축사와 창고를 갖추고 있으며, 창고에는 소먹이를 마련하기 위한 기계설비가 설치되어 있다. 소먹이는 주로 꼴롬뽁 회원들이 순번제로 돌아가면서 밭 또는 초지 등에서 수집한 풀을 건조하고 제단해서 마련된다. 이곳 축산 꼴롬뽁에서 생산한 소먹이 중 잉여분은 판매되어 꼴롬뽁의 기금으로 조성된다.

을의 모든 성인 남성과 성인 여성을 각각 대표하고 있으며, 영농 모임 대표는 전체 가구 수의 약 90%에 해당되는 농업인들을 대표한다. 축산 모임의 경우는 2009년 15가구에서 2012년 10월 전체 가구 수의 20%에 해당되는 50여 가구로 참여 범위가 확대되었으며 이들이 축산기술을 이웃에게 전수하고 있기 때문에 마을에서의 영향력이 점차 높아가고 있다. 바뚜사리 마을의 지도자들은 각자 자치조직 활동을 통해 고똥 로용과 아리산의 전통에 따라 회원들에게 균등한 자원배분권을 행사하는데 이러한 그들의 역할과 위상은 마을공동체로부터 부여받은 것이다. 이러한 마을 지도자들에 대한 특별한 호칭이 존재하는데, 예를 들어 마을의 지도자인 원로를 또꼬 마샤라깟(Tokoh Masyarakat)이라고 한다. 이 용어는 또꼬(Tokoh, 큰 어른)와 마샤라깟(Masyarakat, 지역)이 결합된 것으로, 일반적으로 '마을 주민들로부터 신뢰와 존경을 받는 큰 어른'을 의미한다. 또꼬 마샤라깟이라는 호칭은 단순히 나이가 많은 이들에게 주어지는 것이 아니라 오랜 시간 마을과 여타 모임을 위해서 헌신하고 성과를 남긴 사람들에 대한 존경의 표시이다. 바뚜사리 마을 청년 대표의 다음과 같은 이야기를 통해 마을공동체가 인정하는 마을 지도자의 권위와 역할을 엿볼 수 있다.

영농 꼴롬뽁에는 여러 가지 부서들이 있습니다. 수로와 물을 담당하는 사람, 비료와 농약 등 농자재를 담당하는 사람, 농기계를 관리하는 사람들이 있습니다. 이 사람들이 하는 일은 회원들의 논과 밭에 공평하게 물을 공급하는 일이나, 농기계를 돌아가면서 제때에 사용할 수 있게 하는 일입니다. 이 사람들이 일을 제대로 하지 않으면 마을 안에서 불만이 쌓이거나 큰 싸움이 나기도 합니다. 지난번에는 어떤 사람이 밤에 물길을 막아 엉뚱한 곳으로 물을 흘려보내는 일이 발생해서 물길을 담당하는 사람과 물을 받지 못한 사람 사이에 큰 싸움이 났습니다. 어떤 때는 탈곡기를 제때 사용하지 못한 사람과 그것을 담당하는 사람 사이에도 싸움이 납니다. 이럴 때 보통은 마을 대표나 원로들이 싸움을 멈추라고 하면 쉽게 끝이 납니다. 수민들이 원로들의 말을 잘 따르고 순종하기 때문입니다. 그런데 지난번에는 논에 물을 받지 못한 사람이 계속 불만을 이야기하고 원로들의 말을 듣지 않았습니다. 그때 마을 원로들이 마을 주민들에게 앞으로 그 사람의 일에는 관계하지 말라고 하고 또 마을일에도 그 사람을 초대하지 말라고 했습니다. 그래서 물을 받지 못하고 불만을 계속 이야기했던 사람은 얼마 못 가서 원로들과 주민들에게 사과를 했습니다. 그러나 보통 때는 마을 대표나 원로가 말을 하면 모두가 그렇게 따릅니다. 만약에 끝까지 원로들의 말을 듣지 않는다면 그 사람의 논밭에 물을 주지 않거나 마을에서 따돌림을 당해 쫓겨날 수도 있습니다(헤리).

다시 말해서 마을의 지도자들은 마을 질서와 안녕을 위한 중재자이자 징벌자이며 해결자이다. 마을 지도자들은 마을공동체로부터 부여받은 권한으로 다양한 자치조직이나 일상생활에서 때로는 강제와 통제를 수행한다. 논밭의 물 분배에 불만이 있는 주민에게 논밭의 물 공급을 끊거나 다른 주민들과의 접촉을 차단하는 식의 강제수단을 동원해서 그 주민으로부터 순종을 이끌어내고, 마을 주민들에게 일체감과 소속감을 불어넣으며, 마을의 안녕과 질서를 유지하는 것이다. 이러한 점에서 바뚜사리 마을 지도자들의 리더십은 공동체적 전통에 기반을 두기 때문에 자생적이고, 강제와 통제를 사용하기 때문에 권위적이라고 말할 수 있다.

4. 새마을사업에서 마을 리더십의 성격과 역할

1) 새마을사업의 수용 과정

인도네시아 욕야카르타 주에서 새마을사업이 시작된 것은 한국의 경상북도와 새마을운동에 관한 협약서를 체결한 2008년 5월 29일부터라고 할 수 있다. 그러나 인도네시아 욕야카르타 주는 그 이전부터 새마을사업의 도입과 적용을 많이 준비했으며 이러한 과정 역시 새마을사업의 시작 범주에 포함시킬 수 있다. 인도네시아 욕야카르타 주는 2003년에 경상북도와 교류의향서를 교환하고 새마을운동의 도입에 관심을 나타내기 시작했다(이맘). 2005년 경상북도와 사회, 문화, 경제, 예술 등을 아우르는 포괄적인 상호협력에 관한 협약을 체결했고, 2007년 10월 경상북도와 함께 새마을사업 추진에 필요한 현지 타당성 조사를 실시했다. 본격적인 사업에 앞서 주정부 공무원, 면장, 마을 지도자 등에 대한 새마을교육이 먼저 이루어졌고, 2008년 바뚜사리 마을에서 시범사업이 시작되었다(경상북도, 2011: 52~53).[18]

---

18 2007년 10월 시행된 경상북도와 인도네시아 욕야카르타 주의 새마을사업 현지 타당성 조사는 모두 2개 마을을 대상으로 진행되었다. 이 조사 결과에 근거하여 사업지로 바뚜사리 마을이 선정되었는데, 당시 바뚜사리 마을 주민들의 추진 의지와 주정부의 추천이 선정의 주요 원인이 되었다.

〈그림 3.5〉 2007년 경상북도의 현지 타당성 조사 현장

바뚜사리 마을의 새마을사업 수용은 주정부의 강력한 추천, 지역 공무원들의 전폭적 지원, 마을 지도자들의 적극적 의지로 이루어졌다. 바뚜사리 마을의 경제적 상황과 전통을 잘 알고 있었던 주정부의 강력한 추천이 새마을사업 수용의 시작이었다. 당시 바뚜사리 마을은 2006년 대지진의 여파로 도로, 주택, 수로, 토지 등 전반적인 사회경제적 환경이 극도로 열악한 상황이었다. 무엇보다도 피해 복구가 시급한 때였다. 이러한 때 경상북도와 새마을운동 교류를 담당하던 주정부 관계자가 고똥 로용과 아리산의 전통이 어느 지역보다 잘 작동하고 있었던 바뚜사리 마을을 사업 적합지역으로 평가하고 주정부에 추천을 강력하게 건의하고 추진했다.

그때 바뚜사리 마을은 대지진으로 모든 것이 열악한 상황이었습니다. 바뚜사리는 대지진 이전에도 욕야카르타 주 내에서 가장 가난하고 물이 항상 부족한 마을이었습니다. 그래서 한국의 새마을운동을 통해서 피해 복구를 우선적으로 시행할 필요가 있었습니다. 그리고 바뚜사리 마을에는

새마을운동의 협동 정신과 유사한 고똥 로용이라는 전통이 온전하게 남아 있었습니다. 내가 새마을사업을 담당하기 전에 한국에서 6개월간 연수를 받고 왔는데 그때 새마을운동을 공부를 했기 때문에, 협동 정신이 살아 있는 바뚜사리 마을도 성공을 거둘 것이라 생각했습니다. 그래서 새마을사업을 통해 마을 주민들 스스로 여러 문제를 해결할 수 있는 적합한 지역이라고 여기고 주정부에 추천하고 나중에 강력하게 지원했습니다(이맘).

그리고 해당지역의 면장도 바뚜사리 마을의 시범지역 선정과 수용 과정에 상당히 기여했다. 면장은 2008년 시범사업 직전에 한국에서 새마을 연수를 직접 받았으며, 이를 계기로 인도네시아에서도 새마을운동과 같은 정책이 실시되어 빈곤 극복과 경제개발이 이루어져야 한다는 신념이 생겼다고 한다. 그러므로 그는 자신이 관할하는 바뚜사리 마을에서 시범사업이 이루어지도록 많은 노력을 했다. 주정부에 관련 보고서를 제출하고 마을 지도자들을 만나서 자신이 배운 새마을운동에 대해 설명했다.

당시 우리 바뚜사리 마을은 너무나 가난했습니다. 농사로는 수입을 남길 수 없는 상황이었습니다. 더군다나 대지진의 피해가 막대했습니다. 나는 2008년에 한국에서 새마을연수를 받았기 때문에 인도네시아에서도 한국의 새마을운동과 같은 정책이 실시되어서 가난을 빨리 벗어나야 한다고 생각했습니다. 마침 한국의 새마을사업이 우리 주로 온다고 해서 내가 관할하는 면에 사업을 유치하려고 마음먹었습니다. 그러다가 고똥 로용을 통해서 마을 주민들의 협력이 잘 이루어지고 있으며 어느 지역보다 경제적 지원이 우선적으로 필요한 바뚜사리 마을을 사업지역으로 추천하고 많은 지원을 했습니다. 주정부에 관련 보고서를 제출하고 마을 지도자들을 만나서 이 사업을 꼭 하라고 당부하고 내가 한국서 배운 새마을운동의 내용도 가르쳐주었습니다. 나중에 바뚜사리 마을이 사업지역으로 선정되었을 때는 정말 기뻤습니다(믹산).

이러한 주변의 추천과 권유로 바뚜사리 마을은 새마을사업을 알게 되었으며 마을을 변화시키기 위해 강력하게 사업 유치를 희망하게 되었다. 극심한 가난 문제를 해결하려는 절박함이 새로운 변화를 위한 열정과 의지로 변했다고 할 수 있다. 특히 마을의 다양한 자치조직을 이끌며 마을을 실질적으로 운영하고 있던 마을 지도자들이 적극적으로 새마을사업을 수용하려는 태도를 보임으로써 시범사업의 원활한 도입이 이루어졌다. 2007년 10월 현지실사단을 맞이했던 마을 대표의 이야기는 이 마을이 처했던 절박함이 새마을사업 유치 노력으로 어떻게 변했는가를 보여준다.

당시는 지진피해로 제 모습을 갖고 있던 것이 없었습니다. 군청과 면사무소로부터 한국에서 조사단이 오니까 잘 준비해달라는 이야기를 들었습니다. 먼저 면사무소로 가서 면장과 면담을 했습니다. 면장은 그때 한국의 새마을운동을 이미 잘 알고 있었고 우리 마을에 들어오면 마을 발전이 빨리 이루어진다고 했습니다. 이 이야기를 들으면서 누구도 우리를 도와줄 수 없는 상황이니까 이번에 한국에서 도와주는 사업을 반드시 가져와서 마을의 모습도 바꾸어야겠다는 생각이 들었습니다. 면사무소에서 마을로 돌아와서 마을의 여러 사람들을 모아서 회의를 했습니다. 한국에서 우리를 도와주기 위해서 조사단이 오니까 우리가 할 수 있는 준비를 잘 하자고 했습니다. 조사단이 오면 마을을 보여주고 마을 회관에서 점심을 대접하기로 하고 가구당 2,000루피아를 거두기로 했습니다. 그리고 손님들이 오면 해야 할 일들을 정했습니다. 이후에 한국에서 손님들이 왔을 때, 마을에 있던 모든 사람들을 모았습니다. 어린아이나 노인들까지 모두 모아서 길가로 나가 손을 흔들면서 손님을 맞았습니다. 그 사람들이 일을 본 후에는 마을 회관에 함께 가서 점심을 먹었습니다. 우리 마을에서 많이 나는 카사바와 땅콩으로 요리를 하고 차를 대접했습니다. 나는 그때 처음부터 끝까지 그 사람들 옆에서 함께 다니며 우리 마을의 사정을 자세하게 이야기하고 꼭 우리 마을에서 그 사업을 할 수 있게 해달라고 요청했습니다(수나르조).

새마을사업이 도입될 즈음 바뚜사리 마을은 지진 피해 복구와 경제적 발전을 위한 조치가 필요한 상황이었다. 마을 지도자들은 이러한 현실 극복에 필요한 변화를 어느 누구보다 먼저 절박하게 인식하고 외부의 자

〈그림 3.6〉 2007년 경상북도 조사단의 바뚜사리 마을 방문 모습

원을 내부로 유치하여 변화를 이끌 마음의 자세가 되어 있었다. 즉, 자신들이 처한 현실을 정확하게 인식하고 새로운 변화의 능동적 수용자로서 리더의 특성(변화감지 능력, 문제해결 능력, 정부 관계자들과의 관계형성 능력 등)을 보여주었다. 2007년 당시 낮 시간임에도 약 800명의 전체 주민들 중에 500여 명의 주민들이 모였던 모습과 마을에서 수확한 농산물로 정성껏 준비한 점심 식사는 리더들이 마을의 가용자원을 활용하고 주민 전체의 참여를 유도할 능력 있음을 보여주었다.

2) 새마을사업의 전개 과정

바뚜사리 마을의 새마을사업은 크게 2단계로 구분할 수 있다. 첫 번째 단계는 경상북도의 재원이 지원되던 2008년부터 2009년까지이며, 두 번째 단계는 외부 지원 없이 바뚜사리 마을이 스스로 자체 사업을 진행하고 사업의 경과가 인근 지역으로 알려지면서 새마을사업이 확대된 2010년부터 2013년까지이다.

첫 번째 단계에서 바뚜사리 마을은 경상북도의 재원과 마을 주민들의 공동 노동을 통해서 2009년까지 마을회관건립, 6개의 우물 개발, 마을길 1km 개설 등의 사업을 추진했다. 육우 15마리를 지원받아 공동축산사업도 시작했다.

이러한 모든 사업의 계획과 집행은 마을에서 행해왔던 고똥 로용과 아리산의 원리에 따라 이루어졌다. 고똥 로용의 원리에 따라 가구별로 1명씩 공동 작업에 참가하도록 했으며, 마을의 기술자는 무상 또는 저가의 보수로 사업에 참가토록 했다. 아리산의 원리에 따라 적립된 기금으로

〈그림 3.7〉 경상북도의 지원을 받아 건립한 마을회관과 정비된 마을길

부녀 모임에서 점심을 준비하도록 했다.

이 단계에서 두 가지 문제가 발생했고, 마을 지도자들의 리더십이 중요하게 부각되었다. 첫 번째 문제는 외부 지원과 방식을 따라 마을개발을 하려는 것에 대한 반대였다. 즉, 사업이 시작되는 시점에서 마을의 몇몇 사람들이 사업에 불만을 표출했다. '우리 마을에도 고똥 로용이 있는데 왜 다른 나라의 방식으로 마을일을 하려는 것인가'라는 문제 제기를 하면서 사업에 동참하지 않으려 했던 것이다. 이때 마을 지도자들이 수차례 그들을 만나서 설득했다. 현재 마을의 상황으로는 외부의 지원 없이 피해 복구나 새로운 변화가 불가능하다는 점, 한국의 새마을운동은 고똥 로용이나 아리산과 전혀 다른 것이 아니며 오히려 같은 원리라는 점, 적용은 자신들 방식대로 하면 된다는 점을 설득하고 사업에 동참토록 했다. 두 번째 문제는 실질적으로 사업수행에 요구되는 사업용지 확보에서 발생했다. 마을회관건립 부지 중 일부를 소유하고 있던 주민들이 피해를 받기 때문에 적절한 보상책을 마련해야 했다. 마을 지도자들은 이 사업이 마을 전체를 위한 것이며 마을 회관이 들어서면 유아의 보육

등 여러 면에서 주민들에게 도움이 될 것이라고 설득하고 적정한 매매가를 산정해서 토지 문제를 해소했다. 실제 마을회관은 건립된 이후 마을 주민들 전체를 위한 다양한 활동의 공간이 되었고, 이를 통해 마을의 단결심과 협동심이 더욱 고취되었다.

두 번째 단계에서 바뚜사리 마을은 외부의 지원 없이 스스로 공동축산 사업을 활성화하여 양적인 측면뿐만 아니라 질적인 측면에서도 상당한 성과를 거두었다. 그것이 인근 마을에도 알려지면서, 바뚜사리 마을은 사업 노하우를 전수하고 사업 확산에도 주력했다. 바뚜사리 마을은 2009년 육우 15마리를 경상북도로부터 지원받으면서 이를 담당할 축산 끌롬뽁을 조직했다. 그러나 환금성과 생산성에서 육우보다는 암소가 유리할 것으로 판단하여 육우 15마리를 팔아서 암소 10마리를 구매하고 본격적인 축산사업을 시작했다. 그 결과 2011년까지 송아지 14마리 판매, 현금 1,500만 루피아 적립, 공동 우물 4개 개발이라는 성과를 거두었다. 이 외에도 전체 수익의 25%를 사업 참여 가구에게 균등하게 분배했으며 75%는 사업재투자와 마을 청소년들의 장학금으로 활용했다. 2009년 15가구에서 시작된 축산 끌롬뽁은 2012년 50여 가구로 늘었으며, 2012년 11월 기준으로 암소 15마리와 송아지 5마리를 관리하고 있다.

여기서 주목할 점은 소수의 가구들만이 참여한 축산 끌롬뽁이 이익 배분을 하는 데 전통적인 50 대 50의 일반적인 이익분배율을 대신하여 25 대 75의 새로운 이익분배율을 적용했다는 것이다. 이것은 사업이 성과를 남기기 시작했던 2011년에 마을 지도자들이 주도적으로 변화시킨 새로운 결과였다. 마을 지도자들은 이 사업이 애초 협동을 강조하던 새마을운동의 지원으로 시작되었으며 이 사업의 성공을 위해 주민 모두가 함께 참여한 것을 생각해야 하기 때문에 마을을 위한 이익 분배에 더 많은 비율이 배정되어야 한다고 주민들을 설득했으며 축산 꼴롬뽁에서도 흔쾌히 동의했다고 한다.

이렇게 한국에서 시작하여 인도네시아로 전해진 새마을운동이 농촌 마을개발 차원에서 바뚜사리 마을에 미친 영향은 크게 네 가지로 요약할 수 있다. 첫째, 마을 인프라의 개선이다. 마을회관이 새로 들어서면서 마을 회의가 상시화되었고, 각종 마을 활동이 활발해졌다. 낮 시간에는 보육시설로도 활용되어 유아 교육에 도움이 되었고 그 덕분에 부모들은 경제활동에 좀 더 집중할 수 있게 되었다. 마을길이 개설되어 주민들의 도심과 시장 출입이 편리해지는 등 외부와의 접근성이 개선되었다. 둘째, 공동 이익 분배를 통한 공동체의 일체감과 소속감이 높아졌다. 공동축산사업의 이익을 통해서 공동 우물이 개발되었으며 마을 청소년들의 장학금이 적립되었다. 특히, 마을 지도자들의 주도로 공동축산사업에 참여하지 않은 가구들에 대한 배려도 이루어졌다. 셋째, 마을의 지주와 소작농 사이에 이익배분율의 변화가 생겼다. 지금까지 50 대 50이었던 이익배분율이 공동축산사업의 25 대 75에 영향을 받아서 새로운 이익분배율로 자리하고 있다. 넷째, 인근 지역으로의 확대이다. 바뚜사리 마을의 공동축산사업이 짧은 기간 안에 많은 성과를 거두자 인근 마을에서 사업 노하우 전수에 관한 요청이 이어져서 매월 1회씩 마을회관에서 인근 주민들과 학습 및 회합이 이루어지고 있다. 이미 옆 마을에서는 염소 꼴롬뽁이 조직되어 운영되고 있다.

그리고 이러한 새마을사업의 전개과정에서 바뚜사리 마을의 지도자들은 새로운 변화에 대한 능동적 수용자이자 내·외부 자원의 활용 및 제공자이며 공동체의 질서와 안녕을 위한 공정한 이익의 분배자로서의 역할을 했다고 할 수 있다. 고똥 로용과 아리산의 전통에 따라 새마을사업에 참여하는 주민들에게 적정한 역할과 부담을 책임지도록 했으며, 비록 소수에 의한 성과라 할지라도 새마을사업을 통해서 발생한 수익에 대해서는 마을 전체의 이익이 우선되도록 조정했다. 이러한 과정에서 발생하는 주민 간 갈등이나 문제들은 전통적으로 마을 지도자들에게 부여되었던 자생적 리더의 권위를 통해 해결할 수 있었다.

5. 맺음말

지금까지 농촌지역개발 프로젝트의 일환으로 시행되고 있는 인도네시아 욕야카르타 주 바뚜사리 마을의 새마을사업을 통해서 마을 리더십의 성격과 그 역할을 살펴보았다.

바뚜사리 마을의 새마을사업은 예전부터 내려온 고똥 로용과 아리산의 공동체적 전통이 계승·적용되는 마을회의, 종교 모임, 영농 모임, 축산 모임 등을 통해서 전개되었다. 이 과정에서 마을 지도자들은 공동체의 목적 달성을 위해 구성원 모두에게 공평하고 적절한 책임을 부여했고, 구성원 자신들에게 균등한 이익 분배가 실현되도록 사업을 운영했다.

이러한 바뚜사리 마을의 지도자들은 대체로 마을의 모든 가구들이 가입된 모임들의 대표로서 마을 원로의 대우를 받으며 주민들로부터 마을 운영에 대한 권위와 지도를 인정받았다. 이들 원로들은 새마을사업의 도입과 전개에 실질적인 (새마을)지도자의 역할을 수행하고, 성공적인 결과를 이끌어냈다. 이들은 새마을사업과 관련하여 마을의 경제적 열악함과 새로운 변화에 대한 필요성을 누구보다 먼저 인식했으며, 이러한 현실 인식을 바탕으로 새마을사업의 유치에 적극적으로 나섰다. 또한 절박한 마을의 현실을 바꾸기 위해서 외부로부터의 지원을 얻어서라도 새로운 변화에 과감하게 도전했으며, 마을회의를 통해 전체 주민들의 참여를 유도하고, 소수의 주민들에 의해 사업상 이득을 보았을 때도 공동체 전체를 우선했다. 사업과정에서 마을공동체에 심각한 내분과 갈등을 유발할 수 있는 문제들이 존재했지만 마을로부터 인정받은 리더의 자생적 권위를 바탕으로 주민들을 설득해서 어렵지 않게 문제를 해결했다. 즉, 바뚜사리 마을의 성과는 새마을교육을 받은 마을 지도자들의 헌신과 노력 그리고 그들의 지도자적 특성뿐 아니라, 고똥 로용과 아리산이라는 공동체적 전통과 이에 기반을 둔 자생적 리더십이 있었기에 가능했다. 이러한 자생적 리더십의 성격은 전통적으로 이어져 온 것이라는 점에서 민주적이기보다는 권위적이고, 리더는 새로운 변화에 대한 능동적 수용자이자 내·외부 자원의 활용 및 제공자이며 마을공동체를 위한 공정한 이익의 분배자라고 할 수 있다. 이들의 역할 수행의 결과는 성공적인 것으로 평가되고 있으며, 그래서 새마을사업이 욕야카르타 주의 다른 마을로까지 확산되고 있다.

이러한 측면에서 농촌 지역개발사업으로써 욕야카르타 주에서 수행된 새마을사업의 특성과 그 의미를 살펴보면 다음과 같다.

첫째, 새마을운동의 해외 전파에서 우선될 것은 새마을교육을 통한 새마을사업에 대한 충분한 사전 이해와 자발적 필요성의 자각이라는 것이다. 새마을운동에 대한 교육이 없이 새마을이라 이름 붙인 사업만 지원

할 경우[19] 마을 전체가 참여하는 변화를 기대하기 어렵다.

둘째, 새마을운동 지원 사업이 현지의 전통적·사회문화적 환경과 공존·상생할 수 있는 현지화 방법을 모색하는 것이 필요하다. 그래야만 지원이 끊어져도 운동의 지속 및 확산이 가능하다는 것이다.

셋째, 새마을사업의 수행 결과에 따른 변화를 능동적으로 재수용하고, 마을 전체 주민들이 적극적 참여자인 동시에 새로운 자생적 리더로 성장할 수 있는 민주적 리더십 교육이 지속적으로 필요하다.

끝으로 이 글의 한계 및 지속적으로 보완되어야 할 연구 과제를 제시하면 다음과 같다.

바뚜사리 마을의 새마을사업은 한국의 지원이 끊긴 상태에서도 마을 자체적으로 진행되고 있다는 점, 사업 이전부터 마을 지도자에 대한 교육과 마을 내부의 사회경제적 조건에 대한 이해가 있었다는 점, 주정부 및 외부의 지원이 있었지만 그보다는 마을대표와 주민들의 요구가 더 우선시되었다는 점, 마을의 공동체성을 유지하며 변화를 모색했다는 점 등에서 다른 저개발국가에서 이루어지고 있는 새마을운동과 분명 차별된다. 그러한 차별성은 비슷한 조건의 다른 저개발국가 사례와 비교연구를 통해서 분명하게 드러났을 것이지만 이 글에서는 시간과 비용 등의 제약으로 경험적 비교연구를 시도하지 못했다. 앞으로 새마을사업이 국제적

19 새마을운동에 대한 홍보나 교육이 없이 새마을-카우뱅크(cow bank) 사업이라는 이름으로 강원도 새마을회에서 물질적으로만 지원했던 베트남 낌드엉 마을의 경우(≪강원일보≫, 2005.12.27) 필자가 2009년 6월에 현지 방문조사를 통해 느낀 것은 사업은 있지만 사업을 통한 마을의 변화나 자생성을 찾아보기 어려웠다는 점이다. 이는 저개발지역에 대한 물질적 지원의 의미와 한계를 동시에 보여주는 것이라고 할 수 있다.

지역개발사업 모델로 정착되기 위해서는 경험적 비교연구가 많이 이루어져야 할 것이다.

지역개발사업을 통한 지역사회의 변화는 장기적인 것이며 긍정과 부정의 측면이 모두 존재한다. 1970년대 새마을운동이 농촌사회에 미친 긍정·부정의 영향과 평가는 10년이 지난 이후에 나타나기 시작했다. 그럼에도 현재 알려진 새마을운동의 해외 보급 사례와 성과들은 길어야 2~3년, 대부분 1년 미만의 단기적인 것이 많기 때문에 새마을운동이 현지 마을이나 지역사회에 미친 장기적 파급효과와 성과를 파악하기 어렵다. 2008년 바뚜사리 마을에서 시작된 새마을사업은 5년이 지난 2013년까지 성공적이라고 평가되면서 다른 지역으로 확산되고 있지만, 바뚜사리 마을 내부에서는 아직도 진행 중인 사업이다. 바뚜사리 마을 사례와 같이 새마을사업이 전수된 현지에서의 장기적 성과와 효과에 관한 사례연구가 쌓일 때 농촌개발협력 모델로서 새마을운동의 해외보급에 대한 올바른 평가와 자리매김이 가능할 것이다.

참고문헌

강신표. 1984.「새마을과 헌마을」.『새마을운동 이론체계 정립』. 새마을운동 중앙본부 지역개발조사연구단.

경운대학교 새마을아카데미. 2008.『21세기 새마을운동의 이론정립 및 실천과제개발』.

김대영. 2004.「박정희 국가동원 메커니즘에 관한 연구: 새마을운동을 중심으로」. ≪경제와 사회≫, 제61호.

김영미. 2009.『그들의 새마을운동』. 푸른 역사.

내무부. 1978.『영광의 발자취』. 제1집.

_____. 1980.『새마을운동 10년사』.

노유경. 2013.「새마을운동에서 코칭리더십과 혁신행동의 창발에 관한 연구」. 고려대학교 석사학위논문.

박진도·한도현. 1999.「새마을운동과 유신체제: 박정희 정권의 농촌 새마을운동을 중심으로」. ≪역사비평≫, 통권 47호.

새마을아카데미. 2009.『아름다운 동행, 국제새마을운동』.

소진광. 2007.「아시아 개발도상국에서의 새마을운동 시범사업 성과평가: 라오스와 캄보디아를 중심으로」. ≪한국지역개발학회지≫, 통권 19권, 4호.

오유석. 2002.「박정희식 근대화 전략과 농촌새마을운동」. ≪동향과 전망≫, 통권 55호.

유병용·최봉대·오유석. 2001.『근대화 전략과 새마을운동』. 백산서당.

윤충로. 2011.「구술을 통해 본 1970년대 새마을운동: 새마을지도자 만들기와 되기 사이에서」. ≪사회와 역사≫, 제90집.

이만갑. 1984.『공업발전과 한국농촌』. 서울대출판부.

이현정. 2013「지역사회 개발에서 자체 지도자의 중요성에 관한 연구」. ≪행정논총≫, 제51권, 제1호.

전해황. 2002.「인도네시아의 새마을운동 동향」. ≪지역사회개발학술지≫, 12권, 2호.

정갑진. 2008.『한국의 새마을운동: 새마을운동의 재평가와 활용』. 케이빌더.

최인이. 2011.「근대적 시간관념과 이윤개념의 내면화: 새마을 부녀지도자의 노동활동 경험을 중심으로」. ≪사회와 역사≫, 제90집.

하재훈. 2007.「박정희 집권기 대중동원의 전개와 의미: 지배전략의 관점에서 본 농촌새마을운동을 중심으로」.『지배의 정치, 저항의 정치』. 인간사랑 새마을아카데미.

_____. 2009.『세계화의 관점에서 본 경상북도새마을운동의 발전방향과 추진전략』. 새마을아카데미.

한도현. 2006.「새국민, 새공동체, 돌진적 근대: 새마을운동의 대중동원」. 정성화 엮음.『박정희와 한국현대사』. 선인.

_____. 2010a. 「박정희 대통령과 새마을운동」. 이지수 엮음. 『박정희 시대를 회고한다』. 선인.

_____. 2010b. 「70년대 새마을운동에서 마을 지도자들의 경험세계: 남성 지도자들을 중심으로」. ≪사회와 역사≫, 제88집.

한상복. 1984. 「공동체의식과 기업가정신」. 『새마을운동 이론체계 정립』. 새마을운동중앙본부.

한승조. 1984. 「새마을운동과 정치발전」. 『새마을운동 이론체계 정립』. 새마을운동 중앙본부 지역개발조사연구단.

황연수. 2006. 「농촌새마을운동의 재조명」. ≪한국농업사학회≫, 5권, 2호.

황인정. 1980. 『한국의 종합 농촌개발: 새마을운동의 평가와 전망』. 한국 농촌경제연구원.

Anwar, Ratih Pratiwi. 2010.9.29. "The Achievement of Saemaul Undong in the Province of Yogyakarta Special Region." Paper presented in the International Symposium on Saemaul Undong.

Pranadji, Tri. 2009. "Gotong Royong Institution Empowerment in the Perspective of Nation Socio-Culture." *Agro Economic Forum*, Vol. 27, No. 1.

• **자료**

경상북도 새마을과. 『경상북도 새마을운동의 세계화』 보고서. 2011.

새마을운동중앙회 국제협력단. 『2007 국제새마을협력사업 결과』 보고서. 2007.

새마을운동중앙회 국제협력단. 『새마을운동 세계화의 성과』 보고서. 2011.

Based on the Statistics-Indonesia. 2011. Badan Pusat Statistik Indonesia

Based on the Statistics-Yogyakarta. 2010. Badan Putsat Statistik Yogyakarta

BKPM DIY Province. 2010. The Plan for the Aid Program from Korea at Kampung Village 2008~2011.

Miksan. 2010. The Progress Report of Saemaul Undong at Batusari Hamlet, Presentation in the Forum for Saemaul Undong in Province of DIY, Yogyakarta, March 17, 2011.

• **웹사이트**

http://saemaul.com/center/center/whats_8.asp

제4장

1970년대 새마을운동에서 마을공동체의 역동성 비교 연구*

이현정 | 한국국제협력단 새마을운동 전문관

1. 머리말

한국은 1960년대 세계에서 가장 빈곤한 국가 중의 하나였으나 1970년대 이후 유례를 찾아보기 어려울 만큼 빠른 경제성장을 이루었다. 1995년에는 경제협력개발기구(OECD) 회원국으로 가입했고, 원조를 받던 원조수여국에서 1997년에는 원조를 주는 원조공여국에 가입했으며, 2009년 11월에는 개발원조위원회(DAC)의 24번째 회원국이 되었다는 점에서, 빈곤문제를 해결하고자 하는 국제사회로부터 한국에 대한 관심이 높아지고 있다.

특히 1970년대에 시작한 농촌새마을운동에 관심이 집중되고 있는데,

* 이 글은 ≪행정논총≫ 제51권 제1호에 실린 「지역사회 개발에서 자체 지도자의 중요성에 관한 연구」의 일부 내용을 수정·보완한 것이다.

이는 대대수의 국민들이 농업에 종사하는 저개발국가들이 새마을운동이야말로 빈곤을 탈피할 수 있는 유용한 방법론이라 판단했기 때문이다. 이에 따라 저개발국가들은 새마을운동을 배워 자국에 적용시키려 하고, 국제기구들도 새마을운동 모형을 구축하여 저개발국가에 전파하기 시작했으며, 한국 또한 국제적인 요구에 부응하여 새마을운동을 전파하고 있다.

그러나 이러한 국제적인 관심에 비해 한국에서 시행되고 있는 새마을운동 관련 연구들은 매우 지엽적이다. 새마을운동에 관한 연구들은 주로 새마을운동은 시작부터 진행방식에 이르기까지 일관되게 국가가 주도한 농민동원 체계 운동이었다는 측면의 연구(김일철, 1980; 박진도·한도현, 1999; 김홍순, 2000; 오재환, 2001; 고원, 2008)와 새마을운동은 국민에게 내재되어 있던 공동체 의식의 발현이었다는 측면의 연구(박섭·이행, 1997; 한국지방행정연구원, 1999, 2009; 정기환, 2003; 강용배, 2004; 황연수, 2006)로 양분되어 있다. 이러한 연구들은 보이는 면에만 초점을 맞추고, '성공이냐 실패이냐'에만 관심을 기울여 연구를 수행함으로써 실제 새마을운동이 일어난 마을 내부의 모습이나 마을공동체의 역동성 등은 살펴보지 못했다. 즉, 어떠한 요인이 마을에 새마을운동이 잘 이루어지도록 유도했고 또 그러지 못했는지는 연구하지 않았다. 최근에는 정부와 주민들 간의 상호작용을 통해 새마을운동이 이루어진다는 측면의 연구들(소진광, 2007; 류석춘·왕혜숙, 2008; Eom, 2011)도 시행되고 있지만 이 또한 보이는 측면만 연구했을 뿐 마을공동체 내부의 모습은 간과했다.

한국에서 새마을운동은 1971년에 정부가 공동사업을 일으키는 조건으로 모든 마을에 시멘트 335포대를 동일하게 지원하면서부터 시작되었다. 이를 시작으로 어떠한 마을에서는 새마을운동이 활발히 이루어졌고 어떠한 마을에서는 그렇지 못했다. 같은 시기에, 같은 유인이 작동했음에도 다른 결과가 나타난 것이다.

이 글은 이러한 차이가 마을공동체에 내재되어 있는 사회자본의 차이 때문에 나타났다고 본다. 마을 주민들 간에 내재되어 있던 신뢰, 가치, 규범, 호혜성 등의 사회자본이 집합적 행동을 유도하여 새마을사업을 시행해나간 것이다.

이에 따라 이 글에서는 경기도의 대포2리, 사리현2동 지역을 선택하여 사례연구를 수행하고자 한다. 두 지역에서 실제 어떠한 요인이 어떻게 작용하여 새마을운동이 진행되었는지를 비교분석함으로써 이전 연구들이 보여주지 못한 마을의 역동성을 알아보고자 한다.

2. 이론적 논의: 사회자본 이론

1) 사회자본 이론의 개념 및 특성

사회자본은 물적자본, 인적자본, 문화자본을 비교해서 알아볼 수 있다.

첫째, 물적자본과 인적자본은 행위자들이 개별적으로 보유하고 있는 자본인 반면, 사회자본은 행위자들의 관계 속에 내재하고 있는 자본이다. 물적자본이 관찰 가능한 존재라면, 인적자본은 개인에 의해 습득된 기술과 지식 속에서 구현된 덜 실제적인 존재이며, 사회자본은 개인들 사이에 존재하는 관계에 기반을 둔 것으로써 다른 자본보다 실제로 확인하기 어렵다. 따라서 둘 이상의 행위자가 맺고 있는 관계라는 점이 사회자본을 다른 형태의 자본과 구분하는 가장 근본적인 차이점이다(Coleman, 1988: 118~119).

둘째, 경제자본이나 인적자본, 문화자본은 자본의 소유자에게만 이익이 배타적으로 돌아가지만, 사회자본은 이익이 공유되는 특징을 보인다. 이익이 공유되는 모습은 두 가지 형태로 나타난다. 하나는 사회자본을 통해 관계를 맺고 있는 구성원 사이에서만 이익이 배타적으로 공유되는 경우이다. 뉴욕의 다이아몬드 상인들이 자신들끼리 구축한 신용을 통해 보석상가의 평가를 전체적으로 끌어올려 다른 상가와의 경쟁에서 유리한 위치를 차지하는 사례를 통해 설명될 수 있다(Coleman, 1988). 다른 하나는 관계에 포함되지 않은 구성원에게도 이익이 돌아가는 경우이다. 특정지역 사람들이 밤거리의 치안을 확보하고 있는 경우 그 혜택은 그 지역을 통행하는 모든 사람에게 제공된다. 즉, 사회자본은 사회적 관계 자체에 내재하기 때문에 그 사회적 관계에 참여하고 있는 사람들은 사회자본의 형성에 대한 기여 여부와 관계없이 혜택에서 제외될 수 없다(박찬웅, 2006: 30~31).

셋째, 사회자본은 다른 자본과 달리 보유하기 위해서는 그것을 지속적으로 유지하려는 노력이 필요하다. 사회자본을 형성하기는 어렵지만 파괴하기는 쉽다. 또한 일단 획득되었다 하더라도 그것이 앞으로 변함없이 그 사람에게 머물러 있으리란 보장도 없다. 예를 들어 선거운동의 마지막 시기에 정치인이 저지른 한 번의 실수는 수십 년간의 믿음직스럽고 능력 있는 업적을 훼손할 수 있다(Woolcock, 1998: 154~159). 따라서 집단 구성원들 사이에서 서로의 관계를 끊임없이 확인하고 재확인하는 일련의 지속적인 교환과정을 거쳐야만 사회자본이 유지되고 재생산될 수 있다(Bourdieu, 1986; Putnam, 1993).

넷째, 사회자본을 매개로 한 거래에서는 이득이 영합관계(zero-sum)로 나타나지 않고, 정합관계(positive-sum)로 나타난다(Putnam, 1993; Adler & Kwon, 2000). 물적자본은 사용할수록 소진되거나 소비되는 반면, 사회자본은 행위자들 모두가 사용하면 할수록 더 축적되고 증가한다(Woolcock, 1998: 154~159). 따라서 행위자의 특정행동을 촉진시키는 사회구조를 형성하게 되고 이는 선순환을 발생시켜 결국은 높은 수준의 협력, 신뢰, 호혜성, 시민적 참여와 집단적 복지라는 사회적 균형을 야기한다.

다섯째, 사회자본의 교환은 동시성을 전제로 하지 않는다. 경제학에서는 대등한 것들의 교환이 동시적으로 이루어지는 것을 가정하지만, 사회자본의 교환은 모호한 성격을 지닌다. 미묘한 시간의 경제를 전제로 하는 것이다(Bourdieu, 1986: 252~253). 예를 들어 아는 사람으로부터 도움을 받았을 때 즉각적으로 그에 대한 보답을 하기보다는 나중에 적절한 기회가 생겼을 때 그렇게 하는 식이다. 단, 사회적 교환이 일어나려면 서로가 주고받은 도움에 대해 언젠가는 보상을 받으리라는 믿음이 전제되어 있어야 하고, 이러한 믿음이 형성되기 위해서는 교환관계가 반복적으로 이루어져야 한다. 이러한 맥락에서 사회자본은 일반화된 호혜성(generalized reciprocity)을 기반에 둔 자원이라 할 수 있다.

이러한 차이점이 있지만 물적자본이나 인적자본이 생산 활동을 용이하게 하는 것처럼 사회자본 역시 생산 활동을 수월하게 하는 작용을 한다. 사회자본을 소유한 집단은 사회자본이 없는 집단과 비교하여 더 많은 것을 성취할 수 있는 것이다(Coleman, 1988: 99).

또한 사회자본은 무엇을 중시하느냐에 따라 제도적·관계적 사회자본,

구조적·인지적 사회자본으로 구분될 수 있다.

크리슈나(Krishna, 2000)는 제도적 형태의 사회자본(institutional social capital)과 관계적 형태의 사회자본(relational social capital)으로 사회자본을 구분했다.

제도적 사회자본은 구조적 자본과 비슷한 용어로서, 개인의 행태를 가이드하거나 어떠한 이슈를 다루기 위해 고안된 법칙, 절차, 제재 등을 말한다. 따라서 다른 것으로 쉽게 대체될 수 없지만 문제해결이 용이하다는 특성이 있다. 반면 관계적 사회자본은 이데올로기, 신념, 가치 등과 같은 무형의 자본을 말한다.

이 두 자본은 따로 움직일 수 있다. 그러나 호혜성의 규범(관계적 사회자본)이 확산되어 있는 상황에서 제도나 규칙(제도적 사회자본)이 작동한다면 문제해결이 좀 더 수월해진다. 따라서 최선은 제도적 사회자본과 관계적 사회자본이 함께 작동할 때라고 할 수 있다.

구조적 형태의 사회자본(structural social capital)과 인지적 형태의 사회자본(cognitive social capital)을 구분하는 시각도 있다(Uphoff, 2000).

구조적 형태의 사회자본은 사회조직과 제도에 관한 것으로 공적인 사회관계인 제도, 조직에서의 역할, 법칙(rule), 절차, 과정 등으로 구성된다. 이들은 관찰가능하고 표면적인 성질을 띤다. 구조적 형태의 사회자본은 상호이익 집합적 행동과 협력을 이루는 데 기여하고, 거래비용을 줄여 생산적 결과를 야기한다는 특징이 있다.

인지적 형태의 사회자본은 사회·문화에 착근되어 서로 협동하게 만드는 문화, 이데올로기, 규범, 가치, 태도, 신념에 의해 강화되며 정신적인 과정과 연관된다(Krishna & Uphoff, 1999; Uphoff, 2000: 218).

구조적 요소를 유지하는 것이 인지적 요소이고, 인지적 요소는 구조적 요소에 의해 강화·재생산된다는 점에서 양자는 상호보완적이다. 제도와 조직을 연결해도 그것을 가능케 하는 인지적 사회자본이 수반되지 않으면 기대성과가 나타나지 않을 수 있기 때문에 인지적 요소 없는 구조적 요소는 제대로 기능하지 못할 가능성이 있다(Uphoff, 2000: 217~229).

사회자본의 본질은 개인이 맺고 있는 관계 구조에 있다. 사회자본을 소유하기 위해 개인은 다른 사람들과 연결되어야만 하고, 사람들은 자신이 맺는 관계가 잠재적으로 가져다줄 수 있는 혜택이 무엇인가를 생각하며 관계를 맺는다고 할 수 있다(Baron & Hannan, 1994; Portes & Landolt, 1996; Portes, 1998; Woolcock, 1998; Lin, 2001: 24).

2) 사회자본의 공통요인

사회자본 이론에 대한 연구가 다양한 분야에서 실행되고 있다. 그동안 진행된 연구들을 토대로 사회자본의 공통요인을 제시하면 다음과 같다.

(1) 사회집단 참여

사회집단 가입이 사회자본 축적에 영향을 준다는 데 다수의 사회자본 연구가 동의한다(Tocqueville, 1984; Putnam, 1993; Coleman, 1998; Newton, 1999).

사회집단 가입은 다음과 같은 특징이 있다. 첫째, 사회단체가 자발적이어야 한다. 대부분의 서구사회에서 발견되는 자발적 조직은 가족, 시장, 국가 등과는 다른 사회의 일부분으로서 구성원들이 집단적인 상품, 시설, 서비스를 이용하기 위해 자발적으로 조직하는 단체로 규정할 수 있다(Tocqueville, 1984; Putnam, 1993; Coleman, 1998; Newton, 1999). 둘째, 조직이 수평적이어야 한다. 가족, 종교집단, 권위적 정치집단 등 상하관계가 존재하는 수직적 조직은 사회자본에 긍정적이지 못할 뿐 아니라 부정적일 수 있다. 퍼트남(Putnam, 1993)은 정보의 수직적 흐름은 수평적 흐름보다 신뢰하기 어렵기 때문에 수직적 네트워크는 그 관계가 참여자에게 아무리 밀접하고 중요하더라도 사회적 신뢰와 협동을 유지할 수 없다고 보았다. 셋째, 공식적·이차적 관계에 의거한 조직이어야 한다. 혈연, 지연, 학연에 기반을 둔 비공식적·일차적 조직은 내부 구성원 간의 신뢰와 협력은 강하지만 다른 사회 구성원에게 배타적이기 때문에 갈등과 사회불안을 야기할 가능성이 높다. 반면 이차적 관계에 의거한 조직에는 특정한 가치나 규범이 우월하게 작용하기 어렵다는 특성이 있다.

사회자본 이론에서는 사회자본 생성의 중심적 원천을 2차 집단에 둔다(Newton, 1999). 개인들은 각종 자발적 사회집단에 참여하면서 협동능력을 기르고 집합적 행위를 함으로써 책임감을 터득하게 되어 사회발전을 야기한다는 것이다.

(2) 제도적 사회자본

제도적 사회자본은 주민들 간의 신뢰를 확대하고 서로 협력할 수 있도록 규칙, 절차, 상벌, 제재 등으로 개인의 행태를 가이드하는 것을 말한다. 직장, 학교, 모임 등 특정한 집단에 속해 있는 사람은 그렇지 못한 사람보다 네트워크가 잘 발달되어 집단행동으로부터 수혜를 받을 가능성이 높다는 측면에서 구조적이라는 특징이 있다(Berman, 1997; Krishna & Uphoff, 1999; Krishna, 2000; Uphoff, 2000).

제도적 사회자본의 대표적인 예로 제도와 구조적 강제력을 들 수 있다. 먼저 제도는 규칙과 절차같이 행위의 의미가 공유됨으로써 사회적 질서(social order)가 만들어지는 것을 말한다(Berger & Luckermann, 1966). 습관화된 행위가 상호 정형화되는 과정을 통해 전형적으로 이해된 것이다(Scott, 1994; 하연섭, 2003: 115).

다음은 구조적 강제력이다. 규칙과 절차를 따르지 않을 때 부과되는 것으로서 청원(petition), 강제(coercion), 제재(sanction) 등이 포함된다. 청원은 쉽게 말해 로비라 할 수 있고, 규범적인 압력을 행사한다. 강제는 행위자가 자원의 장점을 인지하도록 강요하는 과정으로 이를 수용하지 않을 경우 처벌을 받는다. 제재는 공동체에서 가치 있는 자원을 박탈하거나 행위자의 지위를 박탈·제명하는 것을 말한다.

개인은 집단에 남기를 원하고 집단의 정체성과 함께하기를 원하기 때문에 구조적 강제력이라는 집단적 가치를 수용한다. 강제력에는 반드시 보조적으로 기회가 작용한다는 특성이 있다(Lin, 2001: 30~32).

(3) 인지적 사회자본

인지적 사회자본은 타인과 관계를 맺을 때 규범, 가치, 신념, 유대, 호혜성 등을 통해 영향력을 행사함으로써 자기중심적으로만 계산하는 개인을 변화시킨다. 그리하여 서로 협력하고 신뢰하고 공감하게 만들어 공공선에 대한 의무감을 지닌 공동체의 구성원이 되도록 한다. 사회를 결속시키는 데 도움이 되는 힘을 구성한다는 점에서 관계적이라는 특징이 있다(Newton, 1997; Krishna & Uphoff, 1999; Krishna, 2000; Uphoff, 2000).

인지적 사회자본의 대표적인 구성요인으로는 신뢰, 호혜성, 규범을 들

수 있다. 신뢰는 타인이 행위를 할 때 나의 이해관심을 고려할 것이라는 기대(Lin, 2004)를 말하고, 호혜성은 각 행위자들이 상대방으로부터 얻은 것을 되갚아야 할 의무와 자신이 베푼 것을 되돌려 받아야 할 권리(Gouldner, 1960)를 말한다. 호혜성은 그 특성에 따라 일반화된 호혜성, 균형 잡힌 호혜성, 부정적 호혜성으로 나눌 수 있다. 규범은 개인의 이기심을 막고 집단 전체의 목표를 위해 행동하는 비공식적인 보호장치(Coleman, 1988)라 할 수 있다. 호혜성은 신뢰와 관계되며 신뢰 없이는 일반화된 호혜성이 나타날 수 없다. 나아가 이러한 관계가 집단 전체로 일반화되면 규범으로 작동하게 된다. 이 세 요인은 도덕적 의무감에 기반을 두고 있다.

또한 인지적 사회자본은 제도적 사회자본과 상호작용할 때 문제해결이 좀 더 용이해지는데, 인지적 사회자본은 제도적 사회자본이 잘 마련된 곳일수록 형성될 가능성이 높고, 인지적 사회자본이 축적되면 제도가 개선됨으로써 제도적 사회자본이 구축될 가능성이 높다(박희봉, 2009).

3. 연구방법 및 사례지역의 특성

1) 연구방법[1]

이 글에서는 질적연구방법 중 사례연구를 다루고자 한다. 자료 수집

1 연구대상 선정 및 연구실행 관련 자세한 사항은 이현정(2012: 74~84) 참고.

은 현장연구를 통해 이루어졌고 현장연구는 심층면접과 초점집단 면접을 사용했다.

현장조사 연구의 경우 중요한 것은 조사대상지역과 조사대상자를 선정하는 것이다. 조사대상지역의 경우 연구자의 지리적·시간적·비용적 제한 때문에 경기도 인근 농촌지역에 해당하는 사례를 선정하여 분석했다. 지역을 경기도로 제한하고 새마을운동이 적극적으로 이루어진 사례와 그렇지 못한 사례를 찾았다. 적극적으로 이루어진 사례는 이천군 대포2리를 선택했고, 적극적으로 이루어지지 못한 사례는 고양시 사리현2동을 선택했다.[2)]

조사대상 지역 거주자들 중 1970년대에 새마을운동을 핵심적으로 주도했던 새마을지도자, 이장, 개발위원 등을 중심으로 이들 당사자나 당사자 주변 관련인물들과 심층면접을 수행하여 자료를 수집했다. 심층면접은 2011년 10월부터 2012년 7월까지 마을별로 2~3차례 수행했고, 초점집단 면접은 마을회관 혹은 마을정자에서 마을별로 1~2차례 실시했다.

〈표 4.1〉 심층면접자 인적사항

조사대상지역	구술자	출생연도	학력	1970년대 이전 주요경력	1970년대 주요경력
대포2리	홍대의(남)	1945	고졸	이서기, 청년회	이장, 새마을지도자
	고재칠(여)	1933	초졸	부녀회원	부녀회 부회장
사리현2동	이명순	1941	초졸	청년회장	주민
	이O순	1940	고졸	청년회원	주민

2 모든 연구에는 연구자의 주관이 반영되어 있기 때문에 두 지역을 선택하기 전에 환경개선, 소득증대, 정신계발 부분에서 새마을사업이 실제 얼마만큼 시행되었는지를 알아보고 연구를 진행했다.

2) 사례지역의 특성

지역사회는 매우 다양한 요인이 작용하면서 이루어진다. 특히 지리적·사회문화적·경제적 요인들은 지역사회에 보편적으로 영향을 미치는 요소로 볼 수 있지만, 모든 마을에 똑같이 작용하는 것이 아니라 마을에 따라 영향을 미치는 정도가 각기 다르다.

각기 다른 상황에 처해 있던 마을의 지리적·사회문화적·경제적 특성이 새마을운동의 과정과 결과에 어느 정도 영향을 미쳤을 것으로 보인다.

〈표 4.2〉 1970년대 대포2리, 사리현2동의 지리적·사회문화적·경제적 특성

구분		대포2리	사리현2동
지리적 특성	지리적 위치	•군청소재지로부터 10km, 면사무소로부터 2km 거리에 위치, 용문~무극 간 국도 중간지점 도로로부터 200m 거리에 위치 •교통 편리	•일산 동쪽 끝 관산동과의 경계에 곡릉천을 두고 위치. 1번국도인 통일로 변과 69번 도로가 지나감 •도로 포장이 안 되어 교통 불편
	입지유형	준평야 마을	준평야 마을
	토질	비옥	사질토
사회문화적 특성	인구구성	•약 425명, 약 77가구 •홍씨 동족마을(54가구)	•약 150~160명, 약 47가구 •이씨 동족마을(43가구)
	조직구성	개발위원회, 부녀회, 농우회, 도서청년회, 각종 계	개발위원회, 부녀회, 각종 계
	권위구조	•문중은 있으나 권위는 높지 않음	•문중이 있고 권위 높음, 위계질서 매우 엄격 •어르신들 간 사이가 좋지 않음
	전래풍습	•마을전체로 대동놀이, 반별로 반놀이 있음	•마을전체로 대동놀이 있음
	기타	•오래전부터 교회 있었음 •정미소, 부녀회 기금으로 마을 기금 운영	
경제적 특성	경지면적	1.6ha(약 4,840평)	1,000~3,000평
	주요농업	주로 논농사, 고추농사 조금	주로 논농사, 개별적으로 채소 군납
	전기, 전화	전기 1972년, 전화 1977~1978년	전기·전화 1970년대 말~1980년대 초
	교육수준	중졸, 고졸 이상	초졸

4. 1970년대 사례지역의 새마을운동

1) 대포2리의 새마을운동

(1) 사회집단 참여

대포2리에는 대동회(大同會), 이장, 새마을지도자, 반장을 포함한 개발위원회와 부녀회, 문중, 반반이, 도서청년회, 농우회, 각종 계 등의 사회집단이 있다. 이들을 앞서 논의한 사회집단의 특성에 따라 구분해보면 〈표 4.3〉과 같다.

먼저 대동회(대동계, 대동모임)란 마을 전체 주민의 모임을 말한다. 이 모임은 1년에 한 번 마을 전체 주민들이 회관에 모여[3] 마을의 이장과 반장을 선출하고 이장의 보수를 결정하며 마을의 공유재산 관리하고 마을의 1년간의 회계를 감사하며 다음 해의 계획을 논의하는 일을 한다(최재석, 1988: 김선철, 1999: 57~58). 마을의 전 가구는 의무적으로 대동회 조직

〈표 4.3〉 대포2리 사회집단 분류

자발적	도서청년회, 농우회, 각종 계	
비자발적		부녀회, 개발위원회, 대동계, 반반이, 문중
수평적	도서청년회, 농우회, 부녀회, 개발위원회, 반반이, 각종 계	
수직적		대동계, 문중
공식적 · 이차적	도서청년회, 농우회, 부녀회, 개발위원회, 반반이, 각종 계	
비공식적 · 일차적		대동계, 문중

3 가구당 한명씩은 참여해야 했고 보통은 가구주 또는 남자가 주로 참여했다.

의 일원으로 가입되며 동시에 마을회의에서 처리된 사안을 따를 의무가 있다(하재훈, 2010: 203).

이러한 과정은 대포2리 새마을운동 과정에서도 적용되었다. 기존 마을회의에서 이루어졌던 이장·반장 선출, 회계감사 등이 시행되었고, 더불어 새마을사업 시행과 관련한 새마을지도자 임명, 개발위원회 선출, 마을진입로 공사, 농로확장 공사 등 마을 공동사업 및 부역과 관련한 내용과 방법, 주민부담의 분배 등 새마을사업과 관련한 의제가 주요한 사안으로 다루어졌다. 새마을운동이 본격화되면서 마을회의가 상시적으로 개최되었고 마을회의는 마을규약과 의결사항에 대한 이행의무를 마을구성원에게 부과함으로써 공동체적 질서를 유지하는 규범적 통제의 기능을 발휘했다. 만약 회의에서 동의된 사안들에 대하여 이행의무를 다하지 않을 경우, 예를 들어 부역에 나오지 않을 경우에는 5,000원씩의 벌금[4]을 내야 하는 등 공동체로부터 경제적·사회심리적 제재를 받기도 했다. 대포2리는 상시적으로 마을회의를 열어 새마을과 관련한 의제를 다루었는데, 가구당 한 명씩 약 50명 이상이 회관에 모여 새마을지도자 혹은 이장의 주관으로 새마을 의제와 관련한 회의를 했다. 이때 새로운 안건을 제시하기도 했고 지출한 비용의 회계감사가 이루어지기도 했으며 새마을운동에 참여하지 않은 사람들에 대한 제재와 관련한 논의도 했다(내무부, 1981: 84~97).

대포2리 대동회에는 주민이 모두 투자하여 모금한 마을의 공동재산, 공동기금이 있었다.[5] 1970년대 당시 정미소 수입, 절미운동을 통한 부

---

4 당시 하루 품삯은 2,500원이었다.

녀회 수입, 농협에서 저리로 융자받은 돈을 마을기금으로 모아 이것을 주민에게 저리로 빌려주어 가을에 수확하면 갚도록 했다. 이자적용이나 원금상환을 엄격하게 시행해서 오랫동안 기금운용이 이루어질 수 있었다. 인터뷰에서도 상당수 주민들이 이 기금을 매우 좋게 기억하고 있었는데, 당시 장리쌀을 이용하면 쌀 한 가마를 빌려서 한 가마 반을 갚았으나 이 기금은 이자가 크지 않아서 아이들 학자금이나 병원비가 필요할 때 매우 유용했다고 한다. 이는 새마을사업에서도 마찬가지였다. 집집마다 부엌·화장실·지붕 개량을 할 때 돈이 없어서 공사를 할 수 없는 가구에게 대동회에서 싼 이자로 빌려주어 유용하게 운용했다고 한다.

두 번째는 개발위원회이다. 개발위원회[6]는 이장, 새마을지도자, 반장, 마을유지 등 15명 이내로 구성되었다. 위원장은 지도자 또는 이장이 맡고 이들이 겸직하는 경우에는 마을지도자와 협력하여 위원회를 운영했다. 개발위원회는 새마을사업과 관련한 안건이 있을 때마다 개발위원들이 모여 안건 및 의제 등을 토의하고 나아가서는 사업에 반대하는 농가에 찾아가 협조를 부탁하는 등의 실제적인 활동을 했다. 또한 촌락 전체에 중요한 영향을 미치는 일이 일어났을 때 감사회, 향보회(鄕保會), 부녀회, 청년회, 각종 계 등의 활동을 통제하는 역할도 했다(이만갑, 1984: 76~77; 김수경·최은봉, 2005: 37)고 한다.

---

5 지금은 부녀회, 청년회, 노인회의 부동산, 논, 밭, 터전을 모두 합쳐 청솔영농조합이라 하며 조합의 재산은 법적으로 보호받고 있다.

6 개발위원회를 지역 사회집단이라고 볼 수 있을지 의문이다. 이 글에서는 자발적으로 조직되지는 않았지만 조직된 후에는 수시로 모여 마을 개발에 대해 논의하고 그 역할을 다했다는 점에서 사회조직으로 본다.

대포2리의 개발위원회는 마을회의에서 투표를 통해 선출한 개발위원 7명과 당연직 위원인 이장, 지도자, 반장(5개반) 등 모두 14명으로 구성되었다. 주민들은 개발위원 7명 모두가 투표를 통해 선출되었으므로 일을 잘하고 성실한 사람이 될 수밖에 없었다고 기억하며 이들은 수시로 모여 마을개발을 위해 노력했다고 말했다. 특히 개발위원회에서는 반장의 역할이 중요한데, 각 반의 반장들은 반회의에서 논의된 주민들의 실제적 필요 및 요구들을 수합하여 개발위원회에 안건으로 제시하는 역할을 했다. 대포2리는 새마을 우수부락으로 선정되어 두 차례 각하하사금을 받았는데, 각하하사금의 사용에 대해 주민들 간의 의견이 분분했다. 이때 반별로 모은 제안이 개발위원회 회의를 통해 결정되어서 간이급수시설과 가공공장 설립이 추진될 수 있었다고 한다. 수시로 마을 주민 전체가 모여 의견을 조율했고 주민대표인 개발위원회만 모인 모임도 자주 있었다고 기억한다. 또한 주민들은 1970년대 당시 이장 및 지도자들이 새마을사업에서 매우 중요한 역할을 담당한 것은 자명하나 개발위원들의 보이지 않은 노력도 매우 크게 작용했다고 말한다.

세 번째는 부녀회이다. 부녀회는 각 가구의 부녀자들이 조직한 모임으로서 대포2리에서는 1968년에 부녀회가 결성되었다. 이때부터 지금까지 매월 마을회관에서 월례회를 해왔다고 한다. 월례회의는 60~70명의 부녀자 모두가 빠지지 않고 참석했고 정부기관에서 하는 것과 같이 줄서서 인원을 파악하고 차렷, 경례, 국민의례, 애국가 제창, 마을의 신조 낭독 등의 순서로 진행되었다고 한다.

부녀회의 대표적인 활동으로 절미운동과 구판장 활동을 들 수 있다. 대포2리 부녀자들은 밥을 지을 때마다 쌀 한 숟가락씩을 모아서 월말에 부녀회에 가져와 적금을 들었다고 한다. 쌀로 하기 싫은 사람(여유가 있는 사람)은 돈으로 할 수도 있었지만 안 할 수는 없었다고 한다. 절미운동에서 모은 돈은 마을기금의 시초가 되었고 이 기금을 통해 대포2리가 새마을사업을 하는 데 여윳돈을 융통할 수 있었다.

또한 부녀회는 마을회관에서 구판장을 운영했다. 이천에서 식자재 및 소모품을 사다가 동네 주민들에게 판매했는데, 구판장은 이윤보다는 주민들의 편의를 위해 운영한 것이기 때문에 이익금을 남기지는 못했다고 한다. 또한 새마을 우수부락으로 선정되면서 받은 각하하사금으로 가공공장을 설립해달라고 부녀회가 강하게 주장해 가공공장이 마을회관 옆에 설립되었다. 이로써 떡방아·고추방아를 사용하기 위해 이천까지 나가는 수고를 덜 수 있었고 여기에서 나오는 얼마만큼의 이익금을 마을기금에 충당할 수 있었다고 한다.

네 번째는 문중이다. 문중은 종족 집단이 조직화되고 조화된 형태로 나타난 것이다. 유명한 학자나 고위 관직에 있었던 조상을 정점으로 하고 있으며 그 조상의 상징성을 공유하고 유지 및 확장하려 노력한다.[7]

세종원년 때 파시조(派始祖)가 이촌의 어떤 마을(대포2리 근방)로 낙향

7 문중의 특징을 보면 첫째, 혈연적 집단으로서 분명한 집단 경계를 이룬다. 문중은 동일 고조의 자손을 범위로 하는 종손을 준거점으로 그 범위가 정해지지만 중시조(仲始祖), 파시조(派始祖)를 중심으로 그 부계 후손 모두를 포함한 동질성을 지닌 혈연집단이다. 그래서 영속적인 집단으로 기능하며 분명한 집단 경계를 이룬다. 둘째, 시제와 같은 의례를 통해 종교적 기능을 수행한다. 문중의 의례는 종교적 기능을 담당하며 문중에 참가하는 구성원들에게 혈연적 동질성을 확인케 한다. 시제는 구성원들에게 공동체의 정체감을 고양시키는 역할을 담당할 뿐 아니라 문중 공동체의 정체성 유지와 전수에 중요한 부분을 담당한다(김보경, 2005: 183~187).

해 200년을 살다가 대포2리로 이주하여 터를 세웠고 그때부터 약 400년 정도를 거주하고 있다. 대포2리는 하나의 파시조를 중심으로 문중의 위토와 전답을 소유하고 있다. 문중에 종갓집과 위토가 있어 문중의 힘이 클 것 같지만 예전부터 종가가 잘살지 못하고 재산 또한 관리를 잘 못해서 주민들에게 문중으로서의 힘은 없고 이에 따라 문장의 권위 또한 약했다고 한다.[8)] 시제는 1년에 한 번으로 10월에 종중 땅의 산소에서 80~100명 정도의 남자들이 모여 지내고 있다고 한다.

문중에 종갓집도 있고 위토도 있어. 근데 종가댁이 한때는 잘 지내다가 자손 많고 나눠 쓰고 하면서 보통이 되었다가 그렇게 되었지. 종가댁이 종중 재산을 관리하다가 민주화되서 종가가 관리 안 하고 종중이 관리하지. 이젠 종중회가 구성되서 종중회가 관리하지. 문중이니까 이해하고 하는 거지. 종중의 힘은 별로 크지 않지. 권위라 할 건 없어(홍대의).

시제는 10월에 한 번, 가을에 해. 종중 땅에서 하는 거지. 우산리에서 한참 가면 있어. 거기 땅 해먹는 이가 차려서 가면 집안이 가서 하는 거지. 여자들이 다 준비해 가는 거고. 교회 다녀도 가야 해. 남자들은 다 올라가. 다른 동네에 살아도 무조건 와(고재칠).

대포2리에서 문중과 문장의 권위가 약한 것과 시제를 잊지 않고 지낸다는 것은 다소 모순되어 보이지만 이것은 오히려 새마을운동에서 긍정

---

8 민주화 이후 종중이 재산 및 위토를 관리하고 있다고 한다.

적인 동력으로 작용했다. 일반적으로 하나의 성씨에 기반을 둔 동족마을은 문중의 신분, 연령 등에 따라 위계질서를 중요시하는 경향이 있어 문중의 권위가 절대적이라 할 수 있다. 또한 문중이나 마을의 어르신들은 변화를 추구하기보다는 현재의 상황을 유지하고자 하는 성향이 강하기 때문에, 문중의 문장이나 어르신들이 새로운 사업을 반대하거나 꺼리면 이를 진행하기가 쉽지 않다. 상대적으로 젊은 지도자들이 어르신들의 의견에 반하여 행동하기가 어려운 것이다. 그러나 대포2리는 문중의 권위가 높지 않아 지도자들이 새마을사업을 추진하는 데 어르신들의 반대에 따른 애로는 없었다고 한다. 반면 시제는 매년 10월에 꼬박꼬박 지내고 있어 마을 구성원들이 홍씨로서의 혈연적 결속력 및 정체성을 느끼기에는 충분했던 것으로 보인다. 마을 전체에 이익이 될 사업에는, 즉각적이고 명확한 보상이 없어도 주민들이 날마다 함께 일할 수 있게 만드는 효과가 있기 때문에 새마을사업을 할 때 홍씨들이 하나로 뭉쳐서 사업을 일사천리로 추진할 수 있게 하는 결속력으로 작용했다.

다섯 번째는 반이다. 반은 거리상 가까운 가구를 10~30가구 등으로 나누어 묶은 것으로서 반에서는 반상회, 모내기, 반놀이 등이 행해졌다.

대포2리에서는 농번기에 모내기를 함께하기 위해 반을 구분하기 시작했고, 전체 5개 반으로 1개 반은 15~20가구로 구성되었다. 모내기는 한 번에 30~40명이 나와 공동작업으로 이루어졌고 모내기하는 집은 당일 식사준비까지 했다. 반별로 모를 다 심으면 반장 주관으로 반상회를 소집했다. 반상회에서 집집마다 품을 계산하여 남의 사람을 많이 쓰면 돈을 더 내고 본인이 품을 쓴 것보다 일을 더 하면 돈을 찾아갔다고 한다. 예를 들어 다른 집에서 다섯 번 왔는데 내가 네 번밖에 못 갔으면 한 번의 품삯을 돈으로 주는 것이다. 소 또한 장정 한명의 품으로 쳐서 품삯을 계산했다.[9] 이렇게 반상회를 마치면 6월쯤 반놀이가 이루어졌는데, 반놀이는 반끼리 모여 음식을 나누어 먹고 하루 노는 것을 말한다. 이러한 반끼리의 문화는 부역을 할 때 나오지 않은 사람들에게 벌금을 부과하는 것을 정당화했다.

여섯 번째는 도서청년회이다. 대포2리의 도서청년회는 1960년대 초 고려대학교 사범대학에 유학하는 이 마을 출신 청년이 서울에 유학 간 청년들을 모아 향토발전회를 구성하면서 시작되었다. 이 향토발전회는 마을 발전을 위해서는 먼저 마을 주민들이 책을 읽어야 한다고 생각하여 서울에서 책을 모아 회관에 기증함으로써 주민들이 책을 읽을 수 있도록 했다. 문고활동이 계속적으로 이루어질 수 있도록 서울에 살고 있는 유학생들과 마을에 살고 있는 청년들이 단합하여 도서청년회를 조직했고[10] 이는 지금까지 청년회로 유지되고 있다. 새마을운동 당시 도서청년회의 구성원은 약 20명이었으며 이들은 문고활동뿐 아니라 마을의 힘쓰는 일에 앞장섰다고 한다.

60년대 초에 서울에서 유학하는 고참 학생들이, 그때 고려대학교 다니는 사범대 선배가 여기 출신 도서청년회라고. 공부한 사람들이라고 달라

---

9 다른 마을은 소 한 마리의 품을 장정 2명으로 쳤는데 대포2리는 소 있는 집은 으레 부자로 간주해 1명으로 계산했다고 한다.

10 도서청년회가 문제없이 조직될 수 있었던 것은 1950년대 말에서 1960년대 초에 대포2리 청년들 모두가 4H(농업구조와 농촌생활 개선을 목적으로 하는 세계적인 청소년 민간단체) 활동을 했기 때문이라고 한다.

서 그런가 그걸 구성해서 책을 그러니까 모아서 서울에서 있는 책을 가져다가 문고를 시작한 거야. 전부 빌려 보고 가져다 보고 그러던걸. 책을 그러던 게 이게 쭉 이어졌어. 쭉 하다 보니 새마을이 생기면서 새마을 문고라고 해서 정책적으로 썼더라고. 근데 우리는 먼저 창의적으로 시작한 거지. 딴 데보다 보통 10년을 앞선 거지(홍대의).

특히 새마을 조림사업이 한창일 때 산에서 소나무 50그루를 가져다가 마을 입구에 심어 지금까지 마을입구가 소나무로 우거져 있다. 또한 대포2리의 문고활동은 1977년 '새마을문고'라는 정부사업으로 다른 마을에 전파되었다.

일곱 번째는 농우회이다. 농우회는 1960년대 초반에 도서청년회의 조직원들보다 서너 살 위의(지금은 70대 후반), 마을에서 농사를 짓는 청년들이 친목회를 겸해 조직한 모임이다. 농우회는 농기계 및 정미소가 농사의 기반이라 여기고, 개인소유였던 정미소를 공동으로 인수하여 마을 공유화했다. 다들 가난한 시절이라 주민들에게 십시일반으로 쌀 몇 말씩을 거두기도 했고 모자란 돈은 금융조합에서 융자받아 정미소를 인수했는데, 이것이 후에 점차적으로 이익을 거두게 되어 부녀회의 절미운동 이익금과 함께 마을기금으로 쓰였다고 한다. 주민들 기억으로는 주민 모두가 정미소를 함께 이용하는 것에서 나아가 정미소 이익금을 다시 주민들에게 융통시켜주자 대포2리 주민으로서의 자부심 및 소속감을 강하게 느끼게 되었다고 한다. 이 기금은 새마을사업 수행 시 자금이 없어 개량사업을 미루고 있는 가정에 저리로 빌려주거나, 마을회관건립과 같이 돈이 많이 들어가는 사업에 사용되는 등 유용하게 쓰였다고 한다. 이렇게 부락민의 유휴 혹은 영세자금을 통합하여 부락민에게 싼 이율로 영농자금을 대부해주거나, 부락민의 영농과 교육에 필요한 자금을 운영함으로써 부락민을 자금난과 고리채로부터 해방시켰고 이는 새마을 기금의 원형이 되었다.

> 처음에는 돈도 많이 들고 빚도 졌다가 점차적으로 빚 갚고 이익이 수반되니까 공동재산이 된 거지. 처음에는 장년들 거였는데 마을주민들이 참여하니까 마을의 공동재산, 공동기금으로 되었어. 그래서 지금 와서 부동산도 좀 있고 논도 있고 밭도 있고 터전도 있고 이어받아서 운영되고 있지. 지금은 이게 발전되서 영농조합법인으로 법적으로 보호받고 있어(홍대의).

또한 농우회는 마을의 경관을 위해서도 부단히 노력을 했다고 한다. 왜정 때 농우회 회원들이 마을 곳곳에 소나무를 심어 마을을 가꾸었는데 이는 마을을 가꾸려는 목적에서 뿐 아니라 주민들이 그늘에서 쉴 수 있도록 하기 위한 것이기도 했다. 이러한 소나무 심기는 이후 도서청년회에까지 이어져 도서청년회가 새마을 조림사업을 할 때 마을입구에 소나무를 심었던 것이다.

여덟 번째는 각종 계이다. 한국에는 마을이라는 지연을 기반으로, 그 지연 안에서 상부상조를 목적으로 하는 조직이 많다. 마을이라는 지역공동체 내의 일상적인 생활 속에서 농민들의 길흉대사나 친목 등을 위한 조직화가 일어난다. 이들은 주로 계의 형태를 많이 띠는데, 예컨대 상계, 혼인계, 위친계, 회갑계, 친목계 등이 그것이다. 이러한 조직은 마을주민을 중심으로 성립된다. 주민들은 각종 계에 중복해서 가입하여 생활의 여러 면에서 협동함으로써 공동체적 일체감을 느끼며 생활의 이해관계를 도모한다(김주숙, 1991: 158~159).

대포2리 주민들은 쌀계, 위친계를 주로 구성했다. 쌀계는 살림장만을 목적으로 1년에 한 번 가을에 1번에서 6번까지 순서를 정해서 가구당 쌀 14가마씩 내고 순서가 되면 약 50가마씩 타는 것을 말한다. 위친계는 부모상(喪)을 대비한 소규모 계로 쌀이나 돈을 냈다고 한다. 상을 당할 시에는 부고를 알리거나 음식을 장만하는 등의 노동력도 제공했다.

대포2리에서는 위친계(상조회)와 쌀계 외에 다른 계 활동은 보이지 않는다. 이는 기금이 생기면서 계보다는 기금을 융통하는 것이 더 유용했고, 부모상(喪)을 당하면 대동회에서 마을 전체가 도와주었기 때문에 그다지 계의 필요성을 못 느꼈기 때문이다. 새마을운동 당시 정부는 주민들이 계에 투자할 자금을 농협에 저축하도록 유도하며 주민들 간의 고리채를 근절하려 노력했다. 이것과 비교해볼 때 대포2리는 새마을운동 이전에 이미 고리채가 근절되고 저축이 시행되고 있었음을 알 수 있다.

1970년대 새마을운동 당시 대포2리 주민들은 1개 이상의 집단에 가입되어 있었다. 마을전체로 대동회와 홍씨 문중, 여자들은 부녀회, 남자 청소년들은 4H, 남자 청년들은 도서청년회, 남자 장년들은 농우회 소속이다. 대포2리 사회집단들은 집단 구성원들의 이익을 위해 조직되었다기보다는 마을의 개발을 위해 조직되고 운영되었다. 각 집단의 활동은 집단의 성격에 따라 달랐지만 조직의 활동은 마을 개발을 위한 것이었다. 이들은 각자의 집단에서 마을 개발을 위해 활발히 활동했다.

(2) 제도적 사회자본

새마을사업은 환경개선사업, 소득개선 사업, 문화복지 사업으로 분류되어 시행되었다. 소득개선과 문화복지 사업은 마을의 특성에 따라 마을별로 다르게 시행되었던 것에 반해, 환경개선사업은 마을이 전체적으로 비슷한 형태를 띠도록 표준화시켰다. 따라서 환경개선사업을 중심으로 새마을사업을 살펴보고자 한다.

환경개선사업에는 주민들의 협동과 직접적인 노동력뿐 아니라 가구별 재정적 부담도 요구되었다. 따라서 대포2리 지도자들은 새마을사업을 시행하기에 앞서 주민회의를 통해 사업의 목적과 시행방법, 주민부담 등을 말해주었고 의견을 조정하여 거수로 사업 여부를 결정했다고 한다.[11] 전 가구는 대동회의 소속이므로 마을회의에서 처리된 사안을 따를 의무가 있기 때문에 주민이 회의에서 의결된 새마을사업을 따르지 않거나 거스르기는 쉽지 않았다.

먼저 담장·지붕·화장실·부엌 개량은 각 가구별로 시행해야 하는 사업이다. 국가에서 약간의 시멘트를 제공해주기는 했지만 나머지 돈이나 노동력은 각 가정이 책임져야 한다. 이 과정에서 대포2리 주민들은 돈이 없으면 마을기금으로 융자를 받거나 품을 뛰어서라도 사업을 시행했고 이웃이 돈이 없어서 못하고 있으면 본인들 돈을 꿔주거나 보태주면서까지 무조건 실시했다고 한다.

사실 환경개선사업을 처음 시행해야 한다고 했을 때 주민들은 왜 해야

---

11 무조건적으로 강요하지는 않았다고 한다. 담장과 화장실 개선은 주민들이 반대하여 실시되지 않았다.

하는지 몰라서 몇 집은 반대하기도 했다. 그러나 마을에서 하기로 결정한 이상 따르지 않을 수 없었고 또 이웃이 해놓은 것이 좋아 보여 다들 했다고 한다. 무엇보다 주민들은 마을이 깨끗해지는 것을 경험해서 무조건 사업에 동참한 것이라 했다. 이러한 높은 참여도 덕에 새마을 우수마을로 뽑혀 타 마을에서 견학을 오면서 더욱 사업이 할 맛 나게 느껴졌고[12], 나중에는 새마을사업이라 하면 무조건 참여하게 되었다고 한다. 마을회의로부터 결정된 사항은 큰 강제력 없이 시행된 것이다.

농로 및 진입로를 개설하거나 공동이용시설을 개설할 때 토지의 희사(喜捨)가 요구되었다. 대포2리에서 땅은 선조로부터 내려온 유산으로서의 가치가 있었다. 따라서 땅 희사를 요구했을 때 주민들이 수월하게 희사하지는 않았다. 지도자는 먼저 마을회의를 소집하여 주민들 앞에서 땅이 필요하다고 희사를 요구했다고 한다. "경운기가 들어와야 하는데 길이 꼬불꼬불해서 들어올 수 없다. 마을 진입로부터 닦아야 한다" 등의 설명을 했다. 이때 홍영표, 홍천표가 마을 진입로 사용을 목적으로 각각 130평, 114평을 내놓는다고 하자 다른 사람들도 큰 반대를 하지 못하고 땅을 희사했다고 한다. 마을회의에서 논의되었기 때문에 의무적으로 땅을 내놓아야 하는데 막상 공사가 시작되자 몇몇이 줄 수 없다고 했다고 한다. 그러자 지도자를 포함한 여러 명의 주민들이 찾아가서 무릎 꿇고 애원 혹은 청원을 해서 땅을 받아냈다. 당시 지도자는 땅 희사 시 어려움은 있었지만 집성촌이기 때문에 동네에서 필요하다 하면 안 내놓을 수가

12 주민들은 외부에서 사람들이 구경하러 오는 것을 귀찮다고 느끼지 않고 마을이 자랑스럽게 느껴졌다고 한다.

없었고 안 내놓는다고 끝까지 으름장을 놓으면 주민들 간에 눈치가 보였기 때문에 마지막에는 다 내놓았다고 한다. 그리고 처음에 반대했던 주민도 나중에는 닦인 길을 보고 좋아했다고 한다.

마을회관이나 작업장과 같은 공동이용시설을 짓거나 진입로를 확장하거나 간이급수시설을 정비할 때 주민들의 직접적인 노동력이 요구된다. 물론 정부에서 도움은 주지만 재정적 도움일 뿐이고, 그 또한 비용의 절반 이상을 주민이 부담할 때에만 제공되었다. 대포2리에서 공동이용시설을 짓거나 진입로를 확장하거나 간이급수시설을 정비할 때 모두 주민들의 손으로 직접 이루어졌다. 길을 닦고 회관을 지을 때 필요한 자재들은 마을에서 약 8km 떨어진 돌산에서 거의 해결했다고 한다. 간이급수시설을 정비할 때에는 파이프를 사 와서 주민들이 직접 손으로 혹은 삽으로 땅을 파서 연결했다고 한다. 그 외에 부역이 필요한 새마을사업들도 주민들이 직접 몸으로 해결했다. 이 또한 마을주민들 전체가 참석해야 한다고 결정된 것이므로 주민 모두 참석했다. 특히 불참 주민에게는 5,000원의 벌금이 부과되었는데 당시 하루 품삯이 2,500원이어서 벌금 때문에라도 안 나갈 수 없었다고 한다. 또한 다른 마을에서는 벌금을 공시만 하고 실제 받지 못하는 경우가 많았는데 대포2리에서는 무조건 받았으며 벌금을 새마을 기금으로 썼다고 한다.

대포2리 주민들은 부역할 당시에는 매우 힘들었다고 기억한다. 남자들은 부역에 나가서 노동력을 제공했고 부녀자들은 순번을 정해서 밥과 참을 해 날랐다. 부녀자들은 농한기에 밥한 것은 크게 힘들지 않았지만 농번기에는 농사도 하고 밥도 짓느라 애를 썼다고 한다. 그러나 주민들 모두 공통적으로 증언하는 것은 부역에 나가서 힘든 것은 일할 때 잠깐

이지만 그걸로 진입로가 닦여서 경운기가 다닐 수 있게 되었고 마을회관이 확장되어서 더 많은 인원이 편리하게 모일 수 있게 되었기 때문에 오히려 좋았다는 것이다. 특히 간이급수시설을 정비할 때에는 손으로 파이프를 잇느라 피나고 멍들고 힘들었지만, 급수시설 생기기 전에 우물에서 물을 지고 이어 먹느라고 손과 허리가 아팠던 것에 비하면 급수시설을 통해 물을 사용하는 것은 천국이었다는 것이다.

대포2리에서 수행된 새마을사업은 먼저 마을회관에 모여 전체 가구가 의견을 조정하고 거수로 가부를 결정했다. 따라서 강제적으로 사업이 시행되지는 않았다. 이렇게 결정된 사업에 대해서는 주민들이 대부분이 잘 따랐으며 각 과정에서 생긴 어려움이나 문제도 긍정적으로 넘겼음을 알 수 있다. 또한 마을에서 어떤 규칙을 규정하면 주민들 모두 이에 따르는 것이 당연하다고 생각했다. 마을에서 정한 규칙, 절차 등이 사회적 질서로 규정되어 있어서 새마을사업뿐 아니라 어떤 사안도 큰 문제없이 이행된 것이다.

여기에는 대포2리가 홍씨 동족마을이라는 점이 크게 작용한 것으로 보인다. 주민들은 마을일을 집안 대소사로 여겼기 때문에 마을에서 결정한 일이면 당연히 지켜야 하는 것으로 알았다. 특히 마을 어르신들이 하는 말은 거역하지 못했다. 이에 따라 새마을사업 또한 마을회의에서 결정된 사항이기 때문에 당연히 지켜야 하는 것으로 여겼고, 어르신들도 새마을사업을 반대하지 않아 원만히 시행될 수 있었던 것으로 보인다.

대포2리의 또 한 가지 특이한 사항은 주민들이 새마을사업에 참여하느라 힘들기는 했지만 주민 모두가 모여서 일하는 것이었기 때문에 재미있었다고 기억한다는 것이다. 서로 맛있는 것을 싸 와서 나누어 먹기도

하고 경사 있는 집에서는 음식을 대접하기도 했으며 큰 사업이 끝나면 마을 체육대회도 해서 주민들끼리 재미있게 놀았다는 것이다. 대포2리에서는 공동작업이 노동이면서도 하나의 행사로 여겨졌다.

> 농사 많은 집에 밥하러 오라 하면 내 일은 못하고 밥만 하러 다녔어. 20~30명씩 모심으러 다니면 나는 꿔다 먹으면서도 다 해다 해먹였지. 빚을 얻어다 먹으면서 해먹였지. 그런데 그렇게 하는 게 도리지. 다 그렇게 사는지 알았지. 들에 갔다 와서 밥 먹고 술 먹고 밥하고 정신없고. 왜 그렇게 살았나. 그래도 인심이 좋았어(부녀회원).

(3) 인지적 사회자본

대포2리는 새마을운동 전부터 마을 전체로 혹은 반반이, 품앗이[13]조로 마을일을 처리해왔다.

대포2리는 15~20가구를 하나의 반으로 묶어 품앗이 조로 모내기를 해왔다. 반반이 조를 짜서 서로의 농사를 지어주었으며, 음식과 술은 그 날 주인집에서 대접하는 것이 아니라 조를 짜서 2~3명의 부녀자들이 돌아가며 내어갔다.[14] 소 또한 품앗이에 들어갔는데 다른 마을에서 소를 2~3

---

13 품앗이는 '품'을 '앗이'하는 노동관행으로 '품'은 노동력을 뜻하며, '앗이'는 갚는 것을 의미한다. 따라서 '노동력을 갚는다' 혹은 '노동력을 교환한다'는 뜻이다. 품앗이는 농업노동에서 주로 이루어지나 농업노동에만 한정된 것은 아니며, 사람들의 삶의 전반에서 공유할 수 있는 모든 것에 대해 행해진다. 모내기에 참가하는 것일 수 있고 아이들 길흉사에 참여하는 것일 수 있으며 부조금을 내는 것일 수도 있다(김주희, 1992).

14 주인집이 음식을 대접할 경우에는 형편의 차이에 따라 음식의 질이 달라질 수 있으나 대포2리에서는 조를 짜서 돌아가며 음식을 대접했기 때문에 그런 차이는 느낄 수 없

명의 인력으로 간주했던 것과 달리 대포2리에서는 소를 가진 사람을 잘 사는 사람으로 간주하여 1명의 인력으로 여겼다. 이를 소 주인들도 당연하게 생각했다. 모내기가 끝나면 반상회를 소집하여 내 집에 몇 명이 오고 다른 집에 몇 명이 갔는지 전부 품을 세서 그에 합당한 만큼 돈으로 돌려주었다.

대포2리에서 이러한 과정은 매우 오래전부터 엄격하게 시행되어 구조적 강제력을 지닌 제도로 작용하고 있다.[15] 이러한 제도의 기저에는 제도에 영향을 받는 당사자들이 상대방으로부터 얻은 것을 되갚아야 할 의무와, 자신이 베푼 것을 되돌려 받을 권리, 즉 호혜성 원리가 작용하고 있다.[16] 호혜성이 실제 작동하기 위해서는 나의 권리를 상대방이 자신의 의무로 보아 그 의무를 수행할 것이라는 기대가 있어야 하고, 상대방의 권리를 내가 나의 의무로 받아들여 그 의무를 수행할 것이라는 각오가 있어야 한다(Gouldner, 1960: 169; 최종렬, 2004: 108~109). 대포2리에서는 이러한 호혜성의 원리가 구조적 강제력을 지닌 제도와 잘 부합함으로써 긍정적인 결과를 야기한 것이다.

반면, 가난한 사람들(일명 하루 벌어 하루 먹는 사람들)과 품앗이를 할 때에는 이런 원칙이 엄격하게 적용되지 않았다. 나는 가난한 사람 집에 가서

었다고 했다.

15 연구자가 만나본 대포2리 마을 주민 중에 88세 부녀자 분이 가장 나이가 많았는데 그 분이 시집 왔을 때에도 이 방식으로 모내기를 해왔었다고 했다.

16 품앗이는 호혜적 행위를 가리키는 순수 우리말로 주는 행위, 받는 행위, 갚는 행위를 동시에 포함하는 의미를 지닌다. 품앗이가 행해지는 상황은 언제나 베푸는 측과 받은 베품을 보상하는 측이라는 두 개인을 조건으로 한다(김주희, 1992: 85~86).

모내기를 해야 하지만 가난한 사람은 내 집 모내기 할 때에 다른 마을에 품을 팔러 가도 이해해주었다. 대포2리에서는 내 희생은 다소 감수하더라도 타인의 이익을 먼저 고려해야 한다는 일반화된 호혜성이 작용했다.

품앗이는 모내기뿐 아니라 길흉사에서도 길흉사품앗이로 행해졌다. 혼·상례 등 집안에 큰일이 있을 때 사람들이 서로 도와주었는데, 농업 노동처럼 정확한 품의 교환은 아니었고 친지나 친구 간에 상호부조적인 성격으로 이루어졌다. 예를 들어 상주가 이웃 한 명을 선택해 그에게 상과 관련한 모든 일을 맡기면 그 주민이 책임을 지고 다른 몇 명과 함께 부고를 알리고 음식도 준비한다. 상이 끝나면 그 주민이 상주에게 돈이 얼마가 들었고 어떤 일을 했는지에 대해 상세히 말하는 것이다. 혼례를 치를 때에도 혼례를 치른 집에서만 일방적으로 음식을 내놓는 것이 아니라 마을 주민들이 국수나 쌀을 내서 마을 행사 식으로 일을 치렀다고 한다. 이러한 행태는 마을 주민들 간에 신뢰가 형성되어 있기 때문에 가능했다. 내가 지금 상갓집 혹은 혼례 집에 가서 이웃의 일을 도와주면 다음에 내가 일이 생길 때 그 사람도 나를 도와줄 것이라는 기대(Zucker, 1986; Lin, 2004), 즉 신뢰를 기반으로 두고 행동하는 것이다.

이렇게 신뢰와 호혜성에 기반을 둔 대포2리의 상황은 대포2리가 홍씨 종족마을이라는 점이 크게 영향을 미쳤다. 마을 주민들은 조카, 할아버지 관계로 서로 관계 맺고 있는 상황이기 때문에 마을일이 곧 가족일 혹은 친척일이라 여겼고 서로 가깝게 지내다 보니 형편도 다 잘 알아 상호 간에 도우며 산 것이다.

또한 주민들 간에 반상, 빈부, 수입, 교육수준 등이 비슷해서 주민들 간에 큰 차이를 느끼지 못하고 지낸 것도 이들의 호혜성에 큰 영향을 미쳤음을 알 수 있다. 크게 잘살거나 못사는 사람도 없었고 많이 배웠다고 큰소리치는 사람들도 없었다고 한다. 사람들은 자신과 특성이 비슷한 사람들과 상호작용을 하고 이들을 더욱 신뢰하는 경향이 있다(Lin, 2004: 31~33). 서로 간에 유사한 특성을 지닐수록 더 좋아하는 경향이 있어서 상호작용이 활발해지고 신뢰도가 높아지는 것이다(Homans, 1950, 1954; Lazarsfeld & Merton, 1954).

> 어떻게 잇속만 차리고 살아. 서로 도와주고 사는 게 당연한 거지. 왜 그렇게 살았냐고 하면 뭐라 그래. 그냥 그렇게 살아왔는걸. 자연적인 거야. 그걸 서울사람 논리로 따질 순 없어. 농경사회였으니까. 농경사회 전통문화지 뭐. 그리고 여긴 뭐 홍씨 마을이니까 너네 집 우리 집 다 알고 사니까 도와줘야지(홍대의).

> 그렇게 사는 게 도리지. 그렇게 사는지 알고 사는 거지. 그게 좋은 거야. 다 좋으니까 한 거지. 그래서 그런가 서로 이해하고 협동이 잘 되었어(고재칠).

신뢰에 기반을 둔 상황에서는 서로 도움을 주고받는 것이 자연적으로 기대되며, 도울 수 있고 도와야 할 때 돕지 않는다든가 도움을 필요로 할 때 도움을 청하지 않는다면 오히려 기대 밖의 행위로 해석되기까지 한다(장윤식, 2001: 143; 유석춘·장미혜, 2003: 18). 새마을사업을 할 때 자기 부담금을 댈 수 없어서 부엌이나 지붕개량을 못하고 있는 주민들에게 서로 품을 해주거나, 마을 차원에서 기금으로 융자를 받을 수 있게 해준 사례가 그 예이다. 또한 정미소에서 일하던 마을 주민 유봉식 씨가 정미소 기계에 손이 밀려들어가 다친 적이 있었는데, 주민들이 마을회의를 통해 환자가 완쾌할 때까지 병원비를 대주고 입원해 있을 동안의 품값까지 계산해서 주기로 결정한 사례도 들 수 있다. 마을 주민들은 유봉식 씨 사례를 말하며 대포2리는 주민이 어려움을 당했을 때 공동체가 힘을 합쳐 그렇게까지 도와주었다고 강조했다. 주민들은 유봉식 씨 사례를 통해 주민들 간의 유대의식을 크게 느끼게 되었다고 했다.

모내기를 할 때 주민 모두가 참여해야 하지만 가난한 사람들이 빠지는 것을 이해해주었듯이, 새마을사업 당시 부역에 무조건 참여하되 나올 수 없는 사람들에게는 벌금을 거두지 않고 이해해주었다. 주민들은 본인의 직접적인 이해관계만을 따지며 일을 하지는 않았다.

결국 대포2리에서는 신뢰가 일반화된 호혜성(긍정적 호혜성)을 야기하여 주민 전체가 도덕적 의무를 실천하지 않을 수 없었다. 개인의 이기심을 억제하고 집단 전체의 목표 혹은 이익을 위해 행동한 것이다. 예를 들어 한 주민은 쌀을 한 숟가락씩 모아 가구별 통장을 만드는 일이 귀찮았다고 한다. 그러나 개인의 이해관계에 따른 행동을 자제하고 집단의 이해를 위해 참여하자, 결국은 절미운동을 통해 마을 전체에는 고리채나 장리쌀이 없어지게 되었고, 본인도 통장이 생겨 이자로 기금을 이용할 수 있게 되었다. 또한 부역이나 회의를 통해 대포2리가 우수마을로 선정되어 마을이 더욱 개발되니 대포2리 주민이라는 자부심을 느낄 수 있었다고 한다. 규범을 공유하는 공동체는 개인에게 희생을 요구하는 듯 하지만 장기적으로는 오히려 개인에게 이익을 가져다주었음을 알 수 있다.

2) 사리현2동의 새마을운동

(1) 사회집단 참여

사리현2동에는 대동회, 이장, 새마을지도자, 반장을 포함한 개발위원회, 부녀회, 반반이, 청년회, 각종 계 등의 사회집단이 있다. 앞서 논의한 사회집단의 특성으로 구분해보면 〈표 4.4〉와 같다.

먼저 대동회를 보면, 사리현2동 대동회에서도 이장과 반장을 선출하고 1년간의 회계를 감사하며 다음 해의 계획을 논의했다. 또한 마을 전 가구는 의무적으로 대동회 조직의 일원으로 가입되며 동시에 마을회의에서 처리된 사안을 따를 의무가 있다.

이러한 과정은 사리현2동 새마을운동 과정에서도 적용되었다. 기존 마을회의에서 이루어졌던 이장·반장 선출, 마을관련 업무는 물론, 새마을사업과 관련한 사업 및 방법 등이 논의되었다. 사리현2동은 1962년 5·16 재건사업 시범마을로 선정됨에 따라 1970년대 이전에 이미 마을안길이나 지붕 등의 개선이 이루어진 상태였다.

여기에서 5·16 혁명이 나고 박정희 대통령이 혁명촌이라고 정해줬어.

〈표 4.4〉 사리현2동 사회집단 분류

자발적	각종 계	
비자발적		부녀회, 개발위원회, 대동계, 문중, 반반이
수평적	부녀회, 개발위원회, 반반이, 각종 계	
수직적		대동계, 문중
공식적 · 이차적	부녀회, 개발위원회, 반반이, 각종 계	
비공식적 · 일차적		대동계, 문중

혁명촌으로 정해진 이유는 그때 동네 주민들이 협심을 해서 퇴비증산을 했어. 퇴비증산을 쭉 해서 고양군에서 1등을 했네. 경기도에서 2등을 했어. 퇴비증산으로. 그때 농사지으려면 퇴비 없었으면 힘들었으니까. 1등을 하니까 여기를 혁명촌으로 정한거야(이○순).

그러나 시범마을 사업을 하면서 받았던 융자의 상환 기간이 대부분 1970년대까지여서 정작 새마을사업을 하는 1970년대에는 이자 및 원금을 갚느라 매우 고생했다고 한다. 따라서 새마을사업을 목적으로 마을회의를 개최하거나 사업을 설명하려 해도 주민들은 새마을사업이 해를 가져다줄 것으로 여기고 참여하려 하지 않았다. 또한 새마을사업을 시행하면 마을주민들이 대부분 공동부역에 나오긴 했지만 안 나오는 사람들에 대해서 크게 뭐라 하지 못했다. 나중에는 부역에 안 나오는 사람들에게 하루 품값의 벌금을 받기로 했지만 나오지 않는 사람들은 벌금도 내지 않고 나오지도 않았다고 한다. 부역에 나온 사람들도 이웃들이 친척이라서 그들의 눈에 안 좋게 보일까 봐 억지로 나갔던 것이고, 남의 눈을 신경 쓰지 않는 사람들은 나오지 않았다고 한다.

사리현2동 대동회에는 마을의 공동기금이 있었다. 1962년에 재건사업을 하면서 정부로부터 받았던 보조금에 마을 사람들끼리 십시일반 조금씩 돈을 보태 새마을금고를 운영했다. 새마을 기금이라고 부를 만큼 많지는 않았지만 그래도 당장 돈이 필요한 사람에게 빌려주고 갚게 했는데, 갚지 않는 사람들이 생겨서 몇 년 안 가 흐지부지 없어졌다고 한다.

사리현2동은 모두 친척으로 연결된 동족마을이다. 따라서 친척이라는 이유로 돈을 갚지 않는 사람이 있어도 이들을 신고하지 못했다고 한다.

나중에는 돈을 투자한 사람이 참다 못 해 폭발하여 빌려간 사람을 받아버리는 사건이 발생하기까지 했다. 친척들끼리 싸우는 것은 좋지 않은 것 같다고 해서 얼마 안 가 공동기금은 없어졌다고 한다.

두 번째는 개발위원회이다. 개발위원은 선출된 위원 5~6명과 당연직 위원인 이장, 지도자 등 총 8~9명으로 구성되었다. 개발위원장은 이장이 겸직하지 않고 위원들 중에서 선출했다. 주민들은 새마을운동 당시 개발위원들의 역할이 그리 크지 않았다고 말했다. 이장, 지도자, 개발위원 모두 어떤 의식을 가지고 임명이 된 것이 아니고 주민들이 "그냥 너 해라"는 식으로 지정하면 어쩔 수 없이 했다는 것이다. 또한 지도자나 개발위원들 모두 동네 어르신들이 도맡아서 했으므로 마을 개발보다는 자기 일에 관심이 컸고, 지도자가 아닌 주민들은 마을개발을 위해 머리를 짜내거나 아이디어를 낼 수 있는 분위기도 아니었다고 한다. 더욱이 동네 어르신들끼리도 알력다툼이 있어서 청년들이 항상 눈치 보고 살았다고 한다. 이러한 분위기 탓에 사실상 동네에 청년들이 많았음에도 청년들이 나서서 본인이 지도자 혹은 이장을 하고 싶다고 말할 수 없었다.

세 번째는 부녀회이다. 사리현2동의 부녀회는 새마을운동을 시작으로 조직화되었다. 부녀회에서는 월례회의, 절미운동, 구판장 사업 등을 했다. 월례회의는 거의 시행되지 않았고, 절미운동 또한 3~4년 하다가 없어졌다고 한다. 반면 구판장 운영은 꽤 오랫동안 지속되었다고 한다. 부녀회장 집에 물건을 가져다 놓고 팔고, 다음에는 다음 부녀회장 집에서 파는 형식이다. 그러나 팔고 남은 물건을 처리해서 다음 사람으로 넘겨주는 과정이 복잡하고 힘들어서 나중에는 주민 한 사람이 맡아서 가게를 운영했다고 한다. 주민들은 구판장 운영이 마을에 큰 도움이 되었다고 기억했다.

네 번째는 문중이다. 사리현2동은 정종의 여섯 째 아들 진남군의 자손들이 주민들 대다수를 차지하고 있고, 인성군파도 조금 거주하는 대표적인 전주 이씨 동족마을이다. 태어나는 순간 종친회에 가입되며 항렬에 따라 상하관계를 엄격하게 따져서 어린 사람이라 하더라도 항렬이 높으면 나이 많은 사람이 오히려 존칭을 써야 한다. 문중 또한 종중 재산을 잘 관리하고 성품이 좋아 주민들이 그들을 우대하고 존경했다. 사리현2동의 이러한 특성은 지위가 귀속적이고 대인관계가 성층화되어 있으며 인간관계가 친족체면에 의해 공식성을 띠는 등 유교적 가치관이 지배적이라는 이광규(1990)의 주장을 반영한다.

> 나이는 많지만 항렬이 낮고, 나이는 적지만 항렬이 높으면 상하관계가 존재해. 항렬을 존중하니까. 지금도 한 방에 놀러오면 50대 뻘이 할아버지뻘이 있고, 70대 뻘이 손주나 조카뻘이 되면 서로 존칭을 부르지. 아저씨면 아저씨 할아버지면 할아버지라고. 나이는 적어도 반말은 못하고 아무개 아버지라고 칭해주지(이명순).

문중에 참여하는 구성원들에게 혈연적 동질성 및 정체성을 갖게 해주는 시제는 사리현2동에서 매우 중요한 행사로 여겨졌다. 10월 초에 용인에서 성석동까지, 15대조부터 4~5대조까지 대파시조, 소파시조를 포함하여 며칠 동안 제를 지낸다. 특히 진남군파 대종회장 및 총무를 사리현2동 사람이 맡았는데 진남군파와 관련한 모든 행사에는 사리현2동 사람이 우두머리를 했다고 한다.

항렬에 따른 위계적 서열을 중시하는 상황에서 새마을운동 사업을 성공적으로 추진하기에는 어려움이 컸다. 한 주민은 1960년도 초 시범마을 사업을 했을 때에 20대 청년들이 청년회를 조직해서 일을 추진하려 하자 어르신들이 "젊은이들이 뭐하는 거냐. 난리 치지 말고 어르신들의 말만 들어라"라고 했다고 증언했다. 앞에서도 언급했듯이 사리현2동은 어르신들의 영향력이 매우 컸고 어르신들의 말씀을 거역하는 것은 권위에 도전하는 것으로 여겨졌기 때문에 어르신들이 반대하는 사업은 추진할 수 없었던 것으로 보인다.

다섯 번째는 반이다. 사리현2동은 전체 3개의 반으로, 한 반은 10~15가구로 구성되었다. 사리현2동은 가구 수가 워낙 적어서 반상회 외에는 반별 활동이 거의 이루어지지 않았다. 반상회 또한 새마을운동을 하면서 국가에서 하라고 해서 한 것이었으므로 몇 년 못 가서 없어졌다고 한다. 워낙 가구 수가 적어서 반끼리 하는 놀이도 없었고, 모내기 또한 반반이 할 필요가 없었다. 농사가 많은 집일 경우에만 마을 전체 30~40농가가 다 함께 모내기를 했고, 그 외 대부분의 농사는 이웃과 품앗이 조로 했다.

여섯 번째는 각종 계이다. 사리현2동 주민들은 돈계(식리계), 위친계, 혼계를 주로 운영했다. 돈계는 단순히 목돈마련을 위해 돈을 부은 것이고, 위친계는 부모상(喪)을 위해 한 것으로 일 년에 한 번, 쌀 한 가마씩 내서 순번을 정해서 흔들어서 탔으며 한 번에 20가마 정도를 받았다고 한다. 계를 탄 날에는 무조건 술과 음식을 먹었으며, 상이 나면 일 년에 두 번씩이라도 탈 수 있었다고 한다. 혼계는 자식의 혼사를 위해 드는 계로 한 번에 쌀을 한 말씩 부어서 혼사가 있을 때 5가마를 받을 수 있었다고 한다. 새마을사업 당시 정부는 주민들 간의 고리채를 없애는 방안으로 계에 투자할 자금을 농협에 직접 저축하거나 마을 기금을 마련해 자금을 융통하도록 유도했다. 그러나 사리현2동 주민들은 마을기금이 협소하여 기금을 마련해 자금을 융통하는 것이 어려웠고 농협은 1980년대 이후에 이용했기 때문에 오히려 주민들 간의 소규모 계 활동이 더 유용했을 것이다.

사리현2동은 마을 자체가 이씨 문중에 속해 있어서 주민들 간에 수직적인 상하관계가 형성되어 있었다. 새마을사업을 가장 적극적으로 추진할 수 있는 개발위원들조차도 마을에서 임명했기 때문에 개발위원들에게도 마을 개발을 위한 사명감이 없었다. 이러한 분위기에서는 어떠한 집단도 마을 개발을 위해 자발적으로 활동하기 어려웠다. 설령 조직된다 하더라도 어르신들의 눈치를 보며 어르신들의 뜻대로 수행되었다.

(2) 제도적 사회자본

환경개선사업을 실시할 때 사리현2동 지도자들은 새마을사업을 시행하기에 앞서 주민회의를 통해 사업의 목적과 시행방법, 그리고 주민부담 등을 말해주었고 의견을 조정하여 거수로 사업 여부를 결정했다. 전 가구는 대동회의 소속이므로 마을회의에서 처리된 사안에 따를 의무가 있었다.

먼저 담장, 지붕, 화장실, 부엌 등의 개량은 각 가구별로 시행해야 하는 사업이다. 사리현2동은 1962년에 시범마을로 선정되었으며 이미 1960년대 초에 담장, 지붕, 화장실 등의 개량이 이루어져 있었다. 1960년대 초에 당시 지붕이나 담벼락을 고치기 위해 블록·기와공장까지 마을에 설립했고, 이러한 노력을 높이 사서 박정희 대통령도 직접 동네와 찾아와 주민들과 함께 막걸리를 마시며 노력을 치하해주었을 만큼 사리현2동은 국가재건사업에 열심이었다. 그러나 1960년대 후반에 가면서 1960년도 초에 담장이나 화장실을 수리하면서 받았던 융자금을 갚느라 점점 생활이 힘들어지고, 더불어 별 다른 기술 없이 주민들이 주먹구구식으로 공사를 했던 담장이나 화장실이 무너지면서 개보수에 돈이 만만치 않게 들었다고 한다. 따라서 아무리 마을회의에서 새마을사업을 하기로 결정했다 하더라도 주민들에게 무조건 참여하라고 말을 하기가 쉽지 않았고 주민들 또한 잘 하려고 하지 않았다고 한다.

1970년대에 실시된 새마을사업으로는 지붕을 슬레이트로 바꾸는 지붕개선사업과 마을 앞 곡릉천 제방사업이 대표적이다. 슬레이트 교체는 면에서 새마을사업으로 하라고 해서 시행했지만, 곡릉천 제방사업은 새마을사업의 일환이기보다는 비만 오면 동네까지 물이 차고 들어오는 바람에 마을 자체로 공사를 한 것이라 한다.

농로, 진입로를 개설하거나 회관과 같은 공동이용시설을 건설할 때 토지의 희사가 요구된다. 사리현2동에서 땅 희사는 어렵지 않게 이루어졌다. 당시 땅값이 그리 비싸지 않아 군수가 와서 가래로 금을 그어서 여기서부터 여기까지 길을 만들어야 한다고 하면 크게 불만을 내지도 않고 땅을 희사했다고 한다. 회관 옆 큰길만 땅을 받는 데 약간의 어려움이 있었지만 그 땅 주인도 땅을 내놓지 않은 것은 아니고 단지 불만만 표시했었다고 한다. 따라서 사리현2동은 다른 마을처럼 지도자들이 반대하는 주민에게 가서 무릎 꿇고 애원하거나 혹은 마을 전체로 따돌림을 시킨다거나 하는 일 없이 무난히 땅 희사가 이루어졌다.

회관과 같은 공동이용시설을 짓거나 진입로를 확장하거나 하천제방사업을 할 때 주민들의 직접적인 노동력이 요구된다. 사리현2동에서는 마을안길 개보수와 하천제방사업을 할 때 특히 주민의 노동력이 필요했다. 주민들 기억에 재건사업을 했을 때는 빠지는 사람 없이 모두 나와 참여했지만, 새마을사업을 할 때에는 안 나오는 주민들이 적지 않았다고 한다. 나오지 않는 사람들이 생기자 벌금제도를 시행하려 했으나 실질적으로 막상 안 나오는 사람들이 벌금을 내지 않았기 때문에 받을 수도 없었다. 동족마을이어서 안 나올 수 없는 분위기였음에도 나오지 않는 사람들이 있었고 빠지면 그냥 봐주고 넘어갔다고 한다. 특히 어르신들이 나오지 않을 경우에는 아무도 말을 할 수 없었다고 한다.

사리현2동에서는 새마을사업이 활발히 진행되지 못했다. 1960년대에 이미 기본적인 외관사업들이 실시되었기 때문이기도 하지만, 재건사업의 기억이 좋지 않게 남아서 주민들이 새마을사업에 적극적으로 참여하려 하지 않았던 것이다. 이에 지도자들도 주민들에게 새마을사업에 나오라고 강요할 수 없었다.

사리현2동 주민들은 1960년대에 사리현2동이 다른 마을보다 앞서서 매우 기뻤지만 1970년대에는 그렇지 않아서 기가 죽었다는 말을 많이 했다. 본인들은 빚을 갚느라 고생만 하고 있는데 다른 마을은 잘사는 게 신기했다고 한다. 우리도 그 마을도 농사짓는 것은 똑같은데 형편에서는 차이가 많이 났다는 것이다.

여기에서 새마을사업의 전략을 찾을 수 있다. 새마을사업은 먼저 마을 환경을 개선시키고 마을의 생산기반을 도모한 후 마을의 소득을 높여 개발을 이루는 단계를 거친다. 이러한 단계에서 본다면 1960년대에 이미 마을환경이 좋아졌기 때문에 1970년대에는 소득을 올릴 수 있는 생산기반 사업이 시행되었어야 했다. 그리고 이것을 추동할 지도자 혹은 변화에 민감한 젊은이들이 필요했다. 그러나 사리현2동은 이씨 동족마을로 지도자들은 50대 이상의 어르신들이고, 마을 어르신들 간에 파가 갈려 있어 사이가 좋지 않았기 때문에 젊은이들은 항시 어르신들의 눈치만 보고 살았다. 이러한 분위기에서 누군가 앞장서서 소득을 올리기 위한 생산기반 사업을 가져오거나 시행하기는 어려웠을 것이다. 한 주민은 그때는 몰랐는데 지금 생각해보니 잘사는 마을은 지도자가 특용작물기술을 배워 와서 주민들에게 알려주기도 했다며 아쉬워했다.

제도적 사회자본은 이전 문제해결의 경험으로 이번 문제 해결을 좀 더 쉽게 한다(Krishna, 2000)는 특성이 있다. 이러한 과정을 통해 행위의 의미가 공유됨으로써 사회적 질서로까지 나아갈 수 있게 되는 것(Berger & Luckerman, 1966)이다. 사리현2동에서는 이전 경험이 오히려 개발에 좋지 않은 영향을 미쳐 다음 문제해결이 더욱 어려워졌음을 알 수 있다. 주민들 간에 규칙과 절차가 공유되지 못해서 구조적 강제력은 쓸 수조차 없었다.

(3) 인지적 사회자본

사리현2동에서 마을일은 마을전체로 혹은 소규모 품앗이로 이루어졌다. 워낙 마을 규모가 작기도 하고 농사규모도 크지 않아 특히 모내기는 주변 이웃들과 소규모 품앗이로 행해졌다. 길흉사의 경우에도 길흉사 품앗이로 행사가 진행되었다. 위·아래 집이 친척인 이씨 동족마을이어서 서로들 형편을 다 알고, 누가 넉넉하고 누가 어려운지 잘 살펴 도와주고 한 것이다. 신뢰를 기반으로 서로의 이해관계를 고려하기보다는 타인을 먼저 생각하고 배려하는 일반화된 호혜성이 사리현2동에 작동하고 있었다.

이러한 배경에서 1962년에 국가재건사업이 시행되었고, 지붕 및 담장 개선, 부엌개선, 안길확장 등의 마을환경 개선 사업이 주민들의 자발적인 참여로 이루어졌다. 1970년대에 환경개선사업 명목으로 실시되었던 사업들이 사리현2동에서는 1962년대에 대부분 시행된 것이다. 재건사업 시행으로 사리현2동은 다른 마을보다 외관상 앞서게 되어 '혁명촌'이라고 불리기까지 했다.

그러나 막상 1970년대에 새마을사업이라고 시행된 것은 지붕개선 사업(슬레이트로 교체)과 곡릉천 제방사업이 전부였다. 그 외에는 1960년대에 시행했던 사업들의 개보수가 주를 이루었다고 한다.

주민들은 국가의 시책을 따랐다가 어려움을 당한 경험으로 공동사업을 오히려 고생이라 여기고 따르지 않게 되었다. 이에 따라 마을회의나 부역에 나오지 않는 사람들도 나타났고 마을기금을 빌려가서 갚지 않는 상황까지 발생해도 이를 제재할 수가 없었다. 1970년대 새마을사업이 시행되자 사리현2동은 오히려 다른 마을보다 못살게 되었고 이후 주민들은 어떤 사업이든 시작하려 하지 않은 것이다.

사리현2동의 이러한 상황은 이 마을이 이씨 동족마을이라는 점이 크게 영향을 미쳤다. 앞서 논의했던 대포2리도 사리현2동과 마찬가지로 동족마을이었다. 하지만 이 마을은 마을일을 친척 일처럼 하고 주민들이 서로 신뢰를 기반으로 상호작용을 했다고 했다. 반면 사리현2동은 같은 동족마을이어도 항렬을 엄격히 따지고 어르신들의 권위가 높았으며, 어르신들 간의 사이도 좋지 않아 마을의 젊은이들은 항상 어르신들의 눈치를 보며 살았다고 한다. 지도자들도 항상 어르신들이 했기 때문에 젊은이들은 더더욱 마을일에 목소리를 낼 수 없었다. 대포2리와 달리 사리현

2동에서는 친족 간 동질성이 오히려 사람들 간의 상호작용을 어렵게 한 것이다.

새마을사업 전 사리현2동에는 주민들 간에 신뢰, 호혜성, 유대의식이 있었다. 서로를 이해하고 협력하는 등 나의 이해관계에 따른 행동을 자제하고 공동의 이익을 위해 행동했던 것이다.

> 60년대 재건사업 할 때, 공동사업 할 때에는 참 내오는 사람도 있었어. 서로 아래위 같은 집안이고 하니까 누구네 넉넉하고 어려운 거 잘 아니까. 서로 잘 살폈지. 그런데 새마을 할 때는 협동이 잘 되었다고 볼 수 없어요. 왜 그런가는 잘 모르겠는데(이명순).

그러나 이전의 좋지 않은 경험과 어르신들의 알력다툼, 계속되는 가난은 주민들이 도덕적 의무감을 기반으로 상호작용을 행사하기 어렵게 만들었고, 호혜성이 작용하지 못하므로 신뢰 또한 감소시켰으며 결국에는 마을주민들 간에 유대의식도 약해졌다.

5. 맺음말

이 글은 '같은 시대에, 같은 유인이 작동했음에도 왜 어느 마을은 새마을운동이 활발히 일어났고, 어느 마을은 그렇지 않았는지'에 대한 의문에서 시작되었다. 이를 바탕으로 대포2리와 사리현2동의 사례를 선택해 분석한 결과는 다음과 같다.

첫째, 각 지역의 지리적·사회문화적·경제적 특성이 새마을운동 과정에 영향을 미쳤음을 알 수 있었다.

우선, 지리적 특성은 새마을운동 과정에 다음과 같은 영향을 미쳤다. 마을이 도시와 근접할수록 혹은 교통이 편리할수록 외부와의 접촉이 빈번하여 기술과 정보의 수용에 유리하고 생산물의 시장개척이 용이하다. 이는 새로운 영농의 기수로서 시장으로부터 정보를 빠르게 수용·도입할 수 있고 정부로부터 지원을 끌어들이는 데도 유용하다. 대포2리는 근교도시인 이천으로부터 멀지 않은 곳에 위치하고 교통 또한 불편하지 않아 도시로 나가기 수월했다. 따라서 외부로부터 정보를 빠르게 수용할 수 있었고 농산물 판로를 뚫는 데도 유리했다. 반면 사리현2동은 근교도시인 일산으로부터 멀지 않은 곳에 위치하시만 교통이 불편했다. 이에 사리현2동 주민들은 외부와 접촉을 거의 하지 않았고 따라서 외부로부터의 정보나 지원을 끌어들이는 데 무지했다.

또한 마을의 입지유형이나 토질에 따라 논농사 혹은 원예작물 재배, 축산업 등 주요 업종이 구분될 수 있다. 대포2리는 준 평야 마을로서 논농사를 포함하여 어떠한 작물을 재배해도 높은 수확을 얻을 수 있었다. 이에 대부분의 농지에 논농사를 지었고 자투리땅에는 고추농사를 지어 부수입을 얻었다. 반면 사리현2동은 모래가 물을 흡수하는 사질토의 토양으로 논농사가 적합하지 않다. 그런데도 사리현2동은 논농사를 유지하여 수입이 계속 낮았다.

다음으로, 사회문화적 특성은 새마을운동 과정에 다음과 같은 영향을 미쳤다. 마을의 인구구성이나 특성에 따라 새마을운동이 추진될 때 협력을 이루어 수행할 수 있는지 여부가 달라진다. 혈연적 결속력은 마을 전체에 이익이 될 사업에 즉각적이고 명확한 보상이 따르지 않더라도 사람들이 함께 일할 수 있게 만드는 효과가 있다. 따라서 새마을사업을 추진할 때에도 주민들을 뭉치게 하는 동력으로 작용한다. 이는 대포2리의 사례를 통해 알 수 있다. 홍씨 동족마을인 대포2리는 혈연적 결속력을 기반으로 마을일을 집안일이라 여겨 새마을사업 또한 일사천리로 추진했다. 반면 사리현2동도 이씨 동족마을로서 주민들 간의 동질성 및 결속력이 높았다. 그러나 이러한 결속력에 항렬에 따른 위계질서가 결합되면서 어른들 말에는 무조건 순종을 해야 하고 어른들이 반대하는 것은 어떤 일도 추진할 수 없었다. 어른들이 새마을운동에 회의적이자 다른 주민들도 이를 추진할 수 없었다.

마지막으로, 경제적 특성은 새마을운동 과정에 다음과 같은 영향을 미쳤다. 논농사를 주요 농업으로 하는 대포2리는 농한기에는 주민들이 할 일이 없다는 것을 인지하고 대안으로 비닐하우스에 고추를 재배해서 농외수입을 얻었다.

또한 교육수준이 높을수록, 전기·전화가 빨리 들어올수록 기술의 수용이나 변화에 능동적인 경향이 있음을 알 수 있었다. 대포2리는 교육수준이 다른 마을에 비해 높았고, 전기·전화도 비교적 일찍 마을에 들어왔다. 이는 주민들이 외부와의 소통이나 접촉이 빈번해지면서 새로운 사업을 통해 마을이 변화되는 것을 거부감 없이 받아들일 수 있게 만들었다. 특히 전기·전화는 새마을 우수부락으로 선정될 때 우선권이 주어지는 요소이므로 전기·전화가 들어오기 전부터도 이 마을이 새마을사업을 추진하기에 얼마나 적합했는지 알게 해준다. 반면 사리현2동은 교육수준도 낮고 전기·전화도 다른 마을에 비해 늦게 들어왔다. 이에 따라 외부와의 접

〈표 4.5〉 1970년대 사례지역의 새마을운동

구분	대포2리	사리현2동
① 사회집단 참여	• 대동회, 개발위원회, 부녀회, 농우회, 도서청년회의 역할이 두드러짐. • 집단의 성격이나 활동은 다르나 마을의 개발을 목표로 했음.	• 주민들 간의 상하관계가 엄격해 사회집단을 조직하기 어렵고 역할을 수행하기도 어려움. • 개발위원회조차도 역할을 하지 않음.
제도적 사회자본 ① 결정규칙 ② 이행 메커니즘	① 마을회의를 통한 사전동의(거수결정). ② 결정준수: 홍씨마을, 마을일을 집안 일처럼 생각해 마을에서 결정한 사항은 당연히 지키는 것으로 여김.	① 마을회의를 통한 사전동의. ② 결정 비준수: 과거의 좋지 않았던 개발 경험으로 마을일에 참여하지 않으려 함. 동족마을인데 어르신들이 수동적이니 주민들도 수동적.
인지적 사회자본 ① 집단결속장치 ② 유발요인	• 농사, 마을일 품앗이 ① 도덕적 의무감을 기반으로 신뢰, 일반화된 호혜성, 규범 작동. ② 홍씨마을, 주민들 간 비슷한 수준.	• 농사, 마을일 품앗이 ① 신뢰, 호혜성, 규범 약함. ② 이씨마을, 이전 재건사업 경험.

촉기회가 적어 새로운 문화를 받아들이고 수용하는 것에 소극적이었고 이는 새마을사업을 통해 마을이 변화되는 것에도 영향을 미쳤다.

둘째, 사회집단 참여 및 사회 내에 공유된 가치, 규범, 신뢰, 호혜성 등과 같은 사회자본이 새마을운동 과정에 영향을 미쳤음을 알 수 있었다.

먼저, 사회집단 참여가 활발할수록 개발 가능성이 높음을 알 수 있었다. 새마을운동 당시 사례지역 마을 모두에 대동회, 개발위원회, 부녀회, 반반이, 각종 계 등의 사회집단이 존재했다. 그러나 사리현2동은 사회집단들의 활동이 거의 없었던 반면, 대포2리는 사회집단 참여가 활발했다. 대포2리는 주민 대다수가 1개 이상의 집단에 가입되어 있었을 정도로 사회집단 참여에 적극적이었다. 마을 주민 전체가 대동회와 홍씨 문중, 여자들은 부녀회, 남자 청소년들은 4H, 남자 청년들은 도서청년회, 남자 장년들은 농우회에 소속이다. 이들 조직은 성격이나 활동은 달랐지만 마을의 개발을 목표로 조직되었다는 특징을 갖는다. 각 사회집단들은 새마을사업 시행 때 각자 조직의 특성에 맞게 역할을 다했다.

더불어 도서청년회와 농우회는 '이익이 자본의 소유자에게만 배타적으로 돌아가는 것이 아니라 공유된다'는 사회자본의 특성을 보여주었다. 주민들에게 싼 이자로 기금을 빌려줌으로써 이 관계에 포함되지 않은 구성원들에세도 이익이 돌아가게 했다. 또한 도서청년회는 아이들이 책을 빌려다 볼 수 있도록 책을 기부함으로써 책을 접한 아이들의 학습효과가 높아질 수 있게 했다. 독서를 통한 학습유도 효과는 사회자본과 관련한 세계은행의 연구처럼 사회자본이 직접적으로 개발을 야기한다기보다는 가난해질 가능성을 감소시키는 역할을 한다는 것을 보여준다.

다음으로, 규칙, 절차, 상벌, 규정 등과 같은 제도적 사회자본이 사회적 삶을 질서 있게 만들어준다는 것을 알 수 있었다. 대포2리에서는 새마을사업이 시행되기 앞서 주민들이 마을회관에 모여 의견을 조정하고 거수로 가부를 결정했다. 따라서 마을에서 어떤 규칙을 정하면 주민들 모두가 따르는 것이 당연하다고 생각했으며, 이렇게 마을에서 정한 규칙, 절차 등이 사회적 질서로 규정되어 새마을사업뿐 아니라 어떠한 사안도 주민들의 결정에 따라 큰 문제없이 이행되었다. 여기에는 대포2리가 홍씨 동족마을이라는 점이 영향을 끼쳤다. 대포2리는 동족마을로서 마을일을 집안일로 여겨 마을에서 결정한 사항은 당연히 지키는 것으로 생각하는 경향이 있었다. 더불어 어른들이 어떠한 사안을 찬성하면 다른 주민들도 거의 자동적으로 찬성하는 사회적 질서가 있었다. 마을회의에서 새마을사업을 실시하기로 결정했고 어르신들 또한 반대하지 않아 원만히 시행될 수 있었던 것이다. 주민들은 어느 정도의 강제와 제재, 불편이 가해짐에도 집단의 결정규칙을 수용했다. 이는 그들이 집단의 행위자로 남기를 원하고 집단과 정체성을 함께하기 원했기 때문이다. 또한 집단에 속해 있으면 그렇지 못한 사람보다 네트워크를 통한 수혜를 받을 가능성이 높기 때문에 주민들은 불편을 감수하면서도 집단의 결정규칙을 수용했다.

반면 사리현2동을 보면 주민들이 모여 새마을사업에 관한 의견을 조정하고 가부를 정해 사업을 추진하기는 했으나 잘 진행되지 못했으며 주민들도 비협조적이었다. 여기에는 1960년대 재건사업의 여파와 동족마을이라는 점이 영향을 끼쳤다. 1960년대에 공동사업을 했다가 어려움을 당했던 이전 경험으로 주민들은 새로운 사업이나 공동사업을 추진하고자 하는 열의가 없었고, 상하관계가 엄격한 동족마을의 특성상 어르신들이 새마을사업에 대해 수동적이자 다른 주민들도 마찬가지였다.

마지막으로, 신뢰, 호혜성, 규범과 같은 인지적 사회자본은 제도적 사회자본과 더불어 사회를 결속시키고 마을을 개발하는 데 도움이 되는 힘을 구성한다는 것을 알 수 있었다. 대포2리에서 모내기, 마을일, 길흉사 등의 일들이 이웃 간의 품앗이로 행해졌다. 이는 도덕적 의무감을 기반으로 주민들 간에 신뢰가 형성되어 있어서 가능했던 것으로 이러한 신뢰는 다시 서로 믿고 서로의 일들을 돌아보는 호혜성을 야기했다. 새마을사업 때에도 주민 모두가 사업을 시행할 때 자기부담이 어려운 가구를 서로 도와주는 등 개인의 편의를 추구하기보다는 전체를 위해 행동했다. 이러한 개인의 희생은 마을이 깨끗해지고 장리쌀과 고리채가 없어지게 만들었으며 결국 마을의 개발을 야기했다. 규범을 공유하는 공동체는 개인의 희생을 요구하는 듯하지만 장기적으로는 전체의 발전을 야기하고 개인에게 이익을 가져다준 것이다. 이러한 신뢰, 호혜성 등의 인지적 사회자본의 기저에는 동족마을이라는 점, 마을주민들 간에 빈부, 소득, 반상 등의 차이가 거의 없다는 점이 영향을 끼쳤다.

인지적 사회자본은 무조건 규율을 지켜야 하고 이행하지 않았을 때는 벌금이나 따돌림, 강제와 같은 제재를 받는 제도적 사회자본이 잘 마련된 곳일수록 형성될 가능성이 높다. 대포2리에서는 제도적 사회자본이 잘 구축되어 있었기 때문에 서로 간에 영향을 주어 마을개발이 좀 더 잘 이루어졌다.

반면 사리현2동은 1960년대까지는 다른 마을처럼 주민들 간에 신뢰, 호혜성, 유대의식이 있었다. 서로 이해하고 협력하며 각자의 이해관계에 따른 행동보다는 공동의 유익을 위해 행동했다. 그러나 이전 개발의 좋지 못한 경험과 어르신들의 알력다툼, 소극적 태도가 주민들이 더 이상 상호작용하기 어렵게 만들었고 호혜성이 작용하지 못하므로 신뢰 또한 감소되어 결국에는 유대의식마저도 약해졌다. 이는 사회자본은 형성하기 어렵지만 파괴하기는 쉬워 지속적으로 유지하는 노력이 필요하다는 특성을 보여주는 것이라 할 수 있다.

결국 마을 주민들 간에 내재되어 있던 신뢰, 가치, 규범, 호혜성 같은 사회자본이 주민들 간의 집합적 행동을 유도하여 새마을사업이 적극적으로 시행되는 것임을 알 수 있었다.

참고문헌

강용배. 2004. 「농촌마을공동체의 역량강화 사례연구」. ≪한국정책과학학회보≫, 8권, 4호.

고원. 2008. 「마을 운동의 농민동원과 '국민 만들기」. 공제욱 엮음. 『국가와 일상: 박정희 시대』. 한울아카데미.

김보경. 2005. 「문중공동체의 이념과 유교적 사회자본」. ≪동양사회사상≫, 제11집.

김선철. 1999. 「70년대 새마을운동과 국가-사회의 연계성(Embeddedness)」. 연세대학교 석사학위논문.

김수경·최은봉. 2005. 「휴전선 인접 마을의 새마을운동 사례를 통해 본 1970년대 한국 농촌사회 정치·경제적 변화: 강원도 철원군 사곡2리와 군탄1리를 중심으로」. ≪사회과학연구논총≫, 제14권.

김일철. 1980. 「70년대 새마을 운동의 발전과정과 농촌사회의 변화」. 『정신문화연구원 엮음. 해방후 도시성장과 지역사회의 변화』. 한국정신문화연구원.

김주숙. 1991. 「농촌결사체의 성격」. ≪한국의 사회와 문화≫, 제18집.

김주희. 1992. 『품앗이와 정의 인간관계』. 집문당.

김홍순. 2000. 「근대화 프로젝트로서의 새마을 운동에 대한 비판적 고찰: 1970년대를 중심으로」. ≪한국지역개발학술지≫, 통권 12권, 제2호.

내무부. 1980. 『영광의 발자취: 마을단위 새마을 운동 추진사 제1·2·3편』. 내무부 새마을 지도과.

_____. 1981. 『새마을 운동: 시작에서 오늘까지』. 내무부 새마을 기획과.

류석춘·왕혜숙. 2008. 「사회자본 개념으로 재구성한 한국의 경제발전」. 『한국의 사회자본: 역사와 현실』. 백산출판사.

박섭·이행. 1997. 「근현대 한국의 국가와 농민: 새마을 운동의 정치사회적 조건」. ≪한국정치학회보≫, 제31집, 3호.

박진도·한도현. 1999. 「새마을 운동과 유신체제: 박정희 정권의 농촌 새마을 운동을 중심으로」. ≪역사비평≫, 통권 47호.

박찬웅. 2006. 『시장과 사회적 자본』. 그린.

박희봉. 2009. 『사회자본』. 조명문화사.

소진광. 2007. 「아시아 개발도상국에서의 새마을 운동 시범사업 성과평가: 라오스와 캄보디아를 중심으로」. ≪한국지역개발학회지≫, 통권 19권, 제4호.

오재환. 2001. 「한국의 근대화 의례 연구」. 부산대학교 박사학위논문.

이만갑. 1984. 『공업발전과 한국농촌』. 서울대학교 출판부.

이현정. 2013. 「70년대 새마을운동에서 마을공동체의 역동성 비교연구」. 고려대학교 박사학위논문.
정기환. 2003.『농촌지역의 사회적 자본 존재 양태 분석』. 한국농촌경제연구원.
최재석. 1988.『한국농촌사회변동연구(韓國農村社會變動硏究)』. 일지사.
최종렬. 2004.「신뢰와 호혜성의 통합의 관점에서 바라본 사회자본: 사회자본 개념의 이념형적 구성」. ≪한국사회학≫, 제38집, 제6호.
하연섭. 2003.『제도분석: 이론과 쟁점』. 다산.
하재훈. 2010.「1970년대 새마을운동의 동학: 마을공동체적 전통의 활용을 중심으로」. ≪새마을운동과 지역사회개발 연구≫, 제6권.
황연수. 2006.「농촌 새마을 운동의 재소명」. ≪농업사연구≫, 제5권, 2호.

Adler, Paul. S. and Kwon, Seok Woo. 2000. "Social Capital: the Good. the Bad, and the Ugly." in Eric L. Lesser ed., *Knowledge and Social Capital: Foundation and Application*. Boston: Burtworth Heinemann.
Baron, James N. and Hannan, Michael T. 1994, "The Impact of Economics on Contemporary Sociology." *The Journal of Economic Literature*, Vol. 32, No. 3.
Berger, Perter L. and Luckman, Thomas. 1966. *The Social Construction of Reality: A Treatise in the Sociology of Knowledge*. New York: Anchor Books.
Berman, Sheri. 1997. "Civil Society and the Collapse of the Weimar Republic." *World Politics*, Vol. 49, No. 3.
Bourdieu, Pierre. 1986. "The Forms of Capital." in John G Richardson(ed.). *Handbook of Theory and Research for Sociology of Education*. New York: Greenwood.
Coleman, James. 1988. "Social Capital in the Creation of Human Capital." *American Journal of Sociology,* Vol. 94.
Eom, Seok-Jin. 2011. "Synergy between State and Rural Society for Development: An Analysis of the Governance System of the Rural Saemaul Undong in Korea." *Korea Observer*, Vol. 42, No. 4.
Gouldner, Alvin W. 1960. "The Norm of Reciprocity: A Preliminary Statement." *American Sociological Review*, Vol. 25
Homans, George C. 1950. *The Human Group*. New York: Harcourt, Brace and World.
Krishna, Anirudh. 2000. "Creating and Harnessing Social Capital." *Social Capital: A Multifaceted Perspective*. The World Bank.
Krishna, Anirudh and Uphoff, Norman. 2002. "Mapping and Measuring Social Capital through Assessment of Collective Action to Conserve and Develop Watersheds in Rajasthan, India". Grootaert, Christiaan and Van Bastelaer, Thierry.

The Role of Social Capital in Development: an Empirical Assessment. New York: Cambridge University Press.

Lazarsfeld, Paul F. and Merton, Robert K. 1954. "Friendship as Social Process: A Substantive and Methodological Analysis." in P. L. Kendall(ed.). *The Varied Sociology of Paul F. Lazarsfeld*. New York: Columbia University Press.

Lin, Nan. 2001. *Social Capital: a Theory of Social Structure and Action*. Cambridge University Press(『사회자본』. 2008. 김동윤·오소현 옮김. 커뮤니케이션북스).

Newton, Kenneth. 1999. "Social and Political Trust in Established Democracies." Pippa Norris ed. *Critical Citizens: Global Support for Democratic Government*. Oxford: New York: Oxford University Press.

Portes, Alejandro and Landolt, Patricia. 1996. "The Downside of Social Capital." *The American Perspective*, Vol. 26.

Putnam, Robert D. 1993. "The Prosperous Community: Social Capital and Public Life." *The American Prospect*, Vol. 13.

Scott, James. 1976. *The Miracle Economy of the Peasant*. New Haven: Yale University Press.

Tocqueville, Alexis de. 1984. *Democracy in America*. New York: New American Library.

Uphoff, Norman. 2000. "Understanding Social Capital: Learning from the Analysis and Experience of Participation." *Social Capital: A Multifaceted Perspective*. The World Bank.

Woolcock, Michael. 1998. "Social Capital and Economic Development: Toward a Theoretical Synthesis and Policy Framework." *Theory and Society*, Vol. 27.

Zucker, Lynne G. 1986. "Production of Trust: Institutional Sources of Economic Structure, 1840~1920." *Research in Organizational Behavior*, Vol. 8.

제5장
새마을지도자 '만들기'와 '되기' 사이에서*
구술을 통해 본 1970년대 새마을운동

윤충로 | 한국학중앙연구원 현대한국구술 자료관 전임연구원

1. 머리말

박정희 통치 시기의 절반 정도를 차지하는 새마을운동은 1970년 4월 22일 한해(旱害)대책 지방관회의에서 박정희 대통령이 처음 제의했고, 이후 김현옥 내무부 장관은 10년 — 1기·2기 각 4년, 3기 2년 — 사업 계획을 통해 1980년도 사업이 일단락되는 시점에서는 도시와 농촌 생활환경의 격차가 없도록 하겠다는 '야심찬 계획'을 밝혔다(≪조선일보≫, 1972. 3.24). 박정희 대통령은 새마을운동의 첫 번째 실천과제로 "근대화의 성취"를, 첫 번째 지도이념으로 "조국근대화의 의지"를 제시했다(김대영, 2004: 189). 새마을운동은 가히 총력전의 형태를 띠고 전개되었다고 할 수 있

* 이 글은 2011년에 발표된 ≪사회와 역사≫ 90호에 실린 「구술을 통해 본 1970년대 새마을운동: 새마을 지도자 만들기와 되기 사이에서」를 수정·보완한 것이다.

는데 새마을운동 초기인 1973년 운동의 기본 방향으로 제시된 '모든 국토의 작업장화', '모든 일손의 생산화', '모든 농민의 기술화'(내무부, 1980a: 540)는 이러한 특성을 단적으로 드러낸다. 농촌뿐만 아니라, 도시, 직장으로까지 새마을운동이 확대되었고, 초등학생도 노력 동원에 참여해야 했다.[1)]

하지만 사회 전체를 대상으로 한 새마을운동은 농촌을 제외하고 뚜렷한 성과를 보지 못했고(박진도·한도현, 1999: 38), 박정희 대통령의 서거 이후 급격히 쇠퇴하여 사람들의 일상, 생활세계로부터 빠르게 퇴장했다. 새마을운동은 1970년대 관 주도에서 1980년대 민간 주도로 변화하면서 현재까지 지속되고 있지만, 현재 한국사회에서 과거 새마을운동의 열기는 찾아보기 어렵다. 그렇다 하더라도 새마을운동이 한국사회에 끼친 영향은 결코 적지 않다. 2008년 한 국민여론조사에 따르면 정부수립 이후 한국 역사에 가장 큰 영향을 준 사건의 1위는 한국전쟁(31.7%)이었고, 2위는 5·18민주항쟁(14.8%), 그 뒤를 이었던 것이 새마을운동(14.7%)이었다(≪서울신문≫, 2008.7.17). 이러한 결과는 새마을운동이 현대 한국의 사회변동, 생활세계의 변화를 가져온 핵심적인 사건의 하나였음을 보여준다. 여기에서 사람들의 기억을 강하게 지배하고 있는 것은 1970년대 새마을운동이다. 새마을운동은 시대사적으로 1970년대를 대변하는 키워드의 하나이며, 당시를 살았던 많은 사람들의 사회적 기억을 구성하는

---

1 당시 문교부는 '학생 근로의 날'을 정하고 국민학생은 월 1회, 중고등학생은 월 2회 근로 봉사활동을 수행하게 했는데 그 내용은 학교 주변과 마을 청소, 농번기 일손 돕기, 새마을사업장에서 모래·자갈운반, 학교 앞 꽃길 만들기, 퇴비증산 등이었다(≪조선일보≫, 1972.3.8).

중요한 구성 요소일 뿐만 아니라, 한국 현대사에 지울 수 없는 흔적을 남긴 역사적 경험이었다고 할 수 있다. 따라서 새마을운동에 대한 연구는 박정희 체제뿐만 아니라, 그 시대를 살았던 대중의 삶을 이해하는 데 중요한 단초가 될 수 있다.

1970년대 새마을운동 연구에서 이 글이 주목하는 것은 새마을지도자다. 관과 마을을 연결하는 '유기적 통로'(김대영, 2004: 193), 혹은 국가와 농민의 수직적 관계를 이어주고 지탱해주는 말단 '끄나풀'(오유석, 2003: 412~413)로도 이야기되는 새마을지도자는 관과 농촌마을의 '경계인물'로 새마을운동의 다층적인 구조를 드러내는 데 적합한 인물이라 할 수 있다.[2] 이 글은 1970년대 주도적으로 활동했던 새마을지도자의 구술 자료를 중심으로 그들의 운동 경험과 기억을 새마을운동의 '주체 형성'이라는 측면에서 살펴보고자 한다. 그들은 어떻게 새마을지도자로 '형성'되었고, 당시 자신의 삶과 활동을 어떻게 기억할까? 이러한 질문은 새마을지도자 개인에게 운동이 지닌 의미, 그들이 마을공동체, 지역, 중앙과 연결되면서 만들어갔던 운동의 궤적, 더 나아가 그들의 과거 경험이 현재 기억의 지평에서 어떻게 끊임없이 반추되고 재구성되는지를 이해할 수 있는 기회를 제공할 것이다.

2 이러한 경계적 인물에 대한 미시사적 접근을 통해 역사의 다층적이고 입체적 특성을 포착하려는 시도로는 진즈부르그(2001) 참조.

2. 연구방향과 사례의 특성

새마을운동은 그 시대사적·사건사적 중요성을 반영하듯 다양한 방향에서 연구되었다. 농민의 수동성을 부각시키거나(내무부, 1980b), 이와는 다른 입장에서 합리적 판단에 의한 운동 참여라는 시각도 있었다(브란트, 1981). 지역사회운동으로서의 성격을 강조하는 입장(김대환·김유혁, 1981), 새마을운동이 유신체제 안정을 위한 정치적 수단이었다는 정치 도구론적 입장(오유석, 2003; 전재호, 2003), 국가의 강압적 통제·동원을 강조하거나(박진도·한도현, 1999; 아쿠아, 1981), 역사적 블록(김대영, 2004), 혹은 헤게모니적 권력전략 개념(고원, 2006)을 통해 국가의 강제뿐만 아니라 농민의 동의 형성 부분을 함께 포괄하려는 입장도 있다. 여기에서 더 나아가 대중독재론의 시각에서 당시 국가와 대중 간의 관계를 설명하려는 입장(황병주, 2006), '성공적인 농촌근대화 전략'으로서의 새마을운동 신화에 대한 비판적 접근(유병용·최봉대·오유석, 2001) 등 새마을운동에 대한 다양한 접근과 해석이 시도되었다. 또한 최근에는 운동 주체에 관심을 둔 연구가 많은데, 장미경(2008)은 새마을 부녀지도자의 정체성을 다루었고, 김영미(2009)는 마을과 농촌운동가에 대한 미시사적 접근을 통해 국가 주도 새마을 운동의 신화를 해체하려 했으며, 한도현(2010)은 새마을지도자의 리더십 형성과 운동 경험을 주제로 삼았다. 새마을운동을 둘러싸고 진행된 거시적인 정치적·사회적·경제적 문제와 더불어 미시적인 공간과 주체의 문제까지를 포괄하고 있는 기존 논의들은 이후 연구를 위한 기초 자료로서의 가치가 있을 뿐만 아니라 역사적 상상력을 자극한다는 점에서 중요하다.

다양한 기존연구에도 구술 자료를 중심으로 1970년대 새마을운동 경험을 다룬 연구는 그리 많지 않다. 이러한 상황에서 나온 김영미(2009), 한도현(2010)의 연구는 새마을지도자의 생생한 목소리를 통해 새마을운동에 대한 좀 더 미시적이고 구체적인 연구 가능성을 보여주고 있다는 점에서 큰 의미가 있다. 하지만 김영미의 연구는 아래로부터의 주체적 운동 동력 형성에 주목하여 1970년대에 새롭게 부상했던 새마을지도자의 특성을 포착하는 데 소홀했다. 또한 한도현의 연구는 정부의 강한 지원 속에서 새마을지도자가 발굴·성장되었다는 점을 강조하고, 주로 리더십 문제에 초점을 둠으로써 정부와 마을의 관계망 속에서 새마을지도자가 형성되어가는 동적 과정을 제대로 포착하지 못하고 있다. 이러한 점에 유의하면서 이 글은 특히 다음과 같은 세 방향의 연구에 초점을 두어 1970년대 새마을운동에 대한 더 풍부한 이해를 제공하고자 한다.

첫째, 이 글은 기본적으로 구술 자료를 활용하여 1970년대 새마을운동에 접근함으로써 기존 연구의 외연을 넓히고, 기존 연구를 심화·확장하고자 한다. 구술사가 "현재의 자신을 구성하는 자기 가족, 마을, 일터 등의 역사를 구술을 통해 서술함으로써 대중이 역사 서술의 주체가 되는 '대중의 역사화'의 한 방법"(이용기, 2002: 381)이라 할 때 새마을지도자에 대한 구술사적 접근은 1970년대 "국민으로 호명되기 시작"(황병주, 2006: 491)했다고도 논의되는 농민 입장의 단면을 그들의 이야기를 통해 드러낼 수 있는 기회가 될 것이다.

둘째, 이 글은 새마을지도자의 '형성' 과정에 초점을 둔다. E. P. 톰슨(E. P. Thompson)이 "노동계급은 정해진 어느 시간에 태양이 떠오르듯, 정해진 어떤 시간에 떠오른 것이 아니다. 그것은 노동계급 자신이 만들어내는 과정 속에서 나타난 것이다"(톰슨, 2000: 6)라고 한 것처럼 새마을지도자도 '외적 여건'뿐만 아니라 '주체의 활동' 과정을 통해 형성되었다는 점을 강조하고자 한다. 이를 위해 이 글은 구술을 통해 드러나는 국가의 새마을지도자 만들기와 이에 대한 새마을지도자들의 대응, 지도자로서의 일상과 활동 등의 요인을 복합적으로 고려하여 새마을지도자의 '형성'에 접근한다.

셋째, 앞에서 언급한 바와 같이 새마을운동에 대한 기존 연구는 운동에서의 농민의 수동성과 수용, 혹은 자발성 등 일면을 부각시키는 측면이 강했다. 이러한 접근은 이 사이를 '왔다', '갔다' 하며 '꾸불꾸불 가기(practices of meandering)'(뤼트케, 2007: 34~35)를 했던 행위자의 동적 과정을 입체적으로 드러내는 데 한계가 있다. 이 글은 이 지점에 주목하면서 새마을운동을 둘러싼 정치적·사회적인 국가 기획이 대중 속으로 침투하는 과정, 그리고 이것이 수용·굴절되고, 혹은 아래로부터 활용되는 복합적 측면을 새마을지도자의 활동 경험을 통해 드러낸다.

이 글은 2008~2009년 사이에 이루어진 새마을지도자 구술 면담을 기본 자료로 활용한 것이다. 1970년대에 활동했던 새마을지도자 10명, 부녀회장 3명, 새마을연수원 교수요원 2명, 공무원 1명 등에 대해 80여 시간 이상의 구술 면담을 진행했다. 전체 면담은 구술증언보다는 기본적으로 구술생애사의 형태로 진행되었는데, 이는 새마을운동 이전, 새마을운동 시기, 새마을운동 이후의 변화를 포괄적으로 이해하기 위함이었다. 이 글에서는 이들 가운데 5명의 수훈(受勳)자를 중심으로 1970년대 새마을운동 경험을 분석했다. 수훈자를 중심으로 한 것은 이들이 당시 국가-마을-개인의 복합적인 관계를 드러낼 전형(典型)으로 적합할 것이라는

〈표 5.1〉 구술자 인적 사항

구술자	출생 연도	학력	성장기 경제 상황	1970년대 이전 지역사회 활동	새마을지도자 활동 시기	수훈 내역	비고
전인호	1929	초졸	하	마을 이장 (1953~1968)	1970~2002	협동장 (1980)	-
홍진수	1929	초졸	상	마을 이장 (1961~1970)	1971~1983	국민훈장 근정포장 (1971)	새마을운동 이전 마을 개발
김상철	1935	고졸	하	이동협동조합 (1961~1968)	1973~1979	협동장 (1981)	새마을운동 이전 마을 개발
최진묵	1939	중졸	하	-	1970~1996	협동장 (1981)	-
이진수	1949	대졸	중	-	1974~1985	협동장 (1979)	-

자료: 구술자의 성명은 모두 가명이며, 이후 언급될 지역도 구체적인 지명은 표기하지 않는다.

판단에서였다. 5명 가운데 2명은 새마을운동 시작 이전 이미 마을 지도자로서 마을환경 개선과 소득증대의 토대를 닦았고, 1970년 새마을운동의 시작과 더불어 운동의 시범사례로 호명된 사례이며, 3명은 새마을운동 과정을 통해 마을 변화에 앞장서게 된 사례이다. 구술자의 간략한 인적사항은 〈표 5.1〉과 같다.

구술 자료의 해석에서 이 글은 1차적으로는 각 사례의 생애사적 특성에 대한 이해에서 출발했다. 하지만 전체적인 자료 해석과정은 각 개인 생애사의 '서사적 접근'보다는 구술 자료의 '재구성적 교차분석'을 통해 각 사례의 경험이 보여주는 역사적 맥락에 더 주의를 기울인다(윤택림·함한희, 2006: 114~121; Thompson, 2000: 270~271, 286). 이는 외적 환경과 대응하는 주체 활동, 이 양자 사이의 동적인 상호작용의 맥락을 통해 새마을운동의 주체 형성과정을 이해하기 위함이다.

3. 역사적 시간과 일상의 시간: 1970년대 이전 삶의 경로

"구체적 현실로서의 역사적 시간은 온갖 현상이 그 안에 잠겨 있는 혈장"(블로크, 1990: 45)이며, 이를 구체적으로 드러내는 것이 '역사적 사건'이다. 이에 비해 특별한 사건과 결부되지 않는 일상은 되풀이되는 '주기적 시간구조'에 바탕을 두고 있다(박재환, 1994: 26). 역사적 사건과 일상적 시간의 접합은 개인의 삶과 일상에 전기(轉機)를 제공하는 주요한 요인이 될 수 있는데(오오꾸보, 1994: 315) 식민지, 해방, 전쟁, 급속한 근대화를 경험한 한국의 경우는 역사적 시간이 일상에 가한 압박이 더욱 컸다고 볼 수 있다. 이 글에서는 우선 1970년대 이전 새마을지도자의 삶의 경로를 추적함으로써 역사적 시간과 조우한 일상을 살펴보고, 이것이 이후 이들이 새마을지도자로 형성되는 데 어떤 영향을 주었는지 알아보고자 한다.

구술자들은 일제 식민지배와 한국전쟁의 직간접적인 영향을 받으며 성장했다. 5명의 구술자 가운데 먼저 1960년대 이미 마을단위의 변화를 이끌었던 홍진수와 김상철의 사례를 살펴보자.

홍진수의 경우 어려움 없는 어린 시절을 보냈다. 마을은 120호 정도의 규모였고 홍씨 일가가 50호 정도의 집성촌을 이루고 살았으며, 경제적인 주도권을 쥐고 있었다. 일제시기 구술자의 집은 500석 규모의 농사를 지었고, 작은 집이 1,000석 규모의 농사를 지어 마을에서 가장 부유한 측에 속했다. 이는 "농사짓는 일 …… 감독하고 뭐 이래 했지, 이 농사는, 워낙에 잘살았기 때문에" 농사일에는 손을 대지 않았다는 부친에 대한 회고에서도 잘 드러난다. 하지만 구술자의 마을은 소작이 대부분이었고, "말도 못하지 …… 우리 도 내에서도 우리 동네보다 더 못사는 동네는 없었어요. 워낙 못살았으니까"라는 구술자의 이야기처럼 전반적으로 매우 빈한했다. 구술자는 일제시기 국민학교만 졸업하고 더는 진학하지 않았는데 이는 그가 더 이상 공부를 하기 싫어서였다. 나이 18세에 해방이 되었으나 "해방되는 거? 그 적에(그 때에) 뭐 해방이나 뭐나 아나, …… 사람들이 많아가 꽹과리 치고 북 치고 해싸니까 일본이 망했다 하는 거 그것만 알았지. …… 아무 변화 없어. 일정 때 …… 사는 고대로 내려오지. 변함없다"라는 이야기처럼 해방은 구술자의 일상에 별반 큰 의미를 지니지 못했다. 해방 후 좌우 이념의 소용돌이 속에서 구술자는 마을 한국청년단 훈련차장을 맡아 활동했다. 한국전쟁 직전에는 면사무소에서 병사 사무를 보았으며, 전쟁 시기에는 대구에서 보급사무와 행정 일을 보았다. 전쟁 시기 구술자의 마을은 좌우 대립이 그리 심하지 않았으며, 큰 피해는 없었다. 전쟁이 끝난 후 구술자는 제재소를 운영하는 등 사업을 하다가 실패하여 1960년 귀향하게 된다. 사업에는 실패했지만 선대의 농지 덕에 구술자는 경제적으로 큰 구애를 받지 않았다. 하지만 그의 귀향 당시에도 마을은 과거와 다를 것 없는 빈한한 촌락이었다. 구술자는 1961년부터 마을 주민의 권유로 동장 일을 맡아보게 되는데 이후 그는 마을 변화의 중심에 서게 된다.

김상철은 구술 초입에 "천석꾼 집에 손자로 태어났"음을 이야기했다. 한의사였던 조부는 근방의 부자였는데 독립운동에 연루되어 1년간 감옥에 있다가 해방 후 석방되었고, 부친도 징용당했다가 해방 후 돌아왔다. 조부의 석방을 위해 재산을 탕진했고, 일을 해보지 않았던 부친이 사업을 벌이다 망해 가세가 기울었다. 한국전쟁 당시 그의 마을은 "백마산 이렇게 연결된 구역인데 …… 거기가 공비가 아주 그 잠재했던 데라고. 밤에는 인민공화국, 낮에는 대한민국이었어"라는 이야기와 같이 좌우의 접전 지역이었다. 국민학교 졸업 시 졸업생 36명 가운데 구술자를 포함하여 6명이 중학교 입학시험에 합격했지만 돈이 없어 어머니가 장리쌀을 얻어 겨우 학교에 들어갈 수 있었다. 고등학교도 수업료를 못내 졸업장도 받지 못했고, 1954년 외삼촌의 권유로 현재 구술자의 거주지로 가족이 이사를 하게 되었다. 이사 후 김상철은 남의 집 머슴살이를 3년간 경험한다. 구술자는 "쌀 한 말 갖다 놓고 닷새, 엿새 일을 해줘야 했어, 있는 집에다가. 그렇게 못 살았어"라고 1950년대의 가난을 이야기했다. 1960년 군 생활을 마치고 나온 구술자에게 서서히 삶의 전환기가 찾아온다. 1961년 구술자의 마을이 당시 부흥부가 지원하는 지역사회개발계획[3] 시범마을로 선정되면서 구술자는 부락 지역사회개발계 서기를 맡게 되며, 이후 마을 환경·소득사업에 주도적으로 참여했다. 또한 구술자는 1966년 마을 신용협동조합을 설립·관리하는 데 참여했고, 1968년에는 농어민소득증대특별사업 마을 지도자로 활동하게 된다. 1969년경에 구술자는 자신의 활동에 일정한 결실을 보게 되고 그 상황을 다음과 같이 기록하고 있다.

고향을 떠난 지 15년 만에 나의 소유 땅을 얻게 되었다. 땅을 얻게 된

3 1958년부터 미국 대외원조기관(USOM)의 건의에 따라 실시된 것으로 정부의 원조에 의해 전개된 사업이다. 이는 농촌교도사업과 더불어 1960년대 농촌개발사업의 중심이 되었다. 하지만 전체적으로 보아 투자에 비해 큰 효과는 없었다(김영모, 2003: 13).

기쁨에 눈물이 난다. …… 고향을 떠나 타관에 온 지 15년 그간 얼마나 많은 고생을 했나. …… 피가 마르는 힘든 생활 끝에 빛이 보이는 해였다.[4)]

1960년대 이전 홍진수와 김상철의 삶의 경로는 달랐지만, 1960년대는 이들의 도약기였고, 다른 새마을지도자들의 1970년대였다. 하지만 이들의 활동은 새마을운동과 더불어 본격화되는 국가의 동원이나 호명에 의한 것이 아니라 자신과 마을을 위한 아래로부터의 활동이었다.

1970년대 새마을운동지도자로 마을의 변화를 이끌었던 전인호, 최진묵, 이진수의 1970년대 이전 삶의 궤적은 어떠했을까? 먼저 전인호는 산골마을의 중농 규모 집안에서 태어났다. 구술자의 부친은 일제시기에 관의 허가를 받지 않고 조부의 묘를 이장하여 관헌을 피해 다녀야 했고, 이로써 가세가 기울었다. 일제시기 국민학교 졸업 이후 구술자는 부친이 "내가 이렇게 왜놈들을 싫어하는데 교육은 받아서 뭐하는가"라고 하여 학업을 중단하게 된다. 해방 후에는 지역 대한청년단에 가입하여 총무계장과 리(里) 단장 활동을 했다. 구술자가 대한청년단 활동을 할 시기에 한국전쟁이 발발했다. 하지만 마을에서는 심각한 좌우대립이나 큰 피해가 일어나지 않았는데, 구술자는 이를 대한청년단 활동이 활발해 좌익이 세를 펼 수 없었기 때문이라 설명했다. 1951년 군에 입대한 구술자는 고성전투에 참가했다가 트럭이 전복되어 큰 부상을 입고 의가사제대 한다. 마을로 돌아온 구술자는 마을 어르신들의 권유로 23세의 젊은 나이로 이

---

4 김상철은 『고희의 회고』라는 회고록을 남겼다. 이는 개인사를 연대기적으로 기록한 미간행 개인 자료로, 구술 면담과정에서 취득했다.

장 일을 보기 시작하여 무려 17년 동안 이장 업무를 수행한다. 1950년대 청년 이장으로 구술자가 가장 힘들었던 부분은 잡종금, 토지수득세 수집·납부, 물자 배급 등이었다고 하며, "입을 것 제대로 못 입죠. 먹을 걸 제대로 못 먹었지. …… 그렇게 살면 사람 사는 보람이 있는가 할 정도로 어렵게들 살았"다고 당시를 회고했다. 1950년대를 넘어 1961년 발생한 5·16 쿠데타는 구술자에게 하나의 역사적 전기로 받아들여졌고, 구술자는 새로운 체제를 적극 지지하게 된다.

> 혁명난 후로 박정희 대통령 한 모습이 여러 가지로 달랐잖아요. 그러니까 그 모습대로 우리가 따라가야 되거든요. …… 우리가 살기 위해서는 어찌할 수 없는 일이다. 그래서 혁명에 동참해야 된다 하는 얘기 난 많이 했어요. 또 그렇게 했고.

하지만 '혁명'도 마을의 가난을 몰아낼 수는 없었다. 1960년대에도 춘궁(春窮)과 칠궁(七窮)으로 마을 주민들은 언제나 힘든 세월을 견뎌야 했던 것이다. 1960년대 마을 변화에서 특기할 것은 마을위생환경 개선, 문맹 퇴치를 위한 대학생들의 농촌활동이 진행되었다는 것이다.[5] 구술자는 이러한 학생활동을 마을환경 개선, 새마을문고 설립 등의 시초 활동으로 평가한다. 1960년대까지도 '가난과의 전쟁'은 아직 성과를 거두지 못했지만 구술자는 모범이장으로 군(郡)의 인정을 받았고, 마을 관혼상제를 도맡아 처리하면서 마을 주민의 신망을 얻었다 한다. 구술자는 자

---

5 현재 마을 입구에는 당시 농촌 활동을 수행했던 김○○을 기리는 공적비가 서 있다.

신의 17년 이장 '장기집권'이 바로 이러한 신뢰에 바탕을 둔 것이었다고 이야기했다.

최진묵은 부모가 농민이었고, "간신히 먹고사는 정도, 영세민"이었다고 자신의 어린 시절을 회고했다. 해방된 후 국민학교에 들어가 5학년에 한국전쟁을 만났다. 한국전쟁 기간 구술자의 마을은 좌우 대립이 심했고, 보도연맹이나 인민재판으로 여러 사람이 희생되었다고 한다. 전쟁은 마을을 황폐화했을 뿐만 아니라 "6·25사변 나고서는 뭐 쑥대밭 되었지. …… 전쟁이 끝나고 서로 몸을 사렸지. 부역한 사람들은 전부 기를 피고 살 수 없었어. …… 저 살기 급급하고 몸 사리며 살았지"라는 이야기처럼 사람들의 삶 또한 위축되었다. 전쟁 후 구술자는 집안 환경이 넉넉지 못해 중학교에 진학하지 못하고 민간이 세운 고등국민학교에 다녀 중학교 졸업 자격을 얻었다. 5·16쿠데타 직후 구술자는 면에서 월급을 주는 리(里) 행정요원 일을 잠깐 맡아 보았다. 하지만 구술자는 "그까짓, 마을의 발전에는 아무 도움이 안 되었어. …… 필요 없는 직책을 만들어서"라며 자신의 일을 폄하했다.[6] 또한 재건국민운동의 경우도 관 주도의 공무원 운동으로 기억했다. 하지만 쿠데타 초기의 축첩 공무원 퇴출[7] 등 박정희 대통령의 몇몇 정책은 이승만과 차별화된 박정희 시대의 인상을 구술자에게 남겼다. 구술자는 2년 정도 리 행정요원직을 수행하다 이 제도가

6 하지만 이러한 평가는 자신의 새마을운동 경험과 대비된다. 구술자는 나라와 마을 발전을 끌어갔던 것은 공무원도, 마을 이장도 아닌 새마을지도자뿐이었다고 강조한다.

7 축첩 문제는 장면 정권에서도 제기된 것이지만 5·16쿠데타 직후 축첩 군경, 공무원을 대상으로 한 대대적인 적발 작업이 진행되어 1961년 6월 4일까지 1,385명이 해임 조치되었다(≪동아일보≫, 1961.6.5).

폐지되면서 부동산업을 시작하게 된다. 구술자가 기억하는 1960년대는 "나와 봤자 일 아무것도 없었어. 없고 전부 어려운 사람뿐이고 …… 전부 영세하지"라는 말처럼 희망이 보이지 않는 시대였다.

마지막으로 이진수는 구술자들 가운데 유일하게 해방 이후 세대이며 대학 졸업자였다. 구술자의 조부가 금광에 손을 댄 뒤 망해 부친 대에 와서는 "진짜 송곳 하나 꽂을 땅이 없었"다고 한다. 하지만 부친이 일제시대에 일본에서 장사를 하여 가족이 자급자족할 정도의 여건을 마련했다. 무학이었던 부모는 못 배운 한을 구술자를 통해 풀고자 했다. 따라서 비록 풍족하지는 못한 상황이었지만 지속적으로 공부할 수 있는 여건이 주어졌다. 구술자는 농과대학에 진학했고, "(부모님이) 하도 고생을 하시고 그러니까 …… 공부를 열심히 해서 좋은 직장을 잡겠다"는 것이 기본적인 생각이었다고 한다. 하지만 구술자의 이런 생각은 군대에서의 경험으로 큰 전환을 겪게 된다. 군에서 알게 된 친한 친구가 사고사하자 구술자는 이웃이나 사회에 좋은 일은 못해도, 폐를 끼치고 살지는 말아야 한다는 생각을 하게 되었고, 그런 일에 적합한 것이 농사라는 판단하에 농사를 짓기로 결심했다.[8] 이러한 구술자의 생각은 부친의 강한 반대에 부딪혔다. 하지만 구술자는 직장생활을 하는 것보다 농촌에 남기를 희망했고, 이후 1970년대 새마을지도자의 길을 걷게 된다.

전인호, 최진묵, 이진수에게 새마을운동으로 시작된 1970년대는 일종의 '삶의 전기'였으며, 그들 자신뿐만 아니라 마을, 국가의 전기(轉機)였

---

8 타자와의 접촉과 만남, 그와의 사건은 인생에 결정적인 흔적을 남길 수 있고, 일상의 전기를 가져올 수 있는 요인으로 작용하기도 한다(오오꾸보, 1994: 320~323).

다. 이들에게 1970년대 변화의 폭은 그만큼 큰 것이었고, 그 변화의 중심에 그들이 있었다.

4. 관(官) 주도의 새마을지도자 '만들기'와 새마을지도자 '되기'

1) 새마을지도자 발굴과 새마을교육

정부는 1971년의 새마을가꾸기 사업을 분석하고 유능한 지도자 확보에 새마을운동의 성패가 달려 있다고 판단해, 1973년부터 기존 이장과 별도로 새마을지도자를 발굴하는 데 노력을 경주했다(황인정, 1980: 114).[9] 당시 국가는 이전부터 존재하는 마을의 자생적 리더십을 대체하여 국가와 마을을 연결해줄 새마을운동의 대행자를 필요로 했고, 새마을운동의 전개와 더불어 새마을지도자를 본격적으로 육성하고자 했던 것이다(김선철, 1999: 63).[10] 이러한 관심을 반영하듯 1972년부터는 청와대 내 정무비서실이 새마을교육의 행정 관리를 주관했고, 대통령이 새마을교육 내용에 직접 관여했다(박진환, 2005: 151). 전국 84개 사회교육기관, 방송·신

---

9 이는 1960년대 초 지역사회개발사업 당시 부락 내 지도자 발굴을 등한시하고 정부에서 지도자를 파견하여 사업의 실효성이 떨어졌다는 평가를 반영한 것이기도 했다(≪조선일보≫, 1975.11.30).

10 이 과정에서 새마을지도자의 특징은 동료 주민 선출, 무급(無給) 활동 등을 통해 정부 요원이 아니라 주민들의 지도자라는 인상을 심어주고자 했다는 점이다(골드스미스, 1981: 444~445).

문·잡지, 학교 등을 통한 새마을교육의 진행은 1970년대가 새마을운동의 시대였음을 확인시켜준다(김대영, 2004).[11] 이러한 교육의 양적 팽창이 새마을운동의 성과로 연결되었는지는 입증하기 어렵다. 하지만 새마을교육이 새마을지도자의 형성과 상관관계가 있다는 것은 부인할 수 없다. 그렇다면 구술자들은 어떻게 새마을지도자가 되었을까? 그리고 새마을운동에서 새마을교육의 의미는 무엇이었을까?

구술자들의 생애사와 직접적 계기를 결부시켜보면 그들이 새마을지도자가 된 경로는 대체로 다음 세 가지임을 알 수 있다.[12] 첫째, 이장 경험으로 새마을지도자의 길로 들어서게 된 경우이다. 홍진수는 1970년 새마을운동이 시작되고 1973년까지 이장 일과 새마을지도자 일을 같이 보았고, 자연스럽게 1980년대 초반까지 새마을지도자로 활동한다. 홍진수는 "새마을 하니까네 더 열심히 해가 덕분에 돈 더 벌리고 했지, 건 뭐 별로 실감은 안 났지. 그 전에 하고 다 뭐 체험을 해버렸으니까"라며 새마을운동을 1960년대 개발사업의 연장으로 받아들였다.[13]

전인호는 17년간 이장 일을 보다가 1960년대 말에 그만둔다. 1970년

---

11 새마을교육에서 가장 핵심적인 것은 새마을지도자연수원 교육이라고 할 수 있다. 1972년 1월 농협대학에서 독농가(篤農家)연수원으로 출발한 새마을지도자연수원은 1973년 수원 농민회관으로 이전하여 1979년까지 독농가 총 3기 420명, 새마을지도자 총 86기 1만 4,001명의 연수생을 배출했다(새마을운동중앙연수원, 1992: 326).

12 36개 마을을 조사한 황인정(1980: 118)에 의하면 1970년대 새마을지도자 선출 방법은 우수마을의 경우 '주민 전체 선거'가 39.4%로 가장 높은 비율을 보였고, 그다음이 '주위 사람의 권유' 26.4%, '개발위원회 선출' 18.4%, '이장과 마을 유지 지명' 10.5%, '군·면에서 지명' 5.3%였다.

13 홍진수는 1961년 이장이 된 이후 수로건설, 환경개선, 소득증대 사업을 통해 마을의 변화를 이끌면서 마을의 변화를 선도했던 경험이 있었다.

대에 접어들어 새마을운동이 시작되었고 마을에서 새마을지도자를 맡기려 하자 전인호는 이장으로 17년간 봉사했으면 되었다며 한사코 사양했다고 한다. 하지만 마을 원로들의 권유로 하는 수 없이 새마을지도자가 되었다.

뭐 구관이 명관이라고 이장 본 경험을 갖고 말이지 새마을운동을 하면 동네 분들이 편안하고 안심하고 할 수 있다 그러니깐 그렇게 하자. 그렇게 인자 말씀들이 되셨습니다. 그래서 할 수 없이 새마을지도자 하게 된 거예요.

흥미로운 것은 전인호는 새마을운동을 해방 후 한국전쟁 초까지 자신이 활동했던 대한청년단 활동의 연장으로 받아들였다는 점이다.

그런데 사실 이 새마을운동 첫 번에 시작할 때는 내가 청년운동을 했기 때문에 첫 번에는 이 청년운동하고 비슷할 것이다, 이 반민반관(半民半官)으로 이렇게 해서 말이지, 대한청년단 그 뭐 운동하고 비슷하지 않을 건가, 첫 번에 사실은 그렇게 시작한 거예요.

새마을지도자 초기에 전인호는 새마을운동을 반민반관 운동으로 인식하여 참여했고, 새마을운동의 기본적 성격을 시종일관 '애국·애족' 운동으로서 이야기했다.

둘째, 교육과정 이수 후 새마을지도자가 된 사례이다. 김상철은 새마을교육이 매개가 되기는 했지만 새마을지도자가 된 것을 자신의 과거 경험과 연결하여 하나의 자연스러운 과정으로 설명했다.

> 이 이동조합에 이제 그 일을 간사란 직을 보다 보니까 어떻게 해서 또 지역사회개발계가 되면서 이제 ○○○ 씨라는 분이 서기를 봤는데 이 양반이 군청에 공직에 있다 보니까 …… 자연스럽게 나더러 서기를 보라고 그러더라고. 그래 이제 그걸 보다 보니까 또 어떻게 세월이 흘러서 1967년도에 …… 군청에서 뭐 아무 얘기도 없는데 농특사업 책임자가 되어 주셔야 되겠다, 그래서 이제 자연스럽게 그렇게 된 거지. 그러다 보니까 이제 저 또 1970년도 들어와서 군수하고, 저 (농촌)지도소 소장하고 그 군 조합장하고 독농가 반 교육을 …… 세 분이 나를 차출해 가지고 (독농가) 교육을 받은 거야. 그렇게 자연스럽게 된 거지 무슨 뭐 갈라고 그런 것도 아니고.[14]

1972년 1월 31일 각 군 대표 140명의 농민이 "자조하는 농민의 선봉이 되자"(≪경향신문≫, 1972.2.2)는 선서를 하고 독농가연수원 1기로 입교하는데, 김상철은 여기에 군 대표로 참여한 이후 정착지도사[15]를 거쳐 새마을지도자로 활동한다.

이진수의 경우는 새마을교육이 그가 새마을지도자로 성장하는 직접적 계기, '삶의 전기'(오오꾸보, 1994)로 작용한 사례다.

---

14 김상철이 새마을지도자로 우선적으로 고려되고 활동하게 된 것은 지역 활동을 통해 인적 관계망을 확장한 결과로 볼 수 있다. 그는 지역사회개발사업에 입문하면서 마을 유지들뿐만 아니라 지역 사회 공무원들과도 인연을 맺게 되었고 지역의 청년 일꾼으로 성장하게 된다. 1960년대 마을 사업이 성공하면서 이러한 관계망은 더욱 강화되었고, 1970년대 국가 주도 새마을운동이 시작되면서 새마을지도자로 '호명'된다.

15 정부는 독농가연수원을 수료한 이들을 마을 정착지도사로 임명하여 농특사업 등 정부 지원 사업에 우선적으로 참여시키고자 했다(≪매일경제≫, 1972.10.12).

새마을운동 이런 거에는 관심이 없었고, …… 정말 내가 농촌을 일으켜 보자 이런 생각도 없었고. …… 학교 다닐 때 친구 아버지가 ○○군 부군수로 왔어. …… 근데 그 당시에 부군수가 새마을 담당이야. …… 이 양반이 날 보고 교육을 가라는 거야. …… 이 양반이 날 차출해서 보낸 거지. …… 갔는데 거기 가서 교육에 홀딱 빠진 거지. …… 거기 오는 강사들이 이야기하는 게 진짜 심금을 울리는, 진짜 그 심훈의 상록수 같은 이런 식에 이게 아주 나한테 와 닿는 거여. 그래서 거기에 홀랑 빠진 거여. …… 그래서 거기서 교육을 마치고 왔더니 동네에서 새마을지도자를 하라는 거야. 그래서 난 동네 무슨 회의에 가지도 않고 뽑아놨어(이진수).

그 당시 보기 드물게 대학까지 졸업한 이진수는 이상의 언급에서 보는 바와 같이 일방적으로 새마을지도자로 추대되었다. 마을 '어른들'은 배운 사람이 일을 잘할 것이라는 판단하에 이진수를 뽑았고, 새마을교육이 준 감동은 그가 이러한 상황을 기꺼이 받아들이는 결정적인 계기로 작용한다.

셋째, 면(面)에서 새마을지도자를 임명한 경우이다. 초기 새마을지도자는 대부분 이장과 겸직을 했는데, 최진묵은 자신의 마을의 경우 이장의 건강이 좋지 않아 면사무소 총무계장의 추천으로 새마을지도자가 되었다고 한다. 새마을지도자가 되었지만 최진묵 또한 전인호와 마찬가지로 새마을운동이 무엇인지 모르고 새마을지도자가 되었다고 한다. 이들이 새마을운동을 이해하게 된 것은 새마을교육을 통해서였다.

구술자들에게 새마을교육은 연수생으로 교육에 참여한 것과 사례발표 등 교육 수행자로 참여한 이원적 과정으로 구성된다. 먼저 각종 새마을교육과 새마을지도자연수원 교육은 군사훈련을 방불케 할 정도로 획일적이었으며, 한 번에 너무 많은 훈련생을 교육했고, 개인차를 고려하지 않은 교육이었다는 문제점이 지적되기도 했지만(정지웅, 1981: 553) 구술자들이 새마을지도자가 되는 데 중요한 역할을 했다. 독농가 1기 교육을 받았던 김상철, 새마을연수원 교육을 받았던 이진수, 지도자가 된 직후 교육을 받았던 최진묵, 전인호, 이들은 모두 새마을교육의 중요성을 역설했다.[16)]

누구고 다 새마을지도자가 …… 되면은 교육 먼저 보냈습니다. 교육 이수 과정에서 '아, 새마을은 잘살기 운동이다' 하는 걸 인식하고 나도 열심히 해봐야 되겠다고 생각하고서 열심히 …… (최진묵).

내가 중앙연수원 교육을 받고 나와서 보니까 새마을지도자가 되면 우선 교육부터 받아야 돼요. 그래야 기본 정신이 갖춰집니다. 그리고 그 성공사례 그 강의를 받고, 다른 사람들이 모범적으로 혼신의 힘을 다해서 나라와 겨레를 위해서 봉사한다고 하는 그 확고한 정신이 새마을연수원을 가야 그게 머릿속에 박힙니다(전인호).[17)]

---

16 1960년대 마을 발전을 이끌었던 홍진수의 경우는 새마을교육이 자신의 활동에 큰 영향을 미친 것이라고 보지 않는다. 교육은 좋은 것이라고 여기긴 했지만 자신이 새마을운동에 헌신하게 되는 결정적 계기, 혹은 중요한 촉진 요인으로 꼽지 않는다.

17 전인호는 1970년 새마을지도자가 된 이후 군 단위의 새마을교육을 받기는 했으나, 1976년이 되어서야 새마을지도자연수원 교육을 받는다. 하지만 '지도자 만들기'에서 연수원 교육이 매우 핵심적임을 역설한다. 이는 교육의 중요성과 더불어 새마을지도자연수원의 역할을 강조하기 위한 것으로 해석될 수 있다.

성공사례 발표, 분임토의, 정신교육 등으로 구성되는 새마을교육은 이들이 새마을지도자로 형성되는 데 매우 중요한 영향을 미친다.

구술자들이 새마을지도자로 형성되어가는 데는 새마을교육 연수뿐만 아니라 자신이 직접 그 과정에 참여했던 경험이 또한 중요한 요인으로 작용하고 있었다. 구술자들은 모범적인 새마을지도자로 새마을지도자연수원 혹은 여러 지역에서 성공사례 발표를 한 경험이 있었고, 이러한 경험은 그들의 지도자로서의 정체성을 강화했다. 특히 1960년대 마을 변화를 이끌었던 홍진수와 김상철은 초기부터 새마을운동 성공사례 발표자로 각지를 누볐다. 너무나 바쁜 일정은 '고통의 시간'이기도 했지만, 선도자로서의 인정과 평판은 이를 보람으로 바꿔놓았다. 또한 "지도자들과 같이 울고, 같이 부대끼는"(전인호 구술) 성공사례 발표는 새마을지도자로서 자신의 위치를 확인하는 시간이기도 했다. 구술자들의 새마을교육 참여에서 이들의 주체성과 운동에 대한 몰입을 확인할 수 있는 한 사례는 이진수의 현지생활 특별교육 경험이다.[18)]

> 그 당시에 새마을 현지생활 특별교육생을 우리 집에서 받았어. 받았는데 근데 그때도 아침 점심 저녁으로 세 끼 우리 집서 다 우리가 밥해줘야 되지, 돈 여기서 십 원 하나 나오는 게 있나? …… 나는 이 사람들하고 아침 여섯 시에 일어나서, 그때는 참 연수원에서 하는 거하고 똑같이 했으니

18 이는 새마을지도자연수원 교육 과정에 포함된 것으로 뒤진 마을(기초 마을) 지도자들이 선진 마을에서 3박 4일간 현지 실습을 수행하는 것이었다. 선진 마을 지도자는 교육생들에게 숙식을 제공했고, 공동생활을 통해 현지 교육을 진행했다(박진환, 2005: 169).

까. 아침에 일어나면 국기에 대한 경례 하고 국기에 대한 맹세 하고 애국가 제창 1절서부터 4절까지 다 하고 뭐 구보하고, 아 중앙연수원하고 똑같이 했으니까(이진수).

이진수가 구술한 내용은 그의 특별한 경험은 아니다. 현지교육을 했던 다른 지도자들의 이야기 속에서도 이진수와 같은 경험을 읽어낼 수 있으며, 이는 새마을지도자가 일상 속에서 재생산되었던 단면을 보여준다.

2) 상징과 의례의 공급

새마을교육 이외에 새마을지도자 육성과 이들에 대한 보상을 위해 물질적·사회적 보상체계가 마련되었다. 물질적 보상으로는 영농자금 우선지원, 자녀 학자금지원 등이 행해졌고, 우수지도자 공무원 특채와 같은 사회적 보상[19]도 시행되었다(권중록, 2004: 56). 하지만 이러한 보상체계 가운데 관 주도 새마을지도자 만들기에서 가장 핵심적인 부분은 심리적 보상체계였다고 할 수 있다. 표면적으로 각종 훈장·포상, 격려서한 등으로 가시화되는 심리적 보상체계는 상징과 의례의 공급이라는 메커니즘으로 유형화할 수 있다. 이러한 요소들의 작용과 영향에 대한 미시적 접근은 국가 권력이 새마을지도자에게 다가가는 모습, 박정희 대통령으로

19 정부는 1973년 2월 10일 지방공무원 인사규정을 고쳐 지역사회개발에 공이 많은 새마을지도자와 이장을 읍·면 직원으로, 읍·면 동장을 시·군 간부로 특채키로 한다(≪조선일보≫, 1973.2.11).

집중되는 최고 권력과의 교감 속에서 1970년대 '우수 새마을지도자'가 형성되는 과정을 보여준다.

새마을운동 과정에는 국가의 다양한 수사(修辭), 새마을 관련 노래, 깃발, 새마을복(服), 훈·포장 등 여러 상징 요소들이 등장하는데 이러한 요소들은 일상에서 새마을운동을 촉진하는 것 이외에 국가와 새마을지도자의 연계를 강화하고, 새마을지도자가 스스로를 중요한 존재로 인식하는 기회로 작용하기도 했다. 박정희 대통령은 농촌지도자를 '우리 민주사회의 영웅'으로 치켜세웠고(≪경향신문≫, 1972.5.16), 기회가 있을 때마다 새마을지도자의 중요성을 역설했다. '근대화의 역군', '인간 상록수', '10월 유신의 기수, 민족사의 주체'로 호명된 새마을지도자, 『영광의 발자취』 시리즈나 ≪월간 새마을≫(1974~1979) 잡지 등 여러 자료들에 나타난 성공 사례와 수기에서, 소련의 '스타하노프 일꾼들'(이종훈, 2007), 혹은 중국의 레이펑(雷鋒), 북한의 길확실과 같은 대중 영웅(차문석, 2005)의 모습을 읽어내는 것은 그리 어색하지 않다. 이러한 호명은 새마을지도자들에게 수사 이상의 의미를 지닌 것이었다. 이는 농촌 개발, 근대화의 상징적 주체를 호명한 것이었고, 그들에게 권위를 부여한 것이었다. 단적인 예로 최진묵은 박정희 시대와 새마을지도자의 관계를 다음과 같은 사례를 들어 이야기한다.

> 참 새마을지도자는 무슨 이장 심부름꾼이니 부락서 이렇게 알았는데 그때 당시, 박정희 당시에는 '국민주체대의원하고 새마을지도자는 청와대 지시 없이는 구속하지 말아라'.[20] 이러한 엄청난 그 사기로 인해 가지고 죽기 살기를 하고서 지도자들이 참 …… 일을 했지, 그런 거 아니면 일하

겠습니까?

이러한 발언이 수사에 그친 것이었는지, 실제 효용을 지녔는지는 알 수 없으나 새마을지도자의 사기를 진작시켰을 것이라는 점을 추측하기는 어렵지 않다. 또한 매일 아침 마을에 울려 퍼지는 새마을노래, 마을회관이나 동네 어귀에 나부끼는 깃발이 새마을운동을 일상화하는 상징이었다면, 새마을지도자의 새마을복은 실제 권위의 상징이기도 했다. 전인호는 자신의 마을에 젖소를 들이는 문제로 군수, 도지사를 찾아갔으나 뜻을 이루지 못하자 농수산부 장관을 직접 면담하기 위해 방문했던 경험을 다음과 같이 이야기했다.

농수산부 장관을 만나러 갔는데 여직원이 "주민등록증이 없으면 못 들어가십니다" 그러더라구. …… 그때 저 구석 사무실에서 한 사람이 나와서 '새마을복을 입으셨는데 새마을지도자 아니냐, 그러니까 장관 가서 만나실라면 만나시라고, 용무 가서 다 해결하시라고' 그러더라구. 그래서 농수산부 장관을 가서 만났어요.

전인호는 다른 사람의 모범이 되면서 '나 따라오시오' 하는 식으로 새마을복을 입었다고 하며, 새마을지도자를 그만둘 때까지 30년간을 계속

---

20 실제로 1976년 10월 26일 황산덕 법무장관은 새마을지도자의 구속이 사업 추진에 상당한 지장을 초래한다고 지적하고 「새마을지도자인신구속지침」을 통해 새마을지도자의 인신 구속에 신중을 기하라고 검찰에 지시한다(≪조선일보≫, 1976.10.31).

새마을복을 입고 다녔다고 한다.[21] 그에게 새마을복은 다른 사람들에게 자신이 새마을지도자임을 드러내는 수단이었고, 관과의 소통의 매개였던 것이다.

"의례가 생각의 획일화 없이도 연대의 끈을 창출"하며, "때때로 '동의 없는 연대'를 만들어내기도 한다"(정근식, 2006: 80)고 볼 때 국가 주도의 준 의례적 행위는 다양한 상징과 더불어 관 주도 새마을지도자 만들기의 중요한 구성 요소였다고 볼 수 있고, 그 대표적 사례로는 월간 경제동향보고나 전국 새마을지도자대회를 들 수 있다.

경제기획원이 주관한 월간 경제동향보고는 새마을지도자가 특별한 존재이며, 대통령의 지대한 관심을 받고 있다는 것을 체감할 수 있었던 주요 정례 행사 중 하나였다. 박정희 대통령은 1971년 6월에서 1979년 9월까지 99개월간 134회에 걸쳐 각료들과 더불어 새마을지도자의 성공사례를 들었고, 이는 새마을지도자에게는 특별한 경험이었다. 1971년 사례발표에 참가했던 홍진수는 사례발표 이후 각료들과의 만남의 경험을 다음과 같이 이야기했다.

> 김종필 씨 와 가지고 …… "어이하든 우리 잘살아보자"고 손을 잡고 통사정을 하는 거예요. …… 큰 지도자 같은 지도자를 우리나라에 전부 다 발굴하면은 우리나라 일시에 잘산다고 했어. …… 그다음에 장관이 오는

---

21 김상철은 "자기 잘났다고 나서는 게 고통스러워" '제복'을 벗고 나가 같이 일했다고 한다. 각자가 부여하는 의미는 달랐겠지만 새마을지도자에게 새마을복은 지도자로서의 권위를 드러내는 일종의 상징이었다고 볼 수 있다.

데 무슨 군대 신고하듯 한 가지라. '장관 아무개입니다.' 나한테 인사한다. 도대체 …… 대통령보다 더 한 것 같더라고.

국무총리와 장관이 '일개 농민'에게 취한 태도는 홍진수의 생애에서 결코 잊을 수 없는 기억이 되었다. 또한 보고 뒤 이어지는 환담에서 새마을사업과 마을 숙원 사업 등에 대한 대통령의 질의와 격려는 새마을운동 과정에서의 어려움을 상쇄하는 것은 물론이거이나 앞으로의 운동을 다짐하는 계기가 되었다.

월간 경제동향보고가 소수 우수지도자 개인의 경험이었다면 전국 새마을지도자대회는 새마을지도자들의 집체적 경험이었다. 내무부 주관하에 우수새마을지도자에 대한 훈·포상, 특별지원금 수여, 성공사례 발표, 결의문 채택 등의 순서로 채워진 이 대회는 새마을지도자들의 노고를 치하하는 것뿐만 아니라 국가 체제에 대한 아래로부터의 동의를 조직하는 자리이기도 했다. 최진묵은 전국 새마을지도자대회를 다음과 같이 평가했다.

우리나라에서 제일 큰 행사가 뭐냐면 국군의 날 행사하고 저 새마을전진대회를 쳤어, 두 번. …… 그게 제일 큰 대회예요, 우리나라에서. 아 대단하지 참. …… 매년, 매년 갔지. 매년 전진대회에서 훈장 주고 상장 주고, 전부. 그러니까 우리나라는 훈장, 상장으로 새마을운동을 했어. …… 그러니까 해 먹은 거여, 그러니까. 그 거기 한번 가 가지고 갔다 오면은 그 새마을지도자라는 위상이 그렇게 마음적으로 ……

'훈장, 상장으로 새마을운동을 했'다는 비유는 아래로부터의 동원을 조직화하는 방식의 단면을 날카롭게 드러낸다. 전국새마을지도자대회는 새마을지도자들의 가장 큰 연례행사였고, 그들이 자신의 존재와 일을 확인하는 자리였다. 대회 참여자들은 "관중이면서 동시에 배우들"이었다. 또한 "순간에 현혹되어 내일에 대한 모든 계산이 연기될 수 있고 다른 것에 대한 고려가 망각될 수도" 있었다(뤼트케, 2002: 323). 상징과 의례의 공급은 새마을지도자가 '만들어지는 과정'인 동시에 새마을지도자가 '되어가는' 이중의 과정이었다.

5. 새마을지도자의 길: 관과 마을 사이에서 '꾸불꾸불 가기'

1) 관과 새마을지도자 사이의 관계의 다중성

새마을지도자의 활동은 대체로 관을 중심으로 한 운동의 전개, 혹은 희생과 헌신의 성공 수기로 가시화된다. 하지만 이들의 활동을 좀 더 깊이 들여다보면 관에 대한 추종, 혹은 마을과 주민에 대한 일방적인 헌신이 아니라 관과 마을 사이를 '왔다', '갔다' 하면서 그들이 만들어갔던 복합적 과정이 드러난다. 이러한 과정에서 볼 수 있는 것이 관과 지도자 사이의 관계의 다중성이다.

새마을운동이 관 주도의 운동이었다는 여러 논의에서 볼 수 있는 것처럼 관은 자금을 지원하고, 지도자들에게 권한을 부여하며, 운동의 기본 방향을 설정해주는 존재였다. 최진묵은 당시 운동을 다음과 같이 설명한다.

관 주도지. 물론이지, 그거는. 관에서 그런 걸 안 시키고, 안 주면 못 했지. 스스로는 못 해. 왜! 우선 새마을운동 하려면 돈이 들어가야 돼요. 시멘트라도 있어야 된다 이 말이야. …… 관에서, 지도자하고 상의해라. 그러나 지도자도 이제 이장하고 상의하고 그렇게 하지. 그때 그 권한이야, 그거 갖고 새마을을 한 겨.

최진묵의 구술은 당시 새마을운동에서 관이 차지하고 있는 위상과 역할을 단적으로 드러내며, 관 주도 새마을운동론에 대한 지지를 보여준다.

또한 관은 마을 사업과정에서 지도자와 마을 주민의 갈등을, 강권을 동원하여 마지막으로 봉합해주는 존재이기도 했다. 이러한 모습은 1960년대에도 이미 존재했다. 홍진수는 정부에서 지원하는 상전(桑田) 개발을 통해 마을소득사업을 벌이려 했으나, 마을 주민의 비협조로 일을 진척시킬 수 없자 관권을 동원한다.

내가 결국 지서 가 가지고 순경 동원하고, 면에 가서 면 산림계 직원을 불러 가지고 나무 채취 그적(그때)만 해도 나무 채취를 전부 다 금지했습니다. 밀주하고. …… 그적에는 농촌으로 나무 전부 벌채를 해 가지고 그랬재. 농사철이니까는 밀주 만들재. 이래가 다 걸렸는데, …… 우리 집에 전 동민이 모여 가지고 '동네 좀 살려달라' …… '그러면 뽕나무 십이 정보를 내일부터 작업할 테니까 내일 저 받아다 달라(했어)' …… 그걸 추진하기 위해서 그런 일을 벌였거든.

1960년대 마을 개발과정에서 나타났던 관권의 동원은 1970년대에 접어들어서는 더욱 광범위해지고 일상화된다. 하지만 새마을지도자들이 관에 일방적으로 의존하거나 끌려만 다녔던 것은 아니었다. 구술자들은 마을의 사업을 위해 관을 속이거나, 관의 정책보다는 마을에서 필요로 하는 일을 우선하거나, 관에서 허락되지 않았던 일을 계획하여 이를 실행해가는 모습을 보였다.

김상철의 경우 1960년대 농특사업 과정에서 마을 사람들을 모아 정부에서 권장하는 육계사업에 손을 댔지만 병이 돌아 사업이 망하게 된다. 그러자 죽은 닭을 들고 군수를 직접 대면하여 추가로 60만 원을 더 대출하며 육계사업을 계속할 것을 약속한다. 하지만 그 약속은 지켜지지 않는다. 김상철은 이미 마을에서 성공을 거둔 적이 있는 인삼포를 만들어 위기를 탈출한다.

> 그래 가서 돈을 60만 원을 갖다가 10만 원만 우리 형님한테 "병아리를 어떻게 사서 좀 키우시오" 하고선 드리고, 50만 원 갖고 인삼포를 700평을 한 거야, 그 돈을 갖고. 뉴캐슬병이 감염되었던 계사에는 거기 병아리 하려면 또 뉴캐슬병이 자꾸 나기 때문에 안 된다고. 그래 가서는 이게 그때 그 도지사가 현장 감사하는데 참 오줌, 똥도 쌀 뻔하고, 거짓말을 해 가지고. 그랬는데 이게 (인삼) 심고서 4년 근, 5년 근이 되었는데 야 그래도 값이 좋아 가서는 그걸 팔아 가서는 군청에서 180만 원 준 거 다 갚고.

김상철의 활동은 관을 중심으로 일방적으로 진행된 농촌소득사업에 대한 저항으로 볼 수 있다. 김상철은 관을 속이면서 자신이 자신 있는 작물을 재배하는 '모험'을 벌였고, 사업의 성공은 구술자의 활동과 마을이

1970년대 새마을운동의 '전시장'으로 부상하는 발판이 된다.

이진수의 경우는 외형을 바꾸는 환경개선이 아닌 소득증대에 초점을 둔 운동을 시작했다고 한다.

> 그때는 제일 중요한 게 그래도 먹고사는 거였으니까, 그래서 일단은 좀 동네가 일단 잘살아야겠다 그런 기본적인 개념이. 이제 그 새마을운동이란 게 처음에 환경개선운동서부터 출발해서 소득증대 그다음에 정신개발 이렇게 방향이 흘러갔지 않습니까. …… (하지만) 그 당시에 우선적으로 우리는 환경개선부터 먼저 하는 게 아니라 소득 쪽으로 먼저 좀 생각을 했어요.

이진수의 마을은 소득증대를 통해 획득한 성취감과 자신감으로 자연스럽게 환경개선사업을 진행했고, 새마을운동을 성공으로 이끌 수 있었다고 한다. 이러한 형태의 사업 진행은 1960년대 일찍이 새마을을 만들어갔던 홍진수, 김상철의 사례에서도 나타난다.

전인호의 사례는 국가의 공식적 담론에 포섭된 개인이 마을의 경제적 이해를 위해 어떻게 공식 담론을 활용하고, 자신의 의지를 관철시켰는가를 보여준다. 전인호는 당시 마을 규모나 입지조건으로 허락되지 않는 젖소를 키우기 위해 가능한 한 모든 방법을 동원했다.

> "(구술자) 지사님, 정책적으로 좀 밀어주시오. 여건은 다 되어 있습니다", "(도지사) 어떻게 여건이 되었느냐?", "(구술자) 그러면 젖소 우리가 도입해서 갖다가 놓고 먹이지 못해서 소득을 못 올린다고 하면 그 막중한 책

임을 내가 어떻게 면할라고 지금 이런 이야기를 하겠느냐, 그러니까, 믿고 좀 도와주시오. 정책적으로 해주시오" 그랬거든요. …… 그런데 가만히 생각하니까 도지사 선에서 정책적인 해결을 못 보면 실무사하고는 상대가 안돼요. …… 그래서 내가 …… 농산부를 갔습니다. 별짓 다 했어요. 이러다 보니깐 중앙청사도 여러 차례 드나들었고, 국회의사당은 뭐 십여 차례 가고 별짓 다 했어요. 이왕에 나섰으니까 최고 책임자인 말이지. 농산부 장관을 만나야 되겠다. …… 그래서 이제 장관한테 가서 결정을, 정책적으로 봤습니다. 그때 120두 우리한테 배당을 해줬어요. 120두 큰 두수요.

군수, 도지사, 국회의원, 농림부 장관을 찾아가는 그의 열성은 결국 성공을 거두었다. 전인호는 새마을운동의 공식적 담론과 분위기를 활용하여 당시의 제도적 한계를 넘어섰고, 자신과 마을의 경제적 이해를 도모했다. 이는 위로부터 형성된 공식적 담론이 밑으로부터 열망되고, 개인이 담론 생성 주체에게 담론에 대한 실천을 요구하는 복합적인 과정을 살펴볼 수 있는 사례라 할 수 있다.[22)]

2) 마을 내부의 미시정치

관과의 관계에 비해 더욱 어려웠던 것은 마을 내부의 미시정치였다고 할 수 있다. 국가의 강제, 공권력의 활용은 가장 마지막 방법이었다. 외적 강제에만 의지해서는 주민의 새마을운동 참여를 이끌 수 없었고, 실

---

22 이와 유사한 측면에서 '지배와 동의'의 복합적 과정을 보여주는 것은 이종훈(2007) 참조.

제로 가능하지도 않았다. 이를 위해서는 마을 근대화를 위한 지도 주체의 근대화, 곧 새마을지도자의 근대 주체로의 성장, 마을 내부의 권위·권력관계의 조정과 활용, 주민의 사업 참여 독려를 위한 동의 구축과 마을 내부의 강제 등 다양한 요소의 조합이 필요했다.

먼저 구술자들이 공통적으로 강조했던 것은 새마을지도자가 마을 사업의 구상·입안·실천의 주체가 되어야 하며, 소득증대를 위해 새로운 사업을 모험적으로 추진하는 사업가의 면모를 지녀야 한다는 것이었다.[23) 구술자들의 새마을운동 이야기의 대부분은 가시적 성과를 위해서 마을을 끊임없이 '작업장화'하고, 소득증대를 위해 지속적으로 새로운 방안을 모색했던 경험으로 점철되어 있었다.

이들의 성공 혹은 지도자로서의 위상은 이들이 마을에서 새마을지도자로 활동했던 기간에서 여실히 드러난다. 구술자들의 새마을지도자 활동은 1970년대를 넘어 1980년대까지 모두 10년 이상 지속된다. 우선 1960년대 새마을을 앞서 만들어갔던 홍진수는 "동장 13년, 새마을지도자 13년"을 강조했고, 김상철은 1972년 독농가연수원 1기 수료 이후 1981년까지 새마을지도자로 활동한다. 1970년대 새마을지도자로 마을의 변화를 이끌었던 전인호는 "(이장) 17년 하고 한 3년 쉬고 새마을지도자 했습니다. 1970년 4월부터 계속해서 30여 년을 새마을지도자를 했어

23 새마을지도자의 역할을 계획수립가, 사업집행자, 조정자, 정보전달자, 기술보급자 등으로 나누어 평가한 조사에 의하면 각 사안에 대해 일반마을과 수상마을 주민들이 평가하는 새마을지도자의 역할은 달랐다, 특히 계획수립에서는 마을 주민이 제안하여 계획을 발안한 경우가 매우 많이 나타난다(황인정, 1980: 134~142). 지도자의 발안이었든, 주민의 발안이었든 이러한 결과는 새마을운동이 국가 주도 내지 정치운동이었다는 단선적 평가(박진도·한도현, 1999)를 재고하게 한다.

요"라고 했고, 최진묵은 "반평생 새마을운동을 했어. 26년 6개월 동안"이라며 새마을운동과 함께 간 세월을 이야기했다. 마지막으로 청년지도자였던 이진수도 11년 6개월을 새마을지도자로 활동하면서 마을의 변화를 이끌었다. 이러한 재임기간은 그들의 성과와 마을에서의 위치를 이야기해준다.[24)]

이들의 이러한 장기간의 새마을지도자 활동은 어떻게 가능했던 것일까? 모든 구술자가 한결같이 강조하는 것은 희생정신, 그리고 "미치지 않고서는 새마을지도자 할 수 없어요"(전인호 구술)라는 이야기에서 볼 수 있는 것처럼 일에 대한 몰입이었다. 마을일을 진행하면서 이러한 몰입이 가능했던 것은 새마을교육, 상징·의례의 공급과 같은 외적 자극 요인도 있었지만, 기본적으로는 지도자 본인의 일에 대한 성취감, 그리고 이와 연관된 자존감이 주요하게 작용했다.

"과거의 역경에 대한 회상은 현재의 성취에서 마음의 여유를 갖고 바라보는 특성"(이종훈, 2007: 170)을 띠게 되는 것처럼 구술자들은 새마을운동이 시작되기 이전의 마을과 이후의 마을을 '형편없는 옛날'과 '살기 좋아진 오늘'로 이원화하여 묘사한다. 새마을운동 이전 시기는 가난과 배고픔, 희망의 부재, 정체, 씨족 간의 갈등으로 이야기되는 반면에 새마을운동 시기는 이와 역전된 이미지로 이야기되며[25)], 그 역전의 중심에는

---

24 한 조사에 의하면 새마을지도자의 평균 재임기간은 4~5년이었다. 재임기간을 발전속도 혹은 성과와 연관해보면 대통령상을 수상한 마을은 지도자 교체가 적고 한 사람의 지도자가 계속해서 일한 경우가 많았다(황인정, 1980: 116~117)

25 이는 전통과 근대의 대립적 이미지와 유사하다. '농촌=낡은 것=비생산적인 관습=가난', '새것=합리적 정신=경제성장'의 이분법으로 단순 대비되며, 이는 자연스럽게 합

구술자들이 있었다. 구술자들은 마을의 변화가 자신이 수행했던 작업의 산물임을 강조했고, 그 결과에 대한 강한 자부심과 성취감을 보였다.

홍진수는 "옛날에 보면은 못사는 마을이 시끄럽지. 잘사는 동네는 아주 (일이) 추진이 잘되는데 우린 지도자가 없어서 그랬다고"라며, 과거의 가난이나 여러 문제의 원인으로 지도자의 부재를 꼽는데 이는 모든 구술자에게서 유사하게 반복된다.[26] 구술자들은 '훌륭한 지도자'의 여부가 새마을운동의 성패를 좌우하는 가장 결정적인 요인임을 강조함으로써 자신의 존재를 드러낸다. 새마을운동의 성취감, 자존감의 형성과정은 마을의 변화를 만들어가는 과정이었고, 구술자들이 새마을지도자, 1970년대적 농촌 근대 주체로 형성되어가는 과정이었다.

마을 새마을운동은 결국 그러한 주체 활동의 확산과정에서 드러나는 미시적 협력과 갈등의 복합적 모습으로 그려볼 수 있으며, 이것이 잘 드러나는 것이 마을 내부의 권위·권력 문제이다. 마을 내부의 권위·권력 문제에서 가장 많이 논의되는 것은 성씨(姓氏)를 중심으로 한 마을 내부 정치와 이장권과 새마을지도자 간의 권한 문제이다. 구술자들 가운데 성씨 사이의 권력관계가 문제가 되었던 사례는 홍진수와 김상철의 마을이었다.

홍진수의 마을은 120호 정도의 규모였고, 이 중 홍씨 일가가 50여 호 정도로 집성촌을 이루고 살았다. 일제 시기 구술자의 집은 500석, 작은 집은 1,000석 규모의 농사를 지어 마을에서 가장 부유했고, 홍씨 일가가

리성의 현실적 체현인 서구에 대한 동경으로 연결된다(권중록, 2004: 43).

26 이는 박정희 대통령이 새마을지도자를 강조했던 것을 '아래로부터' 재생산하는 과정이었다.

경제적 주도권을 행사하고 있었다. 한국전쟁 이후에도 이러한 상황은 크게 변하지 않았는데 "홍가는 그대로 다 먹고살고 잘살았고, 거는(다른 성씨는) 못살고 하니까 시기하고 동네가 시끄럽고 그랬지"라는 이야기처럼 경제적 차이는 마을 불화의 중요한 원인으로 작용하고 있었다. 하지만 1960년대에 홍진수를 중심으로 마을 발전을 이루어가면서 이러한 마찰은 거의 해결되었다. 이는 홍진수 자신이 부농이었기 때문에 자신의 세를 이용해 마을 사업을 적극적으로 추진했고, 사업이 성과를 거두면서 홍씨와 타성 간의 갈등이 줄었기 때문이다.

김상철이 지도자로 활동했던 마을은 남씨들이 마을 유지로 권력을 쥐고 있었다. 한국전쟁 이후 그 위세는 추락했지만 전통적인 반상의식으로 남씨와 타 성씨의 갈등이 지속되었다. 김상철은 남씨는 아니었지만 남씨가 외가였던 관계로 타성에 비해 남씨와 좀 더 가까이 있을 수 있었고, 타성과 남씨 사이의 중재자로 갈등을 봉합해갈 수 있었다고 한다. 특히 이 지역에는 지역 농협의 설립 주체이며 유신정우회 국회의원을 지낸 남○○이란 인물의 집이 마을의 청와대라 불리며 마을 권력의 중심에 있었는데 김상철은 그의 지지와 후원을 업고 1960년대 마을 사업이나, 1970년대 새마을운동을 원활히 수행할 수 있었다고 한다.[27)]

이장권과의 충돌은 여러 연구에서 지적되며, 새마을지도자가 이장에 비해 권한이 부족했음을 지적하는 연구들이 있다(김대영, 2004; 유병용 외,

---

27 남○○의 전격적 지원에 의한 마을 개발은 남씨들로서는 의도치 않은 결과를 낳게 되는데, 김상철에 따르면 한국전쟁 당시부터 흔들리던 남씨의 위세는 새마을운동이 시작되면서 결정적인 타격을 입게 된다. 마을 소득증대와 전체적인 생활여건의 성장은 타 성씨들을 남씨의 그늘로부터 해방시키는 결과를 낳았던 것이다.

2001). 하지만 이 연구의 구술자들은 기존 연구와는 사뭇 다른 측면을 보여준다. 모든 구술자들은 새마을사업을 진행하면서 이장이나 면장을 넘어, 바로 군수 혹은 그보다 높은 고위직와 접촉하여 그 위세를 빌려 사업을 관철시켰던 경험을 이야기했다. 특히 '젊은 나이에 배웠다는 것 때문에 지도자가 되었다'는 이진수의 경우는 자신의 학력과 인맥을 이용해 이장, 면장을 초월해 업무를 수행했다.

> 면이구, 군이구 난 인맥관계가 넓잖아. ○○도에서 가장 큰 ○○고등학교 나왔고. ○○도에 있는 대학 ○○대 나왔고. 어느 쪽으로 뻗어도 선후배가 연결되잖아. …… 면장 그런 사람들이 괄시를 못 했던 게 옛날 면장들도 자기네 학벌이 있었나? …… 여기서 시원치 않으면 나는 도에로 가서 쑥석거리고 와버리면 …… 가끔씩 도나 이런 데서 감사 오거나 그러면 …… 나를 찾고.

이들에게 마을 권력은 큰 장애가 되지 않았다. 사실 이들이 마을 권력이었거나, 마을 권력을 업고 있었거나, 혹은 마을을 초월한 학연과 인맥이 있는 자들이었고, 이것이 새마을운동을 추진하는 미시적 권력·권위의 기초를 이루었다.

주민의 사업 참여 독려를 위한 동의 구축과 마을 내부의 강제는 동전의 양면을 이루며 진행되었다. "땅 세 평 양보에 70일 설득전"(≪조선일보≫, 1970.3.30)과 같은 기사에서 볼 수 있듯이 새마을지도자 자신이 토지를 희사(喜捨)하는 것은 물론이거니와 마을 내부 주민이나 출향 인사들을 설득해서 토지를 희사받는 것은 일반화된 일이었다. 또한 새마을사업에 협조하지 않는다 하여 이장 등이 마을 주민을 집단 구타한 사례(≪조선일보≫, 1973.4.27)에서 볼 수 있는 바와 같이 동의는 강제를 수반했다. 구술자들의 마을에서도 새마을운동 과정에서 토지 희사를 거부하거나(홍진수, 김상철, 전인호 사례), 마을 공동 사업에 불참하거나(홍진수, 김상철 사례), 교량 공사를 위해 잔돌을 모으는 공동작업과정에서 큰 돌을 밑에 깔아 무게를 맞추는(이진수 사례) 등 많은 문제가 발생했다. 토지 희사의 경우 구술자들은 마을 유지의 권위를 빌어 이를 강제하거나(김상철 사례), 혹은 끊임없는 회유와 설득으로 땅을 희사받거나(전인호 사례), 마을길을 낸 이후 토지 가격을 지불하겠다고 거짓으로 회유(홍진수 사례)하는 등 다양한 해결책이 모색되었다. 또한 마을 공동사업 불참에 대해서는 벌금을 물리거나(홍진수 사례), 공동 작업한 교량을 건널 때 통행세를 받겠다고 압박하는 방법(김상철 사례)이 동원되기도 했고, 작업성과를 맞추기 위해서 일일이 작업 상황을 검사하기도 했다(이진수 사례).

주민에 대한 사업 독려에서 특징적인 것은 새마을운동 당시 마을 내에서 행해졌던 다양한 주민 동원 방식이 1960년대 홍진수, 김상철의 마을에서 이미 실행되고 있었다는 점이다. 다소간의 차이는 있으나 마을 공동의 발전이라는 이름으로 행해졌던 설득, 회유, 속임수, 강제 등의 작업은 마을 내의 미시정치를 구성하는 한 축이었을 뿐만 아니라 마을 내에서 새마을지도자가 형성되는 과정이기도 했다.

6. 맺음말

1970년대, '새벽종이 울렸네, 새 아침이 밝았네'로 시작하는 새마을 노래는 한때 농촌뿐만 아니라 도시의 아침을 깨웠다. 박정희 정권의 몰락, 1980년대 가속화된 농촌의 붕괴와 더불어 새마을운동도 쇠락의 길을 걸었지만, 최근 새마을운동 발상지 논쟁에서 볼 수 있듯이 새마을운동의 기억, 이를 둘러싼 기억의 정치는 여전히 현재 진행형이다. 따라서 1970년대 새마을운동에 대한 연구는 지난 현대사를 학문적으로 접근하는 것일 뿐만 아니라 현재까지 지속되고 있는 박정희 시대의 유산과 대면하는 작업이라 할 수 있다.

새마을운동이 박정희 시대 후반기 절반을 차지하는 만큼 새마을운동의 성격과 시대사적 의미, 공과(功過)에 관련한 많은 연구가 진행되어왔고, 근자에 들어서는 특히 국가·대중관계에 대한 다각적 접근, 개인과 마을을 중심으로 한 미시사적 연구 등 연구 폭이 점차 확대되고 있다. 하지만 새마을지도자들의 직접적인 목소리를 통해 그 시대를 아래로부터 재구성하는 작업은 아직 매우 부족한 실정이다. 이 글은 1970년대 활동했고, 훈장·포상을 받았던 5명의 새마을지도자의 구술을 중심으로 이들이 새마을지도자로 형성되는 동적 과정을 그려내고자 했다.

구술자들이 새마을지도자가 된 경로는 첫째, 1960년대 마을 변화를 이끌었던 지도자들의 부상(浮上)이다. 1960년대 마을 지도자들은 1970년대와 같은 국가의 지원이 없었음에도 '새마을'을 앞서 구현했고, 1970년대 새마을운동이 시작되면서 일종의 '시범사례'로 등장한다. 둘째, 1970년대 새마을운동이 시작될 때 지도자로 발탁되어 마을의 변화를 이끌어낸 경우였다.

구술자들이 새마을지도자로 형성되는 데는 한편으로는 새마을 교육, 상징·의례를 공급한 관 주도의 새마을지도자 만들기 과정이 있었다. 특히 1970년대 새롭게 마을 지도자로 부상한 경우 이러한 요인은 새마을지도자 형성에 중요한 영향을 끼쳤다. 하지만 이는 관 주도의 수직적·획일적 과정이라기보다는 구술자들의 참여와 의미 부여가 동반된 것이었다. 그들은 수동적으로 만들어진 것이 아니라, 그들 자신이 관 주도 새마을지도자 만들기의 또 하나의 주역이었던 것이다.

다른 한편으로 구술자들이 새마을지도자로 형성되어가는 데는 관과 마을의 매개자로서 이들이 수행했던 활동이 주요한 요인으로 작용하고 있었다. 구술자들이 장기간 새마을지도자로 활동할 수 있었던 개인적 동인에는 운동에 대한 성취감과 주민을 선도하는 지도자로서의 자존감이 작용하고 있었다. 또한 이들의 운동과정은 자신의 의지를 관철시키기 위한 헌신적인 노력뿐만 아니라 관에 대한 일방적인 추종 혹은 주민에 대한 헌신을 넘어 강제, 순응, 타협, 포섭, 회유, 속임수 등 다양한 방책을 통해 이 둘 사이를 오갔던 동적인 모습을 보여준다.

5명의 구술자를 통해 본 새마을지도자의 형성은 성공사례나 수기에서 다수 드러나는 '헌신'과 '희생'만이 아니라 관과 마을 사이의 '유기적 통로'로 이 경계를 넘나들었던 이들 활동의 결과물이었다. 이들의 활동의 공과에 대해서는 논란이 있을 수 있고, 이를 논하는 것은 이 글의 목적에서 벗어난다. 하지만 이들의 활동을 개인과 체제의 문제로 확대시켜보면 "이데올로기적 헌신이 아니라 자신의 일을 잘하고자 끊임없이 노력하는 것이 '체제'를 유지하고 궁극적으로 발전시키고 안정화하는 데 직간접적으로 기여했다"(뤼트케, 2007: 34)는 논의가 많은 생각할 거리를 던져준다.

새마을운동을 과거의 추억으로 기억하는 사람들도 있고, 여전히 현재 진행형의 운동으로 구현하려는 사람들도 있다. 하지만 방향은 다르더라도 새마을운동에 천착하는 이들의 시선은 어떻게든 1970년대를 떠날 수 없다. 이는 1970년대 새마을운동이 새마을운동사, 더 나아가 한국 현대사에서 지울 수 없는 역사적 경험과 기억이었음을 의미한다. 이 글은 구술 자료를 활용해 1970년대 새마을운동의 단면을 들여다보고자 했다. 제한된 사례로 1970년대 새마을지도자의 주체 형성 과정이 지니는 특성을 일반화할 수는 없지만, 이 글은 1970년대라는 역사적 시간 속에서 형성된 새마을지도자의 위치, 그리고 그것이 지니는 복합적 성격을 드러냄으로써 이후 더 확장된 연구를 위한 단초를 마련했다는 점에서 의미가 있다. 그러나 이 글은 구술자 개인의 생애사, 서사구조의 특성 등을 좀 더 심층적으로 분석하고, '두텁게 읽기'를 수행하는 데서 미진한 측면이 있으며, 새마을운동 수훈자라는 제한된 사례만을 연구했기 때문에 새마을운동을 경험했던 다양한 주체의 모습을 그려내는 데까지 나아가지는 못했다. 이러한 한계를 넘어서고, 1970년대 새마을운동에 대한 이해의 지평을 확장하기 위해서는 그 시대를 살았고, 기억하는 다양한 층위의 인물들이 들려주는 이야기에 귀 기울여야 하며, 이는 더 조직적이고 체계적인 자료 수집과 연구, 장기적인 노력과 인내를 필요로 하는 작업이 될 것이다.

참고문헌

고원. 2006. 「박정희시기 농촌새마을운동과 '근대적 국민만들기'」. ≪경제와 사회≫, 제69호.

골드스미스, 아더 A.(Arthur A. Goldsmith). 1981. 「새마을운동에 있어서 대중참여와 농촌지도력」. 『새마을운동의 이념과 실제』. 서울대학교 새마을운동 종합연구소.

권중록. 2004. 「공공 캠페인 형태로 나타난 공공정책의 사회마케팅적 분석」. ≪광고학연구≫, 제15권 2호.

김대영. 2004. 「박정희 국가동원 메커니즘에 관한 연구」. ≪경제와 사회≫, 제69호.

김대환·김유혁. 1981. 「새마을운동의 보편성과 특수성」. 『새마을운동의 이념과 실제』. 서울대학교 새마을운동 종합연구소.

김선철. 1999 「70년대 새마을운동과 국가-사회의 연계성」. 연세대학교 박사학위 논문.

김영모. 2003. 『새마을운동연구』. 고헌출판부.

김영미. 2009. 『그들의 새마을운동』. 푸른역사.

내무부. 1980a. 『새마을운동 10년사(자료편)』.

_____. 1980b. 『새마을운동 10년사』.

뤼트케, 알프(Alf Luedtke). 2002. 「붉은 열정이 어디에 있었던가」. 뤼트케, 알프 외. 『일상사란 무엇인가』. 이동기 외 옮김. 청년사.

_____. 2007. 「꾸불꾸불 가기」. 임지현·김용우 엮음. 『대중독재 3』. 오승은 옮김. 책세상.

박재환. 1994. 「일상생활에 대한 사회학적 조명」. 박재환 외 엮음. 『일상생활의 사회학』. 한울.

박진도·한도현. 1999. 「새마을운동과 유신체제」. ≪역사비평≫, 통권 47호.

박진환. 2005. 『한국경제 근대화와 새마을운동』. 박정희대통령기념사업회.

브란트, 빈센트(Vincent Brandt). 1981. 「가치관 및 태도의 변화와 새마을운동」. 『새마을운동의 이념과 실제』. 서울대학교 새마을운동 종합연구소.

블로크, 마르크(Marc Bloch). 1990. 『역사를 위한 변명』. 정남기 옮김. 한길사.

새마을운동중앙연수원. 1992. 『새마을교육 20년사 1972~1991』.

아쿠아, 로널드(Ronald Aqua). 1981. 「새마을운동에 있어서 정부의 역할」. 『새마을운동의 이념과 실제』. 서울대학교 새마을운동 종합연구소.

오오꾸보 고지(大久保孝治). 1994. 「삶의 전기」. 박재환 외 엮음. 『일상생활의 사회학』. 한울.

오유석. 2003. 「농촌 근대화전략과 새마을운동」. 유철규 엮음. 『한국 자본주의 발전모델의 역사와 위기』. 함께읽는책.

유병용·최봉대·오유석. 2001. 『근대화전략과 새마을운동』. 백산서당.

윤택림·함한희. 2006. 『새로운 역사쓰기를 위한 구술사연구방법론』. 아르케.

이용기. 2002. 「구술사의 올바른 자리매김을 위한 제언」. ≪역사비평≫, 통권 58호.

이종훈. 2007. 「스타하노프 일꾼들의 술회 속에 나타난 일상」. 임지현·김용우 엮음. 『대중독재 3』. 책세상.

장미경. 2008. 「개발국가 시기, 새마을운동 부녀지도자의 정체성의 형성과 변화」. ≪사회과학연구≫, 제16집 1호.

전재호. 2003. 『반동적 근대주의자 박정희』. 책세상.

정근식 외. 2006. 「항쟁기억의 의례적 재현」. 『항쟁의 기억과 문화적 재현』. 선인.

정지웅. 1981. 「새마을운동에 있어서의 홍보, 교육, 훈련」. 『새마을운동의 이념과 실제』. 서울대학교 새마을운동 종합연구소.

진즈부르그, 카를로(Carlo Ginzburg). 2001. 『치즈와 구더기』. 문학과지성사.

차문석. 2005. 「레이펑, 길확실」. 『대중독재의 영웅만들기』. 권형진·이종훈 엮음. 휴머니스트.

톰슨, E. P.(E. P. Thompson). 2000. 『영국 노동계급의 형성(상)』. 나종일 외 옮김. 창작과비평사.

한도현. 2010. 「70년대 새마을운동에서 마을 지도자들의 경험세계」. ≪사회와 역사≫, 제88집.

황병주. 2006. 「박정희 체제의 지배담론과 대중의 국민화」. 윤해동 외 엮음. 『근대를 다시 읽는다 1』. 역사비평사.

황인정. 1980. 『한국의 종합농촌개발』. 한국농촌경제연구원.

Thompson, Paul. 2000. *The Voice of the Past*. New York: Oxford University Press.

제6장

1970년대 농촌새마을운동과 농촌사회의 집합적 참여

공동체적 전통의 활용을 중심으로

하재훈 | 성공회대학교 민주주의연구소 한국국제협력단 협력사업 현지책임자

1. 머리말

1970년대 농촌새마을운동은 농촌근대화, 나아가 조국근대화의 상징으로 기억되고 있다. 권위주의적 정권에 의한 국가동원 체계였으며, 때문에 위로부터의 강제가 작용했다는 비판적 시선에도, 새마을운동이 국민들의 기억 속에서는 '우리 스스로의 힘으로 이룩한 역사상 최고의 업적'으로 남아있는 현실[1]은 이를 잘 대변해준다(하재훈, 2007a: 9). 또한, 박정희 시대에 대한 대부분의 연구들 역시 1970년대 농촌새마을운동에 사회적 욕

1 이러한 현상은 새마을운동을 1994년 '해방 이후 가장 잘된 정책' 1위(≪경향신문≫, 대륙연구소 공동조사), 1998년 '대한민국 50년, 우리 국민이 성취한 가장 큰 업적' 1위(≪조선일보≫, 한국갤럽 공동조사), 2008년 '건국 60년, 우리 민족이 성취한 가장 큰 업적' 1위(≪조선일보≫, 한국갤럽 공동조사)로 기억하고 있는 각종 국민의식조사에서 쉽게 확인할 수 있다.

구와 경제적 열망을 지녔던 농민과 농촌마을의 집합적 참여가 존재했다(김정렴, 1990; 김대환, 1993; 정상호, 1998; 전재호, 1998; 임지현, 2004; 황병주, 2004; 조희연, 2004)고 적시하고 있다.

이러한 현실과 시선에도 1970년대 농촌새마을운동에서 드러나는 농촌사회의 집합적 참여에 대한 해석과 평가는 상반된 입장으로 나누어진다. 박정희 체제와 그 유산을 긍정적으로 바라보는 입장에서는 농촌의 사회경제적 열망 실현이라는 '아래로부터의 요구'가 박정희 체제에 의해서 수렴되는 동의의 정치과정으로 농촌새마을운동을 이해한다. 반면, 박정희 체제와 그 유산을 부정적으로 바라보는 입장에서는 유신체제의 수립과 안정화를 위한 '위로부터의 규율'이 실천되는 강제의 정치과정으로 농촌새마을운동을 보고 있다.

그러나 이상의 '동의와 강제'라는 이분법적 이해만으로는 농촌새마을운동은 물론, 박정희 시대에 내재된 중층적이며 다층적인 현실과 그 의미를 포괄하는 데 한계가 있다. '대중의 집합적 참여=동의' 또는 '압도적 국가주도=강제'라는 등식은 지금까지 박정희 시대에 대한 연구들에서 논의되던 '지배 대 저항'의 이분법적 시각과 '경제 또는 정치' 중심의 일면적 평가, 그리고 이로부터 확장된 인식론적 차별성[2)]을 극복하는 데 큰 도움을 줄 수 없기 때문이다(하재훈, 2007b: 126~127). 그렇다면 1970년대

---

2 2000년대 이후 활발하게 전개되었던 대중독재논쟁은 이와 같은 현상을 잘 보여준다. 박정희 체제에 대해 대중의 광범위한 동의가 존재했으며 이로써 '아래로부터의 독재'가 형성·전개되었다는 논쟁은 새로운 분석적 시도와 문제제기의 적실성보다는 박정희와 그 시대를 다루는 연구자들의 '인식론적 위치'에 대한 논쟁으로 흐르는 경향을 보였다. 여기서 등장했던 '악마론', '혐의', '오역' 등의 수사적 표현은 이러한 인식론적 차별화를 간접적으로 보여준다고 하겠다.

농촌새마을운동과 농촌사회의 집합적 참여에 대한 새로운 차원의 접근과 논의가 필요하지 않을까?

이러한 문제의식과 관련하여, 1970년대 농촌새마을운동에서 농촌사회의 집합적 참여는 향약·두레·계·품앗이 등과 같이 한국사회에 이어져 온 공동체적 전통에서 찾을 수 있다(정갑진, 2008; 경운대학교 새마을아카데미, 2008; 하재훈, 2007b; 김영미, 2009)는 논의가 최근 들어 나타나고 있다. 새마을운동은 농촌마을을 운동주체로 설정함으로써 마을공동체를 적극적으로 활용할 수 있었으며, 그 마을공동체를 통해 농촌마을의 집단적 참여를 이끌어냈다. 달리 말해서, 자율과 자치의 공동체적 전통이 1970년대 농촌새마을운동과 농촌사회 사이의 접점을 이룬다는 것이다.

하지만 이와 같은 논의는 한 가지 역설을 뛰어넘을 때 성립할 수 있다. 우리는 1960~1970년대 '조국근대화의 시대'를 거치면서 '나태와 무지와 가난'으로 점철되는 농촌사회의 모습을 무수히 '목격'해야 했다. 그것은 국가 최고통치권자였던 박정희의 언설을 통해서 더욱 그러했다. 박정희에게 '과거는 사대주의, 자주정신의 결여, 게으름과 불로소득 관념, 개척정신의 결여, 기업심의 부족, 악성적 이기주의, 명예관념의 결여 등으로 얼룩진 부끄럽고 반성해야 할 역사'(박정희, 1962: 97~105)였으며 근대화를 위해서 사라져야 할 전근대의 모습, 그 자체였다. 이는 농촌새마을운동의 전개과정에서도 예외는 아니었다. 농촌근대화를 표방하던 1970년대 농촌새마을운동의 추진과 성공을 위해서는 '부끄럽고 반성해야 할 과거로부터의 단절'이 무엇보다도 절실했다(내무부, 1975: 1070). 여기에서 우리는 '근대화를 위해서 버려야만 했던 전근대의 유산 속에서, 근대화를 위한 동인과 역사적 근원을 찾고 있는' 하나의 역설과 마주치게 되는 것이다.

이 글의 목적은 바로 여기에 있다. 농촌사회의 공동체적 전통이 1970년대 농촌새마을운동에 나타나는 농촌사회의 집합적 참여를 가능하게 했는지, 그렇다면 그것은 어떤 의미인지 검토하려는 것이다.

2. 연구방법

지금까지 새마을운동 연구는 크게 두 가지 시각에서 논의되었다. 첫째, 농촌개발, 지역사회개발, 경제개발, 근대화 등의 관점에서 새마을운동의 성과 또는 성공여부를 검토하는 시각이다(박섭·이행, 1997; 임수환, 1997; 김홍순, 2000). 둘째, 박정희 체제의 사회규율과 통제 등에 초점을 두어 지배전략의 관점에서 새마을운동을 바라보는 시각이다(임경택, 1991; 박진도·한도현, 1999; 오유석, 2003; 김대영, 2004; 조희연, 2004; 고원, 2006). 이러한 연구들은 새마을운동의 양적·질적 성과 분석에 치중하거나, 국가정책 또는 사회구조 등의 거시적 차원의 분석을 시도하거나, 또는 대중참여의 성격논쟁에 치중함으로써 여전히 박정희 체제 혹은 새마을운동에 대한 규범적 이분화를 심화시키고 실제 새마을운동에 참여했던 농촌사회의 사실적 모습을 드러내는 데 한계를 드러냈다(하재훈, 2007a: 1~2).

최근 연구들은 현지조사, 성공사례, 수기, 구술 등 그동안 조명받지 못했던 자료를 발굴하고, 일상사, 구술사 등의 새로운 접근방법을 통해서 새마을운동을 실제 펼쳤던 농촌마을과 농민들에 대해 심층적인 연구를 진행하고 있다(유병용 외, 2001; 김영미, 2009). 혹은 새마을운동에 열성적으로 참여했던 부녀지도자의 정체성을 검토하거나(장미경, 2008), 새마을지도자의 리더십 형성과 특성을 규명함(한도현, 2010)으로써 기존 연구경향에서 드러나는 한계를 보완·극복하는 데 많은 성과들을 보여주고 있다. 특히, 일상·경험·기억 등 미시적 차원의 새로운 탐색을 통해서 기존 연구경향이 간과했던 농민과 농촌마을의 주체성을 드러냈으며, 나아가 농촌새마을운동의 역사성을 규명함으로써 박정희 시대의 종합적인 이해를 높이는 데 크게 기여했다.

그러나 이 연구들은 대체로 새마을지도자의 형성과정, 활동과 특징, 정체성 규명에 치중함으로써 농촌사회의 집합적 참여와 그 동인에 대한 충분한 논의를 전개하지는 못했다. 특히, 이들 연구는 1970년대 농촌새마을운동의 행위자적 측면에 초점을 두어 논의를 진행했음에도 행위자들의 참여 동인과 관련된 공동체적 전통의 역할과 기능에 대해서는 충분한 설명을 제시하지 않고 있다.

이러한 관점에서 이 글은 농촌사회의 공동체적 전통에 초점을 두어 논의를 진행하고자 한다. 한국에서 마을은 전통적으로 지리적·사회문화적·경제적 조건에 따라 자연발생적으로 형성된 생활공동체였으며, 농경에 기초한 노동교환과 상호부조가 일상화된 경제공동체였다. 또한, 마을은 구성원 사이의 일체감과 동질감을 형성시키고 다른 마을과 구별되는 공동체적 규범을 만들어 후속세대에게 전수하는 문화공동체의 성격을 동시에 가졌다(김태일, 1990). 즉, 한국의 농촌사회는 마을의 환경과 조건에 의해서 형성된, 구성원 사이의 연대감과 결속력을 내장한 생활·경제·문화공동체였으며 이것은 공동체적 규범을 통해서 유지될 수 있었다. 이 글은 생활·경제·문화공동체로서 농촌사회에 계승되었던 공동체적 전통이 1970년대 농촌새마을운동의 전개과정을 통해서 어떻게 활용되었는지를 살펴볼 것이다. 그리고 그것을 통해 새마을운동 과정에서 농촌사회의 집합적 참여가 어떻게 일어났는지 검토할 것이다. 이를 위하여 이 글은 조직, 사업, 마을지도자 등을 중심으로 1970년대 농촌새마을운동의 전개과정을 살펴보도록 할 것이다.

한편, 이 글은 1970년대 새마을지도자들의 구술에 의존하여 논의를 진행하고자 한다. 구술에 의한 연구방법은 구술 자체가 갖는 주관성과 개인성 때문에 논지의 객관화에 한계가 있을 수 있지만, "개인의 주관적 경험이 어떤 의미를 가지며, 또한 그 개인의 주관적 경험은 어떻게 객관적 구조와 상호 연관되어 있는지를 보여준다"(윤택림, 2009: 513~514)는 점에서 강점이 있다. 따라서 1970년대 새마을지도자들의 구술에 근거한 연구는 농촌새마을운동에 실제 참여했던 주체들의 주관적 인식과 경험을 확인하고, 여기에 영향을 미쳤던 당시 농촌새마을운동의 다양한 구조적 동인을 설명하는 데 유용한 접근방법이라고 할 수 있다.

이 글의 구술대상은 1970년대 농촌새마을운동에 적극적으로 참여했던 5명의 새마을지도자들이다. 이들은 공통적으로 1945년부터 1960년대 사이에 농촌계몽운동 또는 지역개발사업 등을 통해 자신이 살던 농촌사회의 변화와 발전에 기여했으며, 1970년대에는 농촌새마을운동을 주도하여 새마을훈장·포상 또는 대통령 표창 등을 받은 경험이 있다. 특히, 이들은 이장, 동장, 면장, 자치조직회장 등을 역임하면서 마을에 전승되어왔던 다양한 형태의 공동체적 전통을 직접 체험하거나 기억하고 있다는 점에서 이 글의 구술대상자로 선정되었다. 따라서 이 글은 거시적·구조적 차원에서 논지의 일반화를 추구하기보다는 미시적·행위자적 차원

〈표 6.1〉 구술자의 인적 사항

이름	출생연도	학력	1970년대 이전 경력	1970년대 이후 경력	수훈내역
이ㅇㅇ	1927년	중퇴	ㅇㅇ회 회장 이장	이장 새마을지도자	근면장
하ㅇㅇ	1930년	초퇴	ㅇㅇ부 회장	새마을지도자 새마을교육 강사 동회장	동탑산업훈장
정ㅇㅇ	1922년	중졸	면장	새마을연수원 강사	국민훈장
홍ㅇㅇ	1929년	초퇴	동장	새마을지도자	국민포장
김ㅇㅇ	1927년	고졸	이장	읍 새마을협의회장	대통령표창

에서 구술을 통해 나타나는 사례의 특징을 도출하도록 할 것이다. 이 글의 구술 인터뷰는 2009년 2월에서 2010년 2월 사이에 성공회대학교 사회문화연구원 새마을운동 연구팀에 의해 진행되었다. 구술자들의 간단한 인적 사항은 〈표 6.1〉과 같다.

3. 전통적 자치조직의 활용: 자율과 자치에서 물적 토대로

1) 농촌새마을운동의 조직 구축

1970년대 농촌새마을운동은 1971년 새마을가꾸기 사업에서 비롯되어 1972년부터 본격화되었다. 1970년 4월 22일 한해대책 지방장관회의에서 박정희는 '새마을가꾸기 사업 또는 알뜰한 마을 만들기 사업'을 전개할 것을 지시했다. 이후 1970년 10월 내무부를 통하여 전국 3만 3,267개 행정 리·동 마을에 시멘트 335부대가 지급되면서 시범적인 사업이 시작되었다. 이때는 주로 마을 앞길 넓히기, 퇴비장 만들기, 마을 청소 등 마을공동 사업이 주민들의 집합적 참여에 의해서 추진되었다(≪조선일보≫, 1971.7.31). 1970년 10월부터 1971년 6월까지 시범적으로 시행된 새마을 가꾸기 사업은 기대하지 않았던 가시적 성과를 거두게 되었으며, 이에 박정희 체제는 1972년부터 이 사업을 '새마을운동'이라는 명칭으로 바꾸고 농촌을 중심으로 '범국민운동화'를 추진했다.

새마을운동을 추진하기 위해 박정희 체제는 1970년 10월부터 1971년 6월 사이의 새마을시범사업 이후 우선적으로 조직 구축에 나섰다. 정부는 1972년 새마을운동의 본격화를 선언하면서, 동시에 새마을운동을 효율적으로 운영하기 위한 중앙통제기구의 필요성을 제기했다(≪조선일보≫, 1972.2.9). 이에 따라 1972년 3월 7일 내무부 장관을 위원장으로 하는 새마을운동 중앙협의회를 구성했으며, 그 산하에 시·도, 시·군, 읍·면, 리·동, 마을 등 위계적인 조직체계를 구축했다(내무부, 1980a: 154~157).

또한 박정희 체제는 농민과 농촌마을을 효율적으로 조직하기 위해 지방행정조직을 강화했다. 면·리·동의 지방공무원을 충원하여 농촌사회와의 직접적인 접촉 면을 확대했으며, '새마을운동의 활성화'라는 명목으로 해임과 승진 등의 인사권 행사를 통해 지방공무원들의 새마을사업 참여를 독려하기도 했다(하재훈, 2007a: 123~126).

중앙통제기구의 설치와 지방행정조직의 강화에 이어 박정희 체제는 당시 농촌마을에 존재하던 다양한 형태의 자치조직들을 농촌새마을운동의 조직으로 편입시킴으로써 조직 구축을 완성했다. 농촌마을의 남성 세대주는 '새마을영농회'로(≪조선일보≫, 1977.7.30), 여성은 '새마을부녀회'로(≪조선일보≫, 1977.3.29), 청년들은 '새마을청년회'로, 노인층은 '새마을노인회'로 편입시켰다.

농촌새마을운동의 조직 구축은 국가기구를 중심으로 하는 '위로부터의 조직화'라는 특징을 가진다. 하지만 여기에서 주목할 것은 박정희 체제가 마을회의, 계, 회 등과 같은 당시 농촌사회에 존재했던 자율적이며 자치적인 전통적 조직을 농촌새마을운동의 조직 내로 흡수하고 적극적으로 활용했다는 데 있다. 당시 마을회의는 농촌사회의 최고 의사결정기구이자 그 자체가 생활공동체였다. 마을 전 세대의 가구주를 회원으로 했으며, 여기에서 결정된 의결사항은 주민 모두가 준수해야 하는 공동체적 규범성을 가지고 있었다. 즉, 마을회의의 의결사항을 주민이 이행하지 않을 경우에는 벌금, 집단 따돌림, 강제 이주, 공동작업 배제 등 마을공동체의 이름으로 다양한 제재가 가해질 수 있었다.[3] 마을회의를 대신했던 계와 회 등의 전통적 조직들 역시 마찬가지였다. 바로 이러한 점에서 박정희 체제는 농촌새마을운동을 시행할 때, 자율과 자치의 전통적 조직을 활용하여 농촌사회의 집합적 참여를 이끌어내고자 했다고 볼 수 있다.

2) 자율과 자치의 전통적 조직 활용

1970년대 농촌새마을운동 당시에는 대동계, 동계, 촌계, 어촌계 등 다

---

3 농촌새마을운동의 전개과정에서 이러한 공동체적 제재가 사회적 문제로 대두되기도 했다. 마을이장, 새마을지도자 등 주민 14명이 마을회의를 열어 전과자로서 평소 소행이 나쁘고 새마을사업에 비협조적이었다는 이유로 마을주민을 구타해 중상을 입히고 목조초가를 반파하는 사건이 발생했다(≪조선일보≫, 1973.4.27). 한편, 주민 30여 명이 마을회의를 열어, 술장사를 하면서 평소 새마을사업과 마을일에 협조하지 않았다는 이유로 한 주민을 회초리로 때렸는데, 이를 목격한 피해자의 아내가 정신착란을 일으키는 사건이 발생하기도 했다(≪조선일보≫, 1974.2.7).

양한 형태의 전통적 조직이 존재하고 있었으며 이들 조직이 마을회의를 대신하는 경우가 많았다(내무부, 1978). 비록 이름과 형태는 달랐지만 마을의 집합적 의사결정권과 공동체적 규범성을 발휘하고 있었다는 점에서 이들 조직은 마을회의와 같이 자율과 자치의 전통적 조직으로 기능했다.

이 글의 구술에서도 이와 같은 사례들이 확인되고 있다. 이○○ 씨와 정○○ 씨의 구술을 보면, 이 두 마을에는 1945년 해방 이후부터 1970년대 농촌새마을운동 당시까지 마을회의를 대신한 계조직이 있었다. 이들 조직은 액막음, 기복, 마을기금 조성 등을 목적으로 자생적으로 설립되었으며 마을의 안녕과 질서유지를 위해 자율적이며 자치적인 활동을 펼치고 있었다. 이○○ 씨의 구술에 따르면, ○계는 오래전부터 마을 앞에 자연스럽게 형성되었던 숲이 고사되면서, 흉물스러운 숲을 미관상으로, 또 풍수지리적으로도 복원을 해야 한다는 마을주민들의 의견에 따라 1906년에 설립되었다. '마을의 모습이 마치 항아리 모양을 이루고 있는 듯해서 그 입구를 막아야 액운이 사라지고 재물 쌓이고 훌륭한 인물이 날 것'이라는 마을의 의견을 모은 결과였다. ○계는 액막음과 기복을 통해 마을공동체의 안녕을 기원했으며, 규약을 제정하여 마을 내부의 질서유지와 마을기금의 조성에 기여함으로써 전형적인 자율과 자치의 전통적 조직으로 기능했다.

자연 숲이 있어서 참 동네가 있는 줄도 모르고 들어와 봐야 동네가 있다고 이랬는데 그게 인제 자연적으로 고사가 되고, 그러니까는 동네가 폐허가 되고 참 액운이 많이 들고 이래서 풍수지리설로 '여길 막아야 된다'. 여기가 인제 그 ○○이 항아리 형상이에요. 요렇게 생겨서 인제 항아리 형상인데 그 주둥아리 …… 그래서 낭구(나무) 하나 참 관리, 감시원 두고 뭐 막 저 ○○ 사람이 낭구(나무) 몇 개 베어 가지고 그때 돈으로 벌금을 삼(3)원을 물었어요. 일정 때 쌀 한 가마니에 일(1)원 오십(50)전인데 …… 그래 그때 쌀 한(1)섬이면 일꾼 사병이여. 일(1)년. 허허허(이○○ 씨).

정○○ 씨의 구술에서 나타나는 ○○계는 이상의 사례와는 근본적으로 다른 목적에 따라 설립되었지만 마을공동체의 연대감과 결속력을 높이는 활동을 펼치면서 자율과 자치의 조직으로 기능하고 있었다. 1950년대 설립된 ○○계는 애초 마을기금조성을 목적으로 한 자생조직이었는데, 정월 초하루 농악과 보리밟기의 결합을 통해 마을의 공동체성을 확보하고 보리생산성을 높이려는 자율적 활동을 펼쳤다.

○○계라고 지가 조직을 했거든요. …… 제가 …… 무엇을 새로운 것을 창조하자는 그런 뜻으로 만들었으니까 …… 돈을 요렇게 모아놓고 …… 오십구(59)년에 …… 아 그때는 인자 해방 기쁨으로 그런지 어쩐지 정월 초하룻날부터서는 농악을 …… 울리고 뛰고 먹고 돌아댕긴단 말이오. 그래서 오십구(59)년 정월에 제가 제의를 했어요. "어이, 뛸라면 보리밭에 해야 다수확이 되고 …… 아, 또 긴히 뛸라거든 보리밭을 밟세. 그러고 마을에서 요렇게 집집마다 다니면서 먹어치운 놈을 그놈을 요렇게 모아서 모아서 마을공동기금을 만드세"(정○○ 씨).

하지만, 이 구술자들에 따르면 이와 같은 전통적 조직들은 1970년대 농촌새마을운동을 통해 기능적 측면에서 중대한 변화를 맞이했다. 액막음, 기복, 마을기금 등을 위해 자생적으로 설립되어 규약을 통해 마을공동체의 안녕과 질서를 유지하던 모습에서 새마을사업의 물적 토대를 담당하는 형태로 변모되었다. 이 조직들은 마을의 집합적 의례나 대소사를 위해 조성하고 사용했던 계금을 농촌새마을운동 시기 사업비로 충당함으로써 주민 각자의 경제적 부담을 줄이고 동시에 마을의 집합적 참여를 끌어내는 데 활용되었다. 이러한 양상은 1906년 설립된 이○○ 씨 마을의 ○계와 1959년 설립된 정○○ 씨 마을의 ○○계에서 동일하게 나타난다.

그래도 지역사회개발로 또 이름이 난 동네고, 그리고 재산이 우선 뒷받침 자금이 충분한 마을이다 그 말이지, 여기는. 그 자금이 충분한 마을이니까 ○계가 있고 또 방앗간도 있고 구매점 있고 뭐 이런 게 전부 있으니깐 자금이 충분하니까 밀어야. 이래 가지고 이제 시에서 인제 군에서 밀어재껴 가지고, 그 칠십삼(73)년도 새마을운동을 인저 …… (이○○ 씨).

그저 이름만 경작료만 받는다 할 정도로 싸게 받고 고놈을 받고 해서 모은 돈으로 육십칠(67)년부터서 그 돈으로 새마을 …… 사업을 거자(거의 다) 했어요. 헐 것이 우리 마을은 별로 없으니까 어? 그지(그렇지) 않습니까? …… 별로 할 것이 없으니까 그 돈으로 거자(거의 다) 해나가고 지금도 …… (정○○ 씨).

하지만 새마을사업에서 자율과 자치의 전통적 조직의 활용이 자발적이고 적극적인 농민과 농촌마을의 집합적 참여를 항상 담보할 수 있는 것은 아니었다. 새마을사업비의 마을부담은 사업의 물적 토대를 마련했다는 점에서는 사업 추진에 긍정적 기여를 했으나, 마을부담이 지속되어야 할 사업에서는 오히려 주민의 무관심과 비협조를 불러일으켰다. 앞에서 언급된 것과 같이, 이○○씨의 마을은 이미 1960년대부터 지역사회개발사업의 모범마을로 선정되어 전국적인 지명도를 갖춘 곳이었음에도, 1970년대 농촌새마을운동 시기 상수도사업에서 주민들의 비협조로 실패를 경험했는데 이○○씨는 그 원인을 마을이 시설운영비를 부담했다는 점에서 찾고 있었다.

> 이 촌 양반들이 들에 갈 적에 그냥 틀어놓고 가. 다 잊어버리고 …… 이 물을 당할 수 있어야지. 그 전기료는 인저 개개인이 무는 게 아니라 부락에서 물기로 했다고 …… 그래 동네 돌아댕기면서 일부러 그걸 잠궈도 줬다고, 그러고 방송으로다 아주 아침저녁으로 상수도 그 막구서 들에 나가라고 …… 그래도 그게 이렇게 잘 안 되더라고 …… 그래 인제 본인들이 그 돈을 내면 그렇게 안 했을 거지. 뭐 돈 안 내는 거깐 그냥 …… 자기 돈 안 무니깐 아이 이게 뭐 못 당해. 이노무 거 …… 그러니까 노다지 물이 떨어질 수밖에 …… 한 집에 하루에 한 섬 쓸 요량으로 계산을 해서 했는데 …… 한나절 만에 떨어지고 아침 먹고 나오면 물이 떨어지고 뭐 이 지경이 되니까 상수도 이젠 불필요론이 나오지. 그래 '그냥 돈을 인제 계량기를 달아가지고 돈을 받자' …… 이렇게 해서 계량기를 인제 수도부에 가서 얘기를 하나까는 …… 개인으로는 안 된다고 …… 그래 그 계량기를 못 달고 나니까 …… 지하수 쓰고 …… 그래서 상수도 없어졌어요. 전기료 때문에 배겨낼 수가 없어. …… 그 상수도 사업이 그래서 실패를 보고(이○○ 씨).

한편, 이○○ 씨의 구술에서 한 가지 주목할 것은 1970년대 농촌새마을운동을 거치면서 마을공동체의 안녕과 유지를 위해 조성된 전통적인 마을공간까지도 개발을 위한 근대적 공간으로 새롭게 인식하게 되었다는 점이다. 이○○ 씨에 따르면, 이 마을은 마을 입구에 숲을 조성하여 액을 막고 복을 기원하는 전통적 마을공간으로 활용했으며, 마을 재산을 증식하는 수단으로 삼았다. 그러나 이 마을은 1970년대 농촌새마을운동의 전개과정 속에서 숲의 위치가 '마을 입구'라는 점에 착안하여 마을 관문을 개발해서 '도회지'와 같은 곳으로 변모시키고자 했다. 이에 따라 전통적 마을공간으로서 숲은 개발의 근대적 공간으로 새롭게 인식되고 재구성되었다. '도회지'를 발달의 척도로 설정하여 마을 곳곳에 흩어져 있던 방앗간, 공회당, 구매점, 창고 등을 '허물고', 마을 관문에 해당되는 곳에 집중적으로 '건설하여', 사람들이 '다니기에 편하고', '보기에도 좋은' 곳으로 탈바꿈시켰다.

> 큰 나무가 백사십(140) 그런가 돼요. …… 사람이 뭐 여긴 통 안 살고, 그래서 인제 내가 착안한 게 여기를 개발해야 …… 동네 관문이니까 여기 개발해야 되겠다고 방앗간 짓고 공회당 내려오고 구매점 내려오고, 창고고 뭐고 전부 여기다 집중을 한 거지. 그러니까 여기가 도회지가 된 거지. 인저 안 그랬으면은 저 안에다 끌어다 지었으면 저 안에만 했지, 여기 발달은 안 되지. 그래서 여길 발달을 시켜서 참 사람 다니기도 좋고, 그 들어오는 또 관문이 좋잖아(이○○ 씨).

박정희 체제는 1970년대 농촌새마을운동의 효율적인 추진을 위해 '위로부터의 조직화'를 꾀했다. 중앙집권적 관료체계를 이용하여 중앙통제기구를 구성했으며 지방행정조직을 강화해 농촌사회와의 직접적 접촉면을 확대했다. 더 중요한 것은 당시 농촌마을에 존재했던 다양한 형태의 자치조직들을 농촌새마을운동의 조직으로 편입시킴으로써 자율적이며 자치적인 전통적 조직의 공동체적 규범성을 활용해 농촌사회의 집합적 참여를 이끌어내고자 했다는 점이다.

이 글의 구술에서도 이와 관련된 사례들이 확인되고 있다. 이○○ 씨와 정○○ 씨의 구술에 따르면, 이 마을들은 1970년대 이전부터 자생적인 계조직을 설립해 마을공동체의 안녕을 기원하고 규약을 통해서 마을 내부의 질서를 유지했으며 나아가 마을의 집합적 의례와 대소사를 위한 중심적 역할을 담당하게 했다. 이러한 점에서 이들 조직은 자율과 자치에 기초한 전통적 조직의 모습을 띠었다고 하겠다.

하지만, 1970년대 농촌새마을운동의 전개과정에서 볼 때 이들 조직의 사회경제적 역할과 기능은 큰 변화를 맞이했다. 마을공동체의 안녕과 질서 유지 등의 전통적 기능은 약화되고 새마을사업비의 충당이라는 물질적 기능이 중심적으로 부각됨으로써 전통적 조직들은 농촌새마을운동의 물적 토대로서 작동하게 되었다. 농촌새마을운동은 이러한 전통적 조직의 기능 변화를 통해 주민 각자의 경제적 부담을 줄이고 동시에 농촌사회의 집합적 참여를 이끌어내고자 했던 것이다.

그러나 농촌새마을운동에서 전통적 조직의 활용이 자발적인 농촌사회의 집합적 참여를 항상 담보하지는 못했다. 즉, 전통적 조직의 활용은 새마을사업의 물적 기반을 제공하여 사업 추진의 효율성을 높였다고 할 수 있지만, 이것이 오히려 '자신의 경제적 이익에 민감했던' 주민들의 무관심과 비협조를 불러일으키는 원인이 되기도 했기 때문이다.

따라서 1970년대 농촌새마을운동은 조직 구성의 측면에서 볼 때, 전통적 조직이 간직했던 자율과 자치의 공동체성을 약화시키고 물질적 기능을 선택적으로 활용함으로써 사업 추진의 효율성을 높였지만, 경제적 이익에 민감했던 농촌사회의 집합적 참여를 견인하기에는 일정한 한계가 있을 수밖에 없었다.

4. 협업적 전통의 활용: 공동체적 이익과 개별적 이익의 충돌

1) 농촌새마을운동의 사업

1970년대 농촌새마을운동을 통해서 박정희 체제는 '경제개발'과 '조국근대화'의 구호 아래 지속적인 경제성장을 위한 지배의 물적 토대를 구축하고[4], 다른 한편으로는 가난과 궁핍으로 찌든 농촌사회의 경제적 열망을 수렴하고자 다양한 형태의 경제적 유인을 전략적으로 제공했다(하재훈, 2007b: 161~162). 1970년대 농촌새마을운동의 경제적 유인은 마을의 등급화와 차별화의 방식으로 이루어졌다.[5] 1971년 새마을가꾸기 사

4 박정희는 새마을운동의 가시적·외형적 성과가 두드러지기 시작한 1973년부터 경제개발을 위한 '내자동원'에 새마을운동을 적극적으로 활용하고자 했다. 1973년 8월 국무회의에서 '새마을사업을 통해서 농가소득수준이 높아졌으며, 이를 저축과 투자로 이끌어낼 것'을 지시했으며(≪조선일보≫, 1973.8.11), 1973년 9월 '내자동원 극대화 방안'으로 농어촌에서 1조 원의 저축을 동원키로 결정하고 '전 가구 1통장 갖기 운동', '1일 5원 개미저축' 등을 장려하기 시작했다(≪조선일보≫, 1973.9.6).

업의 가시적 성과에 기초하여 박정희 체제는 1972년부터 본격적인 경제적 유인을 제공했다. 정부 지침에 따라 채택된 마을공동사업을 중심으로 새마을운동을 펼쳤던 전국의 모든 마을을 철저하게 실적 위주로 평가를 실시해서 기초마을·자립마을·자조마을 등의 3등급으로 나누고 이에 맞춰 직접적인 물질적 보상을 제공했다(≪조선일보≫, 1972.10.26).

또한 박정희 체제는 새마을사업 평가에서 우수마을로 선정된 곳에 물질적으로 보상하는 것과 더불어, 언론매체 홍보, 훈장 수여, 자매결연 등과 같은 마을 중심의 명예심과 자부심 등 공동체의 감성을 자극할 수 있는 다양한 유인정책을 실시했다. 대통령비서실이 작성한 1973년 9월 '새마을우수부락 지원계획'을 보면, 우수사례를 각 도별로 1개씩 모두 8개를 선정하여 6개 마을에는 마을기금으로 마을별로 200만 원을, 2개 마을에는 가교 자재 비용으로 마을별로 400만 원을 지원토록 했다(대통령비서실, 1973a). 이와 동시에 대통령비서실은 이들 마을에 현지 취재를 실시해 텔레비전, 라디오, 신문 등 각종 언론매체로 전국에 보도함으로써 다른 마을의 본보기가 되도록 조치했다(대통령비서실, 1973b). 이 외에도 마을단위로 새마을훈장을 수여하거나, 대통령 하사금 또는 특별지원금을 제공하거나, 혹은 국내외 기관·단체와 우수마을 사이에 자매결연을 추진하여 우수마을의 사기진작과 새마을운동의 활성화를 시도했다.

1970년대 농촌새마을운동의 사업 추진과 평가, 그리고 보상의 과정을

5 이러한 경제적 유인은 대체로 직접적인 물질적 보상을 중심으로 실시되었는데, 이로써 당시 새마을사업에 참여했던 많은 마을 사이에 과당 경쟁을 불러일으켜 사회적 문제로 대두되기도 했다(≪조선일보≫, 1972.7.30).

볼 때, 박정희 체제는 마을 중심의 물질적·감성적 유인정책을 통해서 농촌사회의 집합적 참여를 의도했다. 당시 농촌사회의 공동체성을 자극할 수 있는 마을공동사업을 중점적으로 추진하도록 지침을 내렸으며, 개인이 아닌 마을단위로 철저하게 실적을 평가하고 이에 따른 유·무형의 보상을 제공함으로써 농촌사회의 집합적 참여는 곧 마을공동체의 이익이라는 인식을 심고자 했다. 사업적 측면에서 가교설치, 안길확장, 농로개설, 회관건립, 공동시설 건립 등과 같은 마을공동사업을 제시하고, 사업의 성패는 마을의 집합적 참여에 달려 있으며 그 '성공의 열매'는 마을공동체 모두의 것임을 강조했다. 요컨대 박정희 체제는 1970년대 농촌새마을운동의 사업적 측면에서 마을공동사업을 통한 공동이익실현을 강조했다. 그 과정에서 '공동노동'과 '공동분배'의 협업적 전통을 농촌새마을운동에 활용함으로써 농촌사회의 집합적 참여를 이끌어내고자 했다.

2) 마을공동사업의 활용

(1) 1970년대 이전 마을공동사업

이 글의 구술자들은 공통적으로 1970년대 이전부터 자기 마을과 지역사회에서 농촌계몽, 농업개발, 지역사회개발 등의 분야에서 상당한 활동을 펼쳤으며, 이러한 활동의 성과를 기반으로 마을과 지역사회로부터 능력을 인정받고 신뢰를 쌓았다. 1970년대 이전 이들이 펼쳤던 마을공동사업들은 농로개설, 마을길 넓히기 등과 같은 마을환경 개선사업은 물론 특용작물 재배, 한우 입식 등과 같은 소득증대사업까지 광범위하게 이루어지고 있었다. 즉, 1970년대 이전부터 구술자들의 마을에서는 '생산'과

'개발', 그리고 '발전'이라는 근대로의 변화 노력들이 상당히 축적되었다. 이 글의 구술 사례를 보면, 마을공동사업과 공동이익실현을 위한 이러한 노력들을 찾아볼 수 있다. 마을 구성원들은 '소도 지나다니기 어려운' 좁은 길 때문에 발생하는 일상적 불편을 해소하고 그 '길'을 통해 '잘사는 동네'와 '잘사는 주민'을 꿈꾸었다. 그리고 마을 구성원들은 각자 '양보'와 '협동'을 통해 '보기도 좋고 다니기도 좋은 길'을 놓았으며, 이를 바탕으로 리어카와 경운기 등 근대적 '이기'를 경험하게 되었다.

농로 개발은 내가 동장하면서부터 시작해 인자 육십일(61)년도부터 했는 셈이라 농로 개발은. …… 이래 농로 개발하고 양수장 설치하고 상전하고, 양계하는 거 하고, …… 길이 소로거든 옛날에는 소에 짐메가 …… 여그 짐 싣고 가다 소가 탁 다쳐가 이 다치고 벼를 부수고 이랬는데 이거부터 고쳐야겠다. 이래가 이 좀 양보를 하고 이 밑에도 양보를 하고 길을 넓혀 해 가지고 농로 개발을 전부 그래 했지 …… 사는 동네는 우리 못사는 동네가 그래 하니까는 '저거 못사니까 그래 한다' 이렇게 생각했지. 그렇게까지 우리 동네가 발전될 줄은 몰랐지. 못살던 마을이. …… 딴 동네는 우리 동네가 그렇게 갑자기 좋아질 줄은 그렇게 못 생각했지(홍○○ 씨).

한 팔(8)년에 걸쳐 가지고 했으니까, 육십(60)년대에 들어와 가지고 집에 왔다 갔다 하면서 시작한 겁니다. 그게. …… 아아 오십팔(58)년 맞습니다. 오십팔(58)년부터 육십팔(68)년에 다 했으니까 …… 길은 벌써 닦았거든요. …… 그러고 나니 저거도 보기 좋거든 댕기니 좋지 뭐 우차도 사고 저거도 구름마(리어카) 사고, 그 후로 경운기 나왔거든요. 그래 안 그랬으면 어데 경운기 몰다가는데. 과연 잘했다 싶어 가지고 사람이 모이고 …… 소득증대사업으로 한 가지 한 것은 새마을로 그 전에 만들어놓고, "우리가 살라 하면 한 집에 복숭아 나무 백(100)주, 능금나무 이백(200)주, 감 백(100)주씩을 새로 심어라", 그래 갖고 묘목을 갖다가 전부 배포를 해줬습니다. 그것이 커 가지고 나무가 이렇습니다. …… 자기 스스로가 자각, 자기 스스로가 일 바쳤어요. 내가 제안한 거는 첫째 길, 묘목 알선해줬는 거, 이래이래 해야 우리가 앞으로 살 것이다 카는 것. 참 이래 뭐 학생들 앞에서 나가서 강의하듯이 했습니다. 그거는 불과 얼마 잠깐 동안에 다 되어버렸어. …… 부자되었지요. 그 당시에 능금나무 심었는 게 아름 딸 다 되니까, 한 나무에 스무(20)짝 서른(30)짝 나오거든요. 그러니 돈 안 됩니까? 생전 그런 돈 못 받아가 그런 외 수익 번다 카면 다 마음이 널라 그래도 다 부지런하고 술 먹고 카는 사람 없고 …… 요새 흔히 하는 고스톱카는 거 그것도 칠 줄 모릅니다. …… 우리가 스스로 자립해서 일 바치고 자립 협동 이거는 뭐 어데 가도 안 빠집니다. 이 마을 사람들은(김○○ 씨).

하지만 이상의 마을들에서 펼쳐진 마을공동사업의 시행 과정이 모두 마을공동체의 자율적 의사결정과 집합적 참여에 의해 진행된 것은 아니었다. 1958년에 마을길을 성공적으로 넓혔던 김○○ 씨의 마을은 공동체의 이익실현이라는 명분 아래 '관'을 동원한 강제가 마을공동체의 자율적 의사결정과 집합적 참여를 통제했음을 보여주는 사례이다. 즉, 김○○ 씨의 기억에 따르면, 마을길을 넓히는 데 아랫마을의 반대가 극심하자 마을 발전을 위해서 윗마을 사람들을 총동원하고 '총칼'로 완전 무장한 경찰을 동원하여 길을 한꺼번에 닦았다고 한다. 물론 경찰이 지키고 있는 공사현장에서 아랫마을 사람들은 '감히 대들지 못하는' 상황이었다.

> 드가고(들어가고) 하니 마당이 없어진단 말이야, 마당이 솔아지니(좁아지니) 반대하지, '찬성이다 내가 주꾸마' 하는 사람이 없었단 말입니다. 그때 일 생각나면 우스워요. 그래 웃(윗) 마실에 ○○사람들을 총동원해 가지고 "괭이 삽을 가지고 있거라, 몇 시에 내가 경찰로 한 부대 내려보낼 테니끼 그래 오거든 왈칵 다 뭉개뻐라", 이래 코치를 해놓고 내가 올라갔거든. …… 그 당시에 쓰리코타 카는 거 왜. 쓰리코터. 쓰리코터에 완전무장해 가지고 총대 메고 스무(20) 사람인가 태워 가지고 여기 현장 내려보냈거든. 내려보내서 딱 총칼 메고 서 있으니 어디 거기 감히 대들어요. 한 몰카가 길로 닦아버렸단 말이에요. …… 허허허허. 참 얄궂은 일이 있었습니다(김○○ 씨).

한편, 이○○ 씨의 구술에 따르면 1970년대 이전에 실시되었던 지역사회개발에서도 정부의 경제적 유인이 존재했음을 알 수 있다. 이○○ 씨의 마을은 1960년대부터 지역사회개발에서 전국적으로 인지도가 높은 시범마을이었으며 이를 계기로 당시 마을의 숙원사업이었던 전기가설사업을 완료할 수 있었다. 사업 과정에서 예기치 못한 사정이 있었고 구술자가 "노이로제에 걸려 전기 전기할" 만큼 이 사업을 원하기도 했다. 하지만 무엇보다 "엄청나게 돈이 드는 사업"이었기에 정부의 지원을 최대한 활용하고자 했던 마을 구성원들의 노력이 있었고, 덕분에 성공적으로 사업을 수행할 수 있었다.

육십일(61)년도 될 꺼여. 여기 인제 ○○○ 박사 오고 뭐 그리고 …… 외국 그 손님들도 많이 왔어요. …… 소망이 뭐냐 하면 전기야. 아주 그냥 전기에 노이로제가 걸려 가지고 '전기 전기' 얘기하니까는 …… 우리 ○○○도에 세 군덴데 여기가 떨어졌는데 우리는 전기를 달라 했단 말이야. 그 전기를 댔어요. 그 전기를 해는 데도 …… 무상으로 주는 거여, 무상으로. 그리고 인제 실내 장치는 본인들 부담이다 이렇게 되니까. 아 그러니까 좀 좋아요. 그때 그 전기 끌어 들이려면 본인 부담이 되니까 엄청나게 돈이 들어서 못 한다고. 아 그래 되었는데 …… 내무부 장관이 지나가면서 보니 '여기 뭘 하냐?' 전기사업이라니까 …… '그 전기사업은 밤에만 보는 거 아니냐? 낮에는 효과가 없지 않느냐?' 이러고 …… 그거 그만두라는 거야 …… 아 그래서 안 된다는 거야. …… 그래 인제 절충절충 해 가지고 …… 들어 왔어요 …… 아 밝지. 전기 저 등잔불에다 대요? 오촉짜리만 켜도 좀 밝어. …… 모다(모터) 하니까 좀 좋아? …… 모다로 해니까는 뭐 일정한 회전수로 해니깐 쌀 좋게 나와 뭐 그래. 그래 방앗간도 뭐 일거리가 인저 많이 들어오고(이○○ 씨).

구술 사례에서 나타나는 1970년대 이전의 마을공동사업은 일상적 불편을 공동의 노력으로 극복하고 근대적 '이기'를 경험하게 해줌으로써, 마을공동체가 '개발', '발전'과 같은 공동이익실현을 위한 자율적 의사결정과 집합적 참여의 가능성을 높이는 기능을 했다고 할 수 있다. 하지만 이 과정에서도 공동체의 이익과 개인의 이익이 충돌할 경우에는 공동이익실현의 명분 아래 자율적 의사결정과 집합적 참여가 통제되는 상황이 발생하기도 했음을 알 수 있다.

(2) 1970년대 이후 마을공동사업

1970년대 농촌새마을운동에서 추진된 사업의 특징은 환경개선, 소득증대, 의식개혁 등에 목표를 두고 마을공동사업을 중점적으로 시행한 것이다. 이러한 마을공동사업에는 궁극적으로 공동이익실현을 통해 농촌사회의 집합적 참여를 견인하려던 박정희 체제의 의도가 담겨 있었다. 즉, 당시까지 농촌마을에 존재했던 공동노동과 공동분배, 그리고 공동체적 규범에 의한 자기통제의 협업적 전통을 농촌새마을운동의 마을공동사업에 적용함으로써 농촌사회의 집합적 참여를 이끌어내고자 했다.

이 글의 구술자들이 기억하는 1970년대 마을공동사업은 한우 입식, 전기가설사업, 논두렁 정리, 상수도 시설 확보 등과 같이 농업생산성 향상과 소득증대에 초점을 두고 있었다. 이러한 사업추진은 이 마을들이 1970년대 이전에 이미 지붕개량, 마을회관건립, 공동생활시설 확충 등과 같은 기초적인 사업들을 완료한 마을들이었기에 가능한 일이었다. 따라서 이 사례들은 1970년대 농촌새마을운동의 마을공동사업에서 협업적 전통이 과연 영향을 미쳤는가를 살펴보는 데 유용할 것으로 보인다.

이○○ 씨의 기억에 의하면, 이 마을에서는 1974년 논두렁 정리와 1978년 상수도 사업이 모두 군청과의 협의에 의해 정부 지원을 받는 시범사업으로 시행되었다. 논두렁 정리는 마을의 농업생산성을 높이는 데 필요한 사업이었으며 상수도 시설 확보는 마을 주민들의 건강과 일상의 편의를 제공하는 사업이었다. 따라서 이 마을의 두 사업은 정부의 지원과 마을공동사업의 성격 등으로 사업 추진 과정에서 마을 구성원들의 동의를 획득하고 집합적 참여를 이끌어내기 쉬웠을 것으로 보였다. 하지만 실제로 구술자는 이 두 사업을 실패한 경험으로 기억하고 있었다. 군청의 지원을 받았음에도 논두렁 정리의 경우는 농지 소유주들의 개별적인 이해관계가 조정되지 못했으며, 상수도 사업의 경우는 시설 운영비의 마을부담 때문에 마을주민들의 무관심과 무절제가 심해져서 사업을 실패로 몰았던 것이다.

> 칠십삼(73)년도 새마을연수원에 가서 교육을 받는데 논두랑(논두렁) 사업을 한다고 그래. 논두랑 바로 잡기사업을…… 한 군에 한 근배씩을 시범적으로 한다고…… 그 인제 내려와서…… 군에다 얘길 하니까는 마침 인제 일이 떨어졌어요. 다른 데는 모르니까 논두랑 사업이 뭔지…… 그래서 인제 농지계에서 일이 떨어져…… 측량을 하고…… 논두랑 사업을 인제 하는데…… 그래서 논두랑 사업을 하는데…… 그래 난 그 때는 아주 뻗었지, 아주 뻗었어요. 그 영 협조를 안 해줬는데 그게 지금까정 내려와요. 그게 인제 등기를 어떻게 하고 못 하고 해서 한 사람은 논두랑 사업에 가입된 사람은 그대로 손해를 보고 구장은 구장 나름대로 돈 못 받았다고 또 투덜거리고 지금까지도 이렇게 불평불만이 많이 내려오고, 등기 이전도 된 사람은 되고 안 된 사람은 안 되고 그냥 엉망진창으로 내려오고…… (이○○ 씨).

> 이 촌 양반들이 들에 갈 적에 그냥 틀어놓고 가. 다 잊어버리고…… 이 물을 당할 수 있어야지. 그 전기료는 인저 개개인이 무는 게 아니라 부락에서 물기로 했다고…… 그래 동네 돌아댕기면서 일부러 그걸 잠궈도 줬다고, 그러고 방송으로다 아주 아침저녁으로 상수도 그 막구서 들에 나가라고…… 그래도 그게 이렇게 잘 안 되더라고…… 그래 인제 본인들이 그

돈을 내면 그렇게 안 했을 거지. 뭐 돈 안 내는 거깐 그냥 …… 그 상수도 사업이 그래서 실패를 보고(이○○ 씨).

한편, 정○○ 씨의 구술에서도 이와 비슷한 양상이 나타난다. 이 마을에서는 1971년 정부로부터 한우 100마리를 지원받아 비육우 사업을 시행하려고 했다. 특히, 이 사업은 당시 박정희 대통령에게 보고된 지원 사업이었기에 도청과 군청 등 각급 관청으로부터 각별한 관심을 받고 있었다. 하지만 이 사업은 구술자가 직접 마을 주민들을 찾아다니며 한우를 분양하려 했으나 사료비 부담을 이유로 모든 주민들이 분양받기를 거부하는 바람에 마을공동사업이 아니라 구술자의 개인 사업으로 추진되었다. 그 당시로서는 상당한 규모의 정부 지원이었다는 점, 전체 마을의 소득증대에 기여할 수 있는 사업이었다는 점, 국가최고 통치권자의 관심사항이었다는 점 등에서 이 사업 역시 마을 주민들의 상당한 호응과 참여가 있었을 것으로 예측되었지만 개별적으로 부담해야 했던 사료비용 때문에 사업은 '어이없게' 실패로 돌아갔다. 결국, 한우 분양과 사료 구입에 대한 마을 주민들의 합리적 계산이 여러 가지 장점을 갖고 있었던 마을공동사업을 무산시켰던 것이다.

고놈에서 우선 백(100)마리만 ○○마을로 띠어주시오. 띠어주고 저보고 "내일 각하 어른께서 틀림없이 물어보시오. 얼마나 호응이 좋으신지 몰라요. 그런디, 물어보시거든 받았다고 말씀을 좀 해주시지요." …… 이튿날 대통령 각하, 면접 대상이니까 부랴부랴 도청에랑 갔습니까? 갔더니 …… 이렇게 열을 쭉 세우는데 …… 그래서 인자 제 차례가 되어서 …… 이

제 제가 앞에 가니까……"저 올라오다가 사진을 봤는데 정말 훌륭하데……." ……"아 각하께서 배려해주신 덕택으로 받아서 지금 사업을 추진 중에 있습니다." …… 그러고는 인사를 드리고 요렇게 안 나왔습니까? …… 아니 저는 백(100)마리를 족히 적은데 …… 인자(이제) 그러면서 할 수 있으니까 백(100)마리를 받았는데 아, 그놈을 갖다 마을 사람들에다 나눠줄라니 한 마리도 키울 사람들이 없어요. …… 아유, 왜들 그런가 어? 그렇게, "아이고, 자네는 사료를 공짜로 얻어다 맥인(먹이니까) 열 마리를 먹이지만, 우리는 어디서 공짜로는 하나도 못 얻응게 …… 못 먹인단 말일세. 그리고 소를 어떻게 세 마리, 네 마리를 맥일 수 있단 말인가?" …… 하나도 허고자 하는 사람이 없어요. …… 아 그렇게 반대 반대 반대 반대(정○○씨)?

1970년대 농촌새마을운동의 사업적 측면에서 볼 때, 박정희 체제는 마을공동사업을 통한 공동이익실현을 강조함으로써, '공동노동'과 '공동분배'의 협업적 전통을 농촌새마을운동에 활용하고자 했고 농촌사회의 집합적 참여를 이끌어내려 했다. 특히, 시범 사업 또는 지원 사업 등의 경제적 유인을 적극적으로 제공하여 농촌사회의 집합적 참여를 이끌어 냄으로써 농업생산성을 높이고 농촌사회의 소득증대를 꾀했다.

하지만, 이상의 사례들에 의하면 박정희 체제의 시도는 큰 효과를 거두지 못한 것으로 파악된다. 농촌사회의 경제적 열망 수렴, 마을공동사업의 제시, 마을공동체의 이익실현, 경제적 유인 등과 같은 일련의 접근방식은 협업적 전통의 활용이라는 측면에서 순기능을 발휘할 수도 있었다. 하지만 실제 사업 추진에서 드러났던 공동체의 이익과 개별적 이익의 충돌 지점에서는 '실리적 계산'에 충실했던 농민과 농촌사회의 선택 때문에 그들의 집합적 참여를 견인하는 데는 한계가 있었다.

농촌사회의 협업적 전통은 단순하게 모두가 다 같이 일하고 똑같이 이익을 분배하는 것이 아니라, 협업을 통해서 '내가 받은 만큼 상대방에게 돌려줘야 하는 권리와 의무가 발생되는 일상 속의 규범이다(말리노프스키, 2010)'. 이러한 점에서 1970년대 농촌새마을운동을 통해서 시행된 마을공동사업은 공동노동과 공동분배의 협업적 전통을 적극적으로 활용하고자 했지만 전통적 협업에 내재되었던 공동체의 규범적 결속력까지는 포괄하지 못했다. 따라서 1970년대 농촌새마을운동은 규범적 결속력이라는 협업적 전통의 핵심을 놓침으로써 '실리적 계산'에 기초했던 농민과 농촌사회의 집합적 참여를 이끌어내지는 못했다.

5. 전통적 마을 리더십의 활용: 권위적 리더십에서 일 잘하는 리더십으로

1) 새마을지도자의 발굴과 육성

1970년대 박정희 체제는 조국근대화라는 '새로운 역사 창조'를 위해 묵묵히 일하는 수많은 '인간 상록수'가 필요함[6]을 역설했다. 농촌새마을

6 '민주사회의 영웅이란 자기 고향의 발전을 위하여 말없이 묵묵히 피땀 흘려 일하는 상록수들이라는 사실입니다. 지금 우리 사회는 바로 이러한 인간 상록수들을 가장

운동의 성공적인 추진을 위해서도 이러한 '인간 상록수'가 요구되었는데, 새마을지도자가 바로 그들이었다. 즉, 박정희 체제는 나이 또는 혈연에 의해 형성되었던 농촌사회의 전통적 리더십을 대신해 농촌근대화를 주도할 수 있는 새로운 구심점으로서 새마을지도자를 적극적으로 활용하고자 했다.

이를 위해 박정희 체제는 새마을지도자의 요건으로 바람직한 가치관, 바람직한 사회적·심리적 욕구, 투철한 국가안보관, 도덕적 품성, 지도적 역량과 지식 등을 제시하면서(내무부, 1980: 319~324) 농촌 출신인 사람, 농촌개발에 의욕과 관심이 있는 사람, 농업계 출신인 사람, 협동·근면·성실로 주민의 신망이 두터운 사람들 중에서 새마을지도자를 발굴·양성하고자 했다(내무부, 1975: 1063).

또한 박정희 체제는 새마을지도자들의 발굴과 육성을 위해 체계적인 교육과 다양한 형태의 보상을 제공했다. 새마을지도자들은 새마을지도자연수원을 비롯한 각급 행정기관에서 시행하는 새마을지도자 교육에 참여하여 새마을정신, 영농기술, 성공사례 등을 학습할 수 있었고, 분임토의, 현지 견학의 기회도 얻었다. 이를 통해서 새마을지도자들은 효율적인 사업추진기법과 조직운영방법 등을 습득할 수 있었다(하재훈, 2007a: 222~223). 그리고 박정희 체제는 원칙적으로는 무보수로 일하는 새마을

많이 필요로 하고 있습니다'(내무부, 1975: 1110). '조국의 새 역사를 창조해나가는 데 누가 여기에 참여했고 또한 누가 어떤 일을 했는가, 내 마을 내 고장을 위하여 어떤 공헌을 했는가 하는 업적을 기록하여 우리 후손들에게 남기는 것은 하나의 민족의 역사인 동시에 민족의 얼인 것입니다. 이것이야말로 우리가 후손들에게 물려줄 수 있는 가장 영광된 유산이라고 나는 생각합니다'(내무부, 1975: 1137).

지도자들에게 영농자금의 우선적 대부, 새마을사업과 관련한 기차표와 선표의 할인 구매, 자녀 장학금 혜택, 전화청약의 우선 배정, 의료 수혜, 새마을지도자증의 발급, 월간 경제동향보고회의 모범 새마을지도자 참석, 새마을훈장 수여 등과 같은 물질적·심리적 보상을 제공해 새마을지도자들이 사기를 진작하고 주도적 역할을 수행할 수 있도록 많은 공을 들였다(하재훈, 2007a: 166).

특히, 1973년 처음 실시된 새마을훈장의 수여는 새마을지도자들의 명예감과 사명감을 높임으로써 새마을지도자들의 헌신과 희생을 이끌어내는 데 많은 기여를 했다. 국가로부터 훈장을 받는다는 것은 수훈자에게 잊을 수 없는 '영광'이자 '역사'였기 때문이다. 하지만 이 글의 구술 사례에 따르면, 새마을훈장이 '영광과 역사'의 기억만으로 남지 않았음을 알 수 있다. 마을 내부에서 수훈자의 자격 논란이 일어나 투서와 순경의 감시를 받는 '아픔'이 공존했으며, 새마을운동에 30~40년간 투신했지만 표창 한 번 받지 못한 '아쉬움'이 남기도 했다.

> 새마을운동을 참 이제 했는데, 그 새마을지도자도 아니오 이장도 아니오 그냥 참 개발계 그 일만 가지고 해는 건데 그 전부가 책임은 나한테로다. 인제 떠넘겨 가지고 해서 가을에 인제 칠십삼(73)년도 가을에 새마을 …… 그니까 겨울이지. 새마을훈장을 광주 가서 타고 오니까는 그게 말썽이 생기는 거요. '새마을지도자도 아니고 이장도 아닌데 어떻게 새마을훈장을 타느냐?' 이래 가지고 동네에서 인제 나는 몰랐는데 지서 순경이 오더니 하루 종일 우리 집에서 텔레비전을 보고 놀더라고. 그런 일이 없었는데 그 하루 종일 같이 점심 해 먹고 저녁 해 먹고 그러구선 갔단 말이여.

…… 그게 뭐 투서가 들어갔대요. …… 그길로 내가 '투표를 하자. 동네서 그럼 …… 투표를 해서 아무개가 새마을훈장을 탄 게 정당하냐 비정상적이냐 투표를 하자' 그랬더니 동네 어른들이 '당연히 탈 사람이 탔는데 무슨 소리냐'고 …… (이○○ 씨).

삼사십(30~40)년 동안 기척도 없어 가지고 어디 뭐 표창 한 장도 안 준 사람들인데 뭐. 그저 겨우 인제 삼십(30)년이 인제 사십(40)년 작년에, 작년에 도지사 새마을대상 하나 받았어요. 중간에 상장이 하나 어디 있습니까. 심지어 군수상도 하나 안 받았는데. …… 그렇다고 해서 중이 제 머리 못 깎는다는 격으로 내가 이래라 저래라 칼 수 있습니까. 남이 더러 캐줘야지. 요번에 이제 삼십(30)년 사십(40)년 다 되어 가지고 겨우 이래라 저래리 헤 가지고 저가 ㅗ서 해 가지고 내 맘을 좀 알았는가 과연 참 이래 새마을사업하면서 …… 수고했다 카는 그걸로 알았는가(김○○ 씨).

박정희 체제가 농촌새마을운동을 주도할 수 있는 새로운 리더십으로써 새마을지도자를 적극적으로 발굴·육성했지만, 이 글의 구술자들을 보면 이장, 동장, 자치조직회장 등 전통적 마을지도자들도 새마을지도자로 새롭게 자리매김하는 경우가 있었음을 알 수 있다. 구술자들이 과거의 마을유지집단의 일원에서 새마을지도자로 거듭날 수 있었던 원인은 무엇보다 이들의 과거 활동에서 찾을 수 있다. 마을공동체에 심각한 내분과 갈등을 유발할 수 있었던 사업을 성공적으로 조정했거나, 누구도 '꿈꾸지 못했던 마을 발전'을 이끌어냄으로써 마을공동체로부터 능력을 인정받고 두터운 신뢰를 쌓았기에 새마을지도자가 될 수 있었던 것이다.

이○○ 씨는 1945년 해방과 동시에 마을 청년들을 대상으로 ○○회를 조직하여 야학운동을 펼치던 중 1946년에는 3·1제 소작료를 정착시켰고, 1951년에는 전쟁 중임에도 농지개혁을 성공적으로 추진함으로써 마을의 심각한 갈등 국면을 조정하고 마을공동체로부터 호응을 얻었다.

사랑방을 하나 얻었어요. 사랑방을 하나 얻어서 거기서 하고, 나중에는 인저 각 반을 나눠. 그래 회원이 많아지니까 전부 배우겠다고 그래니깐 각 반에다 해서 ○○회원 인저 나가서 또 가르쳐주고 이랬죠. …… 영어 배운 거 가지고 경찰관 시험 보는 데 써 먹고 전부들 그 우리 ○○회 회원들 나가서 출세한 사람들은 그 영어, 역사 인저 그때는 역사를 또 시험 보는데 꼭 냈다고. 역사 한글 뭐 이런 …… 그래서 많이 써 먹었지. …… 그 당시만 해도 연 오(5)할이에요. 그 쌀 한(1)가마니 갖다 먹으면 닷(5)말을 내야 되고 …… 그니깐 엄청난 부담이지. 그래서 그거를 삼(3)할로 낮추는 운동을 벌였더니 호응이 되서 그래서 인제 신용조합을 만들어 가지고 더 좀 낮추려고 …… (이○○ 씨).

홍○○ 씨는 마을길 넓히기와 양수기 설치를 통해서 '아무도 꿈꾸지 못하던' 마을 발전을 성공시켜 마을지도자로서의 능력을 인정받았다. 이후 구술자의 '말 한마디면 동네 사람들이 100% 믿고 따라줄' 정도로 마을공동체로부터의 두터운 신뢰를 얻게 된 경우였다.

물, 논을. 꿈도 못 꿨, 거는 딴 사람들은 딴 동네 사람들은 그거 꿈도 못 꾸었어. 동네 사람들이 그 농로개발하고 하는데 무료로 희사해 가지고 동네 발전시켰다 하는 거는 딴 동네 사람들이는 꿈도 못 꿨다니까. …… 그거 에 양수장 할 적에도 십팔(18)일간인가 십오(15)일인가, 연속 회의로 하고 했는데, …… 일이 잘되고 하니 그다음에는 뭐 동회할 것도 없어. 뭐 이래 하자 하면 그대로 내 말 한마디면 그대로 마 백(100)프로 따라주고 이랬는데(홍○○ 씨).

또한 이 글의 구술자들이 1970년대 새마을지도자로 활동할 수 있었던 또 다른 원인은 바로 구술자들이 해방 이전에 경험했던 '근대'의 영향에서 찾을 수 있다. 이들은 일제 식민시대부터 다른 이들이 누릴 수 없었던 근대적 기술교육을, 또는 '도시'라는 근대적 공간을 경험했으며 이를 통해 누구보다 '근대'에 대해 많이 이해할 수 있었다. 이러한 교육과 경험, 그리고 이해를 바탕으로 구술자들은 전통적인 마을지도자로, 그리고 새마을지도자로 거듭날 수 있었다.

서울 있을 적에 …… 제도사 노릇을 쬐금 했어요. …… 서울 있을 적에 그러니까 사십사(44)년도 장마를 지고 내려왔으니까는 …… 사십삼(43)년도부텀 서울에 있었죠. …… 중학교라고 다녔었는데 종로 네거리에 가서 측량기 대고 맨날 측량해는 연습하고 …… (이○○ 씨).

일제 때 서울 ○○고, 그 당시에 ○○고가 유명한 학굡니다. 그때 오(5)년 졸업을 해 가지고 토목건축사로서 사회에 나가서 …… 어떤 토목공사나 건축공사나 내가 맡아 가지고 집 지었는 거 또 교량이나 뭐 도로 닦는 것 …… 그기 기술입니다(김○○ 씨).

이상의 사례들에서 알 수 있듯이, 1970년대 농촌새마을운동에서는 전통적 마을 리더십의 일원이었던 마을지도자들이 새마을지도자로 새롭게 자리매김하는 경우가 있었다. 이것은 그들이 과거 마을사업에서 보여준 능력과 성과를 바탕으로 마을공동체로부터 신뢰와 호응을 얻었으며, 한편으로는 해방 이전부터 누구보다 앞서 경험했던 근대적 기술교육과 도시를 체험했고, 그리고 근대에 대해 많이 이해했기에 가능했다.

2) 성과주의에 기초한 '일 잘하는 지도자'의 선택

이 글의 구술자들이 전통적 마을지도자에서 새마을지도자로 새롭게 자리매김할 수 있었던 배경은, 앞에서 살펴본 바와 같이 근대적 체험과 사업 능력 등 구술자 개인에게 초점을 맞추어 설명할 수도 있지만, 역으로 이들에게 신뢰를 보내고 호응했던 마을공동체에 초점을 두어 논의할 필요성도 있다. 과거 마을유지집단이라는 전통적 리더십과 체계적으로 훈육된 새마을지도자라는 근대적 리더십 사이의 간격을 무화시킬 수 있었던 결정적인 배경은, 이들을 새마을지도자로 선택한 마을공동체의 집합적 의사에 있었기 때문이다.

1970년대 농촌새마을운동 시기 이 글의 구술자들이 새마을지도자로 거듭나는 과정은 순탄치만은 않았다. 이○○ 씨는 1973년부터 1975년까지 마을 이장직을 맡았는데 이 과정에서 상당한 우여곡절을 겪었다. 구술자에 의하면 이 마을의 이장은 임기가 1년이었으며 매년 2월 선거를 통해 선출했다. 외형적으로 이○○ 씨는 1973년부터 1975년까지 3년간 이장직을 맡은 것으로 보이지만, 실질적으로는 3년 모두 선거에 출마해

낙선한 후 신임 이장이 줄줄이 중도에 사퇴를 하는 바람에 주민들의 권유에 의해서 마지못해 대신 잔여 임기를 채웠던 것이다. 정작 이장 선거에서는 낙선시켰으면서도 중도에 공석이 될 때마다 구술자를 설득하여 이장직을 맡겼던 마을 주민들의 선택은 이해하기 어려운 부분이 있다.

> 구장 당선이 되었는데 일(1)년은 못 보고 끄집어 내리고, 인제 그 사람이 또 못 해서 내노면 또또 하라고 난리를 치고, 또 보면은 또 한 서너(3,4)달 하다가 또 내려오고 …… 그래서 인제 그냥 손 뗀다 이렇게 손 떼고 나니깐 동네에서는 얘기가 '그 안 된다. 새마을사업을 이렇게 크게 방대하게 벌여놓고 ……' 그때 길이랑 파헤쳐 놓고 난리를 쳤는데, '이래 가지고 사람만 갈으면 되느냐? 안된다.' 이래가 다시 주민들이 일어나 가지고 '그래도 아무개를 써야 된다. 그 사람이 전부 주관한 일이고 그러니까 그 사람을 써야 된다'. 이래 가지고 그 인제 임원들이 우리 집에를 찾아와서 '같이 일하자'고 '아이 난 안 했다'고 말이지. 허허허 '한 번 떨려 난 사람이 또 뭘 하겠다냐?'고 그래도 인제 안 된다고 자꾸 와서들 애길해서 그 인제 같이 합작을 했죠(이○○ 씨).

이상의 인용문을 볼 때, 마을 주민들은 그동안 '방대한' 새마을사업을 '주관한' 구술자의 사업 추진 능력을 상당히 신뢰했음을 알 수 있다. 즉, 선거를 통해서는 지속적인 호응과 지지를 보내지 않았지만, 중도 사퇴한 이장들이 펼쳐놓은 사업을 차질 없이 추진하고 마무리하기 위해서는 과거 많은 사업을 통해서 그 능력이 검증된 '일 잘하는 지도자'인 구술자를 선택했기 때문이다. 이러한 과정을 거치면서 구술자는 1976년 새마을지도자로 선출되어 1979년까지 활동했다. 이런 사례와 마찬가지로, 이 글의 구술들에는 갈등 조정과 사회적 신뢰 등과 관련된 마을공동체의 요구보다는 '소득'을 늘리거나, '보기 좋은 것'을 남기거나, 또는 '편한 것'을 만들어놓은 '일 잘하는 지도자'에 대한 선호가 존재했던 것으로 보인다.

> 우리 마을로 봐서는 제가 아까도 말씀 드렸지만 내가 고안해 가지고 발표한 사안에 있어서는 반대하는 사람이 없었습니다. 하고 보니 소득이 가니까, 또 편하니까, 또 보기가 좋으니까, 반대하는 까닭이 없잖아요. 그리고 이 외에 돈을 돈을 전 재산을 탕진해서 하나는 소리 안 하고 내 힘으로 내 힘 자라는 끝까지 해야지 이건 빚을 내도 니가 해야 된다. 그런 식으로 해 가지고는 말 안 듣습니다. 절대로 안 듣습니다(김○○ 씨).

> 처음에 반대 있었던 것 그거는 내가 동장이 딱 하고 난 다음에는 반대하는 사람이 없었어. 지금까지도. 내가, 내가, 내가 이 동네에, 동네에 동장을 하고부터 시작해 가지고 안정이 잘해요. 오늘날까지. …… 소득이 높아진 거는, 그거야 한 새마을운동 할 때에 그때부터 하면 소득이 하면, 논농사 지았지, 저저 상전해 가지고 돈 모았지 양계하지 부인네들 홀치기 베쌈하지 이래 가지고 그때부터 하면 그때부터 하면 중학교도 가고 고등학교도 가고 함 보내고 이랬다고 경제가 좋아져 가지고(홍○○ 씨).

박정희 체제는 1970년대 농촌새마을운동을 주도할 수 있는 새로운 리더십으로서 새마을지도자를 적극적으로 발굴·육성했다. 하지만 이 글의 구술 사례들을 보면 전통적 마을지도자들이 새마을지도자로 새롭게 자리매김하는 경우가 있었다. 이것은 마을공동체에 심각한 내분과 갈등을 유발할 수 있었던 사업을 성공적으로 조정하거나, 누구도 '꿈꾸지 못했던 마을의 발전'을 이끌어냄으로써 마을공동체로부터 능력을 인정받고 두터운 신뢰를 쌓을 수 있었던 구술자 개인의 능력이 있기에 가능했다.

그러나 이들에게 신뢰와 호응을 보냈던 마을 주민들의 입장에서 본다면, 갈등 조정과 사회적 신뢰의 문제가 아니라 소득사업과 개발사업에서 뚜렷한 추진 능력과 성과를 보여준 '일 잘하는 지도자'를 선택하고 사업적 차원에서 활용했던 것으로도 보인다. 따라서 1970년대 농촌새마을운동에서 새마을지도자의 발굴 및 양성은 이전과 전혀 다른 새로운 리더십으로의 대체만으로 이루어진 것은 아니었다. 구술 사례를 통해서 보면 전통적 리더십도 적극적으로 활용되었음을 알 수 있었다. 그것은 단순한 혈연과 지연 등에 입각한 권위적 마을 리더십의 활용이 아니라 개별적 능력과 성과가 검증된 일 잘하는 지도자 상에 입각한 리더십의 적극적 활용으로 나타났다. 즉, 1970년대 농촌새마을운동의 리더십 측면에서 볼 때, 개발과 근대에 주목했던 마을공동체에 의해서 '일 잘하는 지도자'가 선택되고 활용되었다고 할 수 있다.

6. 맺음말: 논의의 요약

이 글은 농촌사회의 공동체적 전통이 1970년대 농촌새마을운동에 나타나는 농촌사회의 집합적 참여에 어떤 영향을 미쳤는가를 살펴보고, 상관관계를 맺고 있었다면 그 의미는 무엇이었는지를 검토하는 데 목적을 두었다. 이를 위해서 1970년대 새마을지도자들의 구술에 의존하여 논의를 진행했다. 따라서 거시적·구조적 차원에서 논지의 일반화를 주장하기보다는 미시적·행위자적 차원에서 구술에 나타나는 사례의 특징을 도출하는 데 주안점을 두었다.

이 글의 결론은 다음과 같이 요약할 수 있다. 먼저, 1970년대 농촌새마을운동의 효율적인 추진을 위해 박정희 체제는 '위로부터의 조직화'를 꾀했다. 중앙집권적 관료체계를 이용하여 중앙통제기구를 구성했으며 지방행정조직을 강화하여 농촌사회와의 직접적 접촉 면을 확대했다. 더 중요한 것은 당시 농촌마을에 존재했던 다양한 형태의 자치조직들을 농촌새마을운동의 조직으로 편입시킴으로써 자율적이며 자치적인 전통적 조직의 공동체적 규범성을 활용하여 농촌사회의 집합적 참여를 이끌어내고자 했다는 점이다. 그러나 이 글의 구술 사례들에 따르면, 1970년대 농촌새마을운동은 조직 구성의 측면에서 전통적 조직이 간직했던 자율과 자치의 공동체성을 약화시키고 물질적 기능을 선택적으로 활용했다. 그렇게 해서 사업 추진의 효율성을 높이기는 했지만 '경제적 이익에 더욱더 민감'했던 농촌사회의 집합적 참여를 견인하기에는 일정한 한계가 있을 수밖에 없었다.

둘째, 박정희 체제는 마을공동사업을 통해 공동이익실현을 강조함으로써 '공동노동'과 '공동분배'의 협업적 전통을 농촌새마을운동에 활용하고 농촌사회의 집합적 참여를 이끌어내고자 했다. 특히, 시범 사업이나 지원 사업 등의 경제적 유인을 적극적으로 제공하여 농촌사회의 집합적 참여를 유도하고, 농업생산성 향상과 소득증대를 꾀했다. 하지만, 이 글의 사례들에 따르면 박정희 체제의 시도는 큰 효과를 거두지 못했다. 농촌사회의 경제적 열망 수렴, 마을공동사업의 제시, 마을공동체의 이익실현, 경제적 유인 제공 등과 같은 일련의 접근방식은 협업적 전통의 활용이라는 측면에서 순기능을 발휘할 수도 있었다. 외형적으로는 공동노동과 공동분배의 협업적 전통을 활용하여 실리적 계산에 기초했던 농촌사회의 집합적 참여를 이끌어낸 것으로 보이지만, 실질적으로는 협업적 전통의 핵심이었던 '받은 만큼 돌려줘야 하는' 권리와 의무의 상호작용이 내재된 공동체의 일상적 규범을 놓침으로써 농촌사회의 집합적 참여를 이끌어내지는 못했다.

셋째, 박정희 체제는 1970년대 농촌새마을운동을 주도할 수 있는 새로운 리더십으로서 새마을지도자를 적극적으로 발굴·육성했다. 하지만 이 글의 구술에 따르면 전통적 마을지도자들도 새마을지도자로 새롭게 자리매김하는 경우가 있었다. 이것은 마을공동체에 심각한 내분과 갈등을 유발할 수 있었던 사업을 성공적으로 조정했거나, 누구도 '꿈꾸지 못했던 마을의 발전'을 주도함으로써 마을공동체로부터 능력을 인정받고 두터운 신뢰를 쌓을 수 있었던 구술자 개인의 능력이 있었기에 가능했다. 그러나 이들에게 신뢰와 호응을 보냈던 마을 주민들의 입장에서 본다면, 갈등 조정과 사회적 신뢰의 문제가 아니라 소득사업과 개발사업에서 뚜렷한 추진 능력과 성과를 보여준 '일 잘하는 지도자'를, 마을 주민들이 선택하고 사업적 차원에서 활용했던 것으로 보인다. 따라서 1970년대 농촌새마을운동에서 나타나는 마을 리더십은 이전과 완전히 구별되는 전혀 새로운 리더십에만 의존한 것이 아니라 능력, 경험, 그리고 신뢰 등의 차원에서 검증된 전통적 마을 리더십 역시 적극적으로 선택·활용했다고 볼 수 있다.

1970년대 농촌새마을운동은 농촌사회의 집합적 참여를 이끌어내기 위해 선택과 배제의 원리에 입각하여 공동체적 전통을 활용했다. 그러나 이 과정은 공동체 또는 공동체성의 복원이나 확대에 초점을 둔 것이 아니라, 근대와 개발에 주목한 전통의 선택과 배제였다는 점에서 자발적이며 능동적인 농촌사회의 집합적 참여를 완전하게 실현하지는 못했다. 전통적 조직에서 자율과 자치의 원리는 약화되고 규율과 집단의 원리가 강화되었으며, 협업의 전통에서는 권리와 의무의 상호작용이 약화되면서 개인의 이익 실현에 관심이 집중되었다. 또한 마을 리더십은 공동체로부터 인정된 권위가 아니라 개별 지도자들의 능력, 경험, 성과 등에 기초한 일 잘하는 지도자의 선택으로 대체되었다. 따라서 1970년대 농촌새마을운동은 공동체적 전통을 활용하고 농촌사회의 집합적 참여를 유인해서 외형적 성과와 가시적인 효과를 거둘 수 있었지만, 실질적으로는 근대화와 개발주의의 친화적인 기능에만 집중함으로써 오히려 농촌사회의 자조 역량을 지속·강화시킬 수 있었던 공동체적 원리를 약화시키는 결과를 낳았다.

2000년을 전후하여 새마을운동은 1970년대 한국 농촌새마을운동의 사례에 기반을 두고 농촌개발, 경제개발, 사회통합 등의 측면에서 베트남, 캄보디아, 인도네시아 등 다수의 저개발 국가들에 도입·적용되고 있다. 특히, 2009년부터 현재까지 콩고, 탄자니아 등 아프리카 5개국에서는 기아와 빈곤퇴치를 위한 조직인 MP(UN Millenium Promise)와 한국국제협력단(KOICA) 등의 국제기관에서 한국형 밀레니엄 빌리지 사업의 일환으로 새마을운동을 아프리카에 전수하는 사업을 시행하면서 새마을운동에 대한 관심이 국제적으로 확산되고 있다. 이와 같은 국제사회의 관심은 1970년대 농촌새마을운동에서 나타났던 농촌사회의 집합적 참여와 외형적·가시적 성과에서 비롯되었다. 현시점 진행되고 있는 새마을운동의 해외 보급이 기대한 만큼의 효과나 실질적 성과를 거두기 위해서는 해당 지역의 사회문화적 조건과 환경에 대한 고려와 검토가 반드시 필요하다. 즉, 한국적 특성과 상황에서 형성된 새마을 성공사례의 전수, 또는 일회적·시혜적 물적 지원 등의 한계를 극복하고 공동체의 유의미한 변화와 발전을 기대하기 위해서는 공동체가 갖고 있는 사회문화적 특성과 조건을 고려한 전략적 접근이 요구된다. 이상의 논의에서 볼 때, 새마을운동의 해외 보급에 해당 지역의 공동체적 전통은 지역사회 또는 농촌마을의 집합적 참여, 자조 역량 형성, 지속가능한 발전 등에 영향을 미치는 주요한 요인이라고 할 수 있다. 따라서 공동체적 전통의 올바른 계승·유지와 적절한 활용이 고려될 필요가 있다.

참고문헌

경운대학교 새마을아카데미. 2008.『21세기 새마을운동의 이론정립 및 실천과제개발』.
김영미. 2009.『그들의 새마을운동』. 푸른 역사.
김정렴. 1990.『한국경제정책 30년사』. 중앙일보사.
김태일. 1990.「한국농촌부락의 지배구조」.『한국농업·농민문제연구 II』. 연구사.
김홍순. 2000.「근대화 프로젝트로서의 새마을운동에 대한 비판적 고찰」. ≪한국지역개발학회지≫, 통권 12권, 2호.
내무부. 1975.『새마을운동의 길잡이』.
_____. 1978a.『영광의 발자취』. 제1집.
_____. 1978b.『영광의 발자취』. 제2집.
_____. 1980.『새마을운동 10년사』.
대통령비서실. 1973a.「보고번호 정무 제73-514호」.『박정희대통령결제문서집 125』.
_____. 1973b.「보고번호 정무 제73-732호」.『박정희대통령결제문서집 128』.
말리노프스키, 브로니슬라프(Bronislaw Malinowski). 2010.『미개 사회의 범죄와 관습』. 김도현 옮김. 책세상.
박섭·이행. 1997.「근현대 한국의 국가와 농민: 새마을운동의 정치사회적 조건」. ≪한국정치학회보≫, 제31집, 3호.
박진도·한도현. 1999.「새마을운동과 유신체제」. ≪역사비평≫, 통권 47호.
박진환. 1994.「새마을운동: 한국 근대화의 원동력」.『박정희 시대: 그것은 우리에게 무엇이었는가』. 조선일보사.
오유석. 2002.「박정희식 근대화 전략과 농촌새마을운동」. ≪동향과 전망≫, 통권 55호.
유병용 외. 2001.『근대화전략과 새마을운동』. 백산서당.
윤택림. 2009.「구술사 연구 방법론」.『2009년도 한국행정학회 공동학술대회 자료집』.
임경택. 1991.『한국 권위주의체제의 동원과 통제에 대한 연구: 새마을운동을 중심으로』. 고려대학교 박사학위논문.
임수환. 1997.「박정희 시대 소농체제에 대한 정치경제학적 고찰: 평등주의. 자본주의. 그리고 권위주의」. ≪한국정치학회보≫, 제31집, 4호.
임지현. 2004.「대중독재와 포스트 파시즘」. ≪역사비평≫, 통권 68호.
장미경. 2008.「개발국가 시기, 새마을운동 부녀 지도자의 정체성의 정치: 부녀 지도자의 성공사례, 수기를 중심으로」. ≪사회과학연구≫, 제16집, 1호.
전재호. 1998.「박정희 체제의 민족주의 연구: 담론과 정책을 중심으로」. 서강대학교 박사학위논문.
정갑진. 2008.『한국의 새마을운동: 새마을운동의 재평가와 활용』. 케이빌더.

정상호. 1998.「박정희 신드롬의 정치적 기원과 그 실상」.『박정희를 넘어서』. 한국정치연구회.

조희연. 2004.「박정희 시대의 강압과 동의」. ≪역사비평≫, 통권 67호.

하재훈. 2007a.「박정희 체제의 대중통치: 새마을운동의 구조·행위자 상호작용을 중심으로」. 경북대학교 박사학위논문.

_____. 2007b.「박정희 집권기 대중동원의 전개와 의미: 지배전략의 관점에서 본 농촌 새마을운동을 중심으로」.『지배의 정치 저항의 정치』. 인간사랑.

한도현. 1998.「1960년대 농촌사회의 구조와 변화」.『한국전쟁후 사회변동 연구』. 한국정신문화연구원 현대사연구소.

_____. 2010.「1970년대 새마을운동에서 마을 지도자들의 경험세계: 남성 지도자들을 중심으로」. ≪사회와 역사≫, 제88집.

한상복. 1984.「공동체의식과 기업가정신」.『새마을운동 이론체계 정립』. 새마을운동중앙본부.

황병주. 2004.「박정희 체제의 지배담론과 대중의 국민화」.『대중독재』. 책세상.

제3부
새마을운동의 역사적 평가와 대안

제7장

박정희 시대 국가의 통치 전략과 기술*

1970년대 농촌새마을운동을 중심으로

김보현 | 명지대학교 국제한국학연구소 연구교수

1. 머리말

이 글은 박정희 시대 국가의 통치(government)[1] 전략 및 기술과 그것들이 기도하고 있던 주체-삶의 구성에 초점을 맞춘다. 1970년대 새마을운동에서 박정희 시대 국가 통치의 주요 면면들을 확인하고 그러한 특징들을 지닌 통치가 성공적이면 성공적일수록 현실화되었을 국민-주체의 상을 재고함으로써 박정희 시대에 대한 규범적 인식의 근거를 제공하려는 것이 이 글의 목적이다.

---

* 이 글은 ≪사회와 역사≫ 90호에 실린 「박정희시대 지배체제의 통치전략과 기술: 1970년대 농촌새마을운동을 중심으로」를 수정·보완한 것이다.

1 내가 사용하는 '통치' 개념은 "어떤 사람 혹은 사람들의 품행(conduct)을 만들고 지도하거나 그것에 영향을 주는 행위형식"을 뜻한다. 이러한 통치는 통치 대상에 대한 각종 지식(앎)과 통치 대상의 일정한 자유를 전제한다(Gordon, 1991: 2; Foucault, 1982: 220~221; Dean, 1999: 10~16).

지금까지 연구자들이 박정희 시대를 논하면서 적용해온 척도는 '발전' 혹은 '근대화', '대외적 자주성(정치·경제·군사·문화)', '민주화'와 '인권' 등이다. 기존 논의들의 의미와 성과를 굳이 외면할 이유가 없으나 그것들의 한계 내지 문제점을 지적할 필요는 있다. 그중 하나가 당시 대항관계를 형성했다고 상정되곤 하는 주체들 간의 공통성이 흔히 간과된다는 점이고, 다른 하나는 발전주의·산업주의·근대주의 등의 편향을 보여준다는 점이다. 이 둘은 분리될 수 없는 동일한 문제군 내부의 경향들이다.

배타적 적대세력들이었다고 가정되는 두 진영들('지배'와 '저항', '독재'와 '민주' 등)을 중심으로 접근하면서 논자 자신이 동일성을 느끼는 한쪽에 '민중'의 다수를 배치해온 것이 우리에게 익숙해져 있는 박정희 시대 인식들 가운데 하나이다(안병욱 외, 2005; 김동춘, 2006; 김수행·박승호, 2007). 그러나 사실 그 양측의 대립과 차별성은 발전주의를 비롯한 특정한 공통적 범위들 안에 있었다(황병주, 2004; 김보현, 2006: 285~333). '민주화' 이후 '민주' 진영의 엘리트들로 구성된 정부들의 자본 중심적·발전주의적 경향은 다만 '변절' 또는 '투항' 정도로 단순하게 이해될 수 없다. 또한 '민주정부 10년' 이후 한층 노골적인 발전주의 우파 정부가 받은 유례 없는 대중적 지지를 생각해보지 않을 수 없다. 문제적 대상인 발전주의가 이른바 지배층의 것에 그치지 않고 평범한 '민중' 자신의 것이기도 함을 명료하게 실증하기 때문이다. 현시점에서 박정희 시대 논의는 당시 대결구도 속에 놓여 있었다고 여겨진 사람들 사이의 공통성, 이것과 밀접히 결부된 '민주화' 이전과 이후 한국사회의 계속성이 띠는 의미들에 대한 주목과 탐구를 매개로 이루어져야 한다.[2)]

박정희 시대를 인식하는 주요 흐름들 중에 빼놓을 수 없는 것이 당시 국가가 주도한 경제발전의 성과 및 그 요인을 따져 묻는 식의 접근이다(김일영, 1996, 2004: 317; 김형아, 2005; 유석춘, 2006; 박길성·김경필, 2010). 거기에서 공업화와 경제발전, 근대화 자체는 거의 문제시되지 않는다. 그 과정들이 낳는 문제적 상황들은 논의에서 아예 사상되거나 불가피성의 영역으로 넘겨진다. 실은 이미 전제해놓은 것들이 대단히 중요한 토론의 주제들임에도, 해당 논자들은 인과론의 문제 틀 안에서 실증성에 집중한다. 국민경제의 발전과 자립화가 과연 지배를 위한 이데올로기적 가공물이었던가, 아니면 명백한 사실이자 국가가 이루어낸 국민적 성취였던가, 또 그 조건과 원인은 무엇이었나. 따라서 '과학'과 '객관'을 내세우며 대단히 가치중립적인 양 하지만, 부당 전제해둔 논점들과 이들에 관련된 현실들을 고려하면 도리어 더욱 가치편향적인, 자본 중심적이고 발전주의적인 사람들이 이 범주에 속하는 이들이다.

---

2 그렇기에 '대중독재론'자들로 불린 이들의 박정희 시대론과 이에 대한 토론 및 논쟁은 상당히 의미 있는 작업들이었다(황병주, 2004; 권명아, 2005: 128~131; 장문석·이상록 엮음, 2006). 이 글은 대중독재론의 문제제기를 부분적으로 수용한 결과이기도 하다. 그러나 나는 대중독재론처럼 '근대'와 '권력', '파시즘' 등을 마치 모순과 균열, 잠재성 등이 없는 하나의 '질서'처럼 서술하는 경향에 대해 여전히 비판적이다(김보현, 2006: 71~72; 조정환, 2006: 63; 김보현, 2010: 102~106). 다만 이 글은 박정희 시대 국가의 '전략'에 집중함으로써 그 국가의 성격을 조명하고자 한다. 이 글에서는 그 전략이 실제 결과와 합치된 수준을 경험적으로 확인하는 작업을 하지 않는다. 당시 국가가 놓여 있던 딜레마적 입지나 국가의 전략과 대중들의 주체화 사이에서 빚어지고 있던 긴장과 갈등 등이 또한 나의 중요한 관심사들이기는 하나 이 점들은 추후의 연구 과제들로 미루어둔다. 최진아(2002)는 세부적 타당성 여하를 떠나, 새마을운동이 농민들의 자조정신을 크게 강조했지만 오히려 농민들의 국가 의존성을 높여놓았고, 국가가 새마을운동을 통하여 농민들을 의도한 바대로 관리해나가려 했으나 역으로 합리적 행위자들인 농민들에게 이용당하기까지 했다는 논지들을 폄으로써, 내가 앞으로 또 다른 연구 작업을 진행할 수 있는 좋은 영감을 제공했다.

한편 1990년대 중후반 이후 진보적 지식인들 가운데서 '경제발전'만은 긍정적으로 받아들인다는 입장 아래, 박정희 시대에 대한 절충론을 취하는 경향이 확산되었다(이병천, 2003, 2005, 2007; 최장집, 1996: 144, 163, 2002: 81~84; 김호기, 1998, 2003; 백낙청, 2005; 장하준 외, 2005: 49~70, 조희연, 2007, 2010; 유종일 엮음, 2011). 이 절충론은 '정치'와 '경제', '수단'과 '결과' 등을 분리하여 사고하거나('정치'는 나빴고 '수단'과 '비용' 면에서 문제가 있었지만, '경제'의 성공적 '결과'는 긍정한다는 식), 당시 실재했던 사회·정치적 문제 상황들을 경제발전과 근대화 내부의 정상적 산물들로서 인식하기보다 '친일파'나 '군부', '독재자'라는 비정상성의 담지자들에 의해 초래된 병리현상들로 취급한다. 심지어 지금의 보수적 논자들은 물론이고 박정희 시대 국가의 이데올로그들이 설교했던 산업화 초기 발전주의 독재의 불가피성, 이와 연결된 중대한 사회·정치적 문제 상황들의 불가피성을 수긍하는 식이다. 박정희 시대에 대한 규범적 인식의 지형을 보면 논자 자신들이 근대화론과 산업주의, 발전주의 등의 발상들에 갇혀 있는 것이 최근의 상황이다.[3)]

나의 문제의식은 박정희 시대 대중의 삶을 그러한 인식 지표들에 따라

---

3 절충론자들은 종종 '근대(화)'를 로마 신화에 나오는 '야누스'에 비유하면서 자신들의 입론의 설득력을 높이고자 한다(김호기, 1998; 이병천, 2007). 나도 '근대(화)'에 대한 '야누스'의 비유가 어느 정도 적절하다고 여기는 것이 사실이다. 그러나 잊지 말아야 할 것은 '야누스'의 얼굴이 둘이기는 하되 그것들을 지탱하는 몸뚱이가 하나라는 점이다. 다시 말하면 편의적으로 마음에 드는 것 하나만을 선택하고 그렇지 않은 다른 하나는 폐기하는 것이 과연 우리의 '야누스' 인식에서, 그리고 '근대(화)' 인식에서 얼마만큼 가능하냐 하는 것이다. 형식논리의 수준에 국한하자면 절충론을 취하는 진보적 지식인들의 박정희 시대론은 보수적 지식인들의 그것에 비해 오히려 정합성이 떨어지는 면까지 나타난다.

재단하고 박정희 시대 국가에 대한 긍정적 재현(representation)에 동참함으로써, 오늘날 한국사회에서 근대화론과 산업주의, 발전주의 등의 영향력을 재생산·증식하는 데 기여하는 그룹을 겨냥하고 있다. 나는 박정희 시대 국가의 통치와 이것이 기도한 삶-주체의 구성을 고찰함으로써 기존 논자들의 척도들과는 다른, 박정희 시대 인식의 기초를 제공할 수 있을 것이라 믿는다. 또한 1970년대 새마을운동이 그러한 문제의식의 실현을 위한 적합한 소재라고 생각한다.

2. 주의주의적 생활관과 자조하는 국민

박정희 시대 국가의 통치 전략은 강압, 재제, 공포의 동원 등으로 단순하게 이해되기 쉽다. 당시 국가가 사회구성원들을 순치하기 위해 그러한 전략에 많이 의존한 것은 사실이다. 한편 전통적으로 보수파들이 말해왔듯이, 그리고 오늘날 진보적 지식인들까지 시인하듯이 '먹여 살리기', 즉 공업화를 중심에 배치한 경제발전 자체가 하나의 강력한 통치전략이었다고 볼 수 있다. 나는 여기에 더하여 또 다른 통치전략으로서 '자조(self-help)하는 국민 만들기'를 꼽고자 한다. 새마을운동은 '자조'의 기치 아래 전개된 국가 주도형 국민운동이었던 만큼, 박정희 시대 국가의 '자조하는 국민 만들기'를 살피기에 적절한 사례라고 여겨진다.

새마을운동이 구체적으로 실행된 기본 단위는 '마을'이었다. 그렇지만 새마을운동은 대중적 호응 여하를 떠나 국가가 주도한 관변운동이었고, 따라서 국가 및 그 지도자들이 광범위하게 생산한 담론들과 재현물들(성공수기, 전기물, 취재기사, 사진, 소설, 수필, 영화 등)의 자장 또는 효과와의 관련 속에서 파악되어야 한다. 당시 국가가 유포한 담론들과 재현물들은 '특정한 주체-삶의 구성'을 의도하고 있었다.

담론 수준에서 확인되는 '자조하는 국민 만들기'는 '정신혁명론'의 한 갈래였다.

> …… 농민 스스로가 부지런하고 열심히 일해서 우리의 운명을 우리 스스로의 노력으로 개척해보겠다는 강인한 자조정신과 자립정신을 굳건히 가져야 합니다. …… 자조정신이 강하지 못한 농민은 하늘도 …… 정부도 …… 이웃도 도울 수가 없는 것입니다. 나는 "하늘은 스스로 돕는 자를 돕는다"는 말이 만고불변의 진리라고 생각합니다. …… 우리들의 노력과 연구심 …… 주어진 여건을 우리 스스로 개척해 나가겠다는 자조정신, 이것만 있으면 땅이 좁다, 인구가 많다, 이런 것은 조금도 걱정할 필요가 없다고 생각합니다. …… 한번 잘 살펴보십시오! 우리 농민들이 우리 스스로의 힘으로써 할 수 있는 일을 다 했는가 안 했는가? 하늘을 원망하기 전에, 남을 원망하기 전에 내 스스로가 해야 할 일을 했느냐 …… 자기 스스로가 할 수 있는 일도 하지 않고 모든 것을 정부가 도와 달라 하는 생각은 버려야 합니다. …… 어떤 사람은 정부가 농촌에 투자를 적게 한다, 곡가를 더 올려주어야 되겠다 등등 …… 요청이 많지만, 그런 것만 해준다고 농민이 잘사는 건 아닙니다. …… 나는 오늘 …… 우리 농민들에게 보다 더 부지런하게, 보다 더 열심히 우리 스스로의 운명을 우리 스스로의 힘으로써 개척해 나가는 강인한 자조정신과 자주·자립의 정신을 가지자, 이것만이 우리 농촌을 부흥시키는 가장 근본적인 힘이 될 수 있다는 점을 다시 한 번

강조하는 바입니다(대통령비서실, 1978: 42~47).

대통령 박정희가 새마을운동의 점화기에 한 이 말들은 당시 국가가 유포·소비시킨 '자조론'의 면모들을 종합적으로 보여준다. 그중 하나가 대중들에게 주의주의적(主意主義的, voluntaristic) 생활관을 주입하고자 노력했다는 점이다. 다시 말해 '자연'을 포함한 '환경', '구조', '제도', '사회·정치적 관계' 등과 배타적인 외연을 설정하면서 개인 혹은 집단의 주관적 정신, 특히 '의지의 결정성'을 일방적으로 강조했다. 농민들이 직면한 문제적 상황은 전적으로 농민 하나하나의 정신상태와 이로부터 초래된 품행(conduct)의 탓이었고, 따라서 그 해결책의 초점이 역시 농민 하나하나의 정신-품행 개조에 있었다는 것이다. 그러니까 표적으로 삼아진 '정신'은 복잡하고 심오한 사상 내지 이념과 관련된 무엇이 아니라 농촌 주민들이 일상생활 중에 사고·행동하는 습관이었다. 국가의 자조론은 농민들의 생활상을 오래된 가난과 이 가난을 낳은 고질적 나태, 의타심, 무기력, 체념 등으로 재현하면서, 농민 하나하나의 가슴 속에 '반성하는 마음'(일종의 '죄의식')을 불어넣는 한편, 사회·정치적 관계들의 응집물이라 할 국가정책, 사회·경제제도 등이 지닌 효과들은 문제적 상황에 대한 진단과 처방의 지평들 모두에서 지워버리는 것이었다.[4]

---

4 따라서 "가난"이 당사자들의 "절규"를 부르는 "명료한 현실"일 뿐만 아니라 "하나의 신화이고 하나의 구성물이자 특정한 …… 발명품"(Rahnema, 1992: 158)이라는 지적은 박정희 시대 한국사회에서도 유효하다. 주의주의적 생활관을 주입하려는 의지와 관련하여 박정희가 장애우 수용시설을 운영하고 있던 목사에게 건넨 말을 참고할 만하다. "돈이 얼마나 부족합니까? 노력만 하면 성한 사람보다 더 잘살 수 있을 것입니다"(김재영 엮음, 1978: 42, 강조는 인용자).

굶으면 굶는 대로 벗으면 벗는 대로, 어린 것들이 홍수에 떠내려가 죽고 소죽통에 빠져 화상을 입기도 하고 전염병에 걸려 떼죽음을 해도, 그저 이것이 우리의 운명이거니 하고 체념 속에 살던 무기력하고 게으르며 무턱대고 착하기만 하던 백성들이 언제 이렇게 부지런해지고 명랑해지고 자신만만해졌는지 …… 자조·자립·협동의 기치를 높이 들고 민족의 대행진이 시작된 것이다. …… 모처럼 점화된 이 불길이 꺼지지 않고 더욱 맹렬히 타오르도록 꾸준한 노력과 인내로써 싸워나가야 할 일뿐이다. 그러기 위해서는 먼저 확고한 비전과 굳은 신념 위에 다져진 제각기의 정신자세가 필요한 것이다. 즉, 새마을이 있기 전에 먼저 새마음의 자세를 확립해야 할 것이며, 그 새마음은 두고두고 새생활을 낳게 되고 새생활은 결국 삼천리강토를 푸르고 비옥한 새마을들로 혁신해나가리라 믿는다(전숙희, 1972: 114~115).

국가가 공식화한 새마을정신으로는 '스스로 자신을 돌보고 자신의 일에 최선을 다해 경주한다'는 '자조' 외에도 '근면'과 '협동'이 있었다. 그런데 찬찬히 보면 '근면'과 '협동'은 '자조'와 대등한 규범들이라기보다 '자조'의 하위 범주들 내지 실천항목들이었다. 주어진 자신의 일에 근면·성실하고 협동·단결하는 이야말로 자조하는 사람이 아니고 누구이겠는가?

부지런하면 누구라도 잘살 수 있다. …… 남한테 의지하겠다는 생각을 버리고 내가 부지런히 일해서 내 힘으로 한번 잘살아 보자는 의욕과 분발심과, 우리 마을을 우리 마을 사람이 힘을 합쳐서 부지런히 일해서 우리 힘으로 한번 잘살아 보는 마을을 만들어보겠다는 그러한 의욕이 가장 중요한 것입니다. 즉, 내가 늘 강조하는 자조정신, 즉 스스로 돕는 정신이 중요합니다. …… 내 힘으로 일어서 보겠다는 자립정신, 한 마을이나 온 동네나 그 지역사회에 사는 모든 주민들이 힘을 합쳐서 협동심을 가지고 내 고장을 같이 개발하고 다 같이 잘살고자 하는 그런 협동정신이 또한 중요합니다(대통령비서실, 1978: 198).[5]

그렇기에 '자조'의 윤리는 꼭 '자조'라는 단어의 직접적 사용을 통해서만 제기될 필요가 없었다. 그리고 '자조'의 구체적 품행이 '근면'과 '협동'에 한정될 까닭이 없었다. 국가의 이데올로그들은 '인격자가 되기에 힘쓰라'면서 수양론(修養論)을 펴기까지 했다(김준, 1979a: 3~4).

국가는 이른바 '성공사례'를 재현한 텍스트를 양산하여 유통시키는 방법에 의해서도 '자조'의 생활화를 조장했다. '모범'은 사람들에게 감동과 설득력을 동시에 주어 특정한 품행의 모방과 학습을 유도하고 습관화하도록 가르침으로써 가장 훌륭한 교사의 기능을 발휘할 수 있기 때문이다

5 1970~1979년 박정희의 연설들에서 언급된 단어의 빈도를 보면 '근면'이 227회, '협동'이 218회, '자조'가 98회였다(김광웅·네스, 1981: 509). 그러나 상징적 사례로서 새마을운동 훈장들의 위계서열은 낮은 것에서부터 '노력장-근면장-협동장-자조장-자립장'이었다(내무부, 1980b: 379~422). 또 새마을운동 참여마을들의 승급 단계는 낮은 것에서부터 '기초마을-자조마을-자립마을'이었다(내무부, 1980a: 213~214). 그리고 '새마을지도자연수원'이 제정하여 지표로 삼은 연수생들의 심득사항(心得事項)들 가운데 「우리의 강령」을 보면 제1강령이 "우리는 자조하는 농민의 선봉이 되자"였다(새마을지도자연수원, 1982: 144). 국가가 해마다 공식화한 새마을운동의 발전단계에서도 '근면'이나 '협동'보다 높고 총괄적인 위상의 '자조'를 발견하게 된다. "1970년: 방향제시, 1971년: 실험사업, 1972년: 기초점화, 1973년: 기반확립, 1974년: 자조발전, 1975년: 내실안착, 1976년: 심화발전, 1977년: 자립확대, 1978년: 자율성장"(내무부, 1975b, 1978).

[Smiles, 1996(1866): 220].

새마을운동의 영웅들 가운데 한 사람인 하사용의 전기(傳記) 말미를 보면 부록으로 몇 개의 편지글들이 선별되어 실려 있고 그 서두에 한 중학생과 하사용이 교환했다고 하는 편지들이 실려 있다.

> 아저씨가 이 나라에서 더 없는 영광을 차지하고 더 없는 성공사례를 우리 앞에 보여주실 때, 우리 어린 세대는 아저씨를 본받아 더욱 훌륭한 역군이 될 것입니다[정시영, 1973(1971): 227].

> 가난만큼 무서운 것은 없다네. …… 그러나 정군! 사람의 의지와 노력은 그 무서운 가난도 이길 수 있다고 …… 생각하네. 그러니까 더욱 무서운 것은 인간의 힘이라네. …… 나는 그 가난을 최대의 적으로 알고 지금도 싸우고 있는 중이라네. 가난이 이기느냐 하사용이 이기느냐 …… 나는 그 싸움에서 가난을 물리쳤다고 확신하네. 그러나 정군! 나는 …… 내 자신의 가난밖에는 이기지 못했네. …… 형제 간의 가난, 마을의 가난, 국가의 가난은 아직도 물리치지 못하고 있다네. …… 나는 많은 농촌 사람들에게 내가 평소에 품고 있던 **생각을 심어준다면** 언젠가는 가난이 없어질 거라고 확신하는 바일세[하사용, 1973(1971): 230~231, 강조는 인용자].

문학형식이 '인간의 의지의 전범'을 형상화하기에 적합한 방편이었던지, 국가 생산물로서 1974년 이후 마을마다 무상 보급되었던 ≪월간 새마을≫의 매호에는 소설이 게재되었다. 1975년 8월호에 실린 단편소설 「황금의 초지」를 일례로 들면 이렇다(김장수, 1975). 주인공은 대단히 가난한 집안에서 나고 자랐다. 골수염을 앓는지라 생명까지 위협을 받고 있었다. 돈이 없어 도립병원을 찾았으나 "의술은 인술이 아니라 금술"이라는 사실을 확인했을 뿐이다. 한 은인에게서 얼마간 돈을 구해 ("과연 의술은 금술이어서") 수술을 하긴 했으나 후속 치료와 입원에 드는 돈이 없어 "자기의 가난을 저주하고 타기"하면서 귀향했다. 민간요법으로 자가 치료를 하여 다행히 완만한 차도를 보다가 어느 늦가을 하루 동산에 올라갔다. "새들이 지저귀면서 삶을 구가하며 먹이를 찾고 있었다." 주인공은 생각했다.

> '누구 한 사람 먹이를 주지 않지만 새들은 살아가고 있지 않는가. ― 강적들과 싸우면서 스스로가 먹이를 찾고, 스스로가 먹이를 줍는다. …… 먹이가 언제든지 가까운 곳에만 있는 것이 아니고 때로는 폭풍 한서를 무릅쓰고 원정까지 하지 않는가 ―. 그렇다! 먹이는 누가 주는 것도, 도와주는 것도 아니다. 자기 스스로가 찾아야 한다!' 그는 도통(道通)한 스님같이 희열을 만끽했다. 그는 살아보려는 의욕이 사지에 꿈틀거렸다. …… 그는 눈보라가 휘몰아치고 땅이 두껍게 얼어붙은 …… 어느 날 새벽, 가난의 대적을 정복하고야 말겠다는 결심으로 개간의 첫 삽을 꽁꽁 언 땅에 냅다 꽂았다 (김장수, 1975: 159~160, 강조는 인용자).

그가 자신의 생활준칙을 새롭게 발견한 곳은 적자(適者)만이 살아남는 짐승들의 전투적 세계였다.

≪월간 새마을≫과 새마을지도자연수원의 발간물인 ≪통신교재 새마을운동≫을 한 호씩 읽노라면, 정말 주의주의적 생활태도와 자조하는 삶이

'자조'라는 말의 직접적 구사 없이, '근면'과 '협동'에 그치지 않는 광범위한 일상의 품행들 차원에서 대중에게 요청되고 있었음을 알게 된다. 그 책자들에 실린 성공인물, 모범마을의 소개 기사들에 의하면 그 주체들이 하나같이 이런저런 많은 사업들을 스스로 알아서, 엄청난 난관들을 극복해가며 실천했다.

"낙도에서 신화를 창조"했다는 협동장 서훈자 박태민(해남군 송지면 어불리)의 성공사례 소개 기사를 보면, "3개월 동안 연인원 4,500여 명의 주민이 험한 산길을 오르내리며 4만여 개의 돌을 날라 길이 135미터의 선착장을 완공했고 해안도로 450미터를 개설"했으며, 삼치 잡이와 김 양식으로 "바다를 정복"했고, 이 외에도 꾸준한 저축, 안길확장, 하수구 정비, 주택 개량, 공동창고와 마을회관건립, 자가발전시설과 무선전화시설 구비, 공동구판장 경영, 방파제 축조 등을 모두 해냈다는 것이다(≪월간 새마을≫, 1977).

또 울산시 이용(理容) 분회장의 「불굴의 의지로 이룩한 도시새마을」 성공수기에 따르면 보리밭 밟기와 모내기 지원, 업소 시설개선, 일일 조기청소, 마을금고 조직, 푸른 울산 가꾸기 사업, 자연보호 활동, 불우학우 장학사업, 거리질서 확립운동, 월별 구역 지도자들의 비교평가회 등을 자발적으로 실천했다고 한다(정용대, 1979).

≪월간 새마을≫에 실린 학교새마을운동의 모범사례들을 검토할 때는 어린이들의 믿겨지지 않을 만큼 크고 많은 활동들이 눈에 들어온다.

> 국민학교 …… 4학년 이상 학생들로 〈새마을소년단〉을 조직하여 대(隊) 대항 체육회를 개최하고 학교신문을 발간해, 어린이들의 자율적 협동

생활을 실천하고, 〈애국어린이회〉를 조직하여 '착한상', '생활일기장' 등의 제도를 실시하고 있다.

〈새마을소년단〉과 〈애국어린이회〉는 …… 폐품수집운동을 벌여 근검·절약의 정신을 기르고, 학우돕기, 이웃돕기운동을 전개해, 인보의 정신을 함양하고, 내 집 앞 내가 쓸기, 교내청소·미화작업을 통해 공중질서의 정신을 배양하는가 하면 바른 국기 달기 계몽활동을 통해 올바른 국가관을 심어주고 있다.

그뿐만 아니라 교내에 새마을 학교은행을 설치하고 …… 2,572구좌, 1,596만 원이란 놀라운 저축실적을 자랑하기에 이른 것.

…… 〈새마을소년단〉에서는 불우이웃돕기의 일환으로 십자가 갱생원·수정 3동과 자매결연을 맺고, 각 대별로 생활보호대상자 및 경로당 위문, 신문사·방송국을 통한 (이)재민돕기 성금기탁은 물론, 학구 내 65세 이상의 노인을 초청하여 경로잔치를 베풀어 드리는가 하면 효부상 시상까지 실시하고 있으며, 토요봉사활동으로 거리미화, 침 안 뱉기, 가드레일 닦기, 거리질서 지키기 계몽운동도 펴고 있다. …… 3,500여 수정 어린이들은 오늘도 밝고 아름다운 배움의 터전에서 더욱 슬기롭고 씩씩하게 자라나고 있다(≪월간 새마을≫, 1978: 110~111).

물론 이들은 비슷비슷한 플롯과 내용으로 구성된 많은 수의 성공·모범 사례들 중에서 극히 일부를 언급한 데 지나지 않는다. 그것들은 전체적으로 근대 국민국가(민족국가)에서라면 관련 국가기구들이 조세를 재원으로 수행하리라 기대되는 각종 사업들을, 일반 주민들이 거의 무상으로 자신들의 노동력을 제공하고 자신들의 자금을 염출하여 자조적으로 해결해내는 상황을 규범화하고 있었다. 다시 말하면 국가는 통상적으로 국가가 취하기 마련인 해당 사회기반시설 구축과 사회정책, 거시경제정책, 초보적 질서유지책 등의 상당부분을 새마을운동을 통해서 기능적으로 대체하고자 한 것이다.[6)]

3. 지도의 정치, 포상의 정치

새마을운동의 자조론은 자기 스스로 실천하고 행동하는 자세와 태도를 규범화했지만 역설적이게도 외원(外援)을 배제하지 않았고 오히려 중

6 국가의 발상은 1973년 9월 6일 자 대통령비서실 문서에서도 확인된다. 이 문서는 "박정희의 지시"에 맞추어 한국도로공사가 "고속도로 시설개량 및 조경공사"에 "고속도로연변의 새마을"들을 참여시키고 참여 마을들에게 지급된 "이익금"으로 각 마을에서 "새마을공동사업"들(마을회관건립, 교량건설, 농로개수 및 확장, 동사무소 보수 등)을 수행토록 한 프로그램의 시행 경과보고였다. 박정희는 비용 최소화를 대전제로 일석이조의 사업을 추진한 셈인데, 자신이 결제한 그 문서의 여백에 대단히 흡족해하는 내용의 메모를 남겨놓았다(윤근환, 1973). "새마을취로사업"이라고도 불린 "새마을노임소득사업"이 또한 비슷한 맥락에서 이해된다. 서울시의 1974년도 성과 및 1975년도 계획을 홍보한 한 동영상물에 의하면, 시내 곳곳의 도로변 및 뒷골목 정비는 물론이고 여의도 샛강, 제3한강교(한남대교), 잠실교와 천호대교, 광진교, 김포가도(김포대로) 등지 및 그 인근의 하상정비, 하도정비, 하천정화, 제방축조, 고수부지 조성, 강변도로 건설, 택지 조성 등이 '새마을 깃발' 아래 모집된 대규모 저임금·임시고용 노동력의 동원에 의해 수행되고 있었다. 1975년도 계획에 따른 취로조건은 신청자들 중 선택된 1가구당 1인에 한하여 15일 이내로 일하되 일당 남자 1,000원, 여자 700원을 지급받는 것이었다. 그 동영상 자료는 선전물임에도 사전 경험과 준비가 없는 일반 주민들(중년 이상의 여성들을 포함한)에겐 대단히 벅차고 위험했을 노동강도와 노동량, 작업환경 등을 느끼게 한다(국립영화제작소, 1975).

요시했다. 외원은 크게 두 가지였는데 그 하나가 '지도'였다.

> 새마을운동은 …… 박정희 대통령 각하의 제창(提唱)에 따라 전국 농어민들이 이에 호응·참여하여 일으킨 운동이다. …… 각하께서는 …… 새마을운동의 개념에서부터 사업내용, 그리고 전개방향에 이르기까지의 자세한 지침을 손수 구상하셨고, 때에 맞추어 국민 앞에 제시·설명하셨다(새마을운동중앙협의회, 1973: 14).

> 훌륭한 지도자가 있으면 우리 농촌은 반드시 일어날 것입니다. …… 인습 …… 타성을 없애고 …… 부락에다 새로운 바람을 집어넣고 …… 반대를 무릅쓰고, 설득을 하고 이해를 시키고 …… 솔선수범을 하고, …… 부락민들을 …… 깨우쳐서 …… 참여할 수 있도록 하는 …… 훌륭한 지도자가 있고 부락민들이 …… 지도자를 중심으로 힘을 합치면 그 부락은 반드시 일어날 수 있고, 이것이 우리 농촌을 잘살게 하는 길이라는 것을 잊어서는 안 되겠습니다(대통령비서실, 1978: 201~202).

새마을운동의 '자조'는 위로부터 행해진 '지도'의 한계선 안에서만 가능한 것이었다. 새마을운동의 "기본 방향"은 정기적으로 국가에 의해 작성·하달되었는데 그 일례를 1975년도 내무부의 "결산"에서 보면, 정부는 "그 기본 방향을 3대 운동, 4대 시책으로 정하여 여기에 역점을 두어 지도했다"

> …… 증산운동, 근검운동 그리고 인보(隣保)운동을 표방해, 농촌과 도

시, 직장과 가정에서 범국민적으로 전개해나가도록 했고, 또 …… 새마을소득증대, 새마을노임소득사업, 새마을국민교육, 그리고 도시새마을운동 …… 이를 중점 추진함으로써, 전 국민의 단합된 노력으로써 총화유신(總和維新)과 경기부양에 기여하도록 지도되었다.

…… 증산, 근검, 인보의 3대 운동은 근면, 자조, 협동의 새마을정신을 더욱 생활화하여 10% 증산, 10% 절약의 생활목표를 실천함으로써 75년도의 식량증산 목표 3,200만 석을 차질 없이 달성하고 오늘의 어려움을 자조노력에 의하여 극복해나가도록 하는 데 그 실천 목표를 두었다.

…… 4대 시책은 먼저 대대적인 새마을소득증대사업을 통하여 농가소득 140만 원의 기틀을 더욱 다지고, 새마을노임소득사업을 통하여 근면에 의한 서민생활의 안전을 도모하면서, 새마을 국민교육으로 유신이념과 안보관을 확고히 하고, 도시새마을운동을 더욱 강력히 추진하여 도시에서의 근검, 인보기풍을 조성해나가도록 하는 데 그 지도목표를 두었다(내무부, 1975a: 92~95).[7)]

---

7 "사업을 성공적으로 이룩하기 위해서는 …… 정부 시책에 대한 호응도가 높아야 되고, 이것을 받아들일 수 있는 농어민 스스로의 태도가 갖춰져 있어야 된다"(대통령비서실, 1978: 169). 따라서 국가가 계몽한 발전주의적 지향이나 "유신이념과 안보관"에 관심이 없고, 나아가 상충하는 길로서 '자조'의 내용을 구현해간 이들은 잠재적·현재적 감시·통제·처벌 대상들이 되기 쉬웠다. 강원도 원주에서 협동조합운동, 민주화운동, 공동체운동 등을 실천한 장일순을 그 한 경우로 볼 수 있다(김원, 2009). 새마을운동과 관련된 일간지 기사들을 검색해보면 "지시", "시달"이란 단어들이 자주 눈에 띈다. 한 예로 1976년 2월 21일 자 ≪동아일보≫의 7면에는 이렇게 적혀 있다. "내무부는 …… 전국도시지역 시장·구청장·경찰서장 회의를 열어 도시새마을운동 지침을 시달하고 …… 단속을 강화하도록 지시했다. …… 내무부 장관은 …… 추진상황을 수시 점검하여 …… 신상필벌을 하겠다고 말했다."

국가는 '지도'를 중요하게 생각한 만큼 각 단위 지도인력의 육성과 관리에 많은 노력을 기울였고 이 일환으로 '새마을지도자연수원'을 운영했다. 원장 김준의 입을 빌면 연수원의 설치는 "민족의 지상명제인 조국근대화의 기초적 작업이 농촌근대화에 있으며 새마을운동의 성패의 요체가 지도자의 자질, 특히 정신적 자세의 확립에 있다는 대통령 각하"의 "충정"에서 비롯된 것이었다[김준, 1982(1972): 19].

김준 원장은 "심경(心耕)" 또는 "심전개발(心田開發)"에 헌신하는 "인간개조의 마음과(科) 전문의(專門醫)"이길 자임했던 인물인데, 각 단위 지도자를 상대로 '나=자아'에 대한 입론을 자주 개진했다.

> 인생은 만남으로 이루어진다. …… 만남에는 여러 가지가 있다. 그러나 무엇보다 중요한 것은 …… 내가 나를 만나는 일이다. …… 자기 자신과의 대화, 자신의 마음을 들여다보는 자기 성찰의 고요한 시간이 있어야 한다.
>
> …… 이 세상 모든 일이 다 마음가짐에 달려 있고, 온 세계의 근본이 오직 마음에 있다 …… 우리는 …… 바르게 살아야 한다. 우리는 누구나 다 밝은 마음, 밝은 생활, 밝은 가정, 밝은 사회, 밝은 세상을 원한다. 이것은 모두가 다 '나와의 만남'을 통한 참 나를 발견하는 데서부터 시작된다. ……
>
> 우리 모두 내 마음의 밭(心田)에 참 나(眞我)의 씨앗을 뿌려 잘 가꾸어 나감으로써 …… 새마을운동을 알차게 지속화해 나가자(김준, 1978: 67).

여기에서 극도로 주관주의적인 유심론(唯心論)을 다시 읽을 수 있지만, 그보다는 '내가 내 자신과 만날 것'을 반복하여 주문했다는 점에 주의를 기울여보자. 주문의 언어를 달리 표현하면 그것은 청자들 내지 독자들에게 일상적으로 '나'를 특정한 척도에 비추어 검토·분석·평가하면서 문제시되는 그 '나'를 스스로 갱신해나가라는, 즉 '자기 통치(government of oneself)'의 기술을 연마하라는 충고였다.[8)]

이미 언급한 바처럼 새마을운동의 '자조'는 '지도'의 경계선 안에서만 유효한 것이었다. 따라서 김준에게 사람들이 감화되면 될수록 국가의 통치와 이에 뒤따르는 이해관계의 실현은 경제성을 극대화할 수 있었다. 대중이 국가의 요청을 충족시키고자 자발적으로, '자조'의 정신으로, 정직하고 성실하게 분발할 것이었기 때문이다. 그래서 김준이 말한 개별적 '나'는 결국 '국민' 또는 '민족'이란 전체의 일원으로 회수(collecting)되어야 할 '자아'였다. 자기 성찰과 혁신의 척도가 '지도'의 것이었기에 자기 점검과 고백, 반성, 결의 등은 자기 자신을 고양시키기보다 오히려 잠식하게 만드는 절차들이었다.

> 먼저 내 자신을 보자. …… 자신을 한번 돌아보자. …… 우리 모두가 자신을 한번 크게 개조해야 되겠다. …… 나의 참 생명의 발전 없이 국가와

---

8 인용한 문장들과 대동소이한 요지를 담은 것들로 김준(1976, 1979a, 1979b)이 있다. 대전시 중앙공무원교육원의 사례가 같은 맥락에서 읽힌다. "자아계발에 역점을 둔 부문이 많이 눈에 띄고 …… 자신을 스스로 점검하게 하는 〈나의 결의〉, 〈일일 수양록〉 작성시간을 두어 반성과 다짐의 계기로 삼게 하고 있다. …… 당 교육원의 특징은 무엇보다 추수(追隨)교육에 있는 것 같다. …… 먼저 수료생들이 귀가한 후 일정 기간이 지나면 교육기간 중에 본인이 작성한 〈나의 결의〉를 우송해, 자신이 스스로 한 다짐을 새롭게 해주며, 그 후 일정 기간을 두고 계속 본인의 〈일일 수양록〉과 〈원장 서신〉을 우송하여 교육의 지속화를 꾀한다 …… 질문지를 받고 자기의 실천 사항과 개선점 체크를 하게 하는 것으로 1년여에 걸친 본원의 추수교육은 일단 끝나며, 일부 수료자에 대해서는 방문·순회교육이 실시되기도 한다"(≪월간 새마을≫, 1979).

민족의 발전은 있을 수 없는 것이다. …… 나 하나의 수치가 민족의 수치요, 나 하나의 불신이 민족의 불신이며, 나 하나의 게으름이 민족의 대행진을 가로막는다 …… (김준, 1979b: 60~61).

문제시되는 대상이자 반성하는 주체인 '나'가, 조국과 민족의 일개 성원으로서 조국근대화와 민족중흥에 기여할 때에야 존재의 의미를 획득하게 될 '나'로 귀착하는, 이러한 자아관은 각 단위의 새마을운동 교본에서 어렵지 않게 접할 수 있다.

새마을운동은 전비(前非)를 뉘우치고 부끄러웠던 복철(覆轍)을 되밟지 않는다는 결의를 좀 더 확연히 했을 때 역사를 발전적으로 승계한다는 의미를 더욱 부각시켜나갈 수 있는 것이다. …… 새마을운동은 …… ① 내 자신의 자아상을 창건하고, ② 우리의 사회상을 정립하며, ③ 거룩한 조국의 영상을 부각시켜 나간다는 미래사적 의의를 …… 지닌다(김유혁, 1978: 76).

새마을운동의 자조론이 중요하게 여긴 또 다른 외부로부터의 도움은 '물질적 지원'이었다. 대통령 박정희, 내무부를 비롯한 관련 국가기구들, 그리고 새마을운동의 대의에 지지를 표명한 지식인들이 빈번하게 인용한 속담이 바로 '하늘은 스스로 돕는 자를 돕는다'이다. 어순을 바꾸면 '스스로 돕는 자'는 '하늘이 돕는다'는 것이었다. 그러니까 타자의 도움은 배제되지 않았으며 '자조'할 때에야, '자조'하면 할수록 타자의 지원이 따른다는 이야기였다. 그런데 국가는 단순하게 '자조'를 조건으로 지원을 약속하지 않았다. 국가는 농민들을 개별화하여 '자조'하는 마을들끼리 경쟁하게 하고 경쟁하는 주체들 가운데 심사·선별하여 '우수한' 마을들을 지원하는 방법을 채택했다.

> …… 앞으로는 일률적인 지원방식을 지양하고 …… 대상을 절반으로 줄여 …… 지원을 하기로 했습니다. …… 작년에 성적이 나쁜 부락은 전부 낙제, 유급을 시키고 성적이 좋은 부락만 …… 계속 지원을 하겠다는 것입니다. …… 금년 …… (지원)부락 중에서 …… 다시 가을쯤에 심사해서 우수한 부락에 대해서는 내년에 …… 진급을 시켜야겠습니다. …… 내년쯤 되면 앞선 부락은 더 앞서고, 뒤떨어진 부락과의 격차는 점점 더 커질 것입니다. …… 계속 성장한 부락은 조금만 더 지원해주면 그다음에는 정부에서 손을 떼어도 될 것입니다. …… 차이를 스스로 느끼도록 하여야 하겠습니다. …… 경쟁으로 더욱 잘살아보겠다고 노력을 하는 …… 기운이 …… 방방곡곡에 가득 차게 될 때 …… 새마을운동은 비로소 알찬 성공을 거둘 …… 것입니다(대통령비서실, 1978: 171~173).

> …… 각하께서 분부하신 바에 따라 …… 소하천정비 노임소득사업에 대하여는 우수부락을 엄격히 선정하여 사업비를 지원토록 하고 …… 영농시설 근대화 지원계획은 군당 1개소씩 우수시범부락을 대상으로 하여, 열심히 일한 마을은 각하의 특별한 지원으로 보람과 긍지를 느끼게 하고, 인근 타부락들은 자극과 분발로 일깨워주도록 하겠습니다(정종택, 1973).[9]

9 1977년도 충청북도 「새마을총열(總閱)카드」에 의하면 당시 마을들은 전체 33개 평가항목들에 대한 정기적 채점으로 "승급, 지원, 유급" 등의 종합판정을 받았다(충청북

우수마을의 지원은 언제나 그 마을 지도자에 대한 표창, 포상, 서훈 등과 함께 이루어졌다. 정확히 말하면 '지도'가 중요시된 만큼 후자에 뒤따르는 것들이 마을에 주어진 하사금이요 특별지원이었다. 아무런 정규 급여를 받지 못했다지만 일선 지도자들에게 '칭찬과 독려, 포상'은 새마을운동에 열정을 다해서 헌신하도록 만드는 매력적 동인이었다. 경상남도 S군에서 만난 한 구술자는 이렇게 기억을 더듬었다.

…… 저 그 당시에 …… 전국새마을지도자대회가 있었어얘, 그 당시 대통령이 참석하는. 그게 차암 가고 싶더라고, 그거는. 그냥 아주 그 정말 지도자가 아니면 갈 수 없는가 싶고. 혹시 그 방송이나 탁 보면 이 지도자는 상당히 이 참 보람 있는 기다. 이케 뭐 참 눈물 날 정도로 그, 가고 싶더라고요. 그런데 이 뭐라도 해야 되겠다, 뭘 해야 이것이 선정이 되어서 참여가 된다 말이지. 그래서 …… 지붕개량을 했어요. …… 그 무조건 하고 밀고나갔죠 뭐 그때는. …… 지붕개량 해 가지고 참 초가 인저 없애고, 이잔 마을 말끔히 하다 보니깐, 인저 그래 마을지도자대회에 참석이 되더라고요, 아주 최우수, 인자 지도자로서 선정이 되어 가지고. 그래다 보니까 다른 욕심이 생기고. 그때는 하사품이란 게, 에, 만년필 한 자루 하고 또 뭐꼬 볼펜 하나 이랬는데, 대통령 하사품이라 해 가지고. 봉황, 그게 크 아주

도, 1977). 충청남도는 1976년부터 "영광의 충남을 건설하기 위해" 호당소득을 기준으로 자립마을들 중에서 더 우수한 마을에 "승자(勝者)마을"이란 칭호를 부여하며 경쟁을 독려했다(≪월간 새마을≫, 1977, 1978). 내무부는 1979년에 모든 새마을이 자립마을로 승급될 전망"을 하면서 "자영마을"(호당소득 500만 원 이상) 육성계획을 세웠다(이해봉, 1979). 이는 더 높은 목표를 새로이 설정함으로써 경쟁체제의 지속을 의도한 것이었다.

뭐뭐 그게 뭐 굉장히 감격스러워요, 그거 받으니깐. …… 그기 하나 받아 오니깐 거의 뭐 이럴 수가 없더라고얘. 그러다보니깐 대통령하사 사업이 떨어지면서 그 당시 돈, 인저 백만 원, 그담에 쎄멘 천칠백 포 …… (구술자 T).

전라남도 J시에서 만난 구술자는 조심스럽지만 "아편"이란 표현까지 썼다.

새마을지도자들의 사명감은, 훈장이 또 유일하게 아편입니다, 훈장, 상. 왜 그르냐 하면 다른 걸 해서 대통령상이나 장관상이나 도지사상을 받지를 못 허아요, 농민들 입장에서. 뭐 상을 받을 일이 없지, 아무래도. 그런데 새마을지도자를 하면서 마을을 위해서 열심히 일을 하다 보며는 적게는 군수상에서부터 시작해 가지고 인제 도지사상. 그리구 전국지도자대회를 일 년에 한 번씩 했잖아요? 대회에 가 가지고 그 대통령 앞에서, 왜냐하면 메달받고 훈장받는 것이, 어느 지도자고 저걸 나도 받아야 쓰겄다고 생각하지 안 허는 사람이 없어. 긍께 어떻게 보며는 그런 것들이 새마을지도자들에 대해서 좀 호기심을, 호감을 갖게 하고 또 뭔가 아편모냥 끌려가고 하는 계기가 되구 그랬죠. 그래서 아마 그 어떻게 보면, 박정희 대통령이 상당히 좀 강인하면서도, 쪼끔 그으, 간략(幹略)한, 기교(技巧)한 정책을 썼지 않느냐. …… 직접 현장을 찾아가는 …… 새마을한테는 그냥 부담 없이 지원해주는 …… 이제 새마을지도자들을 청와대로 초청해서 어, 격려를 해주는 거, 그리고 훈장 같은 것을 이렇게 제조해 가지고 지도자들. 그리고 지도자를 3년 이상 하면 공무원에 특채할 수 있는 하나의 그 자격을 부여해주는 것. 이러한 모든 것들이 새마을지도자들의 …… 정신이나 모든 것을 무장시키고 좀 활성화시킬 수 있는 그런 계기가 되지 않았느냐, 이런 생각이 들죠(구술자 C).[10]

이렇게 볼 때 국가가 바라마지 않는 대로 되었다면, 당시 농민들은 각자가 '나'의 차원에서 일상적으로 자신을 대상화하고 성찰·혁신하는 주체들이자, 동시에 조국근대화와 민족중흥에 헌신함으로써 진정한 존재 가치를 부여받는 국민과 민족의 기능주의적 일원들이었으며, 아울러 이 이면에서 개별화된 마을단위로, 개별화된 마을 지도자로 상호 경쟁하여 승급하고 서훈자가 되거나 아니면 낙오하는 진화론적 행위자들이어야 했다.

---

10 구술자 C는 훈장을 받게 되었다는 통지를 받은 순간부터 실제로 대통령에게서 훈장을 받고 귀가를 하는 시점까지의 행보와 정황, 감홍 등을 들려달라는 나의 부탁에, 그 과정들을 즐겁게 웃으며 회고하다가 일순간 얼굴을 붉히고는 눈가를 적시면서 한동안 말을 잇지 못했다. 나는 잠시 침묵을 지키면서 그에겐 정말 당시가 인생의 황금기였구나 하는 판단과 함께, 매일 새벽 5시에 기상하여 밤 10시까지 엄청난 노동량의 과제들을 선도하며 수행할 수 있었던 배경에는 분명히 그 '훈장의 힘'이 한 자리를 차지하고 있지 않았나 하는 생각을 했다. 또 전라남도 S군에서 만난 구술자 P가 들려준, 전국에서 선발된 "유신의 기수"들 중에서도 자신이 대표자가 되어 "신바람 나게" 활동을 했다는 이야기나, 대통령이 참석하는 경제동향보고회의에서 성공사례를 발표하려고 이웃마을과 경쟁했으며 또 그 기회를 놓치자 크게 실망했다는 이의 기억(리세영, 2003: 303~311)도 비슷한 맥락에서 이해될 수 있을 것이다.

4. 노동과 금전으로 환원되는 삶

새마을운동과 관련된 공식적 재현물들에서 평범한 대중의 일상은 '노동으로 점철(點綴)'되어 있었다. 먼저 대통령비서실이 홍보용으로 배포한 총천연색 연간 화보집 『새마을』을 보자(대통령비서실, 1973~1979). 여기에 실린 사진들은 박정희나 육영수, 박근혜 등에 초점을 맞춘 것들을 빼면 크게 두 가지 유형들로 나뉜다. 하나는 작업을 하고 회의를 진행하는 사람들을 근거리에서 찍은 것이며, 다른 하나는 새마을운동의 성과들을 보여주고자 상공에서 아니면, 상당한 거리를 두고 조망한 것이다. 그렇게 화보집 『새마을』의 사람들은 일하고 또 일하며 사라지기도 한다. 일하는 그들은 밝게 웃곤 하지만 사뭇 진지해 보이다가 대단히 무표정하고 피곤해 보이기도 한다. 미처 얼굴을 볼 길 없이 일에 몰두하느라 숙인 머리와 굽힌 등만이 종으로 횡으로 대열을 갖춘 사진도 있다. 작업 규모와 종별은 다양한데 정녕 '역경과 맞서 싸우는 사내들'을 대표하는 양 위태로운 환경 속에서 일하는 모습의 사진이 눈에 띈다. 어쨌든 일, 일, 일이다.

원거리에서 조망하는 사진들은 아예 사람들과 사회를 사상한다. 거기에는 농촌이든 도시든 인간세계의 현실(긴장과 갈등, 모순 등)이 거리만큼이나 완화되고 소거되는 효과를 낳음으로써 조국근대화와 새마을운동이 낳는 업적들의 경탄할 만한 이미지들과 마을들의 평화로움만이 가시화되어 있다(안인기, 2008: 549~550).

국립영화제작소가 만들어 유통시킨 홍보영화들 중에 〈쉬지 않는 농촌〉이 있다. 제목이 "쉬지 않는 ……"이다. 민요풍의 배경음악이 깔리면

〈그림 7.1〉 화보집 『새마을』에 재현된 새마을운동

서 시작되는 이 영화는 실제 성공사례로 선정된 몇몇 마을과 학교를 탐방하는 식으로 구성된 14분짜리 다큐멘터리이다. 중간중간 마을의 원경을 가만히 비추는 경우를 제외하면, 시작부터 종결부까지 영상은 일, 일, 일이다. 객토, 보리밟기, 비닐하우스 재배, 홀치기 작업, 수편물 짜기, 인조진주 제작, 관상조 사육, 버섯 재배 등. 연령과 성별의 구분 없이 등장인물들이 보여주는 부지런한 손동작과 민첩한 눈 움직임, 힘차기도 하고 재빠르기도 한 도구와 기구의 이용법 등이 인상적이다. 유성영화이므로 내레이션이 흐른다.

> …… 생산소득사업에 온 힘을 기울이고 있는 농민들은 농한기에도 쉬지 않고 내일의 결실을 다져가기 위해 땀을 흘린다. …… 비닐하우스엔 아침부터 부락민들의 **바쁜 일손이 열기를 뿜는다.** 문전옥답이 있으면서도 겨울철이면 할 일 없이 도박이나 하며 농한기를 소일(消日)했던 이곳 부락민들이 비닐하우스에 손을 댄 건 불과 5, 6년 전. 그때만 해도 이 부락민들은 영세 농가를 면치 못했던 가난에 찌든 마을이기만 했다. 그러나 이젠 벼농사까지 삼모작의 농사를 지어내느라 **잠시도 쉴 사이가 없다.** …… 이제 가난에서 **부자마을로 탈바꿈한 이들은** 땀 흘려 가꾼 결실의 기쁨을 만끽하며 80년도엔 농가소득 200만 원 목표를 세우고 **쉬지 않고 일하고 있다.** …… 이제 우리 농촌은 농한기가 없다. 농민들 스스로 **노는 일손 없애기 운동을** 활발히 벌여 지역성에 알맞은 부업을 선정해서 농한기에도 **쉬지 않고** 소득사업을 벌여나간다. …… 농한기가 되면 할 일 없이 마실로 소일하기가 일쑤이던 부녀자들까지 이제는 **돈벌이를 하기에 여념이 없다.** …… 140여 명의 부녀회원들이 홀치기 짜기에 참여해서 한 해 3,000여 만 원이나 되는 큰돈을 벌어들이고 있다. …… **쉬지 않고 일하는** 보람만큼 수익도 늘어 **바쁜 일손을 멈추지 않는다.** …… 자신과 신념 그리고 억척같은 노력으로 가난을 물리친 부락민들. 올해 800만 원의 수익을 목표로 황금버섯을 따내는 **이들의 일손은 바쁘기만 하다**(국립영화제작소, 1976, 강조는 인용자).

"부자마을로 탈바꿈"했다면 조금은 쉬엄쉬엄 일해도 되는 것이 아닐까? '일'은 '삶'을 위한 것이지 그 역은 아니지 않는가? 자료형태를 불문하고 국가의 각종 재현물은 새마을운동을 박정희가 언명한 "중단 없는 전진"과 "휴식 없는 노력"(심융택 엮음, 1972: 55)을 실천하고 "일 자체에서 기쁨과 행복"을 찾는 "공동의 도장(道場)"(박정희, 1978: 100~101)으로 그려내고 있었다.[11]

그런데 재현물들의 서사를 그대로 받아들일 때, 평범한 농민들이 그리 "쉬지 않고" 일하게 된 데는 그들이 조국근대화란 대업을 수행할 주체-국민으로 되어가는 다른 한편에서, 바로 '금전'의 맛을 체감한 것이 작용했다. 주지하다시피 박정희는 초반부터 "농가마다 소득이 불어난다 하는 재미를 느껴야만 …… 농민들의 열의가 식지 않"을 것이라면서 새마을운동이 소득증대와 직결되어야 함을 강조했다(대통령비서실, 1978: 205). 이전부터 이미 수익성 관념과 금전의 효용을 체득한 이들이 있었지만, 새마을운동은 농민들에게 그러한 관념과 감수성을 폭넓고 깊게, 또한 빠르게 확산·심화시켜갔을 것으로 보인다. 이와 관련하여 실제 사업들의 성

11 여기에서 근대사회의 노동이 가치생산행위는 물론 훈육체제로 작동하는 측면을 생각할 필요가 있다. 국가의 입장에서 볼 때 "노동"은 "인간 메커니즘에 미치는 효과 때문에 …… 유익하다. …… 그것은 …… 신체를 규칙적 운동에 종속시키며 동요와 혼란을 차단하고 …… 위계와 감시를 강제한다. …… 억압적이고 폭력적인 수단을 이용하지 않고서도 통치한다. …… 질서와 복종이란 습관들을 갖게 한다. …… (사람들은) 육체노동 속에서 …… 탈선의 치료제를 발견한다. …… 노동은 …… 모든 선(善)들의 한 원리로서 여겨진다. …… 실존 조건으로서 임금이라는 '도덕적' 형식을 제공한다. 임금은 노동에 대한 '사랑'과 노동하는 '습관'을 가르쳐준다. …… 소유에 대한 감각을 알려준다. 또한 …… 절약과 미래에 대한 사고를 가르쳐준다. …… 열의와 자기 개선의 진척을 양적으로 표현해준다. …… 개인의 전환 동기이자 척도로서 작용한다"[Foucault, 1991(1975): 242~243].

격이 언급될 수 있으나, 여기에서는 나의 문제의식에 따라 당시 성공마을, 성공인물을 다룬 각종 매체들이 성공의 최상위 지표로서 가구별·마을별 연간 소득액을 설정했다는 점에 주목하고자 한다. 평가의 제일 기준은 한마디로 '돈'이었다. 예컨대 ≪월간 새마을≫ 1977년 12월호의 목차를 보자(강조는 인용자).

[특집] 땀과 협동으로 이룬 결실: 우리도 최고 소득마을

과수와 낙농으로 310만 원 / 경기 시흥군 소래면 계수2리(60)

고등원에 재배로 180만 원 / 강원 춘성군 서면 신매리(62)

쌀·고추 증산으로 246만 원 / 충북 중원군 가금면 상구마을(64)

마늘·생강 재배로 249만 원 / 충남 서산군 근흥면 수룡마을(66)

호당 1만 평의 경지 320만 원 / 전북 부안군 백산면 신금마을(68)

경지 이용 고도화로 275만 원 / 경북 의성군 사곡면 화전1동(70)

배·밤 등 유실수로 256만 원 / 경남 울주군 삼남면 가천마을(72)

대학나무 키워 245만 원 / 제주 남제주군 서귀읍 신효마을(74)

각 마을과 주민들이 일정 액수의 '돈'으로 치환되었다. 새마을운동의 목적이 "잘살기"라는 국가의 의미 부여와 관련하여, 담론 차원에서 "물질적인 부와 정신적인 건전성"의 "조화"가 언급되기도 했으나(새마을운동중앙협의회, 1973: 3, 1975: 2~3), 재현물의 수준에선 '돈'의 위상이 확연히 지배적이었다. 새마을운동과 관련된 각종 재현물에서 발견되는 물질적 '가난'과 '부유'를 일차원의 선상에 놓고 양극화·대립시키는 서사공식, 또 무엇보다 '금전'의 양을 '성공'의 제일 척도로 삼는 시선이 일반 대중의 의

식·무의식세계에 어떤 효과를 낳았을지 숙고해볼 만하다.

박정희 시대 새마을운동의 재현물들은 대중의 삶을 노동과 금전으로 환원하는 경향을 띠고 있었고, 이러한 경향은 가부장주의와 결합되면서 거창하든 소박하든 평범한 사람이라면 품게 마련인 '자기 가치'의 지향을 규탄하는 목소리로 나타났다.

> 그녀는 다른 여자들이 유두분면(油頭粉面)을 하고 입술에 붉은 루우즈를 칠하고 다니는 꼴을 보면 구역질이 났다. 여성들이 너무 사치에 흐르는 것이 못마땅해서였다. 노력하는 남자들에 비해 여자들은 너무 사치하고 게으르고 비생산적인 것 같았다. 그래서 그녀는 숫제 화장을 하지 않고 대신 매일 화장하는 데 들어가는 셈 치고 10원씩 꼬박꼬박 저금을 했다. …… 그녀는 말수가 적었다. 동네를 쏘다니면서 지껄일 말이 많은 여자일수록 뭔가 행실이 허황한 법이었다. …… 착실한 생활을 하는 여성일수록 말수가 적은 법이었다. …… 신여인은 묵묵하게 일을 했다. 마을을 갈 시간이 있으면 밭에 나가 풀이라도 뽑았다. 밭에 일감이 없으면 산에 올라가 나무를 했다(새생활문고 편집위원회, 1973: 154~155).

5. 맺음말

박정희 시대 국가는 분명히 반대파들에 대한 감시, 테러, 감금, 고문, 사형 등 독재체제로서의 무서운 면모들을 갖추고 있었다. 그러나 일방으로 '억압하거나 죽이는' 권력관계의 주체는 아니었다. 당시 국가는 사회

구성원들을 전략적으로 개별화하거나 국민화(전체화)하여 특정한 양식으로 '살아가게 하면서' 관리·통치하는 권력관계의 주체였다. 새마을운동은 바로 그처럼 '살아가게 하며 통치하는' 프로젝트의 실례라고 할 수 있다.

새마을운동과 관련된 담론, 재현, 구술 등은 당시 국가가 평범한 대중을 새마을운동에 참여시키면서 특정한 유형의 주체로 만들어내고자 한 시도들을 확인해준다. 그리고 이렇게 파악된 국가의 통치 전략 및 기술은 박정희 시대가 어떤 사회였으며 어떤 시기 국면이었는지 이해하고 평가할 수 있는 근거를 제공한다. 그러한 국가의 통치 전략과 기술이 당시 펼쳐진 각종 근대화·발전 프로젝트의 성공(의도=결과)과 맺고 있던 관계를 감안하면, 발전과 근대화의 진척을 이유로 박정희 시대를 규범적으로 긍정하는 논자들의 경향은 대단히 우려스럽다. 그들은 결국 1970년대 국가가 이상적으로 여긴 인간형과 주체의 삶(자조-경쟁하는 주의주의적 인간형, 노동과 금전으로 환원되는 삶)을 '바람직했다'고 받아들이는 것으로 보이기 때문이다.

조금 더 쉽게 생각해보자. '새마을정신'에 입각하여 우리 눈앞의 비정규직, 청년실업, 쇠락하는 농촌 등의 문제들을 판단한다면 어떤 진단과 해답이 나오겠는가? 박정희 시대와 '민주화' 이후 신자유주의국면이 지닌 차별성('개인'과 '자유' 등의 상이한 위상들)을 부인할 수 없겠지만(서동진, 2009), 현 시기 국가의 통치는 중요한 측면에서 박정희 시대의 그것과 연속선상에 있다.

참고문헌

권명아. 2005.『역사적 파시즘: 제국의 판타지와 젠더 정치』. 책세상.

김광웅·네스, 1981.「새마을정신: 가치 및 가치변화」. 서울대학교 새마을운동 종합연구소.『새마을운동의 이념과 실제: 새마을운동 국제학술회의 논문집』.

김동춘. 2006.「박정희 시대의 민주화운동」. 정성화 엮음.『박정희 시대와 한국현대사』. 선인.

김보현. 2006.『박정희정권기 경제개발: 민족주의와 발전』. 갈무리.

김보현. 2010.「일상사 연구와 파시즘」. 박순성·홍민 외.『북한의 일상생활세계: 외침과 속삭임』. 한울아카데미.

김수행·박승호. 2007.『박정희 체제의 성립과 전개 및 몰락』. 서울대학교출판부.

김원. 2009.「장일순, 원주에 살다」. ≪월간 고대문화≫. 3월호.

김유혁. 1978.「새마을운동과 정신혁명」.『'78 새마을연수교재』. 중앙교육연구원.

김일영. 1996.「한국의 정치적·경제적 발전경험과 그 세계사적 위상」. 이우진·김성주 엮음.『현대 한국정치론』. 나남.

김일영. 2004.『건국과 부국』. 생각의 나무.

김장수. 1975.「황금의 초지」. ≪월간 새마을≫, 8월호.

김재영 엮음. 1978.『박정희대통령 국민과의 대화집』. 자유문화사.

김준. 1976.「성찰은 발전의 근본」. ≪통신교재 새마을운동≫, 제5호.

_____. 1978.「나와의 만남」. ≪월간 새마을≫, 8월호.

_____. 1979a.「권두언: 인격자가 되자」. ≪통신교재 새마을운동≫, 제18호.

_____. 1979b.「내면생활의 충실」. ≪월간 새마을(도시판)≫, 1월호.

_____. 1982(1972).「입교식사(새마을지도자반 제1기 입교식)」.『새마을지도자연수원 10년사: 1972~1981』새마을지도자연수원 .

김형아. 2005.『박정희의 양날의 선택: 유신과 중화학공업』. 일조각.

김호기. 1998.「박정희 시대와 근대성의 명암」. ≪창작과 비평≫, 제26권, 제1호.

_____. 2003.「'2만불시대'를 향한 모델 찾기」. ≪경향신문≫, 7월 24일.

내무부. 1975a.『새마을운동: 시작에서 오늘까지』.

_____. 1975b.「새마을운동 연표」.『새마을운동: 시작에서 오늘까지』.

_____. 1978.「새마을운동 연표」.『새마을운동: 시작에서 오늘까지』.

_____. 1980a.『새마을운동 10년사』.

_____. 1980b.『새마을운동 10년사: 자료편』.

대통령비서실. 1973~1979.『새마을』(화보집).

_____. 1978.『박정희대통령 연설문선집: 새마을운동』.

리세영. 2003. 『풍덕마을의 새마을운동』. 서울문화인쇄.
박길성·김경필. 2010. 「박정희 시대의 국가-기업관계에 대한 재검토」. ≪아세아연구≫, 제139호.
박정희. 1978. 『민족중흥의 길』. 광명출판사.
백낙청. 2005. 「박정희 시대를 어떻게 생각할까」. ≪창작과 비평≫, 제33권, 제2호.
새마을운동중앙협의회. 1973. 『제4회 새마을학교 교본: 1974. 겨울』. 문교부.
_____. 1975. 『제6회 새마을학교 교본』. 문교부.
새마을지도자연수원. 1982. 『새마을지도자연수원 10년사: 1972~1981』.
새생활문고 편집위원회. 1973. 『가난은 나의 적이었기에: 엄동에 여름을 가꾸는 하사용』. 노벨문화사.
서동진. 2009. 『자유의 의지, 자기계발의 의지: 신자유주의 한국사회에서 자기계발하는 주체의 탄생』. 돌베개.
심융택 엮음. 1972. 『박정희대통령 어록: 자립에의 의지』. 한림출판사.
안병욱 외. 2005. 『유신과 반유신』. 민주화운동기념사업회.
안인기. 2008. 「'조국근대화'와 풍경의 재구성: 새마을운동 사진에 대한 비교 연구」. ≪기초조형학연구≫, 제9권, 제2호.
유석춘. 2006. 「발전국가 한국의 지배구조와 자본축적: 박정희 시대와 이승만시대 비교」. 김용서 외. 『박정희 시대의 재조명』. 전통과현대.
유종일 엮음. 2011. 『박정희의 맨얼굴』. 시사IN북.
윤근환. 1973. 「보고서: 한국도로공사 새마을지원사업 추진현황 보고」. 보고번호 제232호. 대통령비서실.
이병천. 2003. 「개발독재의 정치경제학과 한국의 경험」. 이병천 엮음. 『개발독재와 박정희 시대』. 창비.
_____. 2005. 「개발독재와 돌진적 산업화」. 『해방60주년기념 심포지엄 '다시 대한민국을 묻는다' 자료집』. 참여사회연구소. 한울아카데미.
_____. 2007. 「우리시대 후발 '이중혁명'에 대한 비판적 성찰」. ≪역사비평≫, 통권 80호.
이승철. 2006. 『후기자본주의에서 권력 작동방식과 일상적 저항전술에 관한 연구: 기 드보르와 미셸 세르토를 중심으로』. 서울대학교 석사학위논문.
이해봉. 1979. 「고소득 '자영마을'을 육성한다」. ≪월간 새마을≫, 8월호.
장문석·이상록 엮음. 2006. 『근대의 경계에서 독재를 읽다: 대중독재와 박정희 체제』. 그린비.
장하준 외. 2005. 『쾌도난마 한국경제』. 부키.
전숙희. 1972. 『삶은 즐거워라』. 조광출판사.
정시영. 1973(1971). 「하사용 아저씨에게」. 새생활문고 편집위원회. 『가난은 나의 적이

었기에: 엄동에 여름을 가꾸는 하사용』. 노벨문화사.
정용대. 1979. 「불굴의 의지로 이룩한 도시새마을」. ≪통신교재 새마을운동≫, 제16호.
정종택. 1973. 「보고서: 새마을노임소득사업비 지원(2차분)」. 보고번호 제73-745호. 대통령비서실.
조정환. 2006. 「카이로스의 시간과 삶문학」. 『카이로스의 문학』. 갈무리.
조희연. 2007. 『박정희와 개발독재시대』. 역사비평사.
_____. 2010. 『동원된 근대화: 박정희 개발동원체제의 정치·사회적 이중성』. 후마니타스.
지수걸. 1984. 「1932~1935년간의 농촌진흥운동」. ≪한국사연구≫, 제46호.
채운. 2009. 『재현이란 무엇인가』. 그린비.
충청북도. 1977. 「'77 새마을총열(總閱)카-드[마을(分), 일반농촌마을]」.
최장집. 1996. 『한국민주주의의 조건과 전망』. 나남.
_____. 2002. 『민주화 이후의 민주주의』. 후마니타스.
최진아. 2003. 『새마을운동에 나타난 '자조'에 관한 연구: 새마을지도자의 수기를 중심으로』. 서울대학교 석사학위논문.
최희정. 2003. 『한국 근대 지식인과 '자조론'』. 서강대학교 박사학위논문.
푸코, 미셸(Michel Foucault). 2001(1974~1975). 『비정상인들』. 박정자 옮김. 동문선.
월간 새마을 편집부. 1977a. 「소득 183만 원: 승자마을의 자립 교훈」. ≪월간 새마을≫, 4월호.
_____. 1977b. 「섬마을을 전국 제일 부자마을로」. ≪월간 새마을≫, 12월호.
_____. 1978a. 「승자마을의 꿈이 영그는 연중무휴의 예·당평야」. ≪월간 새마을≫, 3월호.
_____.1978b. 「근검·협동의 정신 기르고 새마을경로교실도 운영」. ≪월간 새마을≫, 6월호.
_____. 1979. 「새마을교육은 '인격도야'에 귀착: 새마을연수원 순례(6)」. ≪월간 새마을≫, 6월호.
하사용. 1973(1971). 「정시영군에게」. 새생활문고 편집위원회. 『가난은 나의 적이었기에: 엄동에 여름을 가꾸는 하사용』. 노벨문화사.
한긍희. 1995. 『1935~1937년 일제의 심전개발 정책과 성격』. 서울대학교 석사학위논문.
황병주. 2004. 「박정희 체제의 지배담론과 대중의 국민화」. 임지현·김용우 엮음. 『대중독재』. 책세상.

松本武祝. 1998. 「第5章 一九三〇年代における農村振興運動の展開」. 『植民地權力と朝鮮農民』. 社會評論社.
Dean, M. 1999. *Governmentality: Power and Rule in Modern Society*. London: SAGE Publications.

Foucault, Michel. 1982. "The Subject and Power." in Dreyfus, H. & Rabinow, P.(ed.). *Michel Foucault: Beyond Structuralism and Hermeneutics.* Chicago: The University of Chicago Press.

_____. 1991(1975). *Discipline and Punish*. London: Penguin Books(『감시와 처벌』. 오생근 옮김. 1994. 나남출판).

_____. 2007(1977~1978). *Security, Territory, Population.* Senellart, M.(ed.). New York: Palgrave Macmillan(『안전·영토·인구』. 오르트망 옮김. 2011. 난장).

Gordon, C. 1991. "Governmental Rationality: An Introduction." in Burchell, G., Gordon, C., & Miller, P.(ed.) *The Foucault Effect: Studies in Governmentaity*, Chicago: The University of Chicago Press.

Rahnema, M. 1992. "Poverty." Sachs, W. (ed.) *The Development Dictionary: A Guide to Knowledge as Power.* London: Zed Books Ltd.

Rimke, H. M. 2000. "Governing Citizens through Self-Help Literature." *Cultural Studies.* Vol. 14, No. 1.

Smiles, S. 1996(1866). *Self-Help.* London: IEA Health and Welfare Unit.

• 구술

구술자 C, 전라남도 J시.

구술자 I, 경기도 I군.

구술자 L, 경상남도 K군.

구술자 P, 전라남도 S군.

• 동영상

국립영화제작소. 1975. 〈새마을노임소득사업〉.

국립영화제작소. 1976. 〈쉬지 않는 농촌〉.

제8장

'유신이념의 실천도장', 1970년대 새마을운동*

이용기 | 한국교원대학교 역사교육과 교수

새마을운동은 한국적 민주주의의 토착화를 위한 실천도장이요, 참다운 애국심을 함양하기 위한 실천도장인 동시에, 10월 유신의 이념을 구현하기 위한 실천도장이다(박정희, 1973년 11월 21일 제1차 전국 새마을지도자 대회).

1. '박정희 시대'의 상징, 새마을운동

박근혜 대통령은 대선 승리 다음 날인 지난해 12월 20일 기자회견에서 "다시 한 번 잘살아 보세의 신화를 이루겠다"고 말했다. 얼마 후 대통령직

* 이 글은 ≪내일을 여는 역사≫ 48호에 실린 「유신이념의 실천도장, 1970년대 새마을운동」을 수정·보완한 것이다.

인수위원회는 박 대통령의 국정 목표 중 하나인 '창조경제'와 관련해 '제2의 새마을운동'을 추진하겠다고 공식 선언했으며, 농림수산식품부는 인수위 업무보고에서 2011년부터 추진해온 '함께하는 우리 농어촌운동'을 제2의 새마을운동으로 확대·추진하겠다고 밝혔다(≪한겨레21≫, 2013.4.8). 박정희의 딸 박근혜가 대통령에 당선되자 '박 대통령'의 시대가 다시 개막되면서 바야흐로 '잘살아 보세'와 '새마을운동' 같은 '박정희 시대'의 상징들이 넘쳐나고 있는 것이다. 박근혜는 지난 대선 기간 '5·16은 구국의 결단'이라는 입장을 밝힘으로써 박정희식 패러다임에서 결코 벗어나지 않을 것임을 예고했었다. 이 때문에 그의 역사의식과 정치이념에 대한 우려와 비판의 목소리가 높아지고 있다. 그러나 우리가 정작 진지하게 짚어보아야 할 것은 '아버지의 시대'를 미래의 한국으로 생각하고 있는 박정희의 딸이 아니라, 그를 대통령으로 만들어낸 '지금 우리'의 자화상이다.

여기 흥미로운 조사가 하나 있다. 2010년 4월에 ≪조선일보≫가 '새마을운동 40주년'을 맞아 전국 성인남녀 1,500여 명을 대상으로 실시한 여론조사에 의하면, 1948년 정부 수립 이후 지금까지 '국가발전에 큰 영향을 미친 정책'으로 새마을운동이 59.1%를 얻어 46.8%를 얻은 경제개발 5개년계획조차 제치고 1위로 꼽혔다(중복선택 허용). 그리고 '새마을운동 하면 떠오르는 것'으로는 박정희 전 대통령(37.8%), 새마을 노래(14.5%), 근면·자조·협동(12.2%), '하면 된다'는 자신감(7.7%), 새벽 청소(7.1%) 순으로 나타났다(≪조선일보≫, 2010.4.22).[1)]

1 새마을운동 전도사를 자임하는 영남대학교 최외출 교수가 2013년에 실시한 여론조사도 이와 거의 유사한 결과를 보여주며, 응답자의 82.0%가 '제2의 새마을운동'에 찬성

바로 이것이다. 새마을운동은 박정희 시대의 '성공신화' 중에서도 으뜸이며, '박정희 향수'의 진원지인 것이다. 그런데 새마을운동은 단지 '잘살기 운동'일 뿐 아니라 박정희 스스로 밝혔듯이 '유신이념의 실천도장'이었다. 유신체제가 붕괴한 이후, 우리 주위에서 유신체제를 공개적으로 옹호하는 발언을 듣기는 쉽지 않다. 그러나 유신체제의 주인공인 박정희를 그리워하는 사람은 도처에서 발견할 수 있으며, 유신체제와 밀접한 연관 속에서 추진되었던 새마을운동에는 21세기 한국인들이 이처럼 열광하고 있는 것이다. 유신체제가 박정희 시대에서 우연한 일탈적 국면이 아니라 오히려 박정희 시대의 궁극적 귀결이자 집약적 표현이라고 한다면, 박정희(시대)에 대한 향수와 새마을운동에 대한 열광의 이면에는 유신체제에 대한 잠재적 욕망이 감추어져 있는지도 모른다. 다시 시작된 '박 대통령 시대'를 맞아 새마을운동을 되새겨보는 것은 그래서 의미가 있다.

2. 새마을운동의 실상

1) 새마을운동의 배경

우리는 먼저 새마을운동이 박정희 정권의 위기의식과 연관되어 시작

한다고 답했다. 또 새마을운동이 국민에 미친 영향에 대해서는 '하면 된다는 자신감 고취'(31.8%), '부지런한 국민성 일깨움'(28.9%), '가난극복의 의지 함양'(22.9%), '애향·애국심 함양'(6.8%), '민주주의 실천'(3.4%), '교육열 제고'(3.3%) 순으로 응답했다(≪매일경제≫, 2013.3.12; ≪중앙일보≫, 2013.3.13).

되었다는 점을 기억할 필요가 있다. 박정희 정권은 1960년대에 수출주도형 공업화 전략을 저돌적으로 추진하여 상당한 정도의 성과를 거두었지만, 1970년대 초에 이르면 그에 따른 부정적 효과가 가시화되면서 위기의 징후가 나타나기 시작했다.

위기의 신호탄은 1970년 11월 전태일의 분신 사건이었다. 그다음 해에는 광주대단지 사건과 KAL빌딩 방화사건 등 도시빈민과 노동자들의 저항이 격렬하게 분출되었으며, 대학가에서는 교련반대 시위가 격화되었다. 또한 1969년 삼선개헌 강행 과정에서 대중적 저항에 직면했던 박정희 정권은 1971년 대선에서는 '40대 기수론'을 내세운 야당의 돌풍으로 곤경에 처했다. 결국 '이번이 마지막 선거'라는 눈물 어린 호소와 극단적인 지역감정 선동을 통해서야 간신히 야당의 김대중 후보를 누를 수 있었다. 뒤이어 치러진 총선에서도 여당인 공화당은 득표율 50%에 미달하는 초라한 성적을 거두며 도시 지역에서 야당에게 참패했다.[2] 이처럼 민심 이반의 징후가 가시화되는 것과 더불어 한국전쟁 이래 여당의 표밭이었던 농촌마저 동요할 조짐이 나타나고 있었다.

박정희 정권은 5·16 쿠데타 직후부터 중농주의를 표방했지만, 실제로는 극도로 편향된 수출주도형 공업화로 농업은 상대적으로 소외·위축되었고 농촌 경제는 좀처럼 호전되지 않았다. 제1~2차 경제개발 5개년계획이 추진된 1962~1971년에 국민총생산은 연평균 8.8%의 성장률을 나

2 1970년대 초에 박정희 정권이 처한 정치적·사회적 위기 상황과 1971년 대선·총선에 관해서는 조희연(2007: 118~130), 서중석(2008: 154~167) 참조. 1971년 대선에서 '더 이상 여러분에게 표를 달라고 하지 않겠다'는 박정희의 간곡한 호소는 그 이듬해에 유신체제를 수립함으로써 사실이 되었다.

타냈는데, 그중에서 광공업은 연평균 17.1%의 높은 성장률을 보인 반면에 농업은 연평균 5.5% 성장하는 데 그쳤다. 그 결과 전체 국민총생산에서 농업이 차지하는 비중은 1961년에 38.7%에서 1970년에는 26.8%로 급감했다(하재훈, 2007: 92~93). 또한 농업생산성이 점진적으로 신장했음에도 미국 잉여농산물 도입 중심의 식량정책과 비료·농약 등에 지출되는 생산비용의 대폭적 증가 때문에 농가수지는 별로 개선되지 못했다. 1960년을 기준으로 1969년의 농가 실질소득은 5% 증가에도 미치지 못했으며, 농가 호당 평균부채는 1962년에 4,751원이었던 것이 1968년에는 1만 3,996원으로 늘어났다(한도현, 1989: 125~126; 농림부, 1969: 278).

이보다 심각한 것은 도농 간의 소득격차였다. 1960년대 전반만 해도 가구당 농가소득이 도시근로자 소득보다 우위에 있었지만, 1965년을 기점으로 역전되고 1968년에는 가구당 농가소득이 도시근로자 소득의 62.6% 수준으로 낮아졌다. 공업화 중심의 불균형성장 전략은 농촌을 피폐하게 만들었으며, 농민층은 상대적 박탈감이 심화될수록 정든 고향을 떠나 낯선 도시로 향했다. 1960년대 전반에 매년 19만 명 정도이던 순이농인구는 1960년대 후반에 이르러 연평균 50만 명 수준으로 급증했다. 그 결과 1967년에 정점에 올랐던 농촌인구는 1968년부터 감소 추세로 돌아섰다(오유석, 2002: 163; 박진도·한도현, 1999: 44).

도시 중심의 근대화에서 배제된 농민층의 불만은 여촌야도 투표성향의 약화로 나타났다. 집권 여당인 공화당이 농촌지역에서 얻은 지지율은 1963년과 1967년의 총선에서 67% 선을 유지했지만, 1971년 총선에서는 58%로 크게 감소했다. 그렇지 않아도 1971년 대선에서 김대중 후보의 약진에 당혹해하던 박정희 정권은 강원도와 제주도를 제외한 모든 농촌에서 여당의 득표율이 일제히 하락하면서 심각한 위기감을 느끼게 되었다(황연수, 2006: 24~25; 박진도·한도현, 1999: 46). 이러한 위기에 직면한 박정희 정권은 도시지역을 중심으로 성장하는 정치적 저항이 농촌으로 파급되는 것을 차단하고, 더 나아가 농촌을 강력한 정치적 보루로 재건하여 저항세력을 포위하기 위한 능동적인 정치 전략을 구사하고자 했다(고원, 2006: 186~187). 새마을운동은 바로 이러한 상황에서 시작되었다.

2) 새마을운동의 전개 과정

새마을운동은 위기에 대한 방어 수단인 동시에 공격적인 정치 전략이었지만, 구체적인 개시 과정에는 상당한 우연이 개입되어 있다. 박정희는 1969년 8월 수해복구 순시 과정에서 경상북도 청도군 청도읍 신도1리 주민들이 자체적인 노력으로 마을 환경을 크게 개선한 것을 보고 감동을 받아 새마을운동을 구상했다고 한다. 박정희는 1970년 4월 22일 한해(旱害)대책 전국 지방장관회의에서 이 마을의 예를 들면서 농촌의 '새마을가꾸기 운동'을 제창했다. 때마침 공화당 재정위원장이자 쌍용시멘트 대표였던 김성곤이 시멘트 업계의 불황에 정부 지원을 호소하자, 박정희 정권은 시멘트의 과잉 재고를 해소하기 위한 방편으로 1970년 10월부터 이듬해 봄까지 전국의 약 3만 5,000개 마을에 시멘트를 약 300포씩 무상으로 배포했다. 정부는 마을길 넓히기 등 10개 종목의 공동사업을 제시하면서 그중에서 마을 주민들이 원하는 것을 선정하여 추진하도록 했다. 이렇게 시작된 새마을가꾸기 사업은 상당한 반향을 일으켰고, 약 1만 6,000개의 마을에서 큰 성과를 거둔 것으로 평가되었다. 정부는 첫해의 시험적 시도가 기대 이상의 효과를 거둔 것에 고무되어, 1972년부터 환경개선사업에 제한되었던 새마을가꾸기 사업을 확대하여 정신계발사업과 생산소득사업까지 포괄하는 종합적 농촌개발운동으로서 새마을운동을 본격적으로 추진했다.[3)]

정부는 1972년 3월에 새마을운동의 추진조직으로 새마을운동 중앙협의회를 조직했고, 1973년에는 전국의 마을을 주민의 참여도와 사업실적에 따라 기초마을, 자조마을, 자립마을로 분류하고 차별적인 지원정책을 통해 마을 간 경쟁을 유도했다. 이어 1974년부터는 환경개선사업에 치중하던 기반조성 단계를 넘어 자조발전 단계에 돌입하면서 소득증대사업을 중요한 목표로 강조하기 시작했다.[4)] 이처럼 새마을운동은 초기의 실험적 단계를 거쳐 종합적 농촌개발사업으로 점차 확대·체계화되었지만, 이미 본격적 추진단계에서부터 국가주도의 농민동원 전략의 성격을 띠고 있었다.

정부는 새마을운동을 추진하기 위한 조직으로 새마을운동 중앙협의

---

3 이상 새마을운동의 개시 과정에 관해서는 황인정(1980: 20), 박진도·한도현(1999: 40~44), 오유석(2002: 168~169) 참조. 그러나 이와 같은 '우연성'의 이면으로 시야를 넓혀본다면, 새마을운동은 1961년부터 전개된 국민재건운동과 1968년부터 시행된 농어민소득증대특별사업 등 몇 차례의 농민 동원 시도와 실패의 경험 위에서 개시되었다고 볼 수 있다(하재훈, 2007: 103~108).

4 박정희 정권은 새마을운동의 발전단계를 기반조성-자조발전-자립완성의 3단계로 설정하고, 1973년까지 기반조성사업을 마친 후에 1974~1976년에는 생산기반사업과 복지소득사업을 벌여 농촌 표준환경을 마무리하는 자조발전 단계로 이행하고, 1977~1981년에는 소득기반의 완비와 농외소득원의 확보에 힘을 기울여 소득증대에 전력을 경주하는 자립완성 단계로 발전하는 것을 기본방향으로 삼았다(내무부, 1980: 209~211). 이러한 맥락에서 1968년부터 실시되던 농어민소득증대특별사업이 1974년부터 새마을운동의 소득증대 사업으로 전환·편입되었다(이환병, 2012: 211).

회를 설치한 데 이어서 도-군-면-리에 이르는 하부 조직체계를 완성했는데, 이는 철저하게 행정조직에 의존하며 관 주도로 운영되었다. 새마을운동 중앙협의회는 내무부 장관이 의장을 맡았고, 그 하부조직인 시·도 협의회, 시·군 협의회, 읍·면 추진위원회 역시 각각 도지사, 시장·군수, 읍면장이 의장을 맡았다. 새마을운동 조직은 거의 공무원에 의해 주도되었으며, 농민들의 참여는 대개 최하위 단위인 마을 개발위원회에 한정되었다(내무부, 1980: 154~170). 따라서 농민은 사실상 새마을운동의 의사결정 구조에서 배제되었고, 이들의 자율성은 정부가 정한 목표를 수행하는 과정에서 극히 제한적으로만 발휘될 수 있었다.

새마을운동의 관 주도성은 조직체계에서뿐만 아니라 시행과정에서 강압적인 하향식 추진으로 나타났다. 정부가 정한 목표치는 반드시 달성되어야 했고, 이를 위해 공무원들이 마을마다 파견되어 군대식으로 사업을 추진했다. 내가 여러 마을에서 흔히 들었던 농민들의 기억에 의하면, 마을에 출장 나온 공무원들이 지붕개량에 소극적인 농가의 초가지붕을 갈고리로 뜯어냈고, 통일벼를 심지 않은 논에는 장화를 신고 들어가 밟아버리기도 했다.[5] 이러한 과정에서 주민들과의 갈등과 충돌이 다반사로 일어났지만, 일선 공무원들은 설정된 목표를 저돌적으로 추진했다. 1977년에 수행된 전국 16개 마을에 대한 현지조사에서는 "관에서 너무 강압적

---

5 1973년부터 정부는 통일벼 보급을 위해 모내기에서 수확에 이르는 과정을 단계별로 나누어 '작전명칭'과 '작전기간'을 규정할 정도로 '군사적 돌격주의' 방식을 취했다. 그리고 실제로 일선 공무원들은 통일벼의 보급을 '전쟁'이었다고 회고했다(이환병, 2012: 221~229). 새마을운동지도자로서 농로확장을 위한 토지희사 문제로 마을 주민으로부터 폭행을 당하기까지 했던 한 농민은 "새마을운동은 대통령의 지시사항이라 무법천지"였다고 회고했다(한도현, 1989: 135).

으로 추진하는 경우가 많다"는 불만이 일반적으로 나타났다(김병태, 1992: 392; 고원, 2006: 188에서 재인용). 1980년에는 내무부조차도 새마을운동이 관 주도로 추진되어 주민의 자발성과 창의성이 저해되었고 과도한 성과주의로 인해 사업이 졸속적으로 추진된 점을 시정해야 할 첫 번째 문제점으로 지적했다(내무부, 1980: 602).

새마을운동이 국가주도의 농민동원 전략으로서의 성격을 갖는다는 사실은 무엇보다도 그것이 유신체제와 밀접한 관련 속에서 전개되었던 것에서 잘 드러난다. 새마을운동은 처음에는 농민의 숙원사업에 중점을 두면서 농민의 자발적 참여를 유도하는 방식으로 전개되었지만, 1972년 유신체제가 성립되는 것에 조응하여 농촌사회 개발운동의 성격을 벗어나 정치적 국민운동으로 전개되었다. 1973년 1월 연두 기자회견에서 박정희가 한마디로 정리한 "10월 유신은 곧 새마을운동이며, 새마을운동은 곧 10월 유신이다"는 선언은 이를 상징적으로 웅변한다(≪경향신문≫, 1973.1.12). 또한 새마을운동에서 핵심적인 요소의 하나인 새마을교육에서는 "투철한 국가관과 안보관, 민주주의 토착화, 주체적 역사의식, 국민윤리의식의 확립, 근대적 시민상의 한국적 창조" 등 유신체제가 표방하는 이른바 '한국적 민주주의'를 주요 교육내용으로 채택하고 있었다(황연수, 2006: 33).

이처럼 새마을운동은 관제적·정치적 성격을 강하게 띠었기 때문에 사업이 진행될수록 초기의 활력조차 거세되고 점차 '관창민수(官唱民隨)' 방식으로 변질되었다. 1970년대 후반에 이르면 특히 주택개량과 통일벼 보급이 지나치게 강압적으로 추진되는 것에 대한 농민들의 불만이 고조되어 새마을운동을 비판하는 목소리가 높아지기 시작했다(이만갑, 1984: 92). 그리고 결국에는 박정희의 사망에 따른 유신체제의 종말과 더불어

새마을운동은 급격히 쇠퇴했다.[6)]

3) 새마을운동의 성과와 한계

1970년대 새마을운동이 얼마나 성과를 거두었는가를 정확하게 파악하기는 어렵다. 그 이유는 정부가 새마을운동을 추진하는 과정에서 각종 농업·농촌 관련 사업을 모두 새마을사업에 포함시켜 새마을운동의 범주가 모호해졌으며, 그 결과로 새마을사업과 직접 관련되지 않는 부분까지도 새마을사업의 성과에 포함됨으로써 그 성과가 자의적으로 확대·과장되기 때문이다(오유석, 2002: 170~172). 물론 정부는 새마을운동을 대성공으로 평가하며, 여러 지표상으로는 새마을운동을 통해 상당한 진척이 있었음이 확인된다. 가령 주민의 참여도와 사업실적에 따른 마을의 단계별 발전추세를 보면, 새마을운동이 개시될 무렵에는 기초마을이 53%, 자조마을이 40%이고 자립마을은 10%에도 미치지 못했지만, 1979년에는 기초마을이 사라지고 거의 모든 마을이 자립마을 수준으로 올라섰다(황연수, 2006: 35). 그럼에도 새마을운동과의 관계가 모호한 통일벼 보급에 따른 경제적 효과를 제외하고 본다면[7)], 새마을운동이 '잘살기 운동'으로서

---

6 1980년 말에 열린 새마을운동 국제학술회의에 참가한 어느 미국인 교수는 "새마을운동에 관하여 가장 확실하게 이야기할 수 있는 것은 (박정희 대통령의 – 지은이 주) 불의의 서거 후 새마을운동의 장래가 불명확하고 불안하게 되었다는 것"이며, "정부 인사를 포함한 많은 사람들은 박대통령의 서거는 새마을운동의 종막을 뜻한다고 생각"한다고 밝혔다(아쿠아, 1981: 404).

7 일반적으로 통일벼로 인한 미곡증산이 새마을운동의 성과로 인식되는 경향이 있는데, 양자의 관계는 상당히 모호하다. 황인정은 1975년도에 농가소득증대를 위한 증산 정

의 목표를 제대로 달성했는지 의문이 제기된다.

새마을운동의 3대 목표는 정신계발, 소득증대, 환경개선이었지만, 박정희의 언명처럼 "새마을운동은 한마디로 '잘살기 운동'이다"는 점에서 역시 가장 핵심적인 관건이자 궁극적인 목표는 소득증대였다.[8] 그런데 새마을운동의 추진실적에 관한 관계당국의 공식 통계에서조차 소득증대 사업의 성과는 두드러지게 나타나지 않는다. 마을 안길확장, 농로개설, 소교량 가설, 마을회관 건설 같은 환경개선사업과 소류지·보·도수로 등의 농업생산 기반 시설에 관련된 사업에서는 목표를 초과하는 성과를 거두었지만, 실제로 소득증대를 이룰 만한 사업내용은 별로 없었고 그나마 실적도 좋지 않았다(황병주, 2011: 27~28).[9] 새마을운동에서 소득증대사

책의 일환으로 우량종자 보급 확대를 추진했다고 보았지만(황인정, 1980: 157), 같은 책에 정리된 새마을사업 부문별 실적의 분석이나 1975~1976년의 마을 승급을 위한 평가 대상사업에는 통일벼 보급에 관한 사항이 포함되어 있지 않다(황인정, 1980: 47~63, 161~162). 내무부가 이른바 '녹색혁명'의 성공 요인을 정리한 것을 보아도 통일벼의 개발·보급은 새마을사업의 범주에 포함되지 않으며, 다만 새마을운동의 효과로 인해 급속하게 보급된 것으로 설명된다(내무부, 1980: 426~427).

8 박정희는 새마을운동이 개시되기 전부터 환경개선사업의 한계를 지적하면서 "어디까지든지 기본 방향은 주민들의 소득증대 사업에 더 많은 재원을 투입하고 거기에다 좀 더 많은 투자를 해서 농촌에 알이 차도록" 해야 한다고 지시했으며(「제4회 지방장관 회의 유시」(1969.11.10); 황병주, 2011: 25에서 재인용), 새마을운동 개시 직후부터 "이 사업이 생산과 직결되고 주민들의 소득증대에 이바지해서 농가마다 소득이 불어난다 하는 재미를 느껴야만 이 운동에 대한 농민들의 열기가 식지 않는다"고 지적하는 등 새마을운동이 소득증대와 직결되어야 함을 줄곧 강조했다(농수산부 농특사업국, 1975, 『새마을소득증대』, 70쪽; 이환병, 2012: 208에서 재인용).

9 새마을운동중앙회에서 2000년에 발간한 『새마을운동 30년 자료집』의 주요 새마을사업 추진실적을 분석한 황병주에 의하면, 1971~1980년의 실적율이 100% 이상인 사업은 마을안길확장(166%), 농로개설(126%), 소교량 가설(104%), 마을회관건립(104%), 보(239%), 소류지(132%), 도수로(128%), 하수구시설(179%), 마을통신 시설(100%)

업은 대부분 영농의 집단화를 통해 단위생산성을 높이고자 한 것인데, 이는 소유와 경영이 개별 농가단위로 분산되어 있는 조건에서 효과를 거두기 힘든 방식이었다. 새마을운동은 농민의 숙원사업과 관련된 초기의 환경개선사업에서 상당한 성과를 거둔 반면에 궁극적 목표인 소득증대에서는 큰 성과를 거두지 못한 것이다.[10)]

물론 1970년대에는 1960년대에 비하여 농가경제가 일정하게 호전된 양상을 보인다. 〈표 8.1〉에 보이듯이, 호당 평균 농가소득은 물가를 반영한 실질액수로 따지면 1963~1970년 사이에 별다른 진전을 보지 못했지만, 1971년에 전년 대비 20% 이상 올라 700원대로 진입한 뒤에 1970년대 말까지 매년 평균 4.7% 정도 상승했다. 또한 농가소득 대비 농가부채 비중도 1960년대에는 평균 약 7.3% 수준이었지만, 1970년대에는 평균 약 4.6%로 낮아졌다. 그렇지만 이러한 농가경제 지표의 호전은 새마을운동보다는 이중곡가제와 통일벼 보급의 영향으로 보인다.[11)] 두 정책

이며, 소득증대나 공동작업과 관련된 창고(64%), 작업장(18%), 축사(14%), 새마을공장(75%)과 그 밖에 주택개량(42%), 소도읍 가꾸기(55%), 소하천 정비(56%), 간이급수(86%), 농어촌전화(電化)(98%) 등은 목표치를 미달했다.

10 최근 많이 시도되고 있는 새마을운동 경험에 대한 현지조사 방식의 사례연구에서는 마을길 넓히기 등 환경개선사업 외에는 실질적인 성과가 별로 없었다는 주민들의 진술이 적지 않게 나타난다. 그 대표적인 사례는 경기도 고양시의 3개 마을에 대한 1999년의 현지조사인데, 이곳에서는 "길 만들고 넓힌 것 말고는 특별히 새마을운동으로 혜택 본 것 없다"는 평가가 일반적이었다(유병용 외, 2001: 95). 경기도 안성시의 한 마을에 대한 2006년의 현지조사에서도 환경개선사업에서는 어느 정도 성과를 거두었지만 소득증대사업은 주민들에게 실패의 기억으로 남아 있었다(김혜진, 2007: 77~86). 내가 조사했던 전라남도 장흥 A리에서도 마을길 넓히기 등 환경개선사업에 대한 기억은 강한 반면에, 1977년에 조성된 벼 집단단지는 마을총회 회의록과 결산보고서 등에는 기록이 나오지만 이에 대해 주민들은 제대로 기억조차 하지 못하고 있었다.

〈표 8.1〉 1962~1979년 평균 호당 농가소득 추이

(단위: 천 원, %)

연도	농가소득 (명목소득)	도농비율 (명목소득)	농가소득 (실질소득)	도농비율 (실질소득)	농가부채	소득대비 부채율
1962	68		570		5	7.1
1963	93		527		7	7.2
1964	126		570		8	6.0
1965	112		486		11	9.4
1966	133		545		10	7.5
1967	150		536		11	7.3
1968	179		546		14	7.8
1969	218		562		13	6.0
1970	256	67.1	580	74.7	16	6.3
1971	356	78.9	715	88.2	10	2.8
1972	429	83.0	761	91.6	14	3.3
1973	481	87.4	781	91.1	14	2.9
1974	674	104.6	833	103.3	26	3.9
1975	873	101.6	873	101.6	33	3.8
1976	1,156	100.4	926	92.7	37	3.2
1977	1,433	102.0	980	88.6	82	5.7
1978	1,884	98.3	991	75.1	111	5.9
1979	2,227	84.7	1,030	67.3	173	7.8

* 자료: 농림부 『농림통계연보』 및 경제기획원 『한국통계연감』 각 연도판. 도농비율은 황연수 (2006: 38)에서 인용.
* 주: 도농비율은 도시근로자가구 소득 대비 농가 소득의 비율. 실질소득은 농가의 경우 1975년 기준 농가구입가격지수로 디플레이트 했고, 도시근로자가구의 경우 1975년 기준 전도시소비자물가지수로 디플레이트 했음.

---

11 이중곡가제와 통일벼 보급이 농가경제에 어느 정도 영향을 미쳤는지는 정확하게 계량할 수 없지만, 논자들은 대체로 1970년대 농가경제 개선에 가장 큰 영향을 미쳤다고 판단한다(오유석, 2002: 166~167; 황병주, 2011: 18~19; 이환병, 2012: 215). 1970년대 농촌의 생활개선에 관한 이만갑의 조사에 의하면, 응답자의 50%가 많은 개선이 있었다고 답했는데 신품종 개발이나 미가 상승 덕분이라고 응답한 비율이 50%이며, 새마을운동 때문이라는 대답은 25% 정도를 차지했다(이만갑, 1981: 293~294. 황병주, 2011: 34~35에서 재인용).

이 본격화되었던 1972년 무렵부터 농가경제가 호전되다가 사실상 효력을 상실하는 1978년 무렵부터 농가소득(실질액수) 증가폭이 둔화되고 소득대비 농가부채 비중이 급격히 높아지는 등 농가경제가 다시 악화되는 양상도 이를 방증한다.[12)]

이러한 점에 유의하면서 〈표 8.1〉을 다시 살펴보면, 1970년대 농가경제의 지표상 일정한 개선이 이루어졌음에도 도농 간 불균형 성장은 전혀 개선되지 않았음을 확인할 수 있다. 1970년대 중반에 새마을운동의 효과로 도농 간의 소득격차가 역전되었다는 정부의 요란한 선전과는 달리, 1978년에는 도농간 소득격차가 재역전되었을 뿐만 아니라 실질액수로 따지면 1970년대 하반기에 들어서면서 도농 간 소득격차는 다시 벌어지기 시작했다. 또한 실질액수 면에서 도농 간 소득격차는 1970년에 비해 1979년에 오히려 더 크게 벌어졌으며, 같은 기간에 도시근로자 가구의 소득이 97.2% 증가한 것에 비해 농가소득은 77.6% 증가하는 데 그쳤다. 이러한 사실은 애초에 새마을운동이 추진되었던 중요한 배경이 바로 도

12 박정희 정권은 농촌 구매력 강화를 통한 내수시장의 확대를 위해 1969년부터 이중곡가제를 실시했으며, 1972년부터는 증산장려 차원에서 이를 본격화했다. 그러나 농업구조의 근본적인 개혁 없이 국가의 재정 부담을 통해서만 지지되는 농가경제는 국가의 가격정책이 약화되면 언제든지 무너질 수 있는 구조적 취약성을 가질 수밖에 없었다. 이 때문에 1970년대 말부터 개방농정의 방향으로 농업 정책이 점차 선회하면서 이중곡가제가 단계적으로 완화되자 농촌은 본격적인 해체 국면에 돌입했다(황병주, 2011: 18~19; 임수환, 1997: 115~116). 한편 단위면적당 세계 최고 수준의 생산량을 자랑하던 통일벼의 보급에 따라 미곡생산량이 급격하게 증가하여 1977년에는 미곡의 자급자족을 실현할 수 있었다. 그러나 통일벼는 맛이 좋지 않고 면역력이 떨어지는 등의 약점을 갖고 있기 때문에 주로 정부의 강제력에 의해 보급되었으며, 1978~1979년의 연이은 흉작과 박정희 정권의 붕괴를 계기로 1970년대 이후에는 사실상 자취를 감추었다.

농 간 불균형 성장으로 인한 농촌의 상대적 빈곤과 소외감을 극복하기 위한 것이었다는 점에서 새마을운동의 성과를 무색케 하는 것이었다.

새마을운동이 농촌 해체를 막는 데 실패했다는 사실은 1970년대에 '농촌 대탈출(rural exodus)'(박민수, 2009: 97)이라는 표현이 어울릴 정도로 이농 현상이 가속화된 것에서 극명하게 드러난다. 1960년대 전반에 농촌인구 100명 가운데 1.3명이 '헌 마을' 농촌을 떠났다면, 1970년대 후반에는 해마다 3.7명이 '새마을' 농촌을 떠나고 있었다(오유석, 2002: 158). 이에 따라 1968년에 전체 인구에서 51.6%를 차지했던 농촌인구는 1979년에 전체 인구의 28.9%로 격감했는데, 특히 젊은 세대의 이출이 많았다는 점에서 문제의 심각성이 더했다(농수산부, 1980: 21; 황병주, 2011: 26).

그렇다면 농민의 실제적인 삶을 획기적으로 향상시키지 못했음에도 새마을운동이 신화로 남아 있는 것을 어떻게 이해해야 할까? 이는 새마을운동이 소득증대를 통한 가난으로부터의 탈출을 목표로 했지만, 실은 단순한 '잘살기 운동'이 아니라 국가가 필요로 하는 특정한 '주체'를 만들어내기 위한 헤게모니적 통치전략이었던 것과 관련된다. 다시 말하면, 박정희 정권은 새마을운동을 통해 농민을 '조국근대화'의 추진 주체로 만들어내고자 했으며, 소득증대에 대한 농민의 기대치가 충족되지 않을수록 정신개조를 강조했다. 그러므로 새마을운동의 효과와 의미를 이해하기 위해서는 '잘살기'를 얼마나 이루었는가만 바라보아서는 안 되며, 국가에 의해 추진된 헤게모니적 통치전략의 작동방식과 성격을 함께 보아야 한다. 나아가 이러한 국가의 주체형성 기도에 농민층이 적잖이 호응했던 점에도 주목해야 한다.

3. 국가의 통치전략과 농민의 호응

1) '하면 된다': 사사화 이데올로기와 주의주의적 자조관

박정희 정권의 헤게모니적 통치전략은 빈곤의 원인을 농민 탓으로 돌리는 것에서 시작된다. 박정희는 "찌그러진 초가집에서 천년의 가난에 찌든" 원인은 바로 "농민들이 자포자기와 체념에 빠져" "스스로 잘살려는 의욕과 자신이 별로 없었"기 때문이라고 규정했다(정호영, 2007: 20). 새마을운동 성공사례를 모은 책자 『영광의 발자취』 시리즈는 농촌의 실정에 관해서 천편일률적으로 동일한 플롯을 되풀이하고 있다. 즉, 새마을운동 이전의 농민은 "무지와 빈곤 속에서 살면서도 더 잘살아보겠다는 생각은 없었고", "나태와 질시 속에서 음주와 도박으로 소일하고", "완고한 봉건사상의 타성으로 미래에 대한 희망이나 개척정신은 찾아볼 수도 없는 무표정과 무관심" 속에서 살아왔다고 묘사된다(고원, 2006: 190). 한마디로 농촌은 무지와 나태, 음주와 도박, 체념과 질시, 가난과 타성에 찌든 '악의 공간'으로 재현된다. 더구나 이러한 퇴영적인 농촌상은 어제 오늘의 일이 아니라 '5,000년 묵은', '선조 대대로', '이 땅에서 쌀 재배가 비롯된 이래로' 등의 표현처럼 장구한 기간에 걸쳐 누적된 적폐임이 강조된다(박민수, 2009: 95).

이러한 담론 전략은 농촌 문제를 사회구조적 원인이나 국가정책의 차원에서 분리시켜 농민 개개인의 문제로 돌리는 전형적인 '사사화(私事化)' 전략이다. 박정희 정권하에서 새마을담당 대통령 특보를 역임했던 새마을운동의 전략가 박진환이 1980년에 열린 국제학술회의에서 밝힌 다음과 같은 언급은 '사사화' 전략의 전형을 보여준다.

> 농촌 주부들은 그들의 남편보다 자기 집의 가난의 참된 원인을 더 잘 알고 있는 것 같다. 즉, 남편의 나태성과 주정벽이 진짜 원인인데도 남편들은 가난의 원인을 정부의 시책의 잘못이나 조상 탓으로 돌리려고 한다. 따라서 농촌 주부들이 그들의 남편보다도 근면·자조·협동의 새마을정신을 더욱 감사하게 생각하고 있다(박진환, 1981: 146).

이렇게 되면 가난에서 탈출하는 방법도 간단하게 도출된다. 이제 농민은 사회구조나 국가정책 같은 골치 아픈 문제는 잊어버리고 가난의 근원인 자기 자신을 개조하면 된다. 이것이 그 유명한 '하면 된다'의 정신이다. 이처럼 '하면 된다'의 정신은 개인이나 집단의 주관적 의지를 일방적으로 강조하는 주의주의적(voluntaristic) 생활관에 기초하여, 농민들이 직면한 문제적 상황에 대한 진단과 그 해결책을 농민의 정신상태에서 찾는다. 국가는 퇴영적 농민상을 재현함으로써 농민들의 가슴속에 '반성하는 마음'을 불어넣어 사회적 불만을 잠재우고, 근대화라는 국가 목표에 복종하고 스스로 노력하는 주체, 즉 '자조하는 국민'을 만들어낸다(김보현, 2011: 53~54).

흥미롭게도 새마을운동에 내재된 사사화 이데올로기와 주의주의적 자조관(自助觀)은 일제시기에 총독부에 의해 추진된 관제적 농촌근대화 운동이었던 농촌진흥운동에서도 거의 동일하게 나타난다. 농촌의 궁핍상을 농민 탓으로 돌리며 '자력갱생(自力更生)'을 독려했던 농촌진흥운동은 목표설정, 실행체계, 추진방식, 이데올로기 등 여러 면에서 가히 새마을운동의 전신 또는 선구라 할 만하다.[13] 1938년에 조선총독이 농촌진흥운동 관련 회의에서 연설했던 다음과 같은 내용은 새마을운동 시기에 '조선'이 '한국'으로 바뀌었을 뿐 거의 그대로 반복되었다.

> 조선 농촌의 대중은 경제적으로도 자각이 부족하며 열심히 노력하는 일에도 게을러 오늘도 오히려 옛날의 습관에 빠져 있는 자가 많다. 이 악습이 지속되어 개선되지 않는 한 농촌진흥을 바랄 수 없기 때문에 지금 농촌 전체에 대해 근본적으로 물심양면에 걸쳐 일대 전환을 일으킬 것이 시급히 요구된다.[14]

그러나 식민지 조선농민이 총독부의 주장처럼 무지몽매한 존재가 아니었던 것과 마찬가지로 새마을운동 이전의 한국 농촌은 결코 박정희 정권이 묘사하던 것처럼 자포자기적인 모습이 아니었다. 1960년대 후반 한국 농촌을 장기간 현지조사했던 한 미국인 학자는 "1960년대 후반을 살던 대부분의 한국 농민들은 변화를 싫어하거나 무관심했던 사람들이 아니었"으며, 오히려 "거의 모든 농촌지역에서" "자신들의 미약한 자원을 다 바쳐서 여러 가지 새로운 농경기술을 개발하려고 했던 과감한 혁신가"

---

13 새마을운동과 농촌진흥운동의 유사성과 연관성에 대해 많은 연구자들이 주목하고 있으며(한도현, 1989: 114~120; 박섭·이행, 1997: 65; 지수걸, 1999: 16~17; 신기욱·한도현, 2006: 160; 박민수, 2009: 63~73; 김영미, 2009: 230~239), 내무부도 1920~1930년대의 모범부락정책과 농촌진흥운동을 '민족갱생의 정신을 살려가려는', '자활운동'이라고 긍정적으로 평가했다(내무부, 1980: 42~45).

14 「農山漁村振興關係郡守會議に於する農村振興に關する總督口演の要旨」(1938). 한도현 (1989: 116)에서 인용.

들이 존재했다고 보았다. 그에 의하면 "1971년 이전의 한국 농민들이 게으를 수밖에 없는 가치관을 갖고 있었다는 것은 확실히 터무니없는 주장"이며, "들판에 나가서 온종일 일하고, 자식을 키우고, 밥 짓고 빨래하며 돈을 벌기 위해서 새끼줄을 꼬는 농촌의 아낙네들에게는 '근면'이라는 새마을구호 같은 것은 우스꽝스러운 것"이었다(브란트, 1981: 481~ 488).[15]

따라서 새마을운동 이전의 한국 농촌상에 대한 박정희 정권의 담론 전략은 농민들의 현재적 상태를 국가가 요구하는 특정한 복종유형에 반대되는 열등성 내지 일탈행위로 객관화하는 작업으로써 하나의 '상상적 허구의 창조'이며(고원, 2006: 190), "우리들의 선조에 대한 악의적인 모함"에 다름 아니다(김영미, 2009: 331). 새마을운동 초기의 농민의 자발적 참여와 활력은 국가에 의해 일방적으로 주어진 것이 아니라, 가난으로부터 탈출하기 위해 노력해왔던 농민의 에너지가 발현된 것이었다. 이런 점에서 "새마을운동 이전에 새마을과 새마을의 지도자가 존재하고 있었다"고 말할 수 있다(김영미, 2009: 363).[16]

---

15 브란트의 지적은 "새마을운동이 부락수준에서 협동정신하에 이루어지고 있다는 것은 새마을운동이 그만큼 협동정신을 정책적으로 강조하여온 결과 때문이 아니라, 원래 한국 농촌의 부락사회에서 여러 가지로 부락 내의 협동정신이나 협동활동이 오랫동안 전통적으로 전승해 내려왔기 때문"이었다는 또 다른 외국인 학자의 진단과도 일맥상통한다(리드, 1981: 289).

16 김영미의 이상의 진술이 주로 1950년대 이래 다양한 층위에서 전개되던 농민들의 자발적 잘살기 운동이나 농촌근대화 운동에 초점을 맞춘 것이라면, 이환병은 1960년대부터 지역사회 개발사업, 농업협동조합, 농어민소득증대특별사업 등 일련의 농촌개발 정책에 호응하여 자력개발의 모범을 보인 '모범농민'·'모범마을'의 연장선에서 새마을운동이 전개되었음을 주목했다(이환병, 2012). 나 역시 전라남도 장흥 지역에서 새마을운동 이전부터 이와 유사한 노력들이 마을 차원에서 이루어지고 있었음을 확인할 수 있었다. 가령 용산면 한 마을에서는 1962년에 30대 청년 이장이 마을 주민들

2) 국민 만들기: 국민으로의 호명과 농민의 인정 욕망

박정희 정권이 농민을 새마을운동에 동원한 것은 단지 농촌경제의 향상을 목표로 한 것에 그치지 않고, 농민을 '조국근대화'와 '한국적 민주주의'를 위한 공적 주체인 '(유신)국민'으로 만들어내는 과정이었다. 이를 위해 박정희 정권은 새마을운동에서 '농촌근대화' 구호를 국가·민족 담론과 적극 결합시키면서 국민운동으로 확산시키고자 했는데, 이는 농민들에게 '우리도 일등 국민'이자 '근대화의 주체'라는 자긍심을 불어넣음으로써 이들을 공적 주체인 '국민'으로 호명하는 하나의 의례였다(고원, 2006: 192).

사실 1970년대 이전에는 국가와 농민의 연계가 취약한 상태였다. 국가는 한국전쟁 과정에서 '공포의 충성서약'을 강요함으로써 농민을 국가에 복종하는 국민으로 만들고자 했지만, 이는 공포를 통한 복종이라는 네거티브 방식의 국민 만들기에 지나지 않았기 때문에 국민통합의 효과는 제한되어 있었다(이용기, 2001: 44; 박명림, 1999: 71~77). 말하자면 농민은 국가적 가치와 목표 속에 공적 주체로 참여할 수 있는 기회를 얻지 못한 채 일종의 '이등국민'으로 취급되고 있었던 셈인데, 1960년대에도 농민은 도시 중심의 근대화 과정에서 소외되었기 때문에 이러한 처지는 별로 달라지지 않았다. 그러나 1970년대에 농민은 새마을운동을 통해 '국가적 시책에 참여하고 국가의 목표를 수행하는 주체=국민'으로 호명됨

을 설득하여 토지를 희사받아 농로를 확장했는데, 당시 이장이 1970년대에 새마을지도자가 되어 그 경험을 바탕으로 재차 농로확장 사업을 진행했다. 같은 면 A리에서도 1969년에 농로개설 추진위원회를 구성하고 작업에 착수했던 것이 마을총회 회의록에 기록되어 있다.

으로써 비로소 평등한 공적 주체로 인식될 수 있었다(고원, 2006: 185, 192).

이러한 박정희 정권의 이데올로기 전략은 단지 담론 차원에 머무르지 않고 국가와 농민이 일체감을 느끼게 만드는 세련된 통치기술로 나타났다. 박정희는 1971년 6월부터 1979년 9월까지 99개월 동안 134회에 걸쳐 대통령이 주재하는 월간 경제동향보고회에서 농민이 직접 새마을 성공사례를 발표하도록 했다. 대통령 앞에서 고위 관료들에게 자신의 체험담을 전하는 농민은 단지 근대화의 대상이 아니라 근대화의 주체가 되는 효과를 체감하게 된다(한도현, 2006: 365). 이러한 경험을 한 농민이 "일국의 원수인 대통령으로서 일개의 농민을 친히 불러다가 이토록 찬양과 대접을 하시는 그 참뜻"을 헤아리게 되었다고 진술했다는 점에서 새마을운동의 주체 효과를 감지할 수 있다(농업협동조합중앙회, 1972: 16; 김영미, 2009: 366에서 재인용).

소수의 선발된 농민만이 아니라 다수의 농민이 '조국근대화'의 한 주체로서 자신의 위치를 확인할 수 있었던 중요한 통로이자 상징이 바로 잡지 ≪월간 새마을≫이었다. 1974년 5월부터 문화공보부에서 제작하여 전국의 모든 농촌마을에 2부씩 배포되었던 이 잡지는 한국사에서 거의 최초로 농민이 '주인공'으로 등장한 간행물이었다. 그동안 항상 소외되고 타인에 의해 대변될 뿐이었던 농민은 이 잡지에서 사회 지도층과 어깨를 나란히 하는, 그들과 동등한 주체로 설정되었다. 매호마다 실리는 '이달의 새마을지도자' 코너를 통해 농민은 자신의 사진과 이름, 그리고 활동상을 세상에 알릴 수 있었다. 또한 그것을 읽는 농민 독자들 역시 자신과 별반 다름없는 '한갓' 이장이나 새마을지도자가 주인공으로 등장하는 이 잡지를 통해 자신도 조국근대화의 한 주체라는 자부심을 가질 수 있었다(황병주, 2000: 60~61).

박정희 정권은 새마을운동 과정에서 농민이 국가와 일체감을 느끼는 것을 넘어 농민이 국가지도자와 일체감을 느끼도록 하는 언술과 이미지를 구사했다. 박정희는 항상 자신이 '빈농의 아들'임을 강조하면서, 그러하기에 누구보다 농민의 고통을 잘 알고 있으며, 농민을 가난으로부터 벗어나게 해주겠노라고 설파했다. 프린스턴 대학교 박사였던 이승만이나 대지주 출신인 윤보선처럼 농민으로서는 감히 범접할 수 없었던 전임 대통령들과 달리, 선글라스에 밀짚모자를 쓴 괴기스러운 모습일망정 자신들과 함께 모내기를 하고 막걸리를 마시는 박정희의 이미지를 통해 농민들은 국가 최고지도자와의 일체감을 느낄 수 있었을 것이다.[17]

이처럼 새마을운동은 오래도록 국가적 차원에서 이등국민으로 소외되었던 농민이 평등한 국민적 주체이면서 동시에 국가 운명의 견인차로서 지위를 부여받은 듯한 충족감을 느낄 수 있는 계기가 되었으며, 카리

17 하재훈은 새마을운동 과정에서 박정희가 농민들과 빈번하게 대면함으로써 농민들에게 '동지의식'을 심어주었다고 평가한다(하재훈, 2007: 115~117). 나는 여러 마을을 현지조사하면서 많은 농민들을 만났지만, 이들로부터 이승만에 대한 긍정적인 평가를 들어본 적이 없다. 이는 한국전쟁 시기의 민간인 희생에 대한 원망이나 공포와도 연관되지만, 다른 한편으로는 '이 박사'라는 호칭에서 느낄 수 있듯이 이승만이 농민들과는 완전히 이질적인 존재로 느껴졌기 때문이기도 할 것이다. 반면에 박정희의 장기집권에 대해서는 상당수가 비판적으로 말하지만, 그럼에도 대부분의 농민들은 박정희를 '우리 농민의 처지를 이해해준 대통령'으로 기억하고 있었다. 나도 동석했던 면담에서 한 농민은 "나도 불쌍하게 컸고, 그 사람(박정희: 지은이 주) 혁명이라는, 그 자신 있는 뜻을 나도 안다는 거야"라고 했고, 또 다른 농민은 "박정희가 농촌 태생이고. 그가 마시던 막걸리는 또 어떤 것인가? 그때가 농민이 살기 제일 좋았어"라고 했다(황병주, 2000: 57~58).

스마적 독재자가 농촌에 쏟아부은 상징적 관심을 통해 그 효과는 증폭될 수 있었다(고원, 2006: 193). 바로 이 점이야말로 새마을운동이 농민의 실제적인 삶의 수준을 크게 향상시키지 못했어도 농민의 자발성을 동원해낼 수 있었던 중요한 요인이었다. 새마을운동은 근대화 과정에서 배제된 소외감을 극복하고 유의미한 사회적 존재로 인정받고 싶었던 농민층의 욕망이 실현되는 계기였던 것이다.[18] 그래서 지금도 많은 농민들의 기억 속에는 새마을운동을 통한 경제적 처지의 개선보다 오히려 의미 있고 중요한 존재로 대우받았다는 인상이 강렬하게 남아 있다(황병주, 2000: 59). 이러한 점에서 새마을운동은 국민으로의 호명을 통해 농민을 국가에 복종하는 주체로 만들려는 국가의 헤게모니적 통치전략인 동시에, 불균형 성장 전략으로 인해 '과거의 계급'이 되어가던 농민에게는 자신의 실존성을 인정받고자 하는 일종의 인정 욕망을 실현하는 장이었던 셈이다.

4. 새마을운동의 신화에서 벗어나기

새마을운동은 한마디로 정리하기 어려운 복잡하고 양면적인 성격을 갖고 있다. 국가의 입장에서는 농촌사회를 강력한 정치적 보루로 편성하

18 새마을운동을 통해 유의미한 사회적 존재로서 인정받고 싶은 욕망을 실현하는 것은 특히 새마을운동에 적극 참여한 여성들에게서 강하게 나타난다. 이들은 새마을운동 과정에서 '누구 엄마'가 아니라 '부녀회장 누구' 또는 '새마을 부녀지도자 누구'로 호명되는 경험을 통해 사회적 존재로서의 자아를 발견하며, 공적 활동을 매개로 가부장적 질서에서 부분적으로나마 벗어나곤 했다(김영미, 2009: 207~214; 장미경, 2008: 445~452).

려는 정치적 책략이자 국가목표로 설정한 '조국근대화'의 주체로 농민을 끌어들이려는 주체형성 또는 국민만들기 작업이기도 했다. 또한 기획과 추진의 모든 단계에서 철저하게 관이 주도하는 국가주도의 동원체제였지만, 이와 동시에 농민의 자발성과 참여를 적극적으로 유도했다는 점에서 단순한 억압적 통제가 아니라 '자발적 동원'(김대영, 2004: 182) 또는 '참여적 동원'(한도현, 2006: 358)의 성격을 갖기도 했다. 농민의 입장에서 보더라도 새마을운동은, 한편으로는 자신의 의사결정권은 봉쇄된 채 위로부터 강제되는 폭력인 동시에, 다른 한편으로는 국가 안에서 동등한 권리와 책임을 향유하는 국민이자 유의미한 사회적 존재로서 인정받는 자기실현의 장이었다. 또한 갈수록 부담이 가중되면서 실제로는 남는 것도 별로 없는 고난의 시기였지만, '그때는 힘들었지만 돌아보니 뿌듯한' 가슴 설레는 추억이기도 하다.

이처럼 새마을운동은 위로부터의 힘과 아래로부터의 힘이 맞물리고, 충돌하고, 타협하고, 비켜가는 역동적인 장이었다. 그러므로 새마을운동을 강제적인가 자발적인가, 성공인가 실패인가, 국가의 지도력인가 농민의 헌신성인가 등 양자택일적으로 평가하는 것은 무의미할 수 있다. 새마을운동에 대한 일방적인 폄하나 열광적인 찬사는 진실을 정면으로 응시하려는 자세가 아니라, 이를 악마화하거나 신화화하는 것에 다름 아니다.

이러한 점에서 볼 때 서두에서 밝혔던 가히 압도적인 새마을운동에 대한 긍정적 평가는 재고할 필요가 있다. 이와 관련하여 다시 한 가지 흥미로운 조사를 보자.

〈표 8.2〉는, 1980년에 새마을운동의 영속적 추진방안을 탐색하기 위한 연구의 일환으로 수행된 설문조사의 결과를 정리한 것이다. 이를 보

〈표 8.2〉 새마을운동에 대한 인지와 기대에 관한 설문조사 결과(1980)

(단위: %)

질문	답변	농촌	중소도시	도시	계
지금까지의 새마을운동이 우리 생활에 얼마나 많은 도움을 주었다고 생각합니까?	아주 많은 도움을 주었다	20.0	5.2	1.1	7.8
	도움을 조금 주었다	31.5	13.0	5.7	15.4
	그저 그렇다	33.9	50.7	59.7	49.3
	도움을 주지 못했다	7.7	9.7	19.9	13.1
	도움을 전혀 못 주고 폐단만 가져왔다	4.6	16.2	7.4	9.6
	무응답	2.3	5.2	6.2	4.8
지금까지의 새마을운동의 성과에 대해서는 어떻게 생각합니까?	아주 성공적이었다	20.0	5.2	1.1	5.7
	다소 성과가 있었다	44.6	19.5	18.2	21.7
	전혀 성과가 없었다	26.9	40.2	55.7	46.7
	모르겠다	8.5	35.1	25.0	25.9
성과가 없었다면 어떤 이유 때문입니까? (있는 대로 모두 선택)	관 주도형의 상의하달 방식	100.0	100.0	100.0	100.0
	주민의 참여부족	49.1	87.1	74.5	71.6
	새마을지도자의 능력부족	41.8	40.3	38.8	40.0
	형식적인 면에 치중	100.0	100.0	100.0	100.0
새마을운동을 상징하는 깃발이나 모자가 당신에게 주는 인상은?	아주 고무적인 인상을 준다	20.0	7.8	9.6	11.9
	그저 그렇다	29.2	16.9	9.6	17.6
	탐탁지 않다	19.2	27.3	55.8	35.9
	모르겠다	31.6	27.3	25.0	34.6
지금까지의 새마을운동의 추진방법에 대해 어떻게 생각합니까?	찬성한다	20.0	14.3	8.5	13.7
	찬성하나 다소 무리가 있었다	16.9	22.7	15.9	18.5
	찬성하지 않는다	43.1	44.2	55.7	47.6
	모르겠다	20.0	18.8	19.9	20.2
지금까지의 새마을운동의 주도세력은 누구라고 생각합니까?	주민	10.0	5.8	6.8	7.4
	새마을지도자	40.0	40.9	35.2	38.5
	정부	43.1	48.1	46.6	46.1
	모르겠다	6.9	5.2	11.4	8.0

* 자료: 신중섭 외, 1981, 16~24쪽에서 재구성; 황연수, 1996: 44에서 재인용.
* 주: 설문조사는 1980년 10월에 진행되었으며, 600개의 설문지 가운데 미비한 것을 제외한 460개(농촌 130, 중소도시 154, 대도시 176)를 분석한 것임.

면, 1970년대의 새마을운동이 실제 생활에 도움을 주었다는 응답은 전체의 4분의 1에도 미치지 못하며, 새마을운동이 성공적이었다는 응답 역시 4분의 1 수준에 그치고 있다. 새마을운동에 상대적으로 호의적인 반응을 보인 농촌지역에 한정하더라도, 새마을운동의 성과가 있었다는 응답은 전체의 약 65%이며, 실제 생활에 도움이 되었다는 응답은 반수를 조금 넘었을 뿐이다. 새마을운동의 성과가 없었다고 평가할 수 있는 근거는 모든 응답자가 관 주도의 하향식 추진과 성과위주('형식적')의 사업추진을 꼽았다. 새마을운동의 상징에 대해서는 농민층에서 약간의 긍정적인 인식이 나타나는 것을 제외하면 전체적으로 냉소적이다. 새마을운동의 추진방법에 대해서도 비판적인 응답이 압도적이었으며, 농촌에서도 부정적인 평가가 강하게 나타났다. 또한 새마을운동의 주도세력으로 주민 자신을 꼽은 응답은 농촌에서조차 10%에 지나지 않아 농민의 자발성이 상당히 제한적임을 보여준다.

전체적으로 정리해보면, 최근에 빈번하게 이루어지는 새마을운동에 대한 여론조사 결과와 달리 긍정적인 응답보다 부정적인 응답이 우세하며, 심지어 농촌에서도 냉소적인 평가가 만만치 않게 나타난다. 그렇다면 최근에 각종 언론이나 연구를 통해 자주 접하게 되는 새마을운동에 대한 열렬한 찬사나 격정적인 기억은 상당 정도 특정한 입장이 과도하게 반영되었거나 기억의 '사후적 과장'에 의한 것임을 짐작할 수 있다.

내 능력으로서는 당대의 실상과 현재의 기억이 어느 정도 조응하거나 괴리되는가를 명확하게 판단할 수 없다. 그러나 새마을운동에 대한 기억의 굴절을 이해하기 위해 농촌 현지조사의 경험을 바탕으로 인상기적인 수준에서나마 몇 가지 생각해볼 문제를 던져보고자 한다.[19]

---

19 나는 2004~2006년에 전라남도 장흥군 용산면의 여러 마을을 현지조사했고, 2011년에는 성공회대학교 새마을운동 연구 프로젝트와 관련하여 같은 면 A리의 새마을운동 경험을 집중 조사했다. 또한 1999~2000년에는 이천시의 마을지 집필을 위해 동료들과 더불어 경기도 이천시 부발읍 아미리와 장호원읍 나래리를 현지조사했다. 이하

먼저 주목할 점은 김영미(2009)가 자생적 '새마을'의 전형으로 묘사한 경기도 이천시 아미리와 필자가 현지조사한 전라남도 장흥군 용산면은 새마을운동을 기억하는 분위기가 상당히 다르다는 사실이다. 이천시 아미리의 조사에서는 누구랄 것도 없이 면담이 시작되면 일제시기 농촌근대화 운동을 펼쳤던 '노구장'에 대한 기억에 이어 자신들이 청년시절에 벌였던 새마을운동에 대한 이야기를 끝도 없이 풀어내곤 했다. 그러나 장흥군 용산면 조사에서는 새마을운동에 대한 이야기는 내가 특별히 질문하지 않으면 잘 나오지 않았고, 그마저도 인근에서 새마을운동 때 두각을 나타낸 마을이 어디냐고 물으면 어느 마을이나 다 비슷비슷했다는 시큰둥한 답변이 주를 이루었다. 장흥에서도 새마을운동 이야기가 무르익으면 구체적인 경험을 들려주었지만, 대체로 지붕개량과 마을길 넓히기 과정에서 발생한 갈등에 관한 이야기가 두드러졌다. 실제로 여러 마을에서 새마을운동 시기에 서로 이장을 하고 싶지 않아 억지로 떠넘기는 경우가 발생했음을 확인할 수 있었다.[20] 물론 장흥의 농민들도 억지로

서술은 A리 조사에 주로 근거하되 다른 지역·마을의 조사도 보완적으로 활용하는데, 이천시 현지조사의 결과는 함께 조사했던 김영미(2009)와 황병주(2000)로 외화되었기 때문에 일부 내용이 중복될 수 있음을 미리 밝힌다. 다른 마을은 이미 학술적으로 보고되었기 때문에 실명을 사용하지만 A리는 주민들의 프라이버시를 고려하여 실명을 사용하지 않는다.

20 장흥군 용산면 A리의 경우에는 새마을운동에 대한 부담감 때문에 1970년대에 이장과 새마을지도자를 기피하는 분위기가 있었다고 한다. 실제로 이러한 정황은 이 마을에 소장되어 있는 마을총회 회의록과 『새마을운동사업실적』, 그리고 면사무소에 소장된 『사령원부』를 비교하면 구체적으로 확인된다. 1971년, 1973년, 1977년에 계속해서 이장이나 새마을지도자 선임이 제대로 이루어지지 못하는 파행을 겪었고, 결국 1979년 연말 총회에서는 그날 주민투표에 의해 이장으로 선출되는 사람은 무조건 이장직을 맡는다는 서약서에 모든 주민들이 날인한 뒤 투표를 진행하고서야 이장을

시키니까 했지만 하고 보니 편했기 때문에 결과적으로는 "박정희 대통령이 그건 잘한 거여"라고 평가하는 경우가 많았다. 그렇지만 엄연히 존재하는 두 지역의 새마을운동에 대한 기억의 차이를 어떻게 이해해야 할까?

첫 번째로는 새마을운동에 대한 실제 경험의 차이일 수도 있다. 전국 모든 마을이 새마을운동에 적극적으로 호응하지는 않았을 것이며, 실제로 새마을운동에 소극적이었던 마을의 사례가 보고되기도 했다(유병용 외, 2001). 그러나 내가 조사했던 장흥군 A리는 1975년에 일찌감치 자립마을에 선정되었고 1977년에 대통령 하사금을 받을 정도여서 결코 새마을운동에서 특별하게 뒤처졌던 마을이라고 보기 힘들다. 따라서 여기에는 사후적인 기억의 굴절이라는 변수가 어느 정도 개입되어 있을 것이다.

두 번째로는 서울과 가까워서 정부 시책에 민감하게 반응할 수 있었던 경기도와 박정희 정권으로부터 차별을 받았던 전라도 주민들이 새마을운동을 상대적으로 달리 경험했고, 또 평가할 가능성도 고려할 수 있겠다. 이 부분은 이후 더 많은 사례연구를 통해 분석할 과제이지만, 이러한 차이는 단지 '지역'의 문제로 환원할 수는 없을 것이라고 판단한다.

세 번째로는 민촌과 반촌의 차이라는 면도 고려할 수 있다. 이천시 아미리는 세 성씨가 중심이 된 마을로서 내가 파악하는 한에서는 민촌에 가깝지만, 장흥군 A리는 두 성씨로 이루어진 마을로서 현지에서는 손꼽히는 반촌이다. 물론 민촌과 반촌이 반드시 새마을운동에 대한 태도와

선출할 수 있었다. 나는 같은 면의 다른 두 마을에서도 마을길 넓히기 사업을 할 때 마을 주민 간의 갈등을 조정하는 일이 여간 힘든 게 아니어서 서로 새마을지도자를 맡지 않으려 했기 때문에 결국 한 사람이 거의 10년 가까이 계속 새마을지도자를 맡았다는 이야기를 들었다.

기억을 구분하는 상수라고 할 수는 없지만, 그동안 연구에서 거의 주목하지 않았던 측면으로서 주의를 환기할 필요가 있다. 1960년대 후반에 농촌사회에 대한 심층적인 현지조사를 수행했던 이만갑은 민촌이 반촌에 비해 주민 간의 수평적 결합과 관에 대한 무조건적 복종심이 강하다고 평가했다(이만갑, 1973: 35~39). 만약 세 번째가 두 마을의 새마을운동에 대한 기억의 차이를 설명해줄 중요한 변수가 된다면 , 이는 앞에서 언급한 '유의미한 사회적 존재'로의 인정 욕망과 관련될 것이다.[21]

다음으로 언급할 점은 농촌의 주민들은 대체로 새마을운동에 대해 긍정적으로 평가하지만, 당연하게도 모든 농민들이 그러한 것은 아니라는 사실이다. 여성 노인들 가운데서 "우린 살림만 했지, 그런 거 몰라"와 같이 새마을운동에 무관심한 진술이 많이 나오는데, 이는 '공적' 영역에서 상대적으로 소외되어 있는 여성적 특성 때문일 것이다. 남성 노인들 중에도 새마을운동에 대해 무관심하거나 냉소적인 진술을 하는 경우가 종종 나타난다. 장흥군 A리에서 극히 가난한 집에서 태어나 오래도록 머슴생활을 했던 김○○ 씨는 "요새 '새마을운동, 새마을운동' 하는데, 우린 몰라. 특별히 나서서 한 사람도 없고"라고 회고했다. 여기에는 본인의 소극적인 경험과 더불어 '요새' 새마을운동을 긍정일변도로 평가하는 것에

21 이천시 아미리 주민들은 일제시기부터 이어져 온 '마을근대화'의 노력에 대한 자부심이 강하지만, 한편으로는 '면장 하나 내지 못한 마을'이라는 자괴감을 갖고 있었다. 어쩌면 면 내에서 유력한 마을로 인정받고 자부할 수 없는 후자의 측면 때문에 다른 마을보다 '근대화'에서 앞섰다는 자부심을 자신들의 정체성으로 삼고 있을 수도 있다. 반면에 A리는 주위에서 '내력 있는 반촌'으로 꼽히는 마을이며 지금도 '구학(舊學)'의 소양을 높이 평가하고 있다. 이 때문에 새마을운동 같은 '근대적' 경험보다는 가문에 대한 자부감이나 '전통적' 성향을 더 중시하고 내세우려는 것인지도 모른다.

대한 냉소도 담겨 있다. 이러한 기억은 이천시 아미리의 극빈자로서 마을공동체에서 배제되다시피 살아온 김△△ 씨가 새마을운동에 대한 기억을 묻는 질문에 "새마을운동이요? 언제쯤 한 거예요?"라고 반문했던 것과 짝을 이룬다. 이들은 '벌어먹고 살기 바빠서' 마을일에는 관심을 기울일 수 없었다고 하는데, 과거에도 그랬고 현재에도 마을공동체에서 늘 주변부에 있었다는 공통점이 있다. 이런 인물들의 경험과 기억은 새마을운동을 격찬하는 지금의 상황에서 또다시 배제되고 있는 것이다.

마지막으로 상당히 심각하게 고려할 문제는 소외된 자들이 발화하는 박정희와 새마을운동에 대한 격정적인 찬사이다. 장홍군 A리에서 김○○ 씨와 마찬가지로 가난한 머슴의 집안에서 태어나 그 자신도 1970년대까지 머슴 생활을 했던 이○○ 씨는 이 마을에서 새마을운동과 박정희의 가장 열렬한 지지자처럼 보였다. 이○○ 씨는 지금도 해방공간의 좌익 청년조직인 '민청'에 대한 생생한 기억을 기탄없이 털어놓을 정도의 인물인데도, "새마을운동은 가난한 사람들한테 일거리를 준 것"이고 "박정희 대통령이 농촌을 살렸다"고 단언했다. 그는 막상 새마을운동 경험을 들려달라는 질문에는 머슴살이 하느라고 마을일에 별로 참여를 못했다고 대답하면서도, "박정희 대통령만 생각하면 참말로 눈물이 나서, 이번 선거에서는 누가 뭐래도 박근혜를 찍을 거"라고 했다. "못 죽으니 살았다"고 할 만큼 가난한 젊은 시절을 보낸 그가 박정희에 대해 "단군 이래 그런 영웅 없다"고 평가하고, 새마을운동 과정에 실제로는 별로 참여하지도 않았던 그가 1970년대에 이 마을의 이장과 새마을지도자를 가장 오래 맡았던 인물보다도 새마을운동을 격찬하는 이 패러독스야말로 지금 우리에게 새마을운동이 과연 무엇인가를 고민하게 만든다.

우리가 진지하게 성찰해야 할 문제는 이처럼 새마을운동에 대한 기억에 담긴 복잡다단하고 역설적인 현실이다. 새마을운동에 대한 찬사와 추억은 유신체제 몰락 이후의 새마을운동이 아니라, 1970년대에 유신이념의 실천도장이라고 선전되었던 바로 그 새마을운동에 초점이 맞추어져 있다. 이는 한편으로는 농촌 해체에 직면한 농민층이, 한때 자신이 국가와 사회의 주인공이었다고 자부하던 시절에 강한 향수를 느끼고 있기 때문일 것이다. 그러나 우리가 더 주목할 부분은 1970년대의 새마을운동이 단지 박정희 시대의 아이콘이나 '한때의 추억'으로만 남아 있는 것이 아니라, '하면 된다'는 이른바 새마을정신의 이름으로 살아남아 지금도 현실적인 힘을 발휘하고 있다는 사실이다.

2011년 8월 박근혜는 자신의 아버지가 새마을운동의 영감을 받은 곳이라고 알려진 경상북도 청도군 청도읍 신도리에서 개최된 '새마을운동 발상지 성역화사업' 준공식에 참석했다. 그는 이 자리에서 "새마을운동은 단순히 잘살기 위한 운동이 아니라 정신혁명"이었다고 강조하면서, "새마을운동의 정신혁명이 대한민국의 성장동력"이었으며 "새마을운동의 혁명정신을 계승·발전시켜 국민 모두가 행복한 선진국으로 도약해야 한다"고 말했다(≪경향신문≫, 2011.8.28). 그리고 그가 말하는 '정신혁명'은 "어려운 시절 패배주의를 극복하고 '하면 된다'는 자신감을 갖게 한 것"이었다(≪중앙일보≫, 2010.4.22). 그의 논리대로라면, 새마을운동은 정신혁명이고, 그 정신혁명의 핵심은 '하면 된다'이며, '하면 된다'는 정신이야말로 대한민국의 성장동력이었고, 그래서 우리는 새마을운동의 '혁명정신'을 계승·발전시켜야 한다. 결국 그는 박정희가 외쳤던 '하면 된다'는 정신으로 재무장하는 것이 우리가 나아갈 길이라고 일갈하고 있는 것이다.

'하면 된다'는 자신감, 그 얼마나 좋은 소리인가. '하면 된다'는 정신은 기나긴 인생살이에서 때로는 필요할 경우도 있을 것이다. 그러나 앞에서 보았듯이 '하면 된다'의 이념은 우리 사회의 문제적 상황을 개인의 차원으로 환원하는 사사화 전략, 각자의 정신자세를 뜯어고침으로써 그 상황을 돌파하라는 주의주의적 사고, 그리고 무엇을 '하라'고 명령을 내리는 국가에 대한 복종과 긴밀하게 결합되어 있다. 이 세상에는 해서는 안 되는 일이 있고, 아무리 해도 안 되게 만드는 구조가 있고, 더구나 하고 싶어도 할 수 없는 사람들이 있다. 이처럼 복잡다단하고 착잡한 현실에 대한 성찰과 사유를 배제하고서 '하면 된다'만을 외치는 것은 맹목이자 폭력일 수 있다. 유신이념의 실천도장이었던 새마을운동에 대한 진지한 질문과 성찰 없이 "하면 된다"를 부르짖는 모습에서, 평양 시내에 걸려 있는 "당이 결심하면 우리는 한다"라는 선전 구호와 1980년 5월 전남도청을 진압한 뒤에 공수부대원들이 목청껏 부르던 "안 되면 되게 하라"는 노래가 연상된다면 지나친 비약일까?

참고문헌

고원. 2006. 「박정희 정권 시기 농촌 새마을운동과 근대적 국민 만들기」. ≪경제와 사회≫, 제69호.

김대영. 2004. 「박정희 국가동원 메커니즘에 관한 연구-새마을운동을 중심으로」. ≪경제와 사회≫, 제61호.

김보현. 2011. 「박정희 시대 지배체제의 통치 전략과 기술: 1970년대 농촌새마을운동을 중심으로」. ≪사회와 역사≫, 제90집.

김영미. 2009. 『그들의 새마을운동』. 푸른역사.

김혜진. 2007. 「새마을운동의 기반형성과 전개양상에 관한 인류학적 연구-경기도 안성시 한 농촌마을의 사례를 중심으로」. 서울대학교 석사학위논문.

내무부. 1980. 『새마을운동10년사』.

리드, 에드워드(Edward P. Reed). 1981. 「부락협동과 새마을운동」. 『새마을운동의 이념과 실제』. 서울대학교 새마을운동 종합연구소 엮음.

박명림. 1999. 「한국전쟁과 한국정치의 변화-국민통합, 헌법정치, 한미관계를 중심으로」. 한국정신문화연구원 엮음. 『한국전쟁과 사회구조의 변화』. 백산서당.

박민수. 2009. 「새마을운동과 농촌 일상의 정치학-안성군 미양면 갈ㅇ리 사례를 중심으로」. 고려대학교 석사학위논문.

박섭·이행. 1997. 「근현대 한국의 국가와 농민-새마을운동의 정치사회적 조건」. ≪한국정치학회보≫, 제31집, 3호.

박진도·한도현, 1999. 「새마을운동과 유신체제」. ≪역사비평≫, 통권 47호.

박진환. 1981. 「새마을사업의 점화과정」. 『새마을운동의 이념과 실제』. 서울대학교 새마을운동 종합연구소 엮음.

브란트, 빈센트(Vincent Brandt). 1981. 「가치관 및 태도의 변화와 새마을운동」. 『새마을운동의 이념과 실제』. 서울대학교 새마을운동 종합연구소 엮음.

서중석. 2008. 『대한민국 선거이야기』. 역사비평사.

신기욱·한도현. 2006. 「식민지 조합주의-1932~1940년의 농촌진흥운동」. 신기욱·마이클 로빈슨(Michael Robinson) 엮음. 『한국의 식민지 근대성』. 도면회 옮김. 삼인.

신중섭 외. 1981. 「새마을운동의 이론 재정립과 그 영속적인 추진방안에 관한 연구」, 『새마을운동 연구총서』, 제6권, 3집.

아쿠아, 로날드(Ronald Aqua). 1981. 「새마을운동에 있어서 정부의 역할」. 『새마을운동의 이념과 실제』.서울대학교 새마을운동 종합연구소 엮음.

오유석. 2002. 「박정희식 근대화 전략과 농촌새마을운동」. ≪동향과 전망≫, 통권 55호.

유병용·최봉대·오유석. 2001. 『근대화전략과 새마을운동』. 백산서당.

이만갑. 1973.『한국 농촌사회의 구조와 변화』. 서울대학교출판부.
_____. 1984.『공업발전과 한국농촌』. 서울대학교출판부.
이용기. 2001.「마을에서의 한국전쟁 경험과 그 기억」. ≪역사문제연구≫, 제6호.
이환병. 2012.「모범 농민·마을의 성장과 농촌 새마을운동」. 성균관대학교 박사학위논문.
임수환. 1997.「박정희 시대 소농체제에 대한 정치경제학적 고찰: 평등주의, 자본주의, 그리고 권위주의」. ≪한국정치학회보≫, 31집.
장미경. 2008.「개발국가 시기 새마을운동 부녀지도자의 정체성의 형성과 변화」. 서강대학교 사회과학연구소. ≪사회과학연구≫, 제16집, 1호.
정호영. 2007.「박정희 체제의 지배 메커니즘과 대중의 동의-1970년대 농촌새마을운동과 농민 담론을 중심으로」. 서강대학교 석사학위논문.
조희연. 2007.『박정희와 개발독재시대』. 역사비평사.
지수걸. 1999.「일제의 군국주의 파시즘과 '조선농촌진흥운동'」. ≪역사비평≫, 통권 47호.
하재훈. 2007.「박정희 체제의 대중통치: 새마을운동의 구조·행위자 상호작용을 중심으로」. 경북대학교 박사학위논문.
한도현. 1989.「국가권력의 농민통제와 동원정책」. 한국농어촌사회연구소 엮음.『한국농업·농민문제연구 II』. 연구사.
_____. 2006.「새 국민, 새 공동체, 돌진적 근대: 새마을운동의 대중동원」. 정성화 엮음.『박정희 시대와 한국현대사』. 선인.
황병주. 2000.「박정희 시대의 국가와 '민중'」. ≪당대비평≫, 제12호.
_____. 2011.「새마을운동을 통한 농업 생산과정의 변화와 농민 포섭」. ≪사회와 역사≫, 제90집.
황연수. 2006.「농촌 새마을운동의 재조명」. ≪농업사연구≫, 제5권, 2호.
황인정. 1980.『한국의 종합농촌개발: 새마을운동의 평가와 전망』. 한국농촌경제연구원.

• 잡지

≪한겨레21≫. 2013.4.8.「차마 말 못한 '유신' 욕망?」.

• 자료

경제기획원.『한국통계연감』 각 연도판.
농림부.『농림통계연보』 각 연도판.

부록

1970년대 농촌새마을운동 계통도

1. 1970년대 농촌새마을운동 전개도

농촌새마을운동은 1970년 새마을가꾸기 사업에서 비롯되어 정신계발, 농촌생활환경 개선, 농사소득증대 등을 목표로 추진되었다. 농촌새마을운동의 전개과정은 크게 세 시기로 나눌 수 있다. 1971년부터 1973년까지 농촌새마을운동의 기반조성단계, 1974년부터 1976년까지 생산기반시설 확충단계, 1977년부터 1979년까지 소득기반 확충단계 등이다.

기반조성단계에서는 새마을가꾸기 사업을 중심으로 정부의 소규모지원을 바탕으로 마을주민들이 공동노력사업을 추진했다. 마을안길 넓히기, 지붕개량, 담장개량, 소하천개보수, 공동우물시설, 간이급수시설, 하수구정비, 공동작업장시설, 마을회관건립, 마을창고건립 등 농촌마을의 기초적인 환경개선사업이 중점적으로 시행되었다. 이 단계에서 정부는 매년마다 사업실적이 우수한 마을을 선별하여 특별지원금, 사업자재, 각종 포상 등을 제공하여 마을 사이의 경쟁을 불러 일으켜 새마을운동의 전국적 확산을 시도했다. 이러한 정부의 사업추진은 마을 간의 경쟁과 동시에 마을과 주민의 공동 채무 증가와 같은 부작용을 유발하기도 했다.

생산기반시설 확충단계에서는 세 가지 사업을 중점적으로 추진했다. 첫째, 마을 안길확장, 농로개설, 소교량 가설, 국도 및 지방도 정비 등 농촌도로망을 개선하고자 했다.

둘째, 논두렁정리, 경지정리, 수리시설정비, 농기계 보급 등을 통한 기초적인 농업환경을 개선하고자 했다. 셋째, 우수마을 또는 성공마을을 중심으로 한 농촌전기공급과 법정 리·동까지의 마을통신 보급 등 마을의 전기통신시설을 확충하고자 했다.

소득기반 확충단계에서는 기존의 농업환경개선에 따른 다양한 소득증대사업이 이루어졌다. 첫째, 퇴비증산, 지력증진, 협동영농, 마을소득사업 등을 통한 증산사업이 중점적으로 이루어졌다. 둘째, 소하천 가꾸기, 국토 가꾸기, 다목적 소류지 시설, 마을양묘 등을 마을노임사업으로 추진했던 복차사업이 진행되었다. 복차사업은 마을주민들에게 노임을 지급하는 사업을 시행하여 지급된 노임의 일부를 마을공동기금으로 조성하여 새로운 소득사업을 벌이는 복차방식의 사업을 의미한다. 셋째, 1개 군(면) 1개 새마을 공장 건립사업과 토착공예품 등의 농외소득원 개발에 중점을 두었다.

이러한 기반조성, 생산기반확충, 소득기반확충 등과 더불어 정부는 정신계발 사업을 지속적으로 추진했다. 즉, 새마을정신의 생활화를 위해 다양한 지침과 교육 사업을 시행했다. 비생산적 부조리 일소와 주민협동의 조직화, 허례의식 일소와 관혼상제 비용 절약, 가족계획 시행, 농가

〈표 부록. 1〉 새마을운동 전개도

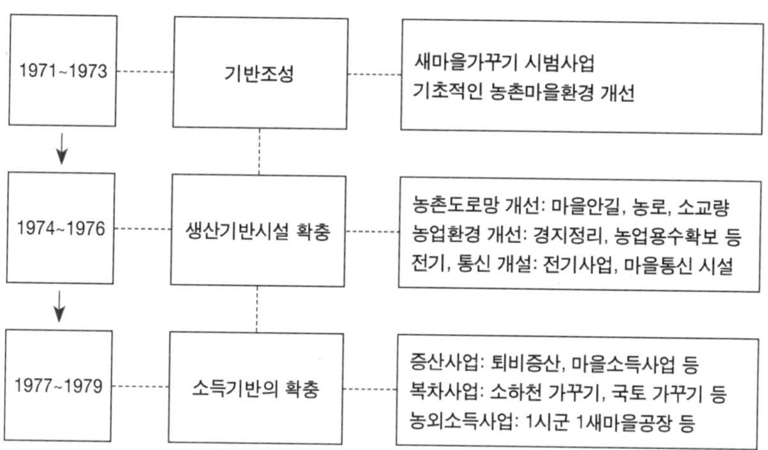

저축 촉진, 마을공동기금 조성, 새마을교육의 확산 등이 정신계발 사업의 일환으로 추진되었다.

또한 정부는 부족한 농촌마을의 연료대책과 조림·사방사업을 지속적으로 추진했다. 산지 조림, 마을 내 식수 권장, 화전 정비, 연료림 조성 등을 통해 조림과 소득원 확보를 시도했다. 사방사업과 초지 조성 등을 통해 사방녹화사업을 추진했으며 농가아궁이 개량과 굴뚝 개량운동을 통해 마을의 연료대책사업을 시행했다.

2. 1970년대 농촌새마을운동의 방법론

정부는 농촌새마을운동의 추진목표를 '잘사는' 마을 건설에 두고 이를 실현하기 위해 환경개선, 정신개조, 소득증대 등의 순환적 방법론을 마련·시행했다. 정부는 물적 자원이 부족한 상황에서 마을주민들의 동참을 이끌기 위해 최소한의 정부 지원과 마을주민들의 노동력을 결합시킨 환경개선사업에 우선적으로 초점을 맞추었다.

1970년부터 시행된 새마을가꾸기 사업의 경우와 같이, 기초적인 마을 환경개선사업을 통해 마을주민들에게 자신감을 부여하고 의욕을 유발시킬 수 있는 사업 추진이 선행되었다. 즉, 기초적인 환경개선을 통해 마을주민들의 '하면 된다'는 의식적 자극과 정신개조를 이룬 후, 궁극적으로 농촌새마을운동이 지향했던 소득증대를 추진했던 것이다.

이 과정 속에서 정부는 농촌사회의 정신개조에 중점을 두었다. 비생산적 인습의 일소, 근대적 기술과 과학의 합리적 수용, 전통적 미풍양속 계승, 건전한 국민정신 배양 등의 구체적인 방향 속에서 농촌사회와 마을주민들의 정신혁명을 실현하고자 했다.

하지만 이러한 정신혁명의 실현과정은 그동안 축적되었던 농촌사회의 전통문화를 부정하고, 농민의식의 전근대성을 강조하는 등의 부정적 결과를 초래하기도 했다.

〈표 부록.2〉 새마을운동의 방법론

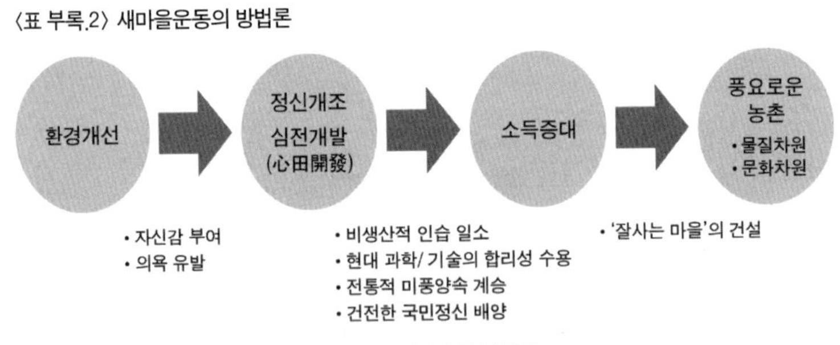

〈표 부록.3〉 새마을운동 단계별 마을 구성 목표

기반 조성 (1971~1973)	자조 발전 (1974~1976)	자립 완성 (1977~1981)
기초 마을: 30% 자조 마을: 60% 자립 마을: 10%	자조 마을: 60% 자립 마을: 40%	자립마을: 100% (오직 농민들의 자조노력에 의한 소득증대)

농촌새마을운동의 방법론은 정부가 제시한 목표 실현 과정과 마을 승급 등을 통해서 현실화되었다. 정부는 '잘사는 마을' 건설을 위한 목표 실현 단계를 계획하여 농촌새마을운동을 적극적으로 추진했다. 1971년부터 1973년까지 기반 조성 단계에서는 전국의 마을을 대상으로 기초마을 30%, 자조마을 60%, 자립마을 10% 등이 되도록 목표를 설정했다. 1974년부터 1976년까지는 자조발전 단계로 자조마을 60%와 자립마을 40%가 되도록 목표를 설정했다. 1977년부터 1981년까지는 자립완성 단계로 전국 모든 마을이 자립마을이 되도록 목표를 설정했다. 특히, 이 단계에서는 정부 지원 없이 농민들의 자조 노력에 의해 소득증대를 이루는 자립 마을 육성에 초점을 두었다.

농촌새마을운동의 방법론에서 제시된 기초마을, 자조마을, 자립마을 등의 마을 명칭은 일정한 조건과 실적에 따라 승급되는 수준별 마을 단계를 의미한다. 기초마을은 간선 마을 안길, 마을 진입로 및 농로. 소하천 정비, 수리율 70%, 협동작업반 활동, 마을기금 30만 원, 호당 소득 50만 원 등의 기준을 달성한 마을로 가장 낮은 단계의 마을에게 주어졌다. 자조 마을은 지선 마을 안길, 경작 농로, 마을 사이의 세·소천, 협동생산사업 시행, 마을기금 50만 원, 호당 소득 80만 원, 동력방제기 사용 등의

〈표 부록.4〉 마을 평가 및 승급 기준

기초 마을	자조 마을	자립 마을
간선 안길	지선 안길	–
마을 진입 농로	경장농로	–
마을안 세천	마을들간 세 · 소천	마을 밖 소 · 중천
수리율 70%	수리율 70%	수리율 95%
협동작업반	협동생산사업	협동생산사업
마을기금 30만원	마을기금 50만원	호당소득 140만원
호당소득 50만원	호당소득 80만원	마을기금 100만원
–	동력방제기 사용	동력경운기 · 동력탈곡기 사용

기준을 달성한 마을에게 주어졌다. 자립 마을은 마을 밖 소·중천, 수리율 95%, 호당 소득 140만 원, 마을기금 100만 원, 동력경운기·동력탈곡기 사용 등의 기준을 달성한 마을에 주어졌다.

3. 1970년대 농촌새마을운동의 마을단위 동학

1970년대 농촌새마을운동은 정부 주도와 더불어 농촌마을의 참여 덕분에 가시적 성과를 거둘 수 있었다. 농촌마을의 참여는 다양한 요인에 의해서 가능했다. 과거부터 내려오던 전통적 마을 리더십 측면에서 새마을지도자라는 새로운 마을 리더십이 가장 중요한 요인으로 작용했다. 이러한 새마을지도자들의 활동과 역할은 자신들의 개인적·가족사적 배경에 의해 영향을 받았지만, 동시에 정부를 비롯한 외부 환경으로부터도 영향을 받았다. 특히, 정부는 새마을운동 초기부터 마을 지도자의 역할과 기능에 주목하여 새마을지도자 육성에 많은 노력을 경주했다. 다양한 교육기회를 제공하고 유·무형의 보상을 제공함으로써 새마을지도자들의

〈표 부록.5〉 새마을운동의 마을단위 동학

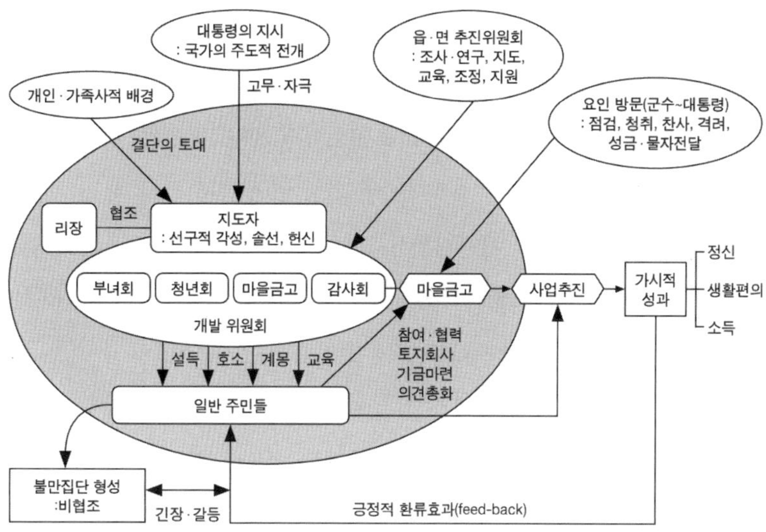

자긍심과 사명감을 불러일으키고자 했다. 새마을교육은 새마을지도자들을 마을의 실질적인 대표자로 자리매김하도록 했으며, 새마을훈장은 새마을지도자들의 선구적 각성과 헌신에 대한 국가적 인정이었다.

또한 정책적 차원의 요인도 중요한 역할을 했다. 정부는 대통령의 강력한 새마을운동 추진의지에 따라 새마을운동 추진체계를 구축하고 일선 시·군과 읍·면을 통해 새마을운동의 동참을 촉구했다. 대통령의 성공마을 시찰과 특별지원금 제공, 월간 경제보고회의 우수 새마을지도자 초청, 정부 요인들의 새마을 시찰 등은 새마을지도자와 성공마을의 찬사와 격려로 이어졌으며 '성공신화'를 생산하고 사회 모든 영역으로 확산되었다.

또한 농촌마을의 새마을운동 동참은 마을주민들이 참여하는 마을회의라는 사회구조적 요인에도 영향을 받았다. 1970년대까지 '계', '회' 등의 다양한 명칭과 형식으로 존재했던 마을회의는 농촌새마을운동의 조직체계로 확대·편입되었다. 기존의 부녀회, 청년회, 노인회, 작업반, 상조계, 금고 등 마을의 자치조직들이 마을회의로 재구성되면서 마을주민들의 집단적 참여 구조가 마련되자 마을회의를 통해서 리·동장, 새마을지도자, 개발위원, 마을담당공무원 등은 새마을사업에 대한 설득, 호소, 계몽, 교육 등 마을주민들과의 다차원적 교류를 시도할 수 있었다. 마을회의를 통해 마을주민들의 토지희사, 기금조성, 의견총화 등이 이루어졌으며 새마을사업의 가시적 성과에 의한 긍정적 환류 효과가 나타날 수 있었다. 그와 동시에 새마을사업에 대한 비협조 및 불만세력을 마을에서 배제할 수도 있었다. 마을총의 또는 마을규약이라는 명분 아래 그들을 따돌림으로써 새마을사업의 방해 요인을 없앨 수 있었다. 따라서 1970년대 농촌새마을운동의 마을단위 동학은 크게 새마을지도자적 요인, 정부 및 대통령의 정책적 요인, 농촌마을의 사회구조적 요인 등이 작용한 결과였다.

지은이(수록순)

황병주

국사편찬위원회 편사연구사이다. 한국현대사를 전공했고 박정희 체제에 대한 연구에 집중하고 있다. 『대중독재』(2004, 공저), 『근대를 다시 읽는다』(2007, 공편저) 등의 책과, 「1950~60년대 테일러리즘과 '대중관리'」(2013), 「유신체제기 평등-불평등의 문제설정과 자유주의」(2013) 등의 논문을 썼다.

최인이

충남대학교 사회학과 교수이다. 성공회대학교 민주주의연구소 새마을운동 연구팀에서 연구교수를 지냈으며, 산업노동사회학 분야에 관심을 가지고 연구를 진행하고 있다. 「한국노총과 민주노총의 조직과 운동전략 비교: 양대 노총의 제도적 매개역할(1997~2005)을 중심으로」(2011, 기억과 전망), 「한국 자본가 조직의 노사관계 전략: 경총의 활동을 중심으로」(2012, 사회과학연구) 등의 논문을 썼다.

오유석

성공회대학교 민주주의연구소 부소장 겸 전임연구교수이다. 여성정치세력민주연대 대표를 맡았으며 여성의 정치 확대를 위한 연구와 참여활동을 하고 있다. 『근대화 전략과 새마을운동』(2001, 공저), 『정치의 한복판, 여성젠더정치의 그늘』(2013, 공저) 등의 책과, 『가난과 전쟁이 만든 새마을지도자』(2011) 등의 논문을 썼다.

하재훈

성공회대학교 민주주의연구소 한국국제협력단 협력사업 현지 책임자이다. 성공회대학교 민주주의연구소 새마을운동 연구팀 연구교수, 인도네시아 가자마다대학교(University of Gadjah Mada) 한국학센터 초청 연구원 등을 역임했으며, 주로 새마을운동과 박정희 시대의 통치에 관한 연구 및 프로젝트에 참여해왔다. 『지배의 정치 저항의 정치』(2007, 공저), 『21세기 새마을운동의 이론과 실천과제』(2009, 공저) 등의 책을 썼다.

이현정

고려대학교 행정학 박사학위를 취득했다. 한국국제협력단에서 새마을운동 전문관으로 있고 「Sen의 '자유로서의 발전'개념에 대한 소고: 제3세계 국가에의 적용가능성을 중심으로」(2010), 「공여 개발NGO와 수여국 개발NGO 간의 파트너십에 관한 연구: 말리의 Oxfam과

Save the Children을 중심으로」(2011), 「해외원조의 새로운 윤리적 시각: 세계시민주의」(2011), 「지역사회 개발에서 자체지도자의 중요성에 관한 연구: 한국의 1970년대 새마을 운동을 중심으로」(2013) 등의 논문을 썼다

윤 충 로

한국학중앙연구원 현대한국구술 자료관 전임연구원이다. 한성대학교, 성공회대학교에서 연구교수로 근무했다. 『베트남과 한국의 반공독재국가형성사』(2005), 『시련과 발돋움의 남북현대사』(2009, 공저), 『식민지유산, 국가형성, 한국민주주의 1』(2012, 공저) 등의 책과, 「한국의 베트남전쟁 기념과 기억의 정치」(2010), 「베트남전쟁 시기 한국의 전쟁 동원과 일상」(2012) 등의 논문을 썼다.

김 보 현

명지대학교 국제한국학연구소 연구교수이다. 박정희정권기 한국의 경제개발, 민족주의, 정치사, 대중의 일상사 등을 연구해왔다. 『박정희정권기 경제개발: 민족주의와 발전』(2006), 『박정희 정권의 지배이데올로기와 저항담론』(2009, 공저), 『북한의 일상생활세계: 외침과 속삭임』(2010, 공저) 등의 책과, 「조세희, 상생을 절규하는 공화주의자」(2012), 「행위자-네트워크 이론을 경유한 분단의 재고와 탈분단의 전망」(2013) 등의 논문을 썼다.

이 용 기

한국교원대학교 역사교육과 교수이다. 역사문제연구소 연구원과 성균관대학교 동아시아학술원 연구교수를 역임했다. 『근대를 다시 읽는다』(2006, 공저), 『민중사를 다시 말한다』(2013, 공저) 등의 책과, 「역사학, 구술사를 만나다」(2009), 「'새로운 민중사'의 지향과 현주소」(2010), 「일제시기 모범부락의 내면과 그 기억」(2010), 등의 논문을 썼다.

한울아카데미 1665

박정희시대의 새마을운동
근대화, 전통 그리고 주체

지은이 | 황병주·최인이·오유석·하재훈·이현정·윤충로·김보현·이용기
펴낸이 | 김종수
펴낸곳 | 도서출판 한울
편집책임 | 배유진
편집 | 하명성

초판 1쇄 인쇄 | 2014년 3월 7일
초판 1쇄 발행 | 2014년 3월 20일

주소 | 413-756 경기도 파주시 광인사길 153 한울시소빌딩 3층
전화 | 031-955-0655
팩스 | 031-955-0656
홈페이지 | www.hanulbooks.co.kr
등록번호 | 제406-2003-000051호

Printed in Korea
ISBN 978-89-460-5665-7 93330(양장)
ISBN 978-89-460-4832-4 93330(학생판)

* 책값은 겉표지에 표시되어 있습니다.
* 이 도서는 강의를 위한 학생판 교재를 따로 준비했습니다. 강의 교재로 사용하실 때는 본사로 연락해주십시오.